浜口誠至　著

# 在京大名細川京兆家の政治史的研究

思文閣出版

# 目次

## ■図表一覧■

〔凡例〕

一、本文、引用史料および註記の字体は現在通行の字体による。

一、引用史料は原本、写真帳、影写本等で校正を加えた。

一、図表には、掲出順に章ごとの通し番号を「表1―1」のように付す。

一、人名は、煩雑を避けるために原則として最も著名なものに統一した。

一、参考文献の副題は、省略した。

# 在京大名細川京兆家の政治史的研究

# 序章

## 一　幕府政治史研究の軌跡と本研究の視角

本研究は、在京大名細川京兆家の政治的位置を考察することにより、戦国期における幕府政治の特質を解明するものである。

戦国期の幕府政治は、将軍とその側近を中心とする将軍権力、幕政に参加した大名の両者が共同で運営していた。このような幕府政治の構造を反映し、幕府政治史研究も将軍権力研究と大名研究を中心に進められてきた。そこで、幕府政治を論じる前提として幕府政治史研究を概観し、その課題を整理することにしたい。

戦国期幕府政治史研究の出発点に位置づけられるのが、今谷明氏の一連の研究である。従来、戦国期幕府を扱った研究が応仁・文明の乱後から明応の政変までの時期にほぼ限定されていたのに対し、今谷氏の研究は永禄一一年（一五六八）の織田信長上洛までを対象に幅広い観点から論じ、戦国期幕府の性格規定を行ったという点で画期的なものであった[1]。現在においても、戦国期畿内を扱った通史では必ずと言ってよいほど今谷氏の著書が参照されており、その研究史上に与えた影響は非常に大きい。

今谷氏は戦国期の室町幕府を畿内政権と規定し、幕府解体過程の実態解明を行ったが、その中核となったのが室町幕府奉行人奉書と細川京兆家奉行人奉書を用いた研究である[2]。今谷氏は室町幕府奉行人奉書と細川京兆家奉行人奉書を網羅的に収集した上で、文書様式の違いなどから、従来、混同されていた両者が別個のものであることを明らかにした。また、室町幕府奉行人奉書を遵行する細川京兆家奉行人奉書を「管領代奉書」（または「管領代添状」）とし、管領代奉書は管領奉書に代替する機能を実質上持ち、侍所所司代が有していた洛中刑事警察に関する幕府奉行人奉書の遵行権を吸収するなど、管領代奉書が幕府奉行人奉書の実効力を補完するとした。

今谷氏は管領代奉書による幕府奉行人奉書の補完を細川京兆家（細川惣領家）による幕府機構の吸収と捉えたが、この考えをさらに進めたのが「京兆専制」という概念であった[3]。「京兆専制」とは、細川京兆家の家督に幕府の実権が移行する実態を指す概念である。今谷氏は、文明一八年（一四八六）八月の多賀高忠（侍所所司代）死去後、侍所頭人・同所司代が設置されなかったこと、高忠死後、土一揆の鎮圧や盗賊・謀反人の追捕など洛中の検断権を細川京兆家が行使したことを根拠とし、細川京兆家が侍所の検断権を吸収したとする。また、細川京兆家による大和・河内への侵攻や被官関係を背景とした山城国支配の進展を守護権の拡大と捉えた。そして、永正五年（一五〇八）の幕府奉行人の大幅な交代を同年に起きた細川京兆家の家督交代と密接な関連性があるものと推定し、細川高国による有力奉行人の罷免が行われたとした。幕府奉行人の交代と相論への介入については、細川京兆家による幕府の訴訟指揮・審理主導の根拠とした。今谷氏はこうした細川京兆家の動向について、幕府権力の吸収と捉えたのである。さらに、「京兆専制」の背景として、「国人不登用策」（細川京兆家の分国であった摂津・丹波出身の国人を守護代・郡代などの役職や内衆に任用しないという政策）による細川京兆家内衆と国人の対立、山城国一揆による南三郡の守護権掌握を指摘し、これらの課題へ対処するために強力な専制権力を必要としたことが「京兆専制」の政治的契機となったとした。

そして、一連の研究の結論として「すなわち、戦国期の畿内政権は、軍事的には細川氏の畿内分国を主たる基盤に、支配組織は前代の幕府諸機関を縮小しながら継承し、官制上は将軍を最高位に擁立しながら実質的には細川氏家督（京兆家）が幕府諸機構を総覧・指揮して統治するという政権であった」[4]と、戦国期の幕府を細川京兆家が実権を持つ畿内政権と規定した。今谷氏の研究によって、明応の政変から織田信長上洛までの時期は細川・三好政権の時代として整理され、実証的な研究に基づく幕府政治史の枠組みが作られたのである。

今谷氏の研究は戦国期幕府の実態解明を目的としたものだが、細川京兆家による幕府機構の補完・掌握という理解の下で進めたため、研究の中核を占めたのは細川京兆家研究であった。それに対し、将軍権力の実態解明を進めることによって今谷氏の研究の相対化を図ったのが設楽薫・山田康弘両氏である。設楽薫氏は、足利義尚・義材（義稙）・義晴の側近の活動形態と将軍の政務決裁を検討し、義尚期の評定衆、義晴期の内談衆など、将軍がその側近を補佐役ないし代行者として政務決裁を行っていたことを明らかにした[5]。設楽氏は細川政権と幕府は別個に機能しており、将軍は独自の政治機構を保持していたとし、将軍権力と細川京兆家を一体的に捉える今谷氏の論を批判している。

山田康弘氏は戦国期幕府の案件処理（意思決定）方式である御前沙汰と政所沙汰について検討し、具体的手続と案件処理に関わる将軍や内談衆の役割を明らかにした[6]。山田氏は、天文期の御前沙汰は将軍足利義晴・内談衆・奉行衆、政所沙汰は政所頭人伊勢氏・政所代・奉行衆（政所寄人）によって担われており、細川京兆家家督や内衆が直接的かつ恒常的に関与することは原則としてなかったことを指摘している。また、明応の政変後の義澄期の幕府内の状況について、将軍義澄の政務を後見する伊勢氏の活動や山城国一揆をめぐる伊勢氏と細川京兆家の対立、義澄の諸政策とその限界などを検討し、将軍や伊勢氏が細川京兆家とは異なる意図を持って独自の政治動向を示していたことを明らかにした。山田氏はこれらの検討によって、戦国期においても将軍やその側近、直臣団など将軍に直属する勢力が幕府内において独自の意思決定を行う権能を保持しており、幕府＝細川京兆家政権という等式は成り立たないとして今谷説を批判している。将軍権力研究の進展により、戦国期においても将軍は独自の政治機構を持ち、細川京兆家とは別個の権力として一定の自立性を維持していたことが明らかになった。

さらに、山田氏は戦国期における将軍と大名の関係について考察し、大名は、他大名との外交などの対外問題への対処、大名の家中・領国内の対内問題への対処に将軍を利用し、将軍は、室町期以来大名に依存していた軍事・洛中警察・上意の実効性といった存立の重要部分を細川京兆家や六角氏・織田氏によって支えられ、その他の大名に経済的援助や疎開先の提供などにより支えられるという、互いに利用し合う相互補完関係にあったとしている。[7] 山田氏は将軍権力が細川京兆家に全面的に依存していたのではなく、複数の大名に支えられていたことを指摘することで今谷氏の幕府論の相対化を図り、将軍権力と細川京兆家の関係を相互に依存する相互補完関係として捉え直している。

山田氏は将軍と大名の相互補完関係について、室町期以来続く将軍権力の構造と位置づける。しかし、幕府政治における大名の位置づけとしては不十分である。有力大名の在国恒常化は幕府の権力構造に変化をもたらした。大名は幕府政治に直接参加して自らの意向を政策に反映させる者と、将軍権力と交渉を持つにとどまる者の二つに分かれた。前者と後者では政治的役割が大きく異なっており、両者は明確に区別すべきである。室町期と戦国期では将軍と大名の関係性は変化しており、幕政上における大名の政治的役割は、戦国期特有の問題として改めて論じる必要がある。

一方、大内義興・六角定頼といった細川京兆家以外の大名による幕政関与の実態解明を行うことで幕府政治史の見直しを図る動きが現れた。今岡典和氏は義稙後期における細川高国・大内義興の幕政関与について将軍御内書に対する副状発給や幕府裁許への口入を通じて検討し、高国・義興が幕府に強い影響力を有していたことを指摘した。[8] 奥村徹也氏は義晴後期における六角定頼の政治的位置について検討し、定頼が幕府裁許や外交に強い影響力を行使していたこと、幕府からの諮問を受ける立場にあったこと、幕府と細川氏の調停役となったことなど、定頼が政治・軍事・外交の面で重要な役割を担っていたことを明らかにした[9]。西島太郎氏は定頼の幕政関与の実態解明を行い、定頼は将軍からの重要案件の諮問に対する意見、相論などへの口入を行い、将軍側近によって構成された内談衆と共に幕政の中核にあったと指摘している[10]。小谷利明氏は義稙後期に在京活動を行っていた畠山義元と畠山卜山（尚順）も幕府権力の重要な構成要素であったとした[11]。

近年の大名研究により、細川京兆家だけでなく大内義興や六角定頼も将軍権力に対して影響力を有していたことが明らかになった。このことは、細川京兆家以外の大名の幕政上における役割を過小評価していた今谷氏の幕府論の問題点を明確にした。しかし、その反面、大内義興・六角定頼の個別研究という性格が強く、細川京兆家も含めた大名全体を幕政上にどのように位置づけるかという議論には至っていない。

他方、細川氏研究は今谷氏の研究を肯定的に捉え、細川京兆家の実態解明を進める形で展開した。森田恭二氏は細川京兆家の守護代を中心とした領国支配体制を「守護代・国人体制」とし、守護代・国人による在地の支配体制が細川・三好政権の基盤となるとした[12]。森田氏の「守護代・国人体制」においては、細川京兆家の内衆であった守護代が有力国人とされるなど、内衆と国人が一体視されている。しかし、細川京兆家直臣である内衆と在地領主である国人では細川京兆家の家中における発言力や在地支配との関わり方は大きく異なっており、両者を一体的に捉えるのは適切ではない。森田氏の研究は今谷氏の「国人不登用策」に依拠した議論であるが、後述するように、論拠となった今谷説が史料との矛盾により成り立たないという問題点を抱えている。

また、横尾國和氏は、細川京兆家の守護代家を中心に安富・薬師寺・内藤・長塩・上原・秋庭の各内衆について、姻戚関係や人名比定、内衆間の抗争や在地支配との関係などの実態解明を行った[13]。横尾氏は細川政元期において有力内衆による評定衆が成立していたことを明らかにし、評定衆の動向が政元期細川京兆家の政策に大きく影響したと指摘している。

細川氏研究における転機となったのが、末柄豊氏の研究である。(14)末柄氏は応仁・文明の乱後の細川氏の性格について、細川氏同族連合体制、細川京兆家による畿内領国化という二つの視点から論じた。細川氏同族連合体制とは、南北朝期から室町初期にかけての細川氏分国と内衆の形成過程を論じた小川信氏が指摘した細川氏の特徴である。(15)小川氏は、細川京兆家を中心に庶流家が連合する強固な同族結合の存在を指摘し、それが幕府における細川氏の勢力確立と密接な相関関係にあったとしている。しかし、小川氏は細川氏同族連合体制の内容については論じておらず、この概念の内容規定を行ったのは末柄氏である。末柄氏は応仁・文明の乱前後の細川氏同族連合体制について、一族の集中の契機とその装置の二点から実態解明を行った。その結果、集中の契機は守護職の保全による分国の安定的な保有とし、装置は所領と内衆を通じた統制とした上で、細川氏の同族連合体制の本質は京兆家による内衆を通じた庶流守護家統制であったと指摘した。また、応仁・文明の乱後、守護職の保証条件の変化によって結合の契機が消失し、紐帯となっていた内衆の没落や所領の押領によって装置も有効性を失ったことから、細川氏同族連合体制が解体へと向かい、細川京兆家はその基盤を畿内中心に改めていったとする。

末柄氏は、今谷氏が「京兆専制」の過程とした「専制化」と呼ぶ現象は細川京兆家による畿内支配の展開であり、明応の政変に至るまでの細川氏の政治動向は、幕府内部における専制権力の確立を図った過程ではなく、畿内領国化の過程であったと批判した。また、今谷氏が「専制化」の根拠とした山城国支配について、守護職の保持ではなく畿内の国人・土豪層に対する被官関係を一元化することによって進めていたことや、(16)障害となる足利義材や畠山政長を排除する形で進めていたことなどを根拠として、幕府内部における専制権力の確立ではなく、幕府から相対的に独立した一元的な地域支配、すなわち、畿内領国化と捉えた。そして、領国化の対象は京兆家分国であった摂津・丹波だけでなく、山城・大和・河内にまで及んだことから、細川京兆家は畿内全域の領国化を志向したことを指摘した。

また、今谷氏の「国人不登用策」について、摂津・丹波の国人出身者が応仁・文明の乱以前から内衆として活動していることから実証的に成り立たないことを明らかにした。末柄氏は、今谷氏が細川京兆家内衆と国人の対立と捉えていたものは政元近習となっていた国人と守護代である有力内衆の対立であり、根本的には国人掌握をめぐる京兆家家督と守護代級有力内衆の間の対立であったとした。

末柄氏の研究は、「京兆専制」や「国人不登用策」といった今谷氏の所論の実証面における問題点を批判した上で、戦国期の細川京兆家の政治動向について、幕府権力内部における専制化に代わる視点として畿内領国化を指摘したものである。被官関係を媒介とした山城国支配の展開は幕府の制度的枠組みを逸脱して行われたものであり、末柄氏が指摘したように、幕府制度と別個の細川京兆家独自の政治動向と捉えた方が妥当である。

しかし、一方では有力大名の在国恒常化によって幕府における細川京兆家の発言力が相対的に強まっており、細川京兆家による幕政関与も継続的に行われている。細川京兆家の政治動向を、幕府内における専制化、幕府制度外の権力基盤強化と二者択一的に捉えるのは適切ではない。幕府内における影響力を確保しつつ、分国の拡大を図るという新たな政策志向を持ったと見るべきである。

末柄氏の研究以降、細川氏同族連合体制が細川氏研究の新たな論点となり、細川氏同族連合体制をめぐる議論や庶流守護家の研究に関心が移っている。山下知之氏は末柄氏の細川氏同族連合体制に対する所論について、細川京兆家内衆と庶流守護家内衆に同姓の氏族が存在したことなどを根拠とする、細川京兆家による内衆を通じた庶流家統制は史料的根拠が乏しいこと、応仁・文明の乱後に細川氏同族連合体制は崩壊したとするが、乱後も細川氏一族としての行動が史料上に散見され、体制が維持されていたことが窺えることを問題点として指摘している[17]。そして、細川京兆家分国讃岐における、細川阿波守護家による讃岐国衙領支配、細川備中守護家分国備中における、細川京兆家による備中国衙領支配を事例として、細川京兆家と庶流守護家との相互補完的な支配体制・共同支配体制を明らかにし、文明期の京兆家と阿波守護家が協調して行動していることから、乱後も細川氏同族連合体制が維持されたとしている。いずれも的確な指摘であり、山下氏が指摘するように、細川氏同族連合体制は京兆家と庶流家の相互補完的な族的結合であり、応仁・文明の乱後も維持されたと捉えるべきである[18]。

また、岡田謙一氏は庶流守護家である細川和泉上守護家・細川和泉下守護家の実態解明を行っている[19]。和泉国は上守護家と下守護家の二つの守護家による支配が行われていたが、戦国期になると細川京兆家の分裂抗争と連動して和泉守護家の改変が行われたことを明らかにしている。

そして、近年における細川氏研究のまとまった成果として挙げられるのが、古野貢氏の一連の研究である[20]。古野氏は、先述した小川信氏による「細川氏同族連合体制」、川岡勉氏の「室町幕府―守護体制」という二つの概念を援用して「京兆家―内衆体制」という独自の概念を提起し、細川氏の分国支配構造の追究を行っている[21]。だが、「京兆家―内衆体制」の主要な論点である京兆家と庶流守護家の一体性、内衆の存在形態について、古野氏が提示した概念と史料から導き出される実態には矛盾が生じており、細川氏の権力構造を理解する上で有効な概念ではないと考えられる[22]。

ただし、古野氏の研究において幕政に関する言及が見られる点は注意を要する。古野氏は、戦国期の細川京兆家は幕府を代替したという今谷氏に類似する見解を提示しているが、その論拠は示されていない。現状の幕府政治史研究を踏まえれば首肯できない見解だが、こうした見解が生じるのは、近年の細川氏研究が幕政と細川京兆家の関係を論じておらず、幕府政治史研究との乖離が進んでいるためである。

以上、幕府政治史に関連する将軍権力・大名・細川氏の研究史について見てきたが、今谷氏以降の研究によって、戦国期幕府における将軍権力の自立性、細川京兆家以外の大名による幕政関与が明らかになり、幕府内専制化の過程とされた細川京兆家の政治動向も幕府制度外の動向との位置づけがなされた。戦国期幕府を細川京兆家による畿内政権とみなす今谷氏の幕府論は、その理論的根拠が崩れており、実態との乖離から疑問視されることになった。現状では今谷氏に代わる戦国期幕府の明確な規定は見られないが、将軍・大名による連立政権という認識が共通見解となっている。

だが、通史においては今谷氏の幕府論の影響がいまだ根強い。戦国期の代表的な通史である勝俣鎮夫氏の著作では、戦国期幕府を「細川氏家督（京兆家）が幕政を左右する幕府体制」とするなど、今谷氏の幕府論に依拠して幕府政治史が叙述されている[23]。このような傾向は近年になっても続いており、戦国期の国家史を論じた池享氏は戦国期幕府を「政治の実権は京兆家や三好氏の手に移り、将軍の地位もその動向によって左右されるようになった」とし、「畿内政権という地方権力にすぎない」とするが、細川京兆家が実権を持つ畿内政権という見解は今谷氏の幕府論の踏襲に他ならない[24]。

このように、幕府政治史研究の進展によって実証面における課題が明らかになったにもかかわらず、今谷氏の幕府論は通史に対して大きな影響力を持っている。では、現状の幕府政治史研究はどこに問題があるのであろうか。

まず、第一の問題点は、将軍と大名を切り離して幕府政治を論じていることである。今谷氏の幕府論は実証面で矛盾を抱えつつも、細川氏が主導する畿内政権という一貫した論理で説明することによって包括的な幕府像を提示していた。だが、その後の幕府政治史は将軍権力や大名の個別研究に分化した上、特定の将軍や大名の研究に特化し、各時期の政治形態の差異を比較する視点が乏しかった。将軍・大名を個別に取り上げる研究手法は個々の権力構造や政治動向の整理に適しているが、それだけでは幕政の部分的解明にしかならず、全体像構築には結びつかない。そのため、将軍・大名の関係は相互補完関係と規定されるにとどまり、両者の力関係の変化や権限の分掌への理解は深まらなかった。その結果、戦国期幕府に対する実態解明が進展したにもかかわらず、全体像については将軍・大名の連立政権という曖昧な共通認識しか生まれなかった。現状の幕府政治史研究は今谷氏に代わる幕府政治の構造を提示できておらず、そのことが今谷氏の幕府論が依然として踏襲される要因と考えられる。

そこで、本研究では幕政を将軍・大名による共同執政という観点から捉え直し、両者を一体的に検討することで幕政の総合的理解を図る。幕政を考察するための課題としては、幕府儀礼に注目する。従来の戦国期幕府政治史研究では幕府儀礼は形式的なものとして軽視され、その政治的意義が考察されることはなかった。だが、幕府儀礼の体系的研究を行っている二木謙一氏は、儀礼を典礼・礼式・故実・年中行事などの総称と規定し、室町幕府の年中行事は足利将軍を中心とする儀礼的秩序の絆であったと指摘した上で、室町期では成立期の儀礼に幕府内の力関係が反映されていたことを明らかにした[25]。

戦国期においても幕府儀礼には将軍・大名の力関係や大名間の序列が反映されており、政治色は濃厚である。将軍・大名は儀礼の主要な構成員であり、幕府儀礼は両者が共同で実施する政策として捉えることができる。また、複数の時期にわたって継続的に行われている儀礼も多いため、各時期の相互比較によって将軍・大名の力関係や政策志向の特質を把握することが可能である。幕府儀礼は将軍・大名を一体的に捉えた上で幕政を考察することに適した事例であり、儀礼を政治史の観点から考察することで、幕府政治史研究・幕府儀礼研究の双方に新たな視点を提示することができる[26]。

第二の問題点は、幕府政治における細川京兆家の政治的位置が論じられていないことである。近年の幕府政治史研究の比重は将軍権力・細川京兆家以外の大名に移り、今谷氏の幕府論の相対化が進められているが、細川京兆家が幕政に大きな影響力を持っていたことには変わりない。だが、細川氏研究は幕政と別個に論じられており、細川京兆家の政治的位置は不明である。細川京兆家を排除して構築された幕政は一見整合的に見えるが、実際は一部を取り上げ全体に敷衍させて理解しているにすぎない。細川京兆家研究の低調が幕政の全体像構築を妨げる要因となっている。

そこで、本研究では細川京兆家奉行人奉書を考察することで細川京兆家の政治的位置の解明を図る。細川京兆家の幕政関与は多岐にわたるが、現状の研究史を踏まえると、優先的に考察すべきは細川京兆家奉行人奉書の政治的意義ではないかと考えられる。細川京兆家奉行人奉書による遵行は今谷氏の幕府論の中核だが、部分的な批判しか行われておらず、幕政上における機能は明確ではない。今谷氏の研究は細川京兆家と幕政の関係を正面から論じた唯一の研究であり、研究史に与えた影響も大きい。今谷氏の研究を総括し、その批判的検証を通じて細川京兆家の政治的位置を再考することが幕政の構造的理解につながる。また、奉書による裁許の補完と幕政代行は大内義興や六角定頼には見られない細川京兆家独自の政治動向であり、細川京兆家の幕政上の位置を理解する上で有益な課題である。

第三の問題点は、幕府政治に参加した大名の政治的位置が定まっていないことである。現状の幕府政治史研究は大内義興や六角定頼などの個々の大名の事例研究にとどまり、幕政に参加した大名が利害関係を共有し、一個の政治勢力として連携していたことは捨象されている。他方、幕政への参加の有無を考慮せずに大名を一括して把握し、将軍との相互補完関係にあったとする見解も見られるが、幕政への影響力を考慮せず大名を平板に理解することは大名ごとの発言力の差を無視することになり、幕政の構造的理解を妨げる。幕政における大名の政治的位置の解明が不十分であると言わざるを得ない。

幕府政治に参加した大名の政治的位置を明らかにするためには、細川京兆家当主や大内義興・六角定頼らの幕政に関与した大名を一体的に捉える観点を設けることで彼らを共通の政治勢力と認識すること、幕政への参加の有無によって大名を区別することで大名の差別化を図ること、の二つが求められる。

幕政に参加した大名の共通項は、京都に邸宅あるいは恒常的な宿所を持ち、在京しつつ幕政に参加する、あるいは、畿内近国に本拠を持ち、在国のまま幕政に参加することである。大名の大半が前者の形態で幕政に参加したことを踏まえると、「在京大名」という呼称が妥当であると考える(27)。無論、六角定頼のように平時は在国していた大名も含むという点で在京という言葉は正確ではないが、彼らは在京と在国を繰り返すことで幕政参加を果たしており、その点において在京大名という概念に包摂される存在である。また、自身は在国していても将軍権力と緊密に連絡を取り合っており、在京大名から除外するのは幕政の総体を論じる上で不適切である。そこで、本研究では恒常的に幕政に参加し、政策決定に影響力を及ぼした大名を仮に在京大名と規定し、その具体的解明を進めることにする(28)。

また、直接幕政に参加して政策決定に影響力を及ぼすことはないが、将軍権力や在京大名と交渉を持つ大名は、史料上「在国大名」と表現されている(29)。幕政に直接参加しない大名は在国していること、在京大名と明確に区別できることを踏まえると、妥当な呼称であると考える。よって、本研究では在国して直接幕政に参加しない大名を指す呼称として「在国大名」という用語を用いることにする。

第四の問題点は、幕府政治史の考察対象とする時期が義晴後期に偏っていることである。現状の幕府政治史研究は、幕政の内情を記した『大館常興日記』や『親俊日記』という幕臣の日記があり、『言継卿記』や『天文日記』など公家・寺家の史料にも恵まれた、足利義晴治世期後半の義晴後期に集中しており、義晴後期の幕政をもって戦国期の幕政全体を代表させる傾向がある。しかし、義晴後期は将軍の権力基盤の整備、細川京兆家の政治力の低下などによって相対的に将軍の発言力が向上し、大名の影響力が低下していた時期である。将軍・大名の力関係は時期によって異なることを十分認識せず、義晴後期を典型として幕政を理解してきたことが、大名の政治的役割の過小評価を招いている。

義晴後期を中心とする従来の研究を相対化するためには、他の時期における在京大名の政治的位置を追究することが求められる。明応の政変（明応二年、一四九三）が幕府政治史上の画期とされることを踏まえると、義晴後期との対比に適した時期は、政変後の義澄期・義稙後期・義晴前期になる。特に、明応の政変前後での幕府の変化を対比できる義稙後期、義晴後期との比較検討に最も適する義晴前期の考察は優先的に行うべきと考える。また、在京大名の幕政上の位置を最も明確に示すのは、政策決定への関与である。しかし、従来の研究で政策決定と在京大名の関係を包括的に論じたものは義晴後期に限られる。したがって、義稙後期・義晴前期の幕政における政策決定過程を考察し、義晴後期との違いを明らかにすることが、在京大名の政治的位置の解明に寄与するものと考えられる。

第五の問題点は、制度史研究に偏っていることである。幕府の政策決定方式や政治機構の実態解明は基礎研究として重要だが、このような静態的研究だけでは政策や政局といった幕府政治の動態的側面を理解することはできない。現状の幕府政治の叙述は、合戦と政変による権力者（将軍・大名）の交代で描かれており、依然として武力を重視した一面的な政治史の理解がなされている。これは、制度と政治過程との対応関係が十分に理解されていないためだが、制度史研究だけではこうした政治史に対する理解を覆すことはできない。

そこで、本研究では政策に注目することで幕府政治の動態的理解を図る。合戦や政局は政治の一部であり、当該期の政策全体の中に位置づけることで整合的に理解することができる。また、幕府儀礼などの政策の内容と成果によって幕府政治を考察することにより、武力偏重の幕府政治史を相対化することができる。そして、政策は将軍・大名が共同で実施するものであり、政策の内容・主導者・優先順位等に当該期の幕府政治の特質が反映されている。重要政策の解明は、各時期における幕府権力の特質を明らかにし、幕府政治の構造的理解を可能にすると考えられる。

以上の問題視角に基づき、本研究では在京大名を中心に幕府政治の解明を試みる。その中でも中核となるのが、細川京兆家の考察である。細川京兆家当主は応仁・文明の乱後も在京を続け、約七〇年の長期にわたって幕政に影響力を行使していた代表的な在京大名であり、幕政における在京大名の政治的位置を明らかにするためには最優先で考察すべき対象である。よって、本研究では将軍や他の在京大名との対比を交えつつ、細川京兆家を中心に幕府政治の構造的特質の解明を行う。

## 二　本研究の構成と意図

本研究の本論は、前項で述べた問題視角に基づき、以下の三章九節で構成する。

第一章では幕府儀礼の政治的機能、第二章では細川京兆家奉行人奉書による幕政の補完と代行、第三章では政策決定過程における在京大名の政治的役割を分析対象とする。各章の順序は、将軍権力と複数の在京大名が連携して幕政を運営するという全体構造をまず示し、次に将軍権力を在京大名の家政機関が補完・代行するという下部構造を示し、その上で、将軍権力と在京大名の家政機関が連携して政策決定・実施を行っているという上部構造を明らかにすることで幕府政治の構造的理解を図るという意図に基づく構成である。

第一章「戦国期の幕府儀礼と細川京兆家」は、将軍御所の猿楽興行、将軍の大名邸御成、足利将軍家元服儀礼の三つの幕府儀礼を検討し、儀礼が政治史上に果たした機能を明らかにする。

猿楽興行は宴の余興、御成は正月の年中行事、元服は成人儀礼に由来する儀礼であり、儀礼的性格は各々異なる。しかし、将軍・在京大名の関係を構築し、政治秩序を形成するという機能を共有しており、一定の共通性を持つ儀礼として扱うことが可能である。本研究においては各儀礼の特質に留意しつつ、幕府の重要政策として幕府儀礼を考察する。

第一節「猿楽興行と在京大名」では、戦国期の将軍御所において武家主催で開催された猿楽興行を検討する。幕府儀礼は史料的制約が大きく、内容の詳細な把握や継続的検討が困難なものが多い。しかし、将軍御所で行われた猿楽興行は、公家の猿楽に対する興味・関心が高いこともあって比較的史料に恵まれている。開催回数も他儀礼と比較して突出して多く、代表的な幕府儀礼と言える。従来、将軍御所での猿楽興行を主催者側に着目して論じた専論はなく、その実態が不明確であるため、戦国期における開催事例を公家・寺家・武家の記録から網羅的に収集した上で主催者・客・費用・目的などの構成要素を明らかにし、猿楽興行の特質解明を行う。その上で、義澄期・義稙後期・義晴前期・義晴後期のそれぞれで開催された猿楽興行と政局との関連性を考察し、その背景にある政策的意図を究明する。

第二節「大名邸御成と在京大名」では、大名邸御成を検討する。大名邸御成とは、将軍が有力大名の館を訪れ、饗膳や猿楽による饗応を受ける臨時の幕府儀礼である。大名邸御成は、儀式次第・客・所作・贈答品目等について記した複数の御成記が現存しており、儀礼内容を把握することができる。また、大名邸御成は政治的画期に行われる特別な儀礼として政治史的に重要なものである。戦国期の大名邸御成も総合的に検討した専論はないため、故実書である「諸大名衆御成被申入記」を基に内容の把握を行う。御成記が大名邸御成の一部を取り上げた別記であるのに対し、「諸大名衆御成被申入記」は全体像を扱っている点で儀礼内容の理解に有益なためである。また、現存する五つの御成記を基に実際に行われた御成の内容整理を行い、故実書との比較検討を行うことにより、儀礼内容の精緻な復原を行う。そして、御成の内容把握を基に儀礼的性格を明らかにし、特質を解明する。その上で義稙後期・義晴前期に行われた御成と政局との関連性を考察し、猿楽興行と同様に背景にある政策的意図を究明する。

第三節「足利将軍家元服儀礼と在京大名」では、将軍後継者の成人儀礼である足利将軍家元服儀礼を検討する。

将軍家元服儀礼も元服記が存在し、詳細な検討が可能である。元服は、将軍後継者選出と密接に関わる重要儀礼として位置づけられる。戦国期の将軍家元服儀礼を儀礼内容に立ち入って検討した専論はないので、足利義澄の元服記である「御元服聞書」を基に加冠・饗宴などの内容の把握を行う。また、元服は室町期の先例を踏襲していることから、元服記の残存する歴代将軍と比較検討し、儀礼内容の精緻な復原を行う。そして、元服の構造的特質について考察を行い、元服が将軍・大名の相互関係において果たした機能の解明を目指す。その上で、足利義澄・義晴・義輝の三人の元服について冠者の将軍と加冠役の大名との相互関係を中心に検討を加え、その背景にある政策的意図を究明する。

小括では、三つの幕府儀礼の特質と個々の政局において果たした機能を整理し、幕府儀礼の政治的機能を総括する。

第二章「細川京兆家奉行人奉書による幕政の補完と代行」では、細川京兆家奉行人奉書の検討を通じて、幕政における細川京兆家の政治的位置の究明を試みる。

第一節「室町幕府奉行人奉書と細川京兆家奉行人奉書」では、細川京兆家奉行人奉書による遵行を検討する。幕府奉行人奉書で出された幕府の命令を細川京兆家奉行人奉書で実行する遵行は、細川京兆家奉行人奉書による幕政補完の代表的な事例である。従来の研究は遵行を幕府制度と捉え、自明なものとして扱っていた。しかし、奉書が発給される前提として受益者による申請が必要であったことを踏まえると、遵行が制度的手続きとして不可欠であったとする見解は検討の余地がある。また、細川京兆家奉行人奉書の大半が細川京兆家の分国を対象に発給されたことから、研究史上では守護遵行という評価がなされている。だが、この評価は細川京兆家奉行人奉書そのものの検討から導き出された見解ではなく、類推にすぎない。そこで、まず、細川京兆家奉行人奉書の発給過程について受益者による発給要請を考慮した上で検討し、遵行を幕府制度と捉える見解の是非を明らかにする。そして、山城国を事例として守護職の有無と奉書発給の関連性を検討し、遵行と幕府制度の因果関係を究明する。

第二節「細川京兆家奉行人奉書の社会的効力」では、細川京兆家奉行人奉書の機能を検討する。従来の研究は細川京兆家と幕政の関係解明を課題としていたため、細川京兆家奉行人奉書の機能を遵行の分析に基づいて理解してきた。しかし、遵行は細川京兆家奉行人奉書の機能の一部であり、実際は細川京兆家の意向に基づいて発給された奉書が大半を占めていた。したがって、細川京兆家奉行人奉書の機能は奉書全体を検討した上で規定すべきものと考える。そこで、単独で発給された細川京兆家奉行人奉書の発給の契機や発給過程を明らかにした上で、様式・発給範囲・充所・内容の四点について検討し、細川京兆家奉行人奉書の機能を究明する。

第三節「細川京兆家奉行人奉書発給の背景」では、細川京兆家奉行人奉書の発給要因を検討する。細川京兆家奉行人奉書は、単独で発給される場合にも幕府奉行人奉書と取り扱う内容の重複が見られ、幕政を補完する側面が見られる。また、幕政の補完から派生した独自の権利保障は幕政を代行する機能を果たしている。そこで、幕府機関の政務処理内容の変化を検討することにより、細川京兆家奉行人奉書と幕府奉行人奉書の内容重複が発生する背景を解明する。そして、細川京兆家による強制執行や内衆による権利侵害といった細川京兆家奉行人奉書の発給要因を考察することで、受益者が細川京兆家に求めた政治的役割を究明する。

第四節「細川京兆家の政治機構」では、細川京兆家奉行人の存在形態と細川京兆家の訴訟審理・裁許機構を検討する。細川京兆家奉行人奉書を理解する前提となる奉行人の家中内における位置づけは、細川京兆家の家中構造が明らかにされていないこともあって定まっていない。また、奉書発給を行う政治機構の解明も未検討の課題として残されている。そこで、細川京兆家奉行人について、奉行人以外の政治動向も含めて包括的に考察し、政治的位置を明らかにする。そして、細川京兆家奉行人奉書発給に至る政策決定過程を検討することにより、細川京兆家の訴訟審理・裁許機構を究明する。

小括では、細川京兆家奉行人奉書の機能と発給要因を整理し、細川京兆家による幕政補完と代行の政治的意義を総括する。

第三章「義稙後期・義晴前期の幕府政治と細川高国」では、船岡山合戦後の秩序形成、および、将軍御所の移転という幕政上の重要政策を検討することにより、在京大名の政治的位置の解明を試みる。義稙後期・義晴前期では一貫して細川高国が幕政に関与しているため、在京大名の代表例として細川高国を主な考察対象とする。

第一節「義稙後期の幕府政治」では、一〇代将軍足利義稙治世後期の船岡山合戦後の秩序形成過程を検討する。義稙は幕府政治の転機とされる明応の政変で失脚した将軍であり、一一代将軍足利義澄との権力闘争を経て将軍に復権した経歴を持つ。明応の政変前後で幕政運営を行っている義稙は、政変による将軍・在京大名の力関係の変化が幕政運営に与えた影響を見る上で適切な対象である。そこで、政変以前における義稙の幕政運営を検討した上で、政変後の重要政策である船岡山合戦後の秩序形成をめぐる将軍足利義稙・在京大名細川高国・大内義興の政策決定への関与と権力闘争を明らかにし、政変による幕政運営の質的転換を究明する。

第二節「義晴前期の幕府政治」では、一二代将軍足利義晴治世前期の将軍御所移転政策を検討する。義晴前期は第一節で扱った義稙後期に続く時期であり、幕府政治の比較対象として適切な時期である。また、「御作事方日記」という将軍御所移転に関する別記が存在し、幕政の内情を詳細に検討できる上、幕府の本拠地移転という極めて重要な政策の決定および実施過程を追うことができる。そこで、「御作事方日記」を用いて国役・棟別銭・候補地・惣奉行・普請始という将軍御所移転に関する重要事項の検討を行い、移転政策の内容把握を行う。その上で、将軍足利義晴と在京大名細川高国を中心に政策決定過程を明らかにし、幕府政治の構造を究明する。

小括では、義稙出奔事件と将軍御所移転の政治的意義を整理し、政策決定過程における在京大名の政治的役割を総括する。

終章では、細川高国に即して本研究の内容を整理することで結論を提示する。高国を取り上げるのは、彼が幕政を主導することで権力を確立した代表的な在京大名と位置づけられるためである。

最後に、本研究で用いる時期区分について述べることにしたい。従来の研究では時期区分に対する認識は研究者によって様々であり、共通見解はない。幕府政治史の代表的な時期区分法としては、将軍の在職期間による区分法、在京大名の幕政参加期間による区分法の二種類が存在する。現状では、幕府政治の実権が在京大名にあると見て、在京大名を中心とする区分法（政元政権、大内・細川政権など）が主流であるが、この区分法では将軍交代に伴う幕府政治の変化を捉えることができない。在京大名の交代も幕府政治に多大な影響を与えるものの、その場合には将軍も交代、あるいは在国しているため、政治的画期を区分する上では将軍を中心とする時期区分で問題ない。また、在京大名の影響力がどれほど強まっても幕府の最高権力者が将軍であることには変わりなく、名実を一致させる上でも将軍を中心とする時期区分が適切であると考える。そこで、本研究においては、将軍交代および在国を指標とし、室町幕府九代将軍足利義尚、一〇代将軍足利義稙、一一代将軍足利義澄、一二代将軍足利義晴、一三代将軍足利義輝の治世期について、以下のように区分する。

義尚期…文明五年（一四七三）一二月一九日～長享三年（一四八九）三月二六日

義稙前期…長享三年（一四八九）三月二六日～明応二年（一四九三）閏四月二五日

義澄期…明応二年（一四九三）閏四月二五日～永正五年（一五〇八）六月八日

義稙後期…永正五年（一五〇八）六月八日～永正一八年（一五二一）三月七日

義晴前期…永正一八年（一五二一）三月七日～大永八年（一五二八）五月二八日

義晴在国期…大永八年（一五二八）五月二八日～天文三年（一五三四）九月三日

義晴後期…天文三年（一五三四）九月三日～天文一五年（一五四六）一二月二〇日
義輝前期…天文一五年（一五四六）一二月二〇日～天文一八年（一五四九）六月二七日
義輝中期…天文一八年（一五四九）六月二七日～永禄元年（一五五八）一一月二七日

なお、死没・失脚に伴う将軍不在期間については、便宜的に次期将軍を中心とする区分に含めることとする。

**註**

（1）今谷明『室町幕府解体過程の研究』（岩波書店、一九八五年）。同『守護領国支配機構の研究』（法政大学出版局、一九八六年）。

（2）今谷明「管領代奉書の成立」（同『守護領国支配機構の研究』、法政大学出版局、一九八六年、初出は一九七五年）。同「幕府管轄領域の変遷」（同『室町幕府解体過程の研究』、岩波書店、一九八五年、初出は一九八一年）。同「細川・三好体制研究序説」（同『室町幕府解体過程の研究』、岩波書店、一九八五年、初出は一九七三年）。

（3）今谷明「「京兆専制」」（同『室町幕府解体過程の研究』、岩波書店、一九八五年、初出は一九七七年）。

（4）今谷明「終章」（同『室町幕府解体過程の研究』、岩波書店、一九八五年）。

（5）設楽薫「将軍足利義材の政務決裁」（『史学雑誌』九六編七号、一九八七年）。同「室町幕府の評定衆と「御前沙汰」」（『古文書研究』二八号、一九八七年）。同「足利義材の没落と将軍直臣団」（『日本史研究』三〇一号、一九八七年）。同「足利義尚政権考」（『史学雑誌』九八編二号、一九八九年）。同「将軍足利義晴の政務決裁と「内談衆」」（『年報中世史研究』二〇号、一九九五年）。同「将軍足利義晴の嗣立と大館常興の登場」（『日本歴史』六三一号、二〇〇〇年）。同「足利義晴期における内談衆の人的構成に関する考案」（『遙かなる中世』一九号、二〇〇一年）。同「将軍足利義晴期における「内談衆」の成立（前編）」（『室町時代研究』一号、二〇〇二年）。同「室町幕府奉行人松田丹後守流の世系と家伝史料」（『室町時代研究』二号、二〇〇八年）。

（6）山田康弘『戦国期室町幕府と将軍』（吉川弘文館、二〇〇〇年）。

（7）　註(6)山田著書。山田康弘『戦国時代の足利将軍』（吉川弘文館、二〇一一年）。同「将軍義輝殺害事件に関する一考察」（『戦国史研究』四三号、二〇〇二年）。同「戦国期大名間外交と将軍」（『史学雑誌』一一二編一一号、二〇〇三年）。同「戦国期における将軍と大名」（『歴史学研究』七七二号、二〇〇三年）。同「戦国期栄典と大名・将軍を考える視点」（『戦国史研究』五一号、二〇〇六年）。同「戦国期本願寺の外交と戦争」（五味文彦・菊池大樹編『中世の寺院と都市・権力』、山川出版社、二〇〇七年）。同「戦国時代の足利将軍家と本願寺・加賀一向一揆」（『加能史料研究』二一号、二〇〇九年）。同「戦国期伊予河野氏と将軍」（『四国中世史研究』一〇号、二〇〇九年）。同「戦国期将軍の大名間和平調停」（阿部猛編『中世政治史の研究』、日本史史料研究会、二〇一〇年）。

（8）　今岡典和「御内書と副状」（大山喬平教授退官記念会編『日本社会の史的構造　古代・中世』、思文閣出版、一九九七年）。同「足利義稙政権と大内義興」（上横手雅敬編『中世公武権力の構造と展開』、吉川弘文館、二〇〇一年）。

（9）　奥村徹也「天文期の室町幕府と六角定頼」（米原正義先生古希記念論文集刊行会編『戦国織豊期の政治と文化』、続群書類従完成会、一九九三年）。

（10）　西島太郎『戦国期室町幕府と在地領主』（八木書店、二〇〇六年）。

（11）　小谷利明「畠山稙長の動向」（矢田俊文編『戦国期の権力と文書』、高志書院、二〇〇四年）。

（12）　森田恭二「細川高国と畿内国人層」（『ヒストリア』七九号、一九七八年）。同「戦国期畿内における守護代・国人層の動向」（『ヒストリア』九〇号、一九八〇年）。

（13）　横尾國和「摂津守護代家長塩氏の動向と性格」（『史学研究集録』五号、一九七九年）。同「摂津守護代家薬師寺氏の動向と性格」（『國學院大學大學院紀要』一二輯、一九八〇年）。同「細川氏内衆安富氏の動向と性格」（『國史学』一一八号、一九八二年）。同「明応の政変と細川氏内衆上原元秀」（『日本歴史』四二七号、一九八三年）。同「細川内衆内藤氏の動向」（『國學院雑誌』八九巻一一号、一九八八年）。同「細川政元政権評定衆と秋庭氏」（米原正義先生古希記念論文集刊行会編『戦国織豊期の政治と文化』、続群書類従完成会、一九九三年）。

（14）　末柄豊「細川氏の同族連合体制の解体と畿内領国化」（石井進編『中世の法と政治』、吉川弘文館、一九九二年）。

（15）　小川信「世襲分国の確立と内衆の形成」（同『足利一門守護発展史の研究』、吉川弘文館、一九八〇年）。

(16) なお、細川氏による被官関係の一元化と山城国領国化は田中淳子氏も指摘している（田中淳子「山城国における「室町幕府―守護体制」の変容」、『日本史研究』四六六号、二〇〇一年）。

(17) 山下知之「細川氏同族連合体制についての一考察」（『鳴門史学』一四集、二〇〇〇年）。同「阿波国守護細川氏の動向と守護権力」（『四国中世史研究』六号、二〇〇一年）。

(18) 同族間の連携が乱後も維持されていたことを踏まえると崩壊というのは行きすぎた表現であるが、戦国期においては、庶流守護家の自立や細川京兆家の畿内重点化、京兆家の分裂などのために、細川家一門の族的結合が弱まる傾向が見られる。

(19) 岡田謙一「室町後期の和泉下守護細川民部大輔基経」（『日本歴史』五六六号、一九九五年）。同「細川高国派の和泉守護について」（『ヒストリア』一八二号、二〇〇二年）。同「細川右馬頭尹賢小考」（阿部猛編『中世政治史の研究』、日本史史料研究会、二〇一〇年）。

(20) 古野貢『中世後期細川氏の権力構造』（吉川弘文館、二〇〇八年）。同「室町幕府―守護体制下の分国支配構造」（『市大日本史』一二号、二〇〇九年）。

(21) 註(15)小川論文。川岡勉『室町幕府と守護権力』（吉川弘文館、二〇〇二年）。

(22) 古野氏の研究は本研究の趣旨と直接関わるものではない。しかし、書評を見る限り研究内容が十分理解されているとは言い難く、細川氏研究の立場からは本研究との相違点を明確にし、研究史上の位置づけを行う必要があると考えられる。そこで、以下に研究内容と課題の整理を行うことにしたい。

古野氏は中世後期の政治構造を考える際の基軸は、「室町幕府―守護体制」であるとし、その変質の意義について、細川氏の権力構造を段階的に分析することにより、細川氏権力によって形成された政治構造を評価し、前近代社会における武家の権力維持システムの一例を提示することを研究目的としている。これは、「室町幕府―守護体制」を構造的に支えた権力である細川氏権力の内部構造の変質が、「室町幕府―守護体制」の変質に多大な影響を与え、中世後期政治構造をも転換させていくとの見通しに基づくものである。

川岡氏は「室町幕府―守護体制」について、「中央権門としての幕府と地域権力としての守護が相互補完的に結合するところに形成された」とし、室町幕府は「上意を中核に有力大名が結集することで武家権力の安定が確保されていた点に構造的特質が存在する」としている。古野氏は、守護が自己の守護職や守護分国の獲得・維持を目的に幕府のもとに結集し、合議によって形成されていた政治体制を「前期幕府―守護体制」とし、一五世紀中葉以降、他守護権力などを自らの陣営に系列化することにより、細川氏によって主導される段階を、「後期幕府―守護体制」と規定して、「室町幕府―守護体制」を前期と後期に区分しているが、その他についてはほぼ川岡氏の見解を踏襲している。ただし、川岡氏は守護の在国化などによって一五世紀中葉に「室町幕府―守護体制」が変質したと指摘したが、細川氏によって主導されたとするのは古野氏独自の見解である。

古野氏は「京兆家―内衆体制」について、「「京兆家―内衆体制」の本質は、細川京兆家を核に、庶流守護家が結合して細川氏全体として権力確立を図り、内衆と呼ばれる被官衆がその紐帯として機能するというものである」と規定している。そして、「細川氏総領、庶流守護家、およびこれらを支える被官層を含めた、権力化した細川氏全体を指す概念」を細川氏権力と規定し、細川氏を惣領家・庶流家とその内衆の集合体として捉えている。また、内衆を惣領家・庶流家に横断的に配置され、様々な機能（守護代、奉行人、代官など）を果たし、京兆家を核に庶流守護家が結合する紐帯として機能するものとし、京兆家内衆である一方、複数の家に分かれて庶流守護家の内衆として活動する、あるいは、その分国に所領を有することにより、細川氏同族連合体制の紐帯となっており、中央と地方の緊密な連結を可能とする存在とした。

古野氏の研究の特徴は、「京兆家―内衆体制」という独自の概念に基づいて細川氏の分国支配構造を追求した点にある。また、事例研究としては、摂津（京兆家）・和泉（和泉上守護家・和泉下守護家）・備中（備中守護家）の三国を事例として、細川氏による領国内の経済拠点の掌握や内衆の存在形態から分国支配構造を検討している。ただし、掲げられた事例は内衆については小川信・末柄豊・横尾國和の三氏、庶流家については岡田謙一・小川信・末柄豊・山下知之の四氏の成果による部分が大きく、実態解明に重点を置いた事例研究ではなく、先行研究で明らかにされた内衆や庶流家に関わる事実関係を古野氏の概念に基づいて整理したという性格が濃厚である。したがって、研究の主眼は事実関係の提示ではなく「京兆家―内衆体制」という概念の論証にあり、この概念の妥当性を問うことが同氏の研究の評価につながると考えられる。

では、一五世紀中葉以降の細川氏の権力構造を「京兆家―内衆体制」という概念で理解することは適切なのであろうか。この点については、いくつか疑問に思われる点がある。まず、「細川氏同族連合体制」と「京兆家―内衆体制」の関係である。古野氏は「細川勝元の死去と後継者政元が幼少であったという細川氏権力の危機的状況の克服と、幕府―守護体制内での地位の保全を目的として、同族連合の再編強化が必要とされた」ことから「京兆家―内衆体制」が一五世紀中葉に確立したとする。しかし、京兆家の内衆は室町期を通じて庶流家分国で活動しており、この時期に活動が始まったわけではなく、急速に活発になったわけでもない。古野氏が「京兆家―内衆体制」とする内衆を通じた京兆家と庶流守護家の結合は、これまでに「細川氏同族連合体制」の実態として末柄豊・山下知之両氏によって解明されたものと同一の現象であり、新たな概念で捉えなければならない必然性は乏しい。

京兆家と庶流守護家の関係を踏まえると、両者の内衆を「細川氏内衆」として一体的に捉えることは疑問に思われる。古野氏は「細川氏権力」として細川氏惣領家である京兆家と細川氏庶流守護家である阿波守護家・淡路守護家・和泉上守護家・和泉下守護家・備中守護家を一体的に捉えている。だが、細川氏の庶流守護家は、南北朝期から遅くとも室町中期には別個の家となり、内衆も家ごとに形成している。京兆家と庶流守護家に分かれた当初は血縁関係も近く、内衆同士の提携も見られたであろうが、世代交代が進んだ段階で提携関係が維持されていたとは言いきれず、京兆家と庶流守護家の紐帯として機能していたかどうかは定かではない。

また、古野氏は「細川氏権力」として京兆家と庶流守護家を一体的に捉えているが、両者は必ずしも常に協調関係にあったわけではない。戦国初期の京兆家と阿波守護家の対立のように、利害関係の対立に伴ってそれぞれ独自の政治動向を示している場合もある。古野氏の「細川氏権力」という捉え方は京兆家と庶流家の一体性を強調するあまり、庶流守護家の主体性を捨象してしまっている。京兆家と各庶流守護家は別個の権力であり、両者の結合関係はその主体性を考慮した上で追求すべきである。

「細川氏内衆」という概念規定は、内衆の存在形態の点でも疑問に思われる。古野氏は、「細川氏内衆」とは京兆家内衆である一方、複数の家に分かれて庶流守護家の内衆として活動し、細川氏同族連合体制の紐帯となっていたとする。

だが、古野氏が明らかにしたのは特定の家の内衆とその一族と見られる者が京兆家・庶流守護家双方で内衆として活動していること、京兆家内衆が庶流守護家の分国に所領を有していることであって、内衆が京兆家・庶流守護家の紐帯となっているという指摘は推定にすぎない。例えば、古野氏が典型的な細川氏内衆と評価する庄氏の場合、備中を本貫地として所領を有し、備中守護家で守護代を務める一族、京兆家内衆を務める一族、和泉下守護家で内衆を務め、和泉に所領を有する一族などが存在するが、彼らが一族間で緊密に連絡を取り合っていたという論証はなく、京兆家と庶流守護家の紐帯となっていたとする積極的な証拠もない。他方、末柄豊氏は、京兆家・庶流守護家の双方に同族と見られる内衆が存在することを根拠として、京兆家による庶流守護家の統制と評価している。同じ事例を古野氏は京兆家と庶流守護家の紐帯、末柄氏は統制と異なる評価をしているが、これは内衆の一族が京兆家・庶流守護家に存在するだけではどちらとも判断しうるからであり、山下氏が指摘したように、統制と捉える史料的根拠は乏しいが紐帯と捉える根拠も同様に乏しい。したがって、内衆の存在形態だけでは内衆が京兆家・庶流守護家の紐帯となっていたとは言えない。

また、古野氏は前述の庄氏を内衆の典型例とするが、同族が京兆家と庶流守護家の双方で内衆として活動しているのが確認されるのは庄氏と飯尾氏程度である。その他の内衆は京兆家内衆が庶流守護家の分国内で活動しているだけだが、これは秋庭氏のように本貫地である場合や、分国内に京兆家の家領が存在し、その権益と特定の内衆が結びついているからであって、有力な内衆でも庶流家分国での活動が見られないものも多い。庄氏のような存在形態は内衆の存在形態の一部にすぎず、典型例とみなすことはできない。

古野氏は、細川氏が一五世紀中葉から一六世紀中葉に至る約一世紀の間、室町幕府および畿内政治史において主たる役割を果たし、戦国期には幕府を代替したとするが、その根拠は細川氏による各守護家の系列化という理解によるものと見られる。系列化とは、川岡氏が嘉吉の乱後に細川、畠山の両管領家の一方を頂点に結びつく形で諸大名の系列化が進行したことを指摘したものであるが、川岡氏は応仁・文明の乱後については言及していない。したがって、古野氏は義政初期における大名の系列化という川岡氏の指摘を拡大解釈して戦国期にも援用したのであろうが、論証は行われていない。細川氏が幕府を代替したという理解は今谷氏の見解に極めて近い見方であるが、幕府政治史研究の進展によって明らかにされた将軍権力の自立性、細川京兆家以外の大名による幕政関与と相対立する見解である。史料的根拠が示されることなく細川氏についてこのような評価がなされると誤解を招き、細川氏研究を後退させる恐れがある。

また、細川氏は「室町幕府—守護体制」を体現する典型的な守護であるとするが、川岡氏はこのような指摘はしておらず、古野氏独自の評価である。古野氏が細川氏を典型的な守護と評価したのは、細川京兆家と庶流家が双方の分国に所領を有することや、内衆が京兆家・庶流家に分かれていたことを根拠としたものと考えられる。だが、京兆家と庶流家がそれぞれの分国に所領を持つことは、家領が守護職と別個に既得権益として相伝されていたと理解できる。例えば、越中国太田保は細川京兆家領として戦国期まで相伝されるが、越中国守護は畠山惣領家であったように、他守護家の分国に守護が所領を有することは細川氏内部に限られた現象ではない。内衆が惣領家・庶流家それぞれに分かれるのも、畠山惣領家・能登守護家で守護代を務めた遊佐氏のように他守護家でも見られる現象であり、細川氏独自のものではない。したがって、細川氏による分国支配の独自性を高く評価することはできない。山名氏や畠山氏の庶流家は守護職を保持して分国支配を行っており、同族連合による分国支配という点では細川氏の比較対象とすべきであろうが、言及は全く見られない（なお、川岡勉氏は著書『山名宗全』〈吉川弘文館、二〇〇九年〉において、山名氏の同族連合体制が存在したと指摘している）。

以上のように、古野氏の研究は、概念規定の有効性や概念と史料から導き出される実態の矛盾などの課題が見られるため、現状では細川氏の権力構造を理解する概念としては適切ではないと考える。

（23）勝俣鎮夫「戦国大名「国家」の形成」（同『戦国時代論』、岩波書店、一九九六年、初出は一九九四年）。

（24）池享「地域国家の分立から統一国家の確立へ」（宮地正人・佐藤信・五味文彦・高埜利彦編『国家史』、山川出版社、二〇〇六年）。

（25）二木謙一『中世武家儀礼の研究』（吉川弘文館、一九八五年）。同『武家儀礼格式の研究』（吉川弘文館、二〇〇三年）。

（26）本研究は戦国期の幕府政治を考察するための課題として幕府の重要政策である儀礼を取り上げるものであり、王権論を意識した近年の儀礼研究とは直接的な関わりはない。

(27)　近年の南北朝期・室町期政治史研究の中には、在京して幕政運営に参加する大名を守護と区別して在京大名と位置づけるものが出てきている（山田徹「南北朝期における所領配分と中央政治」『歴史評論』七〇〇号、二〇〇八年。吉田賢司『室町幕府軍制の構造と展開』、吉川弘文館、二〇一〇年）。本研究で扱う在京大名も政治形態の淵源は室町期にあり、共通する要素もあると見られる。だが、室町期の在京大名研究は始まったばかりで比較検討しうるだけの研究の蓄積はなく、安易な比較は議論の混乱を招く恐れがある。また、複数の有力大名が在京した室町期と有力大名の大半が在国した戦国期では幕府政治の構造が大きく変化しており、在京大名の政治的地位には段階差があったと考えられる。したがって、本研究における「在京大名」は筆者の定義に基づいて用いることにする。

(28)　在京大名は原則的には大名家当主を指すが、当主が在国して嫡子が在京している場合、嫡子を大名の名代と捉えて在京大名に含めた。なお、本研究では直接扱わないが、この用語は三好長慶・織田信長も対象範囲に含むものである。

(29)　『史料纂集　長興宿禰記』（続群書類従完成会）文明一九年九月一二日条。『増補続史料大成　蔭涼軒日録』（臨川書店）長享三年一〇月二日条。

図1　細川京兆家略系図

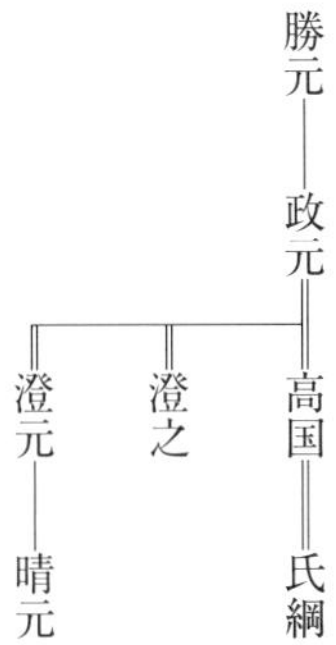


図2　足利将軍家略系図

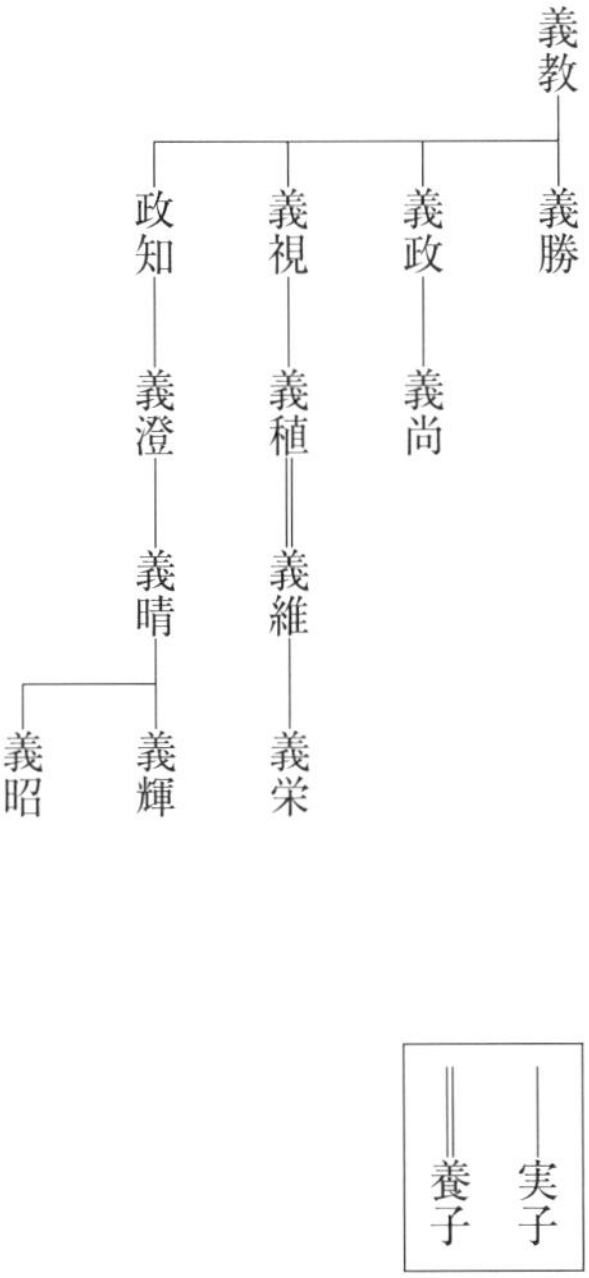

# 第一章　戦国期の幕府儀礼と細川京兆家

## はじめに

本章では戦国期の代表的な幕府儀礼である、将軍御所の猿楽興行・将軍の大名邸御成・足利将軍家元服儀礼を検討し、戦国期の幕府儀礼が政治史上に果たした機能を解明する。

戦国期幕府政治の研究は、将軍の権力基盤、在京大名の幕政関与のあり方など、政治機構や政策決定過程といった権力構造の解明を中心に行われてきた。そこでは武力や経済力等の実力を重視したため、儀礼を形骸化したものとして軽視し、顧みなかった。

足利義晴の側近を務めた戦国期の幕臣、大舘常興の記した『大舘常興日記』では幕府儀礼に関する記事が大きな比重を占めている。これは、政所頭人を務めた伊勢家の内衆、蜷川家の『親元日記』や『親俊日記』でも同様である。政務日誌的性格が強い幕臣の日記でわざわざ記事を設けていることから明らかなように、儀礼は幕府政治の中核であった。

では、室町幕府の儀礼研究は儀礼をどのように評価しているのであろうか。二木謙一氏は室町期の幕府儀礼の成立・変遷過程を検討し、成立期の儀礼には幕府内の力関係が反映されていたことを明らかにした[1]。一方、儀礼は確立すると政治や社会との関係が薄れて形式化したと評価する。戦国期の幕府儀礼について故実書を用いて年中行事の検討を行ったが、廃絶する年中行事が多いことから、幕府全盛期からの儀礼内容の変化を指摘するのみで政治的意義については評価していない[2]。

　しかし、戦国期に幕府年中行事の多くが廃絶したことは事実だが、一方で式日が定められていない臨時の儀礼（年中行事化しておらず不定期に行われる儀礼。以下、臨時儀礼とする）が著しく増加している。年中行事が減少し小規模化する一方で、臨時儀礼は盛大に行われており、儀礼自体が形骸化して無意味になったわけではない。将軍の権力基盤の弱体化や有力大名の在国による幕府政治の変質が幕府儀礼を変質させ、儀礼の中核が年中行事から臨時儀礼へと移行したと考えられるのである。

　戦国期の幕府儀礼は史料的制約のために内容を知ることができるものは限られる。その中にあって、将軍御所で行われた猿楽興行は、公家の猿楽に対する興味・関心が高いこともあって比較的史料が豊富である。古記録で把握できる開催回数が他儀礼と比較して突出して多いことからすると、猿楽興行は最も盛んに行われた幕府儀礼と考えられる。

　それでは、先行研究は幕府政治と猿楽の関係をどのように評価しているのであろうか。室町期の武家と猿楽の関係を検討した五島邦治氏は、将軍や大名などの武家を保護者、演者を被保護者とし、有力な武家が支援する演者の興行比率が高まるなど、将軍御所の猿楽興行に保護者と被保護者の関係が反映されていることを指摘した[3]。しかし、五島氏の研究の重点は武家と演者の関係の解明にあったため、猿楽を通じた幕府政治の分析は行われなかった。

　一方、戦国初期の後土御門天皇期の朝廷における猿楽興行を検討した小森崇弘氏は、摂家・清華家の参入と脱落など、費用負担を行った公家集団の変遷から、戦国期公家社会の政治的変容を指摘している[4]。小森氏は朝廷の猿楽興行と朝政の連動を明らかにしており、そのことを踏まえると、将軍御所の猿楽興行も興行の契機や主催者の意図といった主催者の観点から検討することで、幕府政治史上の機能を明らかにすることが可能である。

しかし、戦国期に将軍御所で行われた猿楽興行を扱った研究は、豊富な事例を用いて猿楽の変遷を論じた能勢朝次氏のものがあるのみで[5]、幕府政治の観点から扱った専論はない。

そこで、第一節「猿楽興行と在京大名」では、猿楽興行の内容を復原した上で、幕府儀礼としての特質を明らかにする。幕府儀礼は個々の儀礼によって性格が異なっており、政局における機能を論じる前提として儀礼的性格の理解が欠かせないためである。そして、義澄期・義稙後期・義晴前期・義晴後期における猿楽興行を考察し、その背景にある政治的意図を明らかにする。猿楽興行は政策実現の手段として機能しており、その考察を通じて幕府政治の構造的特質を解明する。

将軍の大名邸御成は、将軍が有力大名の館を訪れ、饗膳や猿楽による饗応を受ける幕府儀礼である。そして、大名邸御成は儀礼内容を記した別記が現存する特別な儀礼であった。別記の存在は儀礼を継続的に挙行しようとする意思を示すものであり、御成が幕府の重要儀礼であったことを物語っている。また、御成は人々の関心を集める儀礼であったために記録にも残りやすく、別記と合わせて考察することで儀礼内容の把握が可能である。

御成の成立と変遷過程を検討した二木謙一氏は、応永年間に幕府の正月行事として管領邸への御成始が成立し、足利義満没後の義持期に、細川・斯波・畠山・赤松・山名・京極の諸邸へも恒例の御成が行われるようになったことを明らかにした。また、御成には将軍と大名の関係を親密にする意義があり、幕府における勢力関係が反映されていたこと、幕府の公式儀礼を滞りなく務めることが家門の名誉・面目に関わるものとして重視されたことを指摘した。御成の対象となったのは幕政に参加した有力大名であり、御成が政治的意図に基づいて行われていたことが明らかになった。

二木氏は一方、室町中期以降の御成は先例の踏襲が重視されて格式化・形骸化し、応仁・文明の乱を経て幕府の公式儀礼から姿を消したとする。だが、戦国期は正月の恒例御成が廃絶する一方で、不定期に行われる臨時御成が増加し、恒例御成に代わる幕府儀礼として機能した。臨時御成の主催頻度や対象には幕府内の力関係が反映されており、戦国期においても御成は幕府の政策として機能していたと考えられる。

戦国期の大名邸御成は文化史を中心に研究が蓄積されているが、幕府儀礼の観点から追究したものは見られず、儀礼の全容が扱われたものはない[6]。しかし、儀礼として分析するためには、全体構造を把握した上でその特質を明らかにする必要がある。また、戦国期の幕府政治史研究では儀礼を形骸化したものと見る傾向があり、考察対象としてこなかった。御成の研究は幕府政治を新たな視点から捉え直すことにもつながる。

そこで、第二節「大名邸御成と在京大名」では、大名邸御成の内容を復原し、幕府儀礼としての特質を明らかにする。そして、義稙後期・義晴前期に行われた大名邸御成の政治的意図に対する考察を通じて、儀礼に反映された政治構造の解明を試みる。

大名邸御成と同様、別記が作成されたのが足利将軍家の元服儀礼である。元服は男子が成人となるためにする通過儀礼だが、足利将軍家の場合、元服儀礼が行われるのは将軍の後継者であった。元服は将軍宣下と対になって行われることも多く、次期将軍の選定と密接に関わる重要儀礼であった。

では、先行研究は足利将軍家の元服儀礼をどのように評価しているのであろうか。二木謙一氏は元服記を用いて足利義満・義教・義輝の元服儀礼の内容を明らかにし、将軍の資格として重要な意義を有していたと指摘した[7]。森茂暁氏は義満から義教までの元服儀礼の内容を検討し、武家の儀と公家の儀に大別される元服の仕方は、元服時における幕府内の政治状況や力関係に規定されていたことを明らかにした[8]。阿部綾子氏は加冠役と理髪役を中心に足利将軍家と徳川将軍家の元服を比較し、将軍とその補佐役である管領との力関係の変化が元服の次第に影響するなど、足利将軍家の元服は政治情勢に左右される流動的な側面を持ち、政治上実質的な権力を持つ者、およびその権力者の意向を汲んだ者が、加冠や理髪の役を担う傾向にあったことを指摘した(9)。

森氏と阿部氏が指摘するように、元服は実施時の政治情勢や幕府内の力関係が反映された儀礼として位置づけられる。しかし、戦国期の元服については加冠役と理髪役の違いから阿部氏が論じているものの、幕府政治の構造分析はなされていない。

また、二木氏は武家の儀で行われた足利義教の元服について、鬢所での加冠、会所での備服および祝宴、寝殿での八幡遙拝の四つに分類している(10)。だが、森氏が指摘するように、ひと口に武家の儀と言ってもその内容は実施時の政治情勢に対応して変化しており、二木氏の分類が武家の儀で行われた元服儀礼全般に適用できるかどうかは検証が必要である。また、二木氏の著書は概説書であるために儀礼の内容紹介にとどまっており、儀礼の全体構造や個々の要素の持つ意味までは明らかになっていない。元服に反映された将軍と大名の力関係を理解するには、前提として元服儀礼の構造を把握し、その特質を明らかにする作業が必要である。

そこで、第三節「足利将軍家元服儀礼と在京大名」では、足利将軍家元服儀礼の内容を復原し、その構造的特質を明らかにする。そして、義澄・義晴・義輝の三者の元服の政治的背景を考察することで、将軍と在京大名の力関係を把握し、政治構造の解明を行う。なお、別記の現存という史料的制約により、本章では、応仁・文明の乱後の将軍で元服儀礼の内容を明らかにできる義澄・義晴・義輝の三者を検討対象とする。

## 第一節　猿楽興行と在京大名

### 一　将軍御所の猿楽興行

#### 1　武家主催の猿楽興行

足利義満の猿楽愛好や幕府年中行事の猿楽始に見られるように、猿楽は室町幕府と縁の深い芸能であった。また、大名の主催でも頻繁に行われており、戦国期もその流れを受けて、将軍御所や大名邸で盛んに猿楽が催されていた。

本稿で取り上げる猿楽は、謡をうたいながら囃子に合わせて演じる舞楽、いわゆる猿楽能のことである。史料上においては、「猿楽」、あるいは「能」と表記が分かれるが、武家主催のものは両者ともに猿楽能を指している。また、表記としては「猿楽」が一般的であったので、本稿での表記も「猿楽」に統一する。

猿楽興行が確認できる史料の大部分は公家の日記であるが、「今日武家有能云々」[11]のように猿楽の有無のみを記した簡潔な記事である場合が多い。これは、記主が自身で猿楽を見たのではなく、他者からの伝聞に基づいて記したという興行記事の史料的性格のためである。しかし、朝廷で猿楽が盛んに行われていたこともあって、公家の猿楽への関心自体は総じて高い。したがって、他の幕府儀礼の記事が断続的にしか追えないのに対し、猿楽興行はその大部分が記事として残された可能性が高い。また、なかには記主が客として招かれた、あるいは、見物に行ったものもあり、その場合は内容についても豊富な記載が見られる。

表1―1は明応二年（一四九三）から天文一八年（一五四九）の間に行われた、幕政関係者主催の猿楽興行の一覧である。以下、表1―1に基づいて見ていくことにする。猿楽が開催された時期（季節・月）に傾向は見られない。朝廷の場合、春の開催が多かったことが指摘されているが[12]、武家の場合は一年中開催されており、その頻度に季節差はない。興行場所となったのは主に将軍御所と大名邸（大名宿所）である。猿楽の興行場所を一覧にした表1―2によれば、計一二二回の猿楽興行のうち、将軍御所での興行が七三回で大半を占めている。また、在京大名邸・宿所での興行が三三回あり、将軍御所に次いで大名邸でも猿楽が盛んに行われていた。一方、その他は合計しても一六回であり、将軍御所・大名邸以外での猿楽興行は少数であった。

**表1－1　武家主催の猿楽興行**

| 番号 | 年・月・日 | 主催者 | 客 | 興行場所 | 演者 | 出典 |
|---|---|---|---|---|---|---|
| 1 | 明応2・6・20 | 細川政国 | 足利義澄 | 将軍御所 | | 後法興院政家記 |
| 2 | 2・9・2 | 日野富子 | 足利義澄 | 日野富子邸 | | 後法興院政家記<br>大乗院寺社雑事記 |
| 3 | 2・10・17 | 細川政元 | 足利義澄、日野富子 | 将軍御所 | | 後法興院政家記 |
| 4 | 3・2・18 | 畠山基家・遊佐中務 | 細川政元 | 上原賢家邸 | 観世元広 | 大乗院寺社雑事記 |
| 5 | 3・4・10 | | 足利義澄 | 将軍御所 | | 後法興院政家記 |
| 6 | 3・5・21 | 細川政元 | 足利義澄、日野富子、近習 | 将軍御所 | | 後法興院政家記<br>大乗院寺社雑事記 |
| 7 | 4・2・5 | 赤松政則 | | 赤松政則邸 | 金剛大夫 | 大乗院寺社雑事記 |
| 8 | 5・2・27 | | 足利義澄 | 将軍御所 | 観世・宝生 | 後法興院政家記<br>大乗院寺社雑事記 |
| 9 | 6・1・16 | | 足利義澄 | 将軍御所 | 観世 | 大乗院寺社雑事記目録 |
| 10 | 6・3・2 | | 足利義澄、細川政元、細川澄之、畠山、伊勢党、冷泉為広、高倉永継、日野内光、烏丸冬光 | 将軍御所 | 金春・金剛 | 後法興院政家記<br>大乗院寺社雑事記<br>大乗院寺社雑事記目録 |
| 11 | 6・6・2 | | 足利義澄 | 将軍御所 | 多武峯 | 実隆公記 |
| 12 | 6・8・18 | | 足利義澄 | 将軍御所 | | 後法興院政家記 |
| 13 | 6・8・28 | | 足利義澄、三条実望 | 将軍御所 | | 後法興院政家記<br>実隆公記 |
| 14 | 7・春 | 細川政賢 | 足利義澄 | 将軍御所 | | 大乗院寺社雑事記 |
| 15 | 7・閏10・1 | 細川政元 | 足利義澄 | 将軍御所 | | 実隆公記 |

| | | | | | | |
|---|---|---|---|---|---|---|
| 16 | 7・12・22 | 細川政元 | 足利義澄、冷泉為広、勧修寺経郷、三条実望、高倉永康、飛鳥井雅俊 | 将軍御所 | | 実隆公記 |
| 17 | 8・1・24 | 細川政元 | 足利義澄、飛鳥井雅俊 | 将軍御所 | 観世元広 | 後法興院政家記<br>大乗院寺社雑事記<br>実隆公記<br>鹿苑日録 |
| 18 | 8・2・2 | 赤沢朝経 | 足利義澄 | 将軍御所 | | 後法興院政家記<br>大乗院寺社雑事記 |
| 19 | 8・7・22 | | 足利義澄、細川政元、冷泉為広、高倉永康、伊勢七郎 | 将軍御所 | 観世之子 | 後法興院政家記 |
| 20 | 9・5・25 | | 足利義澄 | 将軍御所 | 観世元広 | 後法興院政家記 |
| 21 | 9・5・27 | 細川政元 | 足利義澄 | 将軍御所 | | 後法興院政家記 |
| 22 | 文亀1・6・17 | 細川政元 | 足利義澄 | 山城真木島城（細川政元居城） | 金春大夫 | 大乗院寺社雑事記<br>実隆公記 |
| 23 | 1・10・19 | 武田元信、伊勢貞宗、奉公衆、公家輩、節朔衆等 | 足利義澄 | 将軍御所 | | 後法興院政家記 |
| 24 | 3・2・10 | 足利義澄 | | 将軍御所 | | 後法興院政家記<br>実隆公記 |
| 25 | 3・3・10 | 公家衆・御供衆 | 足利義澄 | 将軍御所 | | 後法興院政家記<br>実隆公記 |
| 26 | 3・3・27 | | 足利義澄 | 将軍御所 | 観世信光 | 実隆公記 |
| 27 | 3・4・10 | 武田元信 | 足利義澄 | 将軍御所 | | 後法興院政家記<br>実隆公記 |
| 28 | 3・5・10 | 細川政元 | 足利義澄 | 将軍御所 | 観世、金春 | 後法興院政家記<br>実隆公記 |

| | | | | | | |
|---|---|---|---|---|---|---|
| 29 | 文亀3・6・10 | 畠山義英 | 足利義澄 | 将軍御所 | 観世、金春、宝生 | 後法興院政家記、実隆公記 |
| 30 | 3・9・19 | | 足利義澄、三条西実隆、冷泉為広、三条実望、聯輝軒永崇師弟、飛鳥井雅俊、高倉永康、蔭涼軒景岱 | 将軍御所 | 細川政賢子息等 | 後法興院政家記、実隆公記 |
| 31 | 4・1・20 | 細川政元 | 足利義澄、飛鳥井雅俊、飛鳥井雅綱 | 将軍御所 | | 後法興院政家記 |
| 32 | 4・2・20 | 足利義澄 | | 将軍御所 | | 後法興院政家記、実隆公記 |
| 33 | 永正1・3・20 | 公家衆・御供衆 | 足利義澄 | 将軍御所 | | 後法興院政家記 |
| 34 | 1・閏3・20 | 武田元信 | 足利義澄 | 将軍御所 | | 後法興院政家記、実隆公記 |
| 35 | 1・閏3・22 | 細川政元 | 足利義澄 | 将軍御所 | 小生共 | 後法興院政家記 |
| 36 | 1・4・21 | 朝倉貞景 | 足利義澄 | 将軍御所 | 観世元広一座 | 後法興院政家記、実隆公記、宣胤卿記、二水記 |
| 37 | 1・5・21 | 土岐政房 | 足利義澄 | 将軍御所 | | 後法興院政家記、実隆公記 |
| 38 | 1・6・12 | 京極高清 | 足利義澄 | 将軍御所 | | 後法興院政家記 |
| 39 | 1・12・4 | 大和元行 | 足利義澄 | 将軍御所 | | 後法興院政家記 |
| 40 | 2・1・9 | 細川政元 | 足利義澄 | 将軍御所 | | 後法興院政家記 |
| 41 | 2・4・21 | | 足利義澄、聯輝軒永崇師弟、万松軒等貴、三条西実隆、冷泉為広、三条実望、日野内光 | 将軍御所 | 観世又四郎、金春 | 実隆公記、二水記 |
| 42 | 3・1・9 | | 足利義澄 | 将軍御所 | 金春大夫 | 実隆公記 |
| 43 | 3・2・27 | 細川政元 | 足利義澄 | 将軍御所 | 観世・金春 | 尚通公記 |

| | | | | | | |
|---|---|---|---|---|---|---|
| 44 | 3・12・30 | | 足利義澄 | 将軍御所 | 観世元広 | 殿中申次記 |
| 45 | 4・8・27 | 細川尚春 | 細川澄元、三好之長、御相伴衆十人 | 細川尚春邸 | 観世元広 | 多聞院日記 |
| 46 | 4・9・10 | 細川高国 | 細川澄元 | 細川高国邸 | | 尚通公記 |
| 47 | 5・8・5 | | 足利義稙 | 将軍御所 | | 実隆公記 |
| 48 | 5・9・5 | 細川高国 | 大内義興、阿野季綱、座敷衆四・五十人 | 細川高国邸 | 観世 | 尚通公記 |
| 49 | 5・9・25 | 大内義興 | 飛鳥井雅俊、阿野季綱、細川高国 | 大内義興邸 | 観世 | 尚通公記 |
| 50 | 6・4・14 | 大内義興 | 足利義稙、三条西実隆、松木宗綱、甘露寺元長、冷泉永宣、三条西公条、白川雅業、甘露寺伊長、日野内光、飛鳥井雅俊、阿野季綱、烏丸冬光、高倉永家 | 将軍御所 | 観世 | 実隆公記 |
| 51 | 6・12・22 | 細川高国 | 足利義稙、大内義興、畠山義元、日野内光、三条西公条、松木宗綱、甘露寺元長、冷泉永宣、四辻公音、甘露寺伊長、高倉永康、飛鳥井雅俊、広橋守光、勧修寺尚顕、阿野季綱、烏丸冬光、白川雅業、飛鳥井雅綱、高倉永家、葉室頼継 | 将軍御所 | 金春大夫 | 実隆公記<br>尚通公記 |
| 52 | 7・1・28 | 細川高国 | 大内義興 | 細川高国邸 | | 実隆公記 |
| 53 | 7・4・29 | 畠山稙長 | 足利義稙、細川高国、大内義興、畠山義元、日野内光、堂上衆 | 将軍御所 | | 実隆公記<br>尚通公記 |
| 54 | 7・5・11 | 足利義稙 | 細川高国、大内義興、松木宗綱、滋野井季国、寺町通隆、太田保定、加治、遊佐、杉興相、杉彦三郎、杉興重、飯田興秀 | 将軍御所 | | 実隆公記<br>武雑礼<br>貞助記 |
| 55 | 7・8・14 | 細川高国 | 足利義稙、三条西実隆、三条西公条、公家数輩 | 将軍御所 | | 実隆公記<br>尚通公記 |
| 56 | 7・9・9 | 畠山義元 | 足利義稙 | 将軍御所 | | 実隆公記<br>尚通公記 |

| | | | | | | |
|---|---|---|---|---|---|---|
| 57 | 永正8・10・29 | | | 将軍御所 | 金春 | 実隆公記 |
| 58 | 8・11・14 | 細川高国、大内義興 | 足利義稙 | 将軍御所 | 観世、金春 | 拾芥記<br>実隆公記<br>尚通公記 |
| 59 | 8・11・17 | 畠山稙長、畠山義元 | 足利義稙、三条公兄 | 将軍御所 | 観世、金春 | 拾芥記<br>実隆公記<br>尚通公記 |
| 60 | 9・2・15 | 内藤貞正 | 細川高国、万松軒等貴 | 細川高国邸 | | 実隆公記<br>尚通公記 |
| 61 | 9・3・17 | | 細川高国、大内義興 | 大慈院 | | 実隆公記 |
| 62 | 9・4・20 | 畠山義元 | 足利義稙 | 畠山義元邸 | 近江猿楽、金春 | 尚通公記<br>御随身三上記 |
| 63 | 10・2・27 | 細川高国 | 足利義稙、畠山義元、大内義興、日野内光、公武衆 | 細川高国邸 | | 実隆公記<br>尚通公記<br>元長卿記 |
| 64 | 10・5・28 | 細川高国 | | 細川高国邸 | | 尚通公記 |
| 65 | 11・2・6 | | 飛鳥井雅俊、飛鳥井雅綱、烏丸冬光、白川雅業、三条公兄、高倉永家、御供衆 | 将軍御所 | | 守光公記 |
| 66 | 12・閏2・9 | 細川高国 | 三条実望、飛鳥井雅俊、烏丸冬光、高倉永家、細川高国被官、大内義興被官 | 細川高国邸 | | 守光公記 |
| 67 | 13・1・13 | | 三宝院義堯 | 将軍御所 | | 永正十三年記 |
| 68 | 13・2・16 | 細川高国 | 畠山稙長、大内義興、継孝院 | 細川高国邸 | | 尚通公記 |
| 69 | 14・1・27 | 細川高国 | 大内義興 | 細川高国邸 | 観世 | 尚通公記 |
| 70 | 14・5・16 | 寺町通隆 | 細川高国 | 寺町通隆邸 | 宮千代丸 | 二水記 |

| | | | | | | |
|---|---|---|---|---|---|---|
| 71 | 14・8・30 | 大内義興 | 足利義稙、細川高国、飛鳥井雅俊、勧修寺尚顕、日野内光、白川雅業、飛鳥井頼幸、阿野季時、宝鏡寺理春、比丘尼たち | 将軍御所 | 観世 | 尚通公記<br>守光公記<br>二水記<br>武雑礼<br>貞助記 |
| 72 | 15・3・17 | 畠山順光 | 足利義稙、畠山七郎、細川尹賢、大館上総介、細川淡路、細川駿河守、一色尹泰、一色弥五郎、伊勢貞辰、伊勢貞忠、伊勢貞誠、伊勢貞陸、古阿弥、伊勢又次郎、伊勢貞遠、伊勢与一、伊勢六郎左衛門尉、大館高信、畠山稙長、細川高国、飛鳥井雅俊、白川雅業 | 畠山順光邸 | 観世、金春 | 二水記<br>宣胤卿記<br>畠山亭御成記<br>公方様御成之次第 |
| 73 | 15・3・20 | 畠山順光 | | | 観世、金春 | 二水記 |
| 74 | 16・2・10 | 細川高国 | 足利義稙 | 細川高国邸 | 観世 | 尚通公記<br>守光公記<br>二水記 |
| 75 | 16・2・13 | 細川高国 | 足利義稙、白川雅業、高倉永家、畠山稙長 | 細川高国邸 | 観世元広 | 守光公記 |
| 76 | 16・2・14 | 細川高国 | 足利義稙 | 細川高国邸 | | 守光公記 |
| 77 | 16・2・28 | 細川高国、細川尹賢、畠山順光 | | 下京 | 観世元広 | 尚通公記<br>守光公記<br>二水記<br>宣胤卿記 |
| 78 | 17・8・22 | 細川高国 | 足利義稙 | 将軍御所 | 観世 | 実隆公記<br>尚通公記<br>二水記 |
| 79 | 17・9・14 | 伊勢貞陸 | 足利義稙 | 将軍御所 | | 実隆公記 |
| 80 | 18・8・3 | 細川高国 | 足利義晴 | 将軍御所（岩栖院） | 観世 | 二水記<br>蜷川家文書 |

| | | | | | | |
|---|---|---|---|---|---|---|
| 81 | 大永1・10・6 | 武田元光 | 足利義晴、伊勢貞忠 | 将軍御所（岩栖院） | | 二水記 親孝日記 |
| 82 | 1・10・11 | 武田元光 | 細川高国、三条西実隆、鷲尾隆康、理覚院尊猷 | 細川高国邸 | | 実隆公記 二水記 |
| 83 | 2・1・13 | 細川高国 | 足利義晴 | 将軍御所 | | 二水記 |
| 84 | 2・1・28 | 細川高国 | 足利義晴、冷泉為広 | 細川高国邸 | 観世 | 二水記 経尋記 |
| 85 | 3・8・5 | 伊勢貞忠 | 足利義晴、日野内光、冷泉為広、細川高国、細川尹賢、畠山稙長、大館高信、細川勝基、一色下総守、細川駿河守、伊勢貞辰、伊勢貞泰、吉阿弥 | 伊勢貞忠邸 | 観世元忠 | 伊勢守貞忠亭御成記 |
| 86 | 3・9・28 | 細川高国、細川尹賢 | 足利義晴、飛鳥井雅綱 | 将軍御所 | 観世元忠 | 尚通公記 |
| 87 | 3・12・10 | 細川高国 | 浦上村宗 | 細川高国邸 | | 尚通公記 |
| 88 | 3・12・14 | 浦上村宗 | 細川高国、内藤国貞 | | | 尚通公記 |
| 89 | 3・12・16 | 浦上村宗 | 足利義晴、細川高国 | 細川高国邸 | 観世元忠 | 実隆公記 尚通公記 二水記 |
| 90 | 4・1・29 | 細川高国 | | 将軍御所 | | 実隆公記 |
| 91 | 4・2・20 | 長塩民部丞 | 細川高国、伊勢貞忠、大館常興 | 長塩民部丞邸 | 観世 | 御作事方日記 |
| 92 | 4・3・6 | 細川尹賢 | 足利義晴、細川高国、冷泉為広、日野内光、飛鳥井雅綱、高倉永家、細川晴宣、細川高基、五条、大館高信、細川勝基、細川駿河守、畠山稙長、伊勢貞忠、伊勢貞辰、伊勢貞泰、千阿弥 | 細川尹賢邸 | 観世元忠 | 実隆公記 元長卿記 大永四年細川亭御成記 |
| 93 | 6・1・13 | | 足利義晴 | 将軍御所 | | 実隆公記 二水記 |

| | | | | | | |
|---|---|---|---|---|---|---|
| 94 | 6・2・24 | 細川高国 | 北畠晴具 | 細川高国邸 | | 尚通公記、二水記 |
| 95 | 6・10・19 | 細川高国、越智家頼、筒井順興 | 足利義晴、宝鏡寺理春、大祥院尊永、正受寺、継孝院、慈照寺瑞照、大覚寺禅意 | 将軍御所 | 観世、金春 | 実隆公記、尚通公記、二水記、厳助往年記 |
| 96 | 7・4・27 | 六角定頼 | | | 観世 | 二水記 |
| 97 | 享禄2・2・21 | 柳本賢治 | | | | 実隆公記、尚通公記、二水記 |
| 98 | 天文5・10・21 | 細川晴元 | | 細川晴元邸 | | 鹿苑日録 |
| 99 | 5・10・27 | 足利義晴 | 足利義晴室、細川晴元、久我晴通室、大覚寺義俊、聖護院道増、宝鏡寺理春、入江殿、一乗院覚誉、継孝院、飛鳥井雅綱、高倉永家 | 将軍御所 | 観世元忠 | 尚通公記 |
| 100 | 5・閏10・5 | 細川晴元 | 烏丸光康、飛鳥井雅春、高倉永相、曇華院師弟、入江殿、久我晴通 | 将軍御所 | 観世元忠 | 尚通公記 |
| 101 | 5・11・19 | 三好長慶 | 細川晴元 | 細川晴元邸 | | 鹿苑日録 |
| 102 | 7・2・13 | 細川晴元 | 伊勢貞孝 | 細川晴元邸 | 観世元忠 | 親俊日記 |
| 103 | 7・3・26 | | 足利義晴、細川晴元、細川元常、細川五郎 | 将軍御所 | 観世元忠 | 親俊日記 |
| 104 | 7・4・24 | 細川晴元 | | 細川晴元邸 | | 親俊日記 |
| 105 | 7・7・29 | 細川晴元 | 足利義晴、足利義輝、近衛稙家、久我晴通、聖護院道増、一乗院覚誉、大覚寺義俊、飛鳥井雅綱、勧修寺尹豊、烏丸光康、高倉永家、日野晴光 | 細川晴元邸 | 観世元忠、今春、高畠喝食 | 天文七年細川亭御成記 |
| 106 | 7・8・2 | 波多野秀忠 | 細川晴元 | 細川晴元邸 | 観世 | 親俊日記、鹿苑日録 |

| | | | | | | |
|---|---|---|---|---|---|---|
| 107 | 天文8・1・25 | 三好長慶 | 細川晴元、伊勢貞孝 | 細川晴元邸 | 観世元頼、観世四郎、観世又二郎 | 親俊日記 |
| 108 | 8・2・20 | 細川晴元 | 高倉永家、細川晴賢、細川元常、細川高久、細川晴経、飯川信資、朽木稙綱、進士父子、伊勢貞倍、伊勢盛正、伊勢貞順、秋庭、小川、大庭 | 伊勢貞孝邸 | 観世元忠 | 親俊日記 |
| 109 | 8・3・23 | 伊勢貞孝 | 公方衆（将軍直臣）・当方衆（伊勢貞孝内衆） | 将軍御所 | 観世元忠、観世四郎、宝生大夫 | 親俊日記 |
| 110 | 8・10・10 | 細川晴元 | 六角定頼、六角義賢、伊勢貞孝 | 細川晴元邸 | 観世元忠 | 親俊日記<br>鹿苑日録 |
| 111 | 8・10・18 | 六角定頼 | 足利義晴、足利義輝、大館晴光、上野信孝、伊勢貞孝、細川晴賢、細川晴経、朽木稙綱、伊勢貞倍、畠山宗守、大上﨟一台、佐子局、清光院 | 相国寺万松軒（六角定頼宿所） | 観世元忠 | 大館常興日記<br>親俊日記<br>厳助往年記<br>天文八年佐々木亭御成記 |
| 112 | 8・10・21 | 六角定頼 | 細川晴元 | 相国寺万松軒（六角定頼宿所） | 観世元忠 | 親俊日記 |
| 113 | 8・11・15 | | 細川晴元、六角定頼、六角義賢、近衛稙家、飛鳥井雅綱、広橋兼秀、烏丸光康、日野晴光、高倉永家、御供衆、公家衆 | 将軍御所 | | 親俊日記 |
| 114 | 8・12・7 | | 六角定頼、六角義賢 | 将軍御所 | | 親俊日記 |
| 115 | 9・2・7 | 細川晴元 | 細川元常、細川尹隆、仏地院長祐、朽木稙綱、細川晴広、薬師寺元房、秋庭、柳本元俊 | 細川晴元邸 | 観世元忠 | 大館常興日記 |
| 116 | 9・3・23 | 波多野秀忠 | 細川晴元 | | 観世元忠 | 大館常興日記<br>鹿苑日録 |
| 117 | 10・8・21 | 近衛氏（義晴室） | | 将軍御所 | 観世 | 大館常興日記 |
| 118 | 11・6・26 | 伊勢貞孝 | 細川晴元、射手衆二十人 | 伊勢貞孝邸 | 観世元忠 | 親俊日記 |

| | | | | | | |
|---|---|---|---|---|---|---|
| 119 | 11・7・19 | 細川晴元 | 近衛稙家 | 細川晴元邸 | 観世 | 親俊日記 |
| 120 | 13・7・12 | 六角定頼 | 足利義晴 | 将軍御所 | | 鹿苑日録<br>言継卿記 |
| 121 | 13・7・22 | | 細川晴元、六角定頼、飛鳥井雅綱、広橋兼秀、高倉永家 | 将軍御所 | 観世元忠 | 言継卿記 |
| 122 | 13・7・25 | 三好長慶 | | 天神 | | 私心記 |
| 123 | 13・10・19 | | | 将軍御所 | 観世元忠 | 言継卿記 |
| 124 | 15・12・22 | 六角定頼 | 足利義晴、足利義輝、近衛稙家、聖護院道増、三宝院義尭、久我晴通、飛鳥井雅綱、広橋兼秀、烏丸光康、高倉永家、日野晴光、大館晴光、朽木稙綱、伊勢貞孝、孝阿弥、上野信孝、細川晴経、大館晴忠 | 常在寺（六角定頼宿所） | 観世元忠、金春大夫 | 光源院殿御元服記 |
| 125 | 15・12・23 | 六角定頼 | 足利義晴、足利義輝、山門衆月蔵坊、西楽院、蓮蔵院以下十余人 | 常在寺（六角定頼宿所） | 観世元忠、金春大夫 | 光源院殿御元服記 |
| 126 | 17・7・21 | | | 将軍御所 | | 御湯殿上日記 |

幕府儀礼として実施された猿楽興行は将軍御所で開催されたものだが、比較対象として大名邸で行われたものも併せて見ていくことにする。将軍御所の場合、大半は在京大名の負担による申沙汰で行われた。主催者は猿楽興行に加えて酒食等も含めた当日の儀礼全体の費用を負担した。また、主催者は開催の提案者であることも多い。主催した在京大名は、細川政元・武田元信・大内義興・細川高国・畠山稙長・畠山義元・細川晴元といった長期間在京して幕政を担った面々であるが、在国のまま幕政に関与した六角定頼や、短期間しか在京しなかった畠山義英・武田元光も、わずかな在京期間中に猿楽興行を主催している[13]。

在京大名以外には、将軍・将軍近親・将軍直臣・大名内衆・公家・在国大名が主催する例も見られる[14]。ただし、

**表1－2　猿楽の興行場所**

| | 義澄期 | 義稙後期 | 義晴前期 | 義晴在国期 | 義晴後期 | 義輝前期 | 計 |
|---|---|---|---|---|---|---|---|
| 将軍御所 | 40 | 15 | 7 | 0 | 10 | 1 | 73 |
| 在京大名邸 | 3 | 11 | 5 | 0 | 10 | 0 | 29 |
| 在京大名宿所 | 0 | 0 | 0 | 0 | 2 | 0 | 2 |
| 在京大名邸・宿所(在国) | 1 | 0 | 0 | 0 | 0 | 1 | 2 |
| 将軍近親邸 | 1 | 0 | 0 | 0 | 0 | 0 | 1 |
| 将軍直臣邸 | 0 | 1 | 1 | 0 | 2 | 0 | 4 |
| 大名内衆邸 | 1 | 1 | 2 | 0 | 0 | 0 | 4 |
| その他・不明 | 0 | 2 | 2 | 1 | 2 | 0 | 7 |
| 計 | 46 | 30 | 17 | 1 | 26 | 2 | 122 |

註1：数字は興行回数を示す。
註2：同一場所での連日にわたる興行は1回と数えた。

在京大名の場合は複数回主催することが多いのに対し、彼らは一回限りがほとんどで共催も多い。将軍御所での主催者を見ると、明応二年（一四九三）から天文一八年（一五四九）にかけて全部で七三回行われているが、その内訳は共催による重複分を含めて在京大名（三〇回）、その他（二二回）、不明（二五回）と、四割以上を在京大名が占める。将軍御所の猿楽興行主催の中心は在京大名であった。

客は将軍、あるいは主催者から招かれて参加した。例えば、文亀三年（一五〇三）九月一九日、三条西実隆は将軍御所で行われた猿楽の客となったが、それは実隆自作の能「狭衣」を催すので、一度見物に来るようにと将軍足利義澄から招かれたためであった。[15]舞台や道具の用意、演者の招待といった事前準備が必要であることや、在京大名が毎日将軍御所に出仕していたわけではないことを考慮すると、武家の客もあらかじめ期日を知らされた上で参加していたと見られる。また、主催者・客はともに猿楽を演じることはなく、鑑賞するだけで特別な所作は行わなかった。

客となったのは将軍・在京大名・将軍近親・将軍直臣・公家・僧侶である。[16]ただし、将軍近親・将軍近臣ではない公家・僧侶が客となることは少ない。将軍近親と側近による内輪での開催のように、猿楽興行の意図に応じて限定的に参加したものと見られる。一方、給仕役等を務めた御供衆の将軍直臣、将軍近臣の公家は、将軍の供として頻繁に参加している。これに将軍と主な主催者である在京大名が加わり、主要な参加者を構成していたが、彼らは幕政の政策決定に関与する有力者として確認されている人物である。猿楽興行は幕政を動かす有力者たちが一堂に会する場という性格を帯びた儀礼だったのである。

一方、大名邸の場合、亭主である在京大名自身が主催することが多い。将軍の御成儀礼の一環として行われることや、亭主と親しい公家が招かれる場合もあったが、主な客は亭主の内衆と他の在京大名、及びその内衆であった。在京大名の場合、お互いに客に招き合うこともしばしば見られ、大永元年（一五二一）一〇月一一日に細川高国邸で武田元光主催の猿楽が行われたように、なかには他大名が主催しているものも見られる[17]。大名邸における猿楽興行には、大名同士の関係を親密にし、連携を深めるという機能が見受けられる。

また、将軍御所・大名邸の両者で客の他に見物衆が見られる。客は猿楽興行とともに行われた酒宴など一連の行事の全てに参加したが、見物衆は猿楽のみを見物に来ており、途中で帰宅する場合も多い。猿楽の見物は基本的には自由であったが、主催者があらかじめ知らせて見物に誘うこともあった[18]。猿楽に対する関心の高さがうかがえる。

武家主催の猿楽興行は、大和四座をはじめとする専業者が演者を務めた。演者は将軍御所・大名邸の双方で観世座が務める場合が多いが、金春座など他の座が務めることもあり、観世座が独占していたわけではない。また、主催者と演者の相関関係も見られず、特定の主催者と演者が結びついていたわけではない。ただし、手猿楽（素人や他の雑芸能出身者が演者を務める）中心の朝廷とは対照的に、大和四座以外が演者を務める割合は非常に低い。武家主催の猿楽興行の演者は専業者中心であった。

演者の違いは要脚の規模に影響している。猿楽の開催に必要な要脚は主催者が負担したが、朝廷の場合、おおむね五〇疋、高額の場合でも五〇〇疋であった[19]。それに対し、武家の場合、能勢朝次氏は室町期から戦国期では五〇〇〇疋（五〇貫）から三万疋（三〇〇貫）程度であったと指摘している[20]。戦国期の例を見てみると、明応八年（一四九九）正月二四日に将軍御所で行われた猿楽の場合、主催者の細川政元が四〇〇貫・唐織物二〇、足利義澄が唐織物一〇をそれぞれ観世元広に下賜した[21]。猿楽の要脚だけで四〇〇貫以上費やされており、酒宴等も含めればさらに費用がかかったと見られる。また、永正元年（一五〇四）四月二一日に将軍御所で行われた猿楽・松囃子の場合、主催者の朝倉貞景は「用脚千余貫沙汰之」と、約一〇〇〇貫の要脚を負担している[22]。この日は猿楽だけでなく松囃子も行われており、「今日殊厳重為之」と特に盛大だったようだが、猿楽に莫大な費用がかかっていることがうかがえる。その他、故実書の「宗五大草紙」中に要脚に関する記述が見えるが、やはり、演者に支払う金額は数百貫から一〇〇〇貫とされている。猿楽興行は少なくとも数百貫、場合によっては一〇〇〇貫を超える要脚が必要となる儀礼であり、専業者中心の武家主催の猿楽は、手猿楽中心の朝廷の猿楽に比べて破格の費用がかかっていた[23]。明応九年（一五〇〇）の後土御門天皇葬礼及び後柏原天皇践祚の要脚が八万疋（八〇〇貫）であったことと対比すると明らかなように、猿楽興行は国家的儀礼に匹敵する要脚を費やして行われる大規模な儀礼であった[24]。

以上、猿楽興行の内容について見てきた。幕府儀礼として実施された猿楽興行は、将軍御所において在京大名らが多額の費用を負担し、客とともに猿楽を鑑賞する儀礼であり、幕政の有力者が結集する場となっていたのである。

## 2　猿楽興行の目的

猿楽は幕府・朝廷の双方で盛んに行われたことから明らかなように、非常に人気のある芸能であった。また、主催者が費用を負担して客を招き鑑賞するという儀礼内容からすると、猿楽興行は主催者が客を饗応する儀礼として位置づけられる。

このことをよく示しているのが、将軍御所の猿楽興行においてしばしば見られる「時宜快然」という表現である。時宜とは将軍の機嫌のことであり、「時宜快然」は将軍が上機嫌であったことを示す。三条西実隆は将軍御所で自作の能を鑑賞した際、「今日時宜快然、祝着此事也」[25]と記している。また、永正二年（一五〇五）四月二一日、将軍御所で猿楽を鑑賞した時も「始終時宜快然」としている[26]。実隆があえてその日の将軍の機嫌に言及しているのは、それが記録するに値する重要事項だったためである。主賓は将軍であり、客を饗応するという趣旨ゆえに将軍が満足したかどうかが重要だったのである。

したがって、猿楽興行は将軍や有力者との親睦を深める手段として用いられていたと考えられる。特に、将軍が臨席する猿楽興行は主賓である将軍を饗応するためのものであり、将軍への奉仕という意味合いを持っていた。主催者は猿楽興行を通じて友好的な人間関係を築くことにより、幕政の円滑な運営を図ったのである。そして、幕政の有力者が集まる儀礼であったことから、猿楽興行は政治協議や情報収集の場としても機能しており、幕政運営の手段となっていた。

また、猿楽は武家・公家だけでなく、庶民にとっても人気のある芸能であった。

【史料二】『後法興院政家記』永正元年四月二一日条（人名傍註は筆者。以下同）

廿一日、（中略）於武家有猿楽云々、先有松拍子云々、朝倉弾正左衛門（貞景）申沙汰也、昨日依雨延引、見物雑人自夜中群集云々、（後略）

史料一からは、猿楽を見物するために夜中から庶民が大勢集まっていたことが読み取れる。猿楽は非常に人気のある芸能であり、人々の注目を集める催し物であった。

将軍御所での主催者は、幕政の有力者にほぼ限定されていた。言い換えれば、主催者は、猿楽興行によって幕府内における高い地位と多額の要脚を負担できるだけの経済力を兼ね備えていることを示すことができた。また、猿楽は非常に人気のある芸能だったために宣伝効果も高かった。つまり、猿楽興行は主催者がその政治的地位を喧伝する有効な手段となっていたのである。

そして、猿楽興行の中には開催の契機が史料上明らかなものがいくつか見られる。大永六年（一五二六）一〇月一九日、将軍御所で行われた猿楽は、「越智《（家頼）》官途御礼、又大和国民同御礼」であった[27]。越智家頼は民部少輔に任官されており、猿楽興行は任官御礼の一環であった。また、永正八年（一五一一）一一月一四日に将軍御所で行われた猿楽は、「為武家《（義稙）》御帰洛御祝」であり、政敵との対立のため下国していた将軍足利義稙の帰洛祝として行われた[28]。前者では将軍から受けた恩恵に対する返礼、後者では祝賀儀礼として機能している。猿楽興行は主催者が客を饗応するという基本的な性質を基に、主催者の目的に応じて意義を付加できる汎用性のある儀礼だったのである。

## 二　猿楽興行の定例化と挫折

### 1　文亀三年の猿楽興行定例化

文亀三年（一五〇三）・文亀四年（永正元年）の猿楽興行には、他の時期には見られない特徴が見出せる。すなわち、文亀三年は二月一〇日から六月一〇日まで、文亀四年は正月二〇日から六月一二日まで、毎月将軍御所で猿楽が興行されているという点である。

戦国期に将軍御所で行われた猿楽興行で、式日が定められ定例化したのは、この文亀三年と四年のみである。

では、何が契機となって定例化したのであろうか。

文亀三年の猿楽興行定例化の初見は、二月一〇日に足利義澄（義遐・義高。以下、義澄に統一）主催で行われた猿楽である。この猿楽興行で注目されるのが、「取鬮《くじ》巡事」と、次回以降の主催者が鬮によって決められたことである[29]。和歌会などで見られるように、費用を負担する頭役を鬮であらかじめ決めておき、順次負担する形が作られていたのである。

以後、毎月一〇日を式日として、三月は公家衆・御供衆、四月は武田元信、五月は細川政元、六月は畠山義英が頭役を務めている[30]。公家衆は日野内光など将軍近臣の公家、御供衆は御供衆の格式を得ている奉公衆であり、いずれも義澄の側近である。武田元信・細川政元は在京大名、畠山義英は義澄を支持する在国大名であった。つまり、文亀三年の猿楽興行は、義澄と義澄の主要な支持基盤であった将軍側近・大名の主催で行われていたのである。

では、なぜこの時期に猿楽興行が定例化したのであろうか。文亀三年に定例化したということは、前年の文亀二年に何らかの契機があったと考えられる。文亀二年の幕政に関わる動きを見ると、この年は細川政元の隠居未遂と足利義澄の金龍寺妙善院への出奔が起きている。

細川政元の隠居未遂とは、政元が隠居と称して山城国真木島城に下国した事件である。文亀二年（一五〇二）二月一七日夜、政元は細川京兆家内衆、安富元家の宿所に行って隠居の意向を示し、三月九日には丹波国神吉に下国した[31]。政元が下国したのは「細河京兆（政元）自去二月辺与大樹（義澄）不快」と、義澄との関係悪化が原因であり、義澄のたびたびの上洛要請にもかかわらず応じなかった[32]。その後、政元は居城のある山城国真木島に移って在国を続けたが、四月二四日、義澄自ら真木島に下向して慰留したのが功を奏し、翌二五日、ようやく政元は上洛した[33]。上位者である将軍が自ら在国する大名のもとへ慰留に向かわなければ和解できなかった点に、両者の対立の深刻さがうかがえる。

一方、足利義澄の金龍寺出奔は、今度は逆に義澄が金龍寺に籠居した事件である。八月四日、義澄は隠居と称して金龍寺妙善院に出奔したが、その原因は細川政元に対する不満であった[34]。義澄は和解を求める政元に対して七箇条の要求を示したので、政元は要求の一つである足利義尹（義材・義稙。以下、義稙に統一）弟の実松院義忠の殺害を実行し、さらに朝廷へ働きかけて後柏原天皇の勅書による義澄帰還を図り、八月六日、義澄はようやく和解して御所へ帰還した[35]。前回の対立に比べて早期に和解したものの、それは政元が義澄に代わる将軍候補者であった義忠を殺害するという大幅な譲歩に及び、かつ、朝廷を介在させて義澄帰還に向けた政治工作を進めたためであり、両者の対立要因が取り除かれたわけではなかった。

このように、文亀二年は足利義澄と細川政元の対立が先鋭化した時期であった。では、翌年に猿楽興行が定例化したのはなぜであろうか。そこで注目されるのが、この猿楽興行を初めに主催したのが義澄であったということである。将軍御所での猿楽興行は通常大名による申沙汰で行われており、将軍自身が主催することは稀だった。それにもかかわらず、初回を自身で主催したということは、猿楽定例化が義澄主導の政策であったことを示している。

猿楽興行は主催者が客を饗応する儀礼であり、主催者と客が一緒に楽しむ遊興としての性格を持ち合わせていた。したがって、猿楽を催して義澄派の有力者が結集する機会を設けることには、参加者の親睦を深める意図があったと考えられる。そして、猿楽興行は幕政運営に関わる将軍・在京大名・幕臣が参加して行われるのが通例であった。その中には前年義澄と激しく対立した細川政元も含まれる。義澄は猿楽興行を定例化することによって政元との関係改善を図ろうとしたのである。

また、猿楽興行は幕政の有力者が一堂に会する場であり、それゆえにただ親睦を図るだけではなく、幕政の重要課題について協議する機会となっていた。幕府儀礼の縮小によって大名が参加する年中行事は少なくなり、在京大名は基本的に毎月一日と五節句の節朔、および、一部の幕府儀礼の時しか将軍御所へ出仕しておらず、その数少ない機会にしても常に出仕しているわけではなかった。毎年のように下国し、幕政に協力的ではない細川政元を定期的に将軍御所に出仕させることにより、義澄は幕政の円滑な運営を図ったのである。

## 2　在国大名の申沙汰と定例化の挫折

文亀三年の猿楽興行定例化は、細川政元との関係修復と政元の幕政参加による政治基盤の安定化を意図した義澄主導の政策であった。猿楽興行は、翌文亀四年（永正元年）も四月二一日に行われた猿楽が「毎月廿日猿楽」と称されたように、毎月二〇日を式日として定例化していたが、文亀三年とは主催者の性格が大きく異なっていた。文亀四年の場合、正月二〇日は細川政元、二月二〇日は足利義澄、三月二〇日は御相伴衆の公家衆と御供衆、閏三月二〇日は武田元信、四月二一日は朝倉貞景、五月二一日は土岐政房、六月一二日は京極高清が頭役を務めたが、前年の主催者に加え、在国大名の朝倉貞景（越前）・土岐政房（美濃）・京極高清（近江）も頭役に加わるという変化が見られる[36]。

では、なぜ新たな主催者が加わることになったのであろうか。朝倉貞景・土岐政房・京極高清の三者には共通点が見られる。すなわち、義澄と敵対する前将軍義稙の与党であったという点である。明応の政変と義稙の越中への出奔以降、畿内近国の大名は義澄派と義稙派に分かれて抗争を続けていたが、明応五年（一四九六）の土岐家の家督抗争時に対陣するなど、義稙派に与する三者と細川政元ら義澄派は敵対関係にあった。特に、土岐家は応仁・文明の乱後に足利義視・義稙父子を庇護し、朝倉貞景は越前に在国していた義稙の上洛を支援するなど、義稙との関わりが深かった。しかし、明応九年に行われた義稙の上洛運動が挫折し、義稙が周防へ下国したために、義澄派と義稙派の対立という構図は変化しつつあった。文亀四年は、両者の関係修復の機運が高まっていた時期だったのである。

では、そのような時期に三者が将軍御所で猿楽興行を主催した背景には、どのような意図があったのであろうか。猿楽興行の申沙汰は饗応という儀礼内容から明らかなように、将軍への奉仕を意味する。三者は定例化した猿楽興行に主催者として関わることによって恭順の意を示し、義澄との関係修復を図ったのである。

だが、本来敵対関係にあった三者が将軍御所で猿楽興行を主催するためには、間に入って仲介する人物が必要となる。義澄と三者の仲介をしたと考えられるのが、細川政元である。政元は将軍と在国大名の交渉の仲介者として活動しており、この件についても仲介役を果たしたと推察される。政元が猿楽興行の仲介をしたことを直接示す史料は見当たらないが、義澄と在国大名の和睦を仲介していたことを示すのが次の史料である。

【史料二】『後法興院政家記』永正二年正月一六日条

十六日、壬寅晴陰、飛鳥井黄門(雅俊)来、昨日武家一献之砌、大樹(義澄)与京兆(政元)有問答事云々、諸大名和睦事京兆(政元)執申処、大樹(義澄)依無庶幾、京兆(政元)腹立閣御酌退出間、藤宰相(高倉永康)与淡路守(細川尚春)相宥京兆(政元)帰参云々、今日大樹亭鞠始云々、京兆(政元)参云々、

史料二は、猿楽興行が定例化した文亀四年(永正元年)の翌年、永正二年正月一五日に将軍御所で行われた酒宴で起きた、足利義澄と細川政元との口論について述べたものである。それによれば、政元が諸大名との和睦を提案したのに対し、義澄が承知しないので、立腹した政元は義澄の酌を受けずに退席したが、同席していた高倉永康と細川尚春が宥めたので政元は宴席に戻り、事なきを得たということである。両者が口論し、政元が将軍の酌を受けずに中座するという義澄を蔑ろにする行為に及んでいることから、義澄と政元の間で相当激しい意見対立があったことがわかる。

ここで問題となるのが、政元から義澄に対して、諸大名との和睦を提案したという点である。前年の文亀四年

における義澄と在国大名の和睦に関する動きが猿楽興行だけであったことを踏まえると、この諸大名とは朝倉貞景・土岐政房・京極高清であったと見られる。政元が諸大名との和睦を持ちかけたということは、その地ならしである猿楽興行の仲介も政元がしていたと見るのが自然である。

文亀四年の猿楽興行の定例化は、義澄による義澄派の結束強化という意図に加え、政元による義澄と在国大名の和睦という意図があって行われたものであった。だが、政元からの和睦提案は義澄に拒否され、かえって義澄と政元の関係を悪化させることになった。永正二年（一五〇五）の猿楽興行は正月九日に行われた一回のみであり、以後、猿楽興行が定例化することは二度となかった[37]。義澄と政元の関係悪化、諸大名との和睦の決裂で意義を失ったことにより、猿楽興行の定例化も途絶えたのである。

## 三　船岡山合戦後の猿楽興行

### 1　猿楽興行の共催と順序

永正八年（一五一一）一一月一四日、将軍御所で猿楽が行われた。これは、「細川《(高国)》・大内《(義興)》両京兆申沙汰、有御能」として、細川高国（道永・常桓。以下、高国に統一）・大内義興の共催で行われたものである[38]。だが、その三日後の一七日、今度は「畠山鶴寿《(稙長)》幷能登大夫《(畠山義元)》為申沙汰御能云々」と、畠山鶴寿（稙長。以下、稙長に統一）と畠山義元の共催による猿楽が行われている[39]。

この猿楽興行は義稙派・義澄派間の抗争終結を意味する重要な儀礼であった。永正八年は将軍足利義稙を支持する義稙派と前将軍足利義澄を支持する義澄派の対立が激化した時期であり、義稙は八月一六日に丹波へ下国した後、八月二四日、軍勢とともに上洛し、船岡山合戦において義澄派を破っている。猿楽を主催した細川高国・大内義興・畠山稙長・畠山義元は義稙派の在京大名であり、戦勝祝と義稙の帰洛祝を兼ねた記念式典として猿楽興行が行われたのである。

この猿楽興行は共催で二度に分けるという異例の形式で行われており、何らかの意図がうかがえる。政治的節目の儀礼として行うのであれば一回でよい。申沙汰も在京大名全員で行う必然性はなく、代表者が一人で主催する形式であっても問題ない。在京大名を二つの集団に分けて、二度猿楽興行を行ったのは、そのこと自体に重要な意味があったからだと考えられる。では、どのような意図に基づいてこのような形式を選択したのであろうか。

さて、そこでもう一度猿楽興行の内容に立ち戻ると、この猿楽には二つの特徴が見られる。一つは、細川高国・大内義興、畠山稙長・畠山義元がそれぞれ一組になって共催しているという点、もう一つは、高国・義興共催の猿楽、稙長・義元共催の猿楽という順序で行われたという点である。

まず、主催者であるが、他の事例を見ると、御供衆・公家衆といった形で同じ立場にあるものが一つの申沙汰集団を形成して共催するのが通例であった。したがって、高国・義興、稙長・義元は、それぞれ同格の立場である者同士で共催したと見られる。また、申沙汰集団が二つに分かれたということは、両者に何らかの差異が存在したことを示している。四者はいずれも義稙期の幕政に参加した在京大名であるが、彼らはさらに二つの集団に分かれていたと見ることができる。

次に主催の順序だが、幕府儀礼の一つである正月の恒例御成では、幕府内における地位が高いものから順に御成が行われていた[40]。船岡山合戦の翌年にも恩賞として細川高国・畠山義元の両者に対する義稙の御成が行われたが、その順序は高国、義元の順であり、高国の方が上位に位置していた[41]。高国・義元の関係を踏まえれば、二つの申沙汰集団も幕政上の地位によって区別されていたと捉えるべきである。すなわち、猿楽興行の順序は幕政上の地位の上下関係を表しており、先に行った高国・義興が稙長・義元よりも上位に位置づけられていたと考えられるのである。

## 2　船岡山合戦後の猿楽興行の政治的背景

では、猿楽興行に見られる幕政上の地位はどのようにして形成されたのであろうか。猿楽興行が行われた契機は、約三カ月前の八月二四日、京都船岡山において義稙派と義澄派の間で行われた船岡山合戦である。当時、両者の勢力は拮抗しており、船岡山合戦は政局の行方を左右する重要な合戦であった。船岡山合戦時の義稙派の主力は細川高国・大内義興であったが、なかでも大内義興は「大内衆分捕高名、不能左右云々」と、抜群の功績を挙げていた[42]。一方、畠山義元も合戦には加わっていたが、『厳助往年記』によれば細川高国勢が三〇〇〇人、大内義興勢が八〇〇〇人に対し、畠山義元勢は三〇〇人とされており、少数で目立った働きもしていない。また、畠山卜山（尚順・尚慶。以下、尚順に統一）・稙長父子は河内に在国して義澄派の畠山義英と対峙していたので、この合戦には参加していなかった。

猿楽興行を主催した在京大名のうち、船岡山合戦で最も功績を挙げたのは大内義興である。また、足利義稙が将軍に復位できたのは、周防に下国した義稙を大内義興が庇護し、軍勢とともに上洛したからであり、義興は義稙の将軍復帰における最大の功労者でもあった。したがって、義稙への貢献度に基づけば、在京大名のなかで最上位に位置づけられるのは大内義興であった。

義稙の将軍復帰が実現したのは大内義興の支援があったためであるが、もう一つの要因として細川高国との提携が挙げられる。義稙上洛時、細川京兆家は将軍足利義澄を支持する当主細川澄元と一門の有力者細川高国の二派に分裂しており、義稙・義興がこの時期に上洛したのも細川京兆家の分裂に乗じたためであった。細川京兆家は山城・摂津・丹波など畿内近国を分国とする大名であり、畿内に政治的基盤を持たない義稙・義興にとって高国との提携は欠かせなかった。そして、細川京兆家は応仁・文明の乱以後も在京して幕政に携わっていたために幕政運営に必要な政治経験や人脈を豊富に持っており、円滑な幕政運営を行うためにも高国との提携が求められたのである。

また、猿楽興行を幕府儀礼として見た場合、問題となるのが家格である。室町期に形成された武家社会の家格でいえば、細川高国は管領家である細川京兆家当主という大名のなかで最も高い家格に位置しており、大内義興よりも上位に位置づけられる。畠山稙長は管領家である畠山惣領家の嫡子、畠山義元は畠山家庶流の能登守護家当主であり、家格による序列では、細川高国・畠山稙長が最上位の管領家という点で同じ集団に属し、国持大名で御相伴衆の大内義興・畠山義元はその下位の集団に属する。

だが、管領家当主である高国に対して稙長は嫡子という立場であり、両者では高国が上位に位置づけられる。また、大内家は御相伴衆の中では下位に位置しており[43]、同じ御相伴衆であっても義元の方が上位に位置づけられる。大名家当主と嫡子という立場の違いから稙長と義元・義興の上下関係が変動する可能性はあるが、家格を基準とすれば高国・義元・義興という序列となることは明白である。

史料上においても、『実隆公記』のように高国・義興・義元の順序で記すものと、『後法成寺関白記』のように高国・義元・義興の順序で記すものの両様が見られる[44]。『実隆公記』や『後法成寺関白記』における人名表記は社会的地位の高い人物から順に記すのが通例であり、両者の違いは、実力を重視して義興を先に書く場合と、家格を重視して義元を上位に置く場合の違いによるものと見られる。将軍義稙の御内書に対して副状を発給するのが細川高国・大内義興に限られ、高国・義興が裁許や栄典授与への口入を繰り返し行うなど、両者の幕政における発言力が他の二者に比べて大きかったのは明らかである[45]。高国が最上位に位置することは動かないが、義元・義興の序列は評価基準によって変動しうるものだったのである。

したがって、船岡山合戦後の猿楽興行は、家格ではなく政治的発言力に基づいて申沙汰集団・主催順序を定めたと考えられる。高国・義興の両者は家格に差があるにもかかわらず、同格の立場で申沙汰集団を形成していた。

船岡山合戦での功績を基準にすれば、高国・義興共催の猿楽興行だけでもよいが、その場合は畠山稙長・畠山義元の面目を潰すことになるので、二度行うことによって四者の協調を演出したものと見られる。また、畠山稙長・畠山義元も申沙汰集団を形成したが、これは稙長・義元は発言力の差により高国・義興と同格には位置づけられないこと、嫡子と当主という点で必ずしも稙長が上位に位置するとは限らないこと、畠山家一門による申沙汰集団を形成できることなどを考慮した結果と考えられる。船岡山合戦後の猿楽興行には、政治的発言力を基準とする在京大名の序列が反映されていたのである。

では、このような在京大名間の序列形成につながる主催形態を提起した主体は誰だったのであろうか。猿楽興行自体は主催者である在京大名四者の総意に基づく共同政策と見られるが、申沙汰集団と順序による格付は格下に位置づけられる稙長・義元にとって望ましいものではない。一方、格付により利益を得るのは、在京大名のなかで上位にあることを誇示できる高国・義興である。序列化の必要性を考慮すると、猿楽興行を利用して秩序形成を図った主体は高国・義興であったと考えられる。

船岡山合戦後の在京大名による共催で二度行うという複雑な形式の猿楽興行は、義稙派としての功績・家格・政治的発言力などを総合的に判断した上で、意図的に選択されたものであった。そして、それゆえに申沙汰集団や主催順序に幕政上の地位が反映されていたのである。

## 四　義晴期の猿楽興行

### 1　細川高国の猿楽興行

永正一八年（一五二一）八月三日、足利義晴の擁立後、初の猿楽興行が細川高国の主催で行われた。義晴は同年七月六日に播磨から上洛しており、猿楽が興行されたのはその翌月のことであった。義稙の場合、永正五年

（一五〇八）六月八日に上洛し、八月五日に将軍御所で猿楽が行われている。この日の主催者は不明であるが、同年九月五日に細川高国邸、九月二五日には大内義興邸で猿楽が興行されている[46]。これらは義稙の将軍復帰に対する祝賀儀礼であろうが、上洛した年に頻繁に開催したのは将軍交代による政治的変化を誇示し、主催者が自己の政治的地位を喧伝しようと考えたためと見られる。

したがって、義晴の上洛直後に行われた猿楽興行も同様の意味合いを持っていたと考えられる。義晴は永正一八年三月七日に出奔した義稙に代わる将軍として擁立されたが、義晴の将軍擁立を主導したのが赤松義村の重臣、浦上村宗と細川高国であった。上洛翌月というかなり早い時期に興行したことを踏まえると、義晴擁立が決定した段階で関連行事としてあらかじめ準備していたものと見られる。義晴上洛直後の猿楽興行は、次期将軍である義晴の存在を宣伝し、同時に自身が幕政の主導者であることを喧伝する高国主導の政策だったのである。

また、義晴擁立と関連して武田元光主催の猿楽興行も行われている。

【史料三】『実隆公記』大永元年一〇月一一日条

十一日、（中略）密々向右京大夫（高国）亭、猿楽見物今日武田（元光）、張行也、九番、（後略）

史料三は、細川高国邸で行われた、武田元光主催の猿楽である。高国邸に先立って一〇月六日には将軍御所でも元光主催の猿楽が行われており、日程の近さからすると両者は一連の行事として行われたと見ることができる。では、なぜ将軍御所・高国邸のそれぞれで猿楽を興行したのであろうか。将軍御所の興行は、高国の場合と同様、義晴の宣伝と武田元光の地位の宣伝を意図していたと考えられる。在国大名の元光による興行は義晴への支持拡大を印象づけ、元光にとっても次期将軍との親密な関係を築き、それを対外的に表明する場となる。若狭武田家は、義澄期では在京大名の一員として幕政に参加し、細川京兆家とも政治的・軍事的に近しい関係にあったが、義稙後期になると将軍・細川京兆家との関係が疎遠になっていた。義晴への将軍交代は両者との関係を再構築する好機であり、猿楽興行はその一環として行われたのである。わざわざ高国邸で興行したのも、元光の上洛や在京活動に対して便宜を図ってくれた高国への返礼と関係強化を意図したものであり、一連の猿楽興行は元光の主体的意図に基づいて行われたと見られる。

だが、この猿楽興行は細川高国邸にもかかわらず、武田元光の主催で行われている。大名が別の大名邸で主催する例は他にはなく、非常に特異な行為であった。将軍御所の大名主催の興行、大名邸の内衆主催の興行に見られるように、亭主と主催者が異なる場合、主催者は亭主に奉公する下位者が務めた。したがって、高国邸での主催は幕政上の地位において元光が高国の下位にあったという両者の上下関係を示していると考えられる。将軍御所に次いで高国邸での興行が必要だったのも、高国を将軍と並んで尊重しなければならない人物として位置づける演出であった。元光も高国邸で興行することの意味を理解した上で、高国からの恩恵に対する見返りとして協力したものと見られる。猿楽興行を通じて、将軍を中心とする大名の序列化と秩序形成が行われたのである。

さて、細川高国の関与した猿楽興行でもう一つ特徴的なのが、将軍御所での興行の仲介である。大永六年（一五二六）一〇月一九日、将軍御所で行われた猿楽は、「今日武家猿楽立合、越智《（家頼）》官途御礼、又大和国民同御礼云々、道永《（高国）》申沙汰之分云々」と、形式上は細川高国の申沙汰であったが、実際には越智家頼をはじめとする大和国民が要脚を負担する形で行われた[47]。越智家頼は民部少輔に任官されており、猿楽興行は五万疋の礼銭とともに家頼の任官御礼という意味合いで行われたのだが、ここで問題となるのが、高国の申沙汰で実現したという点である。

第一項で見てきたように、将軍御所での主催者は大名や将軍側近などの有力者に限られており、国人による主催は一度も行われていない。将軍御所で主催すること自体が主催者の政治的地位の高さを示しているのである。したがって、幕政に参加しておらず家格も国人相当で興福寺大乗院被官の陪臣にすぎない越智家頼は、大和国内でいかに強大な勢力を誇っていたとしても、本来であれば猿楽興行を主催できる立場ではない。それにもかかわらず実現したのは、名目上は高国の主催とするなど、仲介者である高国が手厚く支援したためである。家頼主催の猿楽興行は、高国が仲介することによって実現に至ったのである。

　高国による仲介は、猿楽興行以外の幕府儀礼でも見られる。大永三年（一五二三）九月二八日、将軍御所で行われた和歌会は細川高国が主催したものであったが、実際は細川家一門の細川尹賢主催であった。また、大永三年一二月一六日の細川高国邸への御成は浦上村宗の申沙汰であり、高国は開催場所として館を提供した上、義晴へ御成を要請していた。大永四年正月二八日に行われた細川尹賢邸への御成も高国が義晴に要請することによって実現した[48]。また、先ほど取り上げた武田元光主催の猿楽興行も、両者の親密な関係を考慮すると、高国が仲介したものと見られる。

　したがって、越智家頼主催の猿楽興行も、こうした高国による幕府儀礼主催に対する仲介の一つとして捉えることができる。高国が介在した幕府儀礼の主催者は、大名の一門や内衆、国人といった大名よりも家格の低い者であり、それゆえに実現させるだけの政治力を持つ仲介者を必要としていた。彼らは高国の与党であり、高国は彼らの政治的地位を向上させることで自己の権力基盤の強化を図り、要望を実現することで自身への求心力を高めた。高国は、猿楽興行を仲介することにより政治力を形成していたのである。

　そして、高国は自身でも猿楽を積極的に主催していた。義晴前期では、先述した永正一八年だけでなく、大永二年正月一三日、大永四年正月二九日の二回、将軍御所で主催している[49]。しかし、複数の大名や幕臣による主催が見られた義澄期・義植後期とは異なり、義晴前期において高国以外に将軍御所で主催できたのは、高国が興行に関わった武田元光と越智家頼だけであった。義晴前期の猿楽興行は高国の影響下で行われていたのである。

次に、足利義晴を擁立する大名が細川高国から細川晴元・六角定頼へ変化した、義晴後期について見ていくことにする。政治情勢の悪化に伴い、義晴は大永八年（一五二八）から天文三年（一五三四）の間、近江に在国していたが、その間の猿楽興行は見られない。

義晴後期、初の猿楽興行は、天文五年（一五三六）一〇月二七日、義晴主催で行われた[50]。将軍による主催は稀であり、この猿楽興行が政治的に重要な意味を持っていたことを示している。また、閏一〇月五日には晴元主催の猿楽興行も行われており、日程の近さを考えると一連の行事であったと見られる[51]。だが、義晴が上洛したのは天文三年九月三日であり、上洛から猿楽興行まで二年間の空白期間が存在する。では、なぜ天文五年になって猿楽興行が行われることになったのであろうか。

義晴派は当時、三つの敵対勢力を抱えていた。すなわち、細川高国の後継者として活動していた細川晴国（高国の弟）、本願寺を中心とする一向一揆、そして、京都の法華一揆である。しかし、天文五年には細川晴国が討死したために細川京兆家の分裂抗争は一時終息し、本願寺との間では和議が成立した。また、天文法華の乱によって法華一揆は解体し、門徒は洛中から追放された。つまり、天文五年とは義晴派の懸案だった敵対勢力との関係が清算された時期だったのである。

同時期に細川晴元が上洛していることも重要である。晴元は天文五年九月二四日に上洛し、翌月の一〇月二七日に将軍御所で義晴主催の猿楽興行が行われた。晴元の上洛により京都の治安は改善され、政治の安定化が期待された。義晴が上洛した天文三年ではなく、天文五年に猿楽興行が行われたのは、敵対勢力との関係清算・晴元の幕政参加により政治情勢が安定化したためであり、義晴の治世の本格化を祝う祝賀儀礼としての意味があったのである。

では、この猿楽興行自体にはどのような意義があったのであろうか。ここでは、義晴主催・晴元主催の二度に

**表1－3**　将軍御所の猿楽興行主催回数

| | | 義澄期 | 義稙後期 | 義晴前期 | 義晴後期 | 義輝前期 | 計 |
|---|---|---|---|---|---|---|---|
| 在京大名 | 細川政元 | 11 | 0 | 0 | 0 | 0 | 11 |
| | 武田元信 | 3 | 0 | 0 | 0 | 0 | 3 |
| | 細川高国 | 0 | 4 | 5 | 0 | 0 | 9 |
| | 大内義興 | 0 | 3 | 0 | 0 | 0 | 3 |
| | 畠山義元 | 0 | 2 | 0 | 0 | 0 | 2 |
| | 畠山稙長 | 0 | 2 | 0 | 0 | 0 | 2 |
| | 細川晴元 | 0 | 0 | 0 | 1 | 0 | 1 |
| | 六角定頼 | 0 | 0 | 0 | 1 | 0 | 1 |
| | 計 | 14 | 11(9) | 5 | 2 | 0 | 32(30) |
| 将　　軍 | | 2 | 1 | 0 | 1 | 0 | 4 |
| 将軍近親 | | 0 | 0 | 0 | 1 | 0 | 1 |
| 将軍直臣 | | 4 | 1 | 0 | 1 | 0 | 6 |
| 公　　家 | | 3 | 0 | 0 | 0 | 0 | 3 |
| 大名内衆 | | 3 | 0 | 1 | 0 | 0 | 4 |
| 在国大名 | | 5 | 0 | 2 | 0 | 0 | 7 |
| 不　　明 | | 14 | 4 | 1 | 5 | 1 | 25 |
| 計 | | 45(40) | 17(15) | 9(7) | 10 | 1 | 82(73) |

註1：数字は主催回数を示す。
註2：共催は主催者ごとに分けて数え、重複分を除いた実数は(　)で示した。

わたって行われたことが注目される。これまでの検討を踏まえると、この猿楽興行には義晴・晴元が幕政の中核であることを喧伝し、義晴の治世が両者の連携で行われることを示す意図があったと考えられる。また、義晴は自身の治世の節目に当たる儀礼を自ら主催しており、義晴の幕政への意欲と主体性が見受けられる。

しかし、晴元が将軍御所で猿楽興行を主催したのはこの一回だけであった。義晴から諮問を受けるなど、幕政に関与したもう一人の在京大名である六角定頼の場合も、平時は在国していたこともあってやはり一回だけである。この時期の在京大名による主催頻度の低さには、他の時期と比較すると顕著な違いが見出せる。将軍御所での猿楽興行の主催回数をまとめた表1－3によれば、義澄期は細川政元（一一回）・武田元信（三回）、義稙後期は細川高国（四回）・大内義興（三回）・畠山義元（二回）・畠山稙長（二回）、義晴前期は細川高国（五回）であり、義晴後期が突出して低い。

**表１－４**　将軍御所以外の猿楽興行主催回数

| | | 義澄期 | 義稙後期 | 義晴前期 | 義晴在国期 | 義晴後期 | 義輝前期 | 計 |
|---|---|---|---|---|---|---|---|---|
| 在京大名 | 細川政元 | 1 | 0 | 0 | 0 | 0 | 0 | 1 |
| | 赤松政則 | 1 | 0 | 0 | 0 | 0 | 0 | 1 |
| | 細川尚春 | 1 | 0 | 0 | 0 | 0 | 0 | 1 |
| | 細川高国 | 1 | 9 | 3 | 0 | 0 | 0 | 13 |
| | 大内義興 | 0 | 1 | 0 | 0 | 0 | 0 | 1 |
| | 畠山義元 | 0 | 1 | 0 | 0 | 0 | 0 | 1 |
| | 細川晴元 | 0 | 0 | 0 | 0 | 8 | 0 | 8 |
| | 六角定頼 | 0 | 0 | 1 | 0 | 2 | 1 | 4 |
| | 計 | 4 | 11 | 4 | 0 | 10 | 1 | 30 |
| 将　　軍 | | 0 | 0 | 0 | 0 | 0 | 0 | 0 |
| 将軍近親 | | 1 | 0 | 0 | 0 | 0 | 0 | 1 |
| 将軍直臣 | | 0 | 2 | 1 | 0 | 1 | 0 | 4 |
| 大名内衆 | | 0 | 3 | 2 | 1 | 5 | 0 | 11 |
| 在国大名 | | 1 | 0 | 3 | 0 | 0 | 0 | 4 |
| 不　　明 | | 0 | 1 | 0 | 0 | 0 | 0 | 1 |
| 計 | | 6 | 17(15) | 10 | 1 | 16 | 1 | 51(49) |

註１：数字は主催回数を示す。
註２：同一場所での連続興行は１回と数えた。
註３：共催は主催者ごとに分けて数え、重複分を除いた実数は(　)で示した。
註４：義澄期の細川高国は在京大名一門、義晴前期の六角定頼は在国大名だが、便宜的に在京大名に含めた。

だが、将軍御所以外の場所で行われた猿楽興行の主催回数をまとめた表１－４によれば、晴元は八回、定頼は三回興行しており、他と比べても遜色がない。大名邸での猿楽興行は細川高国が突出しており、将軍御所・大名邸双方で積極的であったと評価できる。晴元の八回は高国に次ぐ回数であり、猿楽を興行すること自体に消極的だったわけではない。したがって、晴元の興行回数の少なさは、将軍御所での猿楽興行を主催する機会が少なかったものと考えられる。

義澄期の細川政元や義晴前期の細川高国に明らかなように、幕政における発言力が強かった在京大名は猿楽興行の主催回数も多い傾向にある。一方、在京大名同士の協調が目立った義稙後期では四人の主催回数に大差はない。つまり、猿楽興行の主催回数や主催方式に当該期の幕政運営方式が反映されていたのである。したがって、義晴後期において在京大名の主催回数が少ないということは、他の時期に比べて在京大名の影響力が低下し、相対的に将軍の発言力が強まったという政治情勢の反映と考えられるのである。

## 第二節　大名邸御成と在京大名

### 一　大名邸御成と御成記

#### 1　大名邸御成の儀式次第

戦国期の大名邸御成は、正月の年中行事となっていた室町期の恒例御成とは異なり式日が定められていない臨時御成であったが、内容の多くは定型化していた。「宗五大草紙」によれば、正式な手続きによる式正の御成と略式の常の御成では、献の回数や献上物、儀式次第に違いが見られる。だが、儀礼内容を記した御成記を見る限り、おおむね式正の御成で行われていたようである[52]。式正の御成が恒例御成を踏襲していたことを踏まえると、戦国期の臨時御成も恒例御成の内容の多くを引き継ぎ定型化していたと考えられる。

では、実際の儀礼内容はどのようなものだったのであろうか。臨時御成の内容を記した一次史料としては、①公家や武家の日記、②特定の御成の内容や役者交名を記した御成記、③「諸大名衆御成被申入記」「宗五大草紙」などの故実書があるが、①は記事が簡潔で詳細な内容までは残されておらず、②も記主によって関心に偏りがあるため、儀礼の全体像を見る史料としては適さない。そこで、臨時御成について詳述している③の「諸大名衆御成被申入記」を中心に儀礼内容全体を復原し、その上で①や②との整合性を見ていくことにする。

「諸大名衆御成被申入記」は、奉公方五番衆番頭で足利義尚と足利義晴の側近を務めた幕臣、大館常興の記した故実書である[53]。「諸大名衆御成被申入記」によれば、まず、未刻（午後二時）、将軍が御相伴衆や御供衆らとともに大名邸に渡御する。刻限は特別の事情がない限り未刻と定められているが、伊勢家当主、あるいは御出奉行からあらかじめ亭主に御成の刻限を知らせておく。亭主・一門・被官衆（随分の年寄の輩、重臣）は門外に祗候して将軍を出迎える。

次に、大名邸の寝殿に将軍が着座し、式三献により酒食で饗応する。三献目の盃は将軍から亭主に下される。その時、亭主は白太刀を持参して献上する。また、弓・征矢・鎧・鞍置馬などの亭主献上物は、亭主の一門が持参して進上する。

さらに、式三献が終わった後、将軍は寝殿内の公卿の間へ座を改め、献上物の馬を見る。亭主や御供衆は庭上に祗候する。

その後、将軍は寝殿から会所へ座を改める。御相伴衆も座敷に祗候し、一五献から二〇献ほどの酒食で饗応する。また、合間に亭主は進物を献上する。初献に黒太刀（亭主持参）、三献目に小袖（伊勢家当主持参）・引合一〇帖（亭主持参）、五献目に盆・香合、七献目に刀・太刀、九献目に盆・香炉、一一献目に食籠・盆、一三献目に印籠・太刀、一五献目に盆・建盞内台を献上する。将軍の機嫌次第で一〇献で還御することもあれば、二〇献に及ぶこともあるが、一五献が通例とされる。また、進物の種類は一部変更可能であり、絵・襦子・緞子なども用いられた。

そして、酒宴の合間に猿楽能を興行する。三献の後、菓子が出されて休憩に入るが、将軍の意向によって茶が出される場合もある。休憩後、猿楽が催される。能が終わり白州に大夫が祗候して謡をする時、亭主の一門（適任者がいない場合、御供衆）が報酬の銭を舞台に積む。折紙銭の場合は、大夫に遣わす。

最後に、献が果てた後、将軍の酌で亭主に盃が下される。盃を受けて下がる時、将軍の剣を拝領し、御剣拝領の御礼として、亭主持参で太刀を進上する。盃の応酬が終わった後、将軍は御所へ還御する。

以上が「諸大名衆御成被申入記」に見える大名邸御成の儀礼内容である。これによれば、大名邸御成とは将軍と亭主の間での贈答や亭主による将軍の饗応（酒食の提供、猿楽の興行など）を行う儀礼であり、儀式次第や献上物の種類、運び役を務める役者、種々の所作などが定型化していたことがわかる。また、「宗五大草紙」の「公方様諸家へ御成の事」の項も内容はほぼ同様であるが、こちらの場合は献で出される料理の品目について詳細に述べており、出される料理の種類も定型化していたといえる。

## 2　御成記の史料的性格

大名邸御成には複数の御成記が現存する。御成記とは、儀式次第・客・所作・贈答品目などを記録した別記である。本稿の対象とする明応二年（一四九三）から天文一八年（一五四九）の間では、「永正十五年畠山順光亭御成記」「大永三年伊勢貞忠亭御成記」「大永四年細川尹賢亭御成記」「天文七年細川晴元亭御成記」「天文八年六角定頼宿所御成記」が現存する[54]。そこで、まずは個々の御成記の記載事項を検討する。

（1）「永正十五年畠山順光亭御成記」（『畠山亭御成記』）

これは、永正一五年（一五一八）三月一七日、足利義稙がその側近である畠山順光の屋敷へ御成した時の記録である。その記載事項は、三つの場面で構成されている。

一つ目は、御所から順光邸への出行である。御成が行われた年月日、義稙が出立した時刻（未刻、午後二時）と、供をした御供衆の交名およびその順序を記す。

二つ目は、猿楽である。猿楽の番数と演者（一三番、三番を今春大夫が務めた）、演者に下賜する銭一万疋を舞台へ運ぶ役を務めた役者（御供衆）の交名及びその順序を記す。また、田楽も行われ、田楽の演者と今春大夫には折紙銭が下賜された。

三つ目は、式三献と一一献の饗宴である。ここでは、会所での一一献の初献に馬と太刀が献上されたこと、式三献の酌を細川尹賢が務めたことを述べ、一一献の際に酌（提で酒を盃に注ぐ役）と提（ひさげ。酒を入れた金属製の容器である提を運ぶ役）を務めた役者（将軍・御相伴衆・御供衆）の交名を一献ごとに記す。酌と提を務める役者の関係は、八献目の細川高国（酌）と細川尹賢（提）、一〇献目の伊勢貞陸（酌）と伊勢貞忠（提）、一一献目の足利義稙（酌）と飛鳥井雅俊（提）に明らかなように、酌を務める役者の方が提の役者よりも上位に当たる。また、八献目以降は将軍と御相伴衆も役者を務めており、献が進むにつれて上位者が役者に加わる傾向が見られる。

（2）「大永三年伊勢貞忠亭御成記」（『伊勢守貞忠亭御成記』）

これは、大永三年（一五二三）八月五日、足利義晴が幕府の政所頭人である伊勢貞忠の屋敷へ御成した時の記録である。その記載は、義晴の貞忠邸への出行から始まる。御成が行われた年月日、義晴が出立した時刻（未刻）、義晴と貞忠の年齢（義晴一三歳、貞忠四一歳）、義晴の供をした御供衆の交名、義晴の御成をあらかじめ知らせる奉書の写、御相伴衆の交名と後日の御礼、供に加わった同朋衆の交名を記す。

続いて式三献と会所での饗宴の記事に入る。式三献と会所での饗宴の酒食を用意する役者（将軍・御相伴衆と御供衆・走衆では異なる）、小者衆の相伴を務める役者を記す。

そして、御成に際して用意した物品を書き上げる。屛風・蠟燭・硯・料紙など、様々な品を箇条書きにしている。なお、茶湯道具に関しては、「小日記在之、右ニ注之」との割書が付されており、御成記とは別に茶湯道具の一覧などを記した記録が存在したと考えられる。

さらに、進物奉行による進物注文の進上、将軍や細川高国の供への応対、伊勢家一門による御礼（太刀の進上）、将軍・御供衆・走衆への配膳など、雑多な内容を箇条書きする。ここでは、進物奉行、将軍・御供衆・走衆・小者への配膳役、太刀の進上者など、役者を務めた一門および内衆の交名と職掌が記されているのが特徴である。

また、小者座敷は淵田与左衛門尉邸に設けられ、高国の供は蜷川式部丞邸に酒席が設けられており、貞忠邸だけでなく、周辺に位置した貞忠内衆の館でも並行して供衆への饗応がなされた。宴席の場や配膳役は、接待を受ける将軍と御相伴衆以下の供衆、接待を行う伊勢貞忠と一門及び内衆という双方の序列を踏まえて使い分けられたのである(55)。

（3）「大永四年細川尹賢亭御成記」（『大永四年細川亭御成記』）

これは、大永四年（一五二四）三月六日、足利義晴が細川典厩家当主、細川尹賢の屋敷へ御成した時の記録である。他の御成記に比べて分量が多く、記載内容が豊富であるという特徴が見られる。

【史料四】「大永四年細川尹賢亭御成記」大永四年三月御成事の項

大永四年甲申三月日辛未御成事細川右馬之頭殿

子細者正月廿八日御屋形様《高国也》・是様《頭殿》御出仕有、於殿上御屋形様（高国）御申者、是様（尹賢）御寝殿被造候、御成可有御申、殊鷹野江可有御成候処、当年未無、御成初間、急度可有御申之由御申有、大館予州（常興）・勢州（貞忠）祇候有テ、同口ニ尤可目出候由被申条、上意様（義晴）御気色も可然かたる、（後略）

史料四は、細川尹賢邸への御成が決定する経緯を記した冒頭部分である。それによると、大永四年正月二八日、細川京兆家（惣領家）当主の細川高国は将軍足利義晴に対し、一門の細川尹賢が屋敷の寝殿を新築したことを理由に尹賢邸への御成を要請した(56)。大永四年は鷹狩を伴う御成がまだなされておらず、御成始に当たることも要請の根拠となった。この要請に大館常興と伊勢貞忠も同意し、両者から義晴に披露され、その了解を得ることにより尹賢邸への御成が決定した。高国の要請は、尹賢からの依頼によるものと見られる。

ここでは、御成が亭主側からの要請で実現したことが注目される。また、御成の対象は在京大名と伊勢家当主にほぼ限定されており、将軍直臣の御供衆だが大名ではない尹賢は、本来であれば御成を受けられる立場ではない。表題にあるように、「諸大名衆御成被申入記」が御成を大名から将軍へ要請するものと捉えているのも、将軍の武家邸への御成は大名を対象とするのが通例だったからである。それにもかかわらず尹賢邸への御成が実現したのは、幕政に対して発言力のある高国が仲介したためであり、御成実現に高国が果たした役割は大きい。

次に、尹賢邸の作事の進捗状況に合わせて日程が三月六日に決定した旨を記した後、御成当日である三月六日の義晴出行に関する記事が続く。義晴の輿と装束、尹賢と尹賢の重臣である年寄衆と高国の装束及び祗候場所を記し、義晴の供をした御供衆と同朋衆の交名を書き上げている。また、御成の刻限は午刻（午前一二時）であり、通常より早くから開始されたことがわかる。御成先の門前では亭主や内衆が祗候して出迎えることが定められており、出行自体が御成の構成要素であった。

そして、寝殿での式三献に関する記事が続く。義晴から尹賢への盃の下賜、尹賢による返礼の太刀進上、寝殿での義晴の装束などを記した後、「御進物次第　式三献之時」として、白太刀・鎧・弓・征矢・鞍置馬について記す。鎧・弓・征矢が部屋にあらかじめ飾り置かれていた点が「諸大名衆御成被申入記」と異なるが、白太刀のみ尹賢が持参し、高国と尹賢が庭上に祗候する中、鞍置馬を細川駿河守（尹賢弟）が牽いて義晴に目通りさせるなど、儀礼の流れはおおむね「諸大名衆御成被申入記」の記載と一致している。

さらに、会所での一三献の饗宴に関する記事が続く。

【史料五】「大永四年細川尹賢亭御成記」初献・二献・三献の項

初献参　二献　　三献

一、三献目の御肴を被押御相伴ニ可有御参由、以大館予州《常興》・勢州《貞忠》被仰出、種々雖有御斟酌、数刻御屋形様・年寄衆・祗候衆に悉御談合有テ、尤可然由申間、御相伴に御参之、為　御礼、御太刀一振行平、御馬一疋川原毛、印雀目結五千疋御進上有、是者御相伴の御礼也、

一、御太刀一腰正恒、御練貫五重、引合十帖、勢州《（貞忠）》被懸御目候也、御太刀ハ御持参、是ハ三献目の御進物なり、

これは、初献・二献・三献について述べた部分である。ここで注目すべきは、亭主尹賢が将軍義晴と同席したことである。一条目にあるように、三献目の時点で義晴は常興と貞忠を通じて尹賢へ同席を勧めた。尹賢は数刻、高国や自身の内衆、常興などと相談し、賛同を得られたため、同席することになった。尹賢からは改めて御相伴の御礼として太刀・馬・五〇〇〇疋を進上した。

通常、亭主は饗宴の最後に将軍の酌で盃を授かるだけで、同席することはない。しかも、大名邸御成で将軍との同席が許されるのは御相伴衆であり、御供衆である尹賢は本来同席できる家格ではない。尹賢の相伴は異例の好待遇であったといえる。また、こうした先例と異なることがにわかに決められたとは考えにくい。高国・貞忠・常興など主要な関係者の間で事前に合意がなされていたと見られる。

続いて、三献目に太刀・練貫・引合の進上があり、太刀は尹賢が持参し、他は貞忠が持参した。以後、四献目以降の進物の記事が続き、五献目に太刀・香合・盆、七献目に太刀・絵・盆、九献目に緞子・盆、一一献目に太刀・刀、一三献目に太刀・馬が進上された。

さらに、尹賢子息の宮寿（後の細川氏綱）、高国、細川稙国（高国嫡子）以下、細川家一門による太刀進上とその交名を記す。一門による太刀進上は「大永三年伊勢貞忠亭御成記」と同様であり、大名邸御成では亭主だけでなく、亭主の一門も御礼として太刀を進上することが慣例になっていた。

そして、将軍の供衆への応対に関する記事が箇条書きで続き、主要な客の交名と宴席の場、相伴した尹賢内衆の交名などを記す。御相伴衆は細川高国・冷泉（為広）・日野内光であり、先述したように三献目から亭主の尹賢も同席した。また、貞忠邸と同様、御相伴衆・御供衆・申次など地位に応じて座敷や相伴する内衆が異なっている。

その後は、役者を務めた尹賢内衆の交名と職掌を記す。御門役・裏御門役・辻固及び小門役・楽屋奉行及び屏

中門役・雑掌方奉行・御膳奉行・御座敷奉行・御盃台及び御折奉行・借物奉行・蠟燭奉行・茶湯・御手長衆など、主催者側では御成に際して様々な職掌（奉行）を設けていた。御成は家中の政治機構を活用して組織的に運営されていたのである。なお、辻固や御手長衆は高国内衆が務めており、一門間の協力が見られる。

次に、能と田楽に関する記事があり、観世元忠による能が一五番行われ、元忠に五〇〇〇疋が下賜されたこと、田楽を務めた演者の交名などを記す。

また、「是様衆御礼申次第」として、尹賢内衆などの義晴への対面儀礼と対面場所に関する記載が見られる。細川典厩家の重臣である一門と年寄衆が上位者から順に金覆輪の太刀と一〇〇〇疋を進上し、貞忠が披露した。そして、各々が義晴と対面し、盃を授かった。その後、高国の守護代四人も同様に対面儀礼を行い、太刀の進上と義晴への対面、盃の下賜が行われた。

そして、進物と返礼に関する記事が続く。これ以後は、御成の翌日以降の事後処理に関する記事である。将軍への進物は翌日に目録で進上され、対面儀礼を行った尹賢内衆や高国内衆の分も同様に目録で進上された。また、御成の祝儀として方々より太刀・馬・銭などの礼物が贈られ、御相伴の御礼として公家・武家・寺家から多くの人々が祝賀に訪れた。礼物については、「注文別紙在之」とあるので、御成記とは別に注文が存在したようである。また、尹賢や内衆も御成・御相伴の返礼のために方々を訪ねている。将軍の自邸への御成と将軍との同席は、祝賀の対象となる名誉なことであった。

その次には、辻固や高国の供衆、細川稙国の供衆の交名など、細川京兆家内衆に関する記事を記す。ここでは、辻固と御手長衆を高国内衆の守護代及び年寄衆が務めた理由について記している点が注目される。それによると、長禄三年（一四五九）に実施された細川持賢への代始御成の時、辻固と御手長を務めるものがいないので相談したところ、細川勝元の内衆が務めることになった。勝元の宿老衆が言うには、典厩家は代々惣領家である細川京兆家の猶子となるなど他の細川家一門とは別格の特別な家なので、惣領家の内衆である自分たちが辻固及び御手長を務める。他の細川家一門の場合は務めないということであった。尹賢邸への御成で高国内衆が辻固及び御手長を務めたのも、この先例に則ったためと見られる。細川典厩家が細川家一門の中でも特に家格の高い家柄として認識されていたのである。辻固・供衆・御手長衆に対しては、尹賢の年寄衆が相伴して食事が振る舞われている。

この後は、大名邸御成で必要となった物品・調達方法・担当者・代金などについて、箇条書きで記す。御成は多数の物品を消費する一大事業であった。

### (4)「天文七年細川晴元亭御成記」(『天文十七年細川亭御成記』)

これは、天文七年(一五三八)七月二九日、足利義晴が在京大名細川晴元の屋敷へ御成した時の記録である。まず、御成の年月日を記した後、会所での一五献の合間に献上された、足利菊幢丸(義晴嫡子。義藤・義輝。以下、義輝に統一)への進物を記す。義輝への進物は、初献は太刀・馬、三献目は太刀・具足、五献目は鞍、七献目は盆・香合、九献目は太刀・盆、一一献目は紅糸・盆、一三献目は緞子・盆、一五献目は太刀であった。

次に、義晴への進物を記す。初献は太刀・馬、三献目は太刀・具足、五献目は鞍、七献目は盆・香合、九献目は香炉・盆、一一献目は花瓶・木地の台、一三献目は金襴・盆、一五献目は太刀であった。初献から七献目と一五献目の進物の種類は義輝と同じで、九・一一・一三献目は異なっている。両者で進物が異なるのは、「諸大名衆御成被申入記」で述べている通り、相手の好みに合わせて進物も柔軟に変えていたためと見られる。また、将軍の後継者がいる場合、将軍と同様に饗膳や贈答がなされており、将軍と将軍の後継者の二人が主賓として扱われた。

そして、初献以下、各献と湯漬及び菓子の献立を記す。他の御成記にはなかった、饗宴で出された食事の品目を詳細に知ることができる。献立も地位に応じて定められた御成の構成要素であり、その重要性ゆえに逐一記している。

続いて、座敷における客の交名を記す。この時の客は足利義晴・義輝父子と義晴の親族（義晴室は近衛稙家の妹）である近衛稙家とその兄弟、将軍近臣の公家であり、武家は義晴とは同席していない。

その次に、能の演者と演目を記す。御成で催された能の演目が具体的に挙げられている点が貴重である。この日は一〇番演じられた。

最後に、御成役者日記として、御成に際して設けられた役と役者の交名を箇条書きで記す。役は門役、物品の調達と管理にあたる奉行、客の相伴役などに大別される。一部異なる役も見えるが、大部分は「大永三年伊勢貞忠亭御成記」や「大永四年細川尹賢亭御成記」で設けられている役と同じである。役者は細川晴元の内衆で、主立った内衆が網羅されている。亭主にとって、大名邸御成は家中の大半が参加する重要な儀礼であった。また、家中における地位が高い内衆ほど、惣奉行や門役、供物奉行など重要な役目を務めており、御成における職掌は平時における京兆家内部の序列と職掌を反映したものとなっている。

（5）「天文八年六角定頼宿所御成記」（『天文十八年佐々木亭御成記』）

これは、天文八年（一五三九）一〇月一八日、足利義晴が六角定頼の宿所である相国寺万松軒へ御成した時の記録である。定頼は幕府の政策について義晴からたびたび諮問を受けた在京大名であるが、平時は在国しており、洛中に屋敷を所有していなかった。それにもかかわらず定頼の宿所へ御成をしたのは、義晴が定頼を厚遇していたためと考えられる。

まず、御成の年月日と対象、場所を記すが、ここでは「佐々木霜台江御成進物事」として、進物に重点を置いている。

次に、足利義輝・義晴それぞれの供をした走衆及び御供衆の交名と位置を記す。

そして、式三献及び一五献での進物を記す。冒頭で書かれている通り、御成記の大部分をこの進物に関する記事が占めている。義晴への進物は、式三献では白太刀・鎧・弓・征矢・鞍置馬であった。一五献では、初献は太刀・馬、三献目は太刀・小袖、五献目は太刀、七献目は盆・香合、九献目は太刀・花瓶・盆、一一献目は緞子・盆、一三献目と一五献目は太刀であった。また、義晴から六角定頼・義賢（定頼嫡子）に剣を下賜した際の返礼として進上した太刀についても記す。

義輝への進物は、式三献では太刀・馬、一五献では、初献は太刀、三献目は太刀・腹巻、五献目は香合・盆、七献目は太刀、九献目は紅・盆、一一献目は茶碗・台・盆、一三献目は太刀、一五献目は香炉・盆であった。義晴の場合と同様、義輝から定頼・義賢父子へ剣を下賜した時の返礼の太刀も記す。式三献にも義晴・義輝父子が参加し、贈答も両者に対して行われたのである。

### 3　御成記の作成目的

五つの御成記について検討してきたが、表1−5に基づいて内容を整理すると以下のようになる。

「永正十五年畠山順光亭御成記」は記事が簡潔で、出行時の供、要脚を積む役者、一一献の酌と提の交名などを記す。

「大永三年伊勢貞忠亭御成記」は比較的記事が豊富であり、将軍の供を務めた御供衆の交名、配膳役など役者を務めた内衆の交名と職掌、太刀を進上した一門の交名などを記す。

「大永四年細川尹賢亭御成記」は、今回検討した御成記の中では最も分量が多く、記載内容も多岐にわたる。御成の経緯、式三献と一三献での進物、将軍の供衆への応対、役者を務めた尹賢内衆の交名と職掌などを記す。

**表1－5　御成記の内容**

| | 出行 | 猿楽 | 贈答 | 饗膳 | 御成の契機 | 亭主側役者交名 | 亭主側役者所作 | 客交名 | 客側役者所作 | 進上物 | 引出物 | 献立 |
|---|---|---|---|---|---|---|---|---|---|---|---|---|
| 永正十五年畠山順光亭御成記 | ○ | ○ | ○ | ○ | × | × | × | ○ | ○ | ○ | × | × |
| 大永三年伊勢貞忠亭御成記 | ○ | × | ○ | ○ | × | ○ | ○ | ○ | ○ | ○ | × | × |
| 大永四年細川尹賢亭御成記 | ○ | ○ | ○ | ○ | ○ | ○ | ○ | ○ | ○ | ○ | × | × |
| 天文七年細川晴元亭御成記 | × | ○ | ○ | ○ | × | ○ | ○ | ○ | × | ○ | × | ○ |
| 天文八年六角定頼宿所御成記 | ○ | × | ○ | ○ | × | × | × | ○ | ○ | ○ | ○ | × |

註：○・×は記述の有無を示す。

「天文七年細川晴元亭御成記」は、式三献と一五献での義晴と義輝への進物、料理の献立、将軍父子の相伴者の交名、猿楽の演目、御成役者日記として役者を務めた内衆の交名などを記す。

「天文八年六角定頼宿所御成記」は、御供衆及び走衆の交名、式三献と一五献での義晴と義輝への進物などを簡潔に記す。

将軍の大名邸への出行、亭主と一門及び重臣による出迎え、寝殿での式三献と贈答、会所での饗宴や贈答と猿楽、将軍の還御という故実書に見える御成の儀式次第と御成記の記事は、対応関係にある。また、故実書の記載と御成記の内容は矛盾せず、故実書は実際に行われた御成に基づいて記された信頼に足る史料であるといえる。反面、御成記のほとんどは大名邸御成という儀礼の個々の要素を抜き出して記述するという形式であり、儀式次第を記す体裁はとっていない。

これらの御成記を比較検討すると一見して明らかなように、それぞれ内容が大きく異なる。御成記の主な記載事項は、客の交名、客の所作、饗応にあたった亭主側一門や内衆の交名と職掌、進物の目録だが、贈答及び饗膳の有無や客の交名がどの御成記でも共通して記されている一方、亭主側役者の交名や献立など、一部の御成記にしか記されていない事項も多い。記事が簡潔な「永正十五年畠山順光亭御成記」が他では見られない要脚を積む役者や一一献の酌と提の役者交名を記すなど、御成記によって重点的に記述している項目は異なる。

では、なぜ御成記の記載事項は大きく異なるのであろうか。そこで問題となるのが、御成記を記した記主の立場である。儀礼内容を具体的に叙述した御成記を記すには、御成に詳しく、他の参加者から直接情報を知りうる立場にある人物が適する。だが、御成は地位によって客の饗応される座敷が異なり、亭主側も様々な役者が同時並行でその職掌を務めていることから、一人で全容を把握することは不可能である。また、室町期の東寺御成の場合、算用状など関連史料が多数存在することが指摘されている(57)。「天文七年細川晴元亭御成記」での御成役者日記という記載などからも、そのことが裏付けられる。したがって、御成に関する複数の目録や別記が存在し、それらと関係者からの情報を総合して御成記が作成されたと見るべきである。いずれの御成記も記主は特定されていないが、御成の参加者と考えるのが妥当である。

御成記の記主を参加者と想定した場合、記主の立場は大きく分けて二通り考えられる。一つは、客として招かれた将軍の供を務めた幕臣である。もう一つは、客をもてなした亭主の一門・内衆である。

客側と亭主側では、同じ儀礼でも関心を持つ事項は大きく異なる。御成記を作成するのは、再び御成が行われる時に備え、自身やその子孫のために先例を故実として蓄積し、継承するためである。したがって、客側では客としての所作や職掌、亭主側では接待役としての所作や職掌に記事の比重が置かれ、自身とは関係の乏しい事項（客にとっての亭主側の動向、亭主側にとっての客の動向）は記録されにくいと考えられる。

そこで、改めて御成記を見てみると、「永正十五年畠山順光亭御成記」は、他の御成記に見られない要脚を積む役者や一一献の酌と提の交名という、客側の所作と交名を詳述している。また、「天文八年六角定頼宿所御成記」も、全体的な記事は簡潔でありながら、将軍出行時の御供衆・走衆の交名に加えて位置まで記している。したがって、この二つの御成記は客側の幕臣（恐らく、伊勢家一門）が記したものと考えられる。

一方、「大永三年伊勢貞忠亭御成記」「大永四年細川尹賢亭御成記」「天文七年細川晴元亭御成記」は、接待役となった亭主内衆の交名と職掌を挙げている。これらの御成記は亭主側に重点を置いて記述しており、亭主の内衆が記したものと見られる。

よって、御成記は、客側・亭主側双方の立場から大名邸御成を記録として残そうという意図の下に作成されたといえる。幕臣・在京大名はともに御成を重要な幕府儀礼として認識し、その継続的挙行を望んでいたのである。

## 4　大名邸御成の構成要素

次に、表1－6を中心に大名邸御成の構成要素について見ていくことにする。

表1－6は、明応二年（一四九三）の政変後から天文一八年（一五四九）の足利義晴・義輝の京都没落までの間に行われた、将軍の大名邸御成をまとめたものである。ただし、将軍が大名邸を訪れた場合でも、大名の下国慰留、病気見舞いのように、儀礼化していないものは表から除外した。

大名邸御成の開催時期は、特に定まっていない。恒例御成の場合は大名ごとに式日が設けられていたのに対し、臨時御成は随時行われるという明確な違いが見られる。また、時刻は「諸大名衆御成被申入記」にあるように、おおむね未刻（午後二時）から始まり[58]、夜半から翌朝にかけて行われた。御成の終了時刻は献数によって変化しており、九時（午後一二時）と比較的早く終わった例もあれば[59]、翌日の巳刻（午前一〇時）まで長時間にわたり行われたこともあった[60]。なお、雨天の場合は出行の都合により延期された[61]。

大名邸御成の場所を一覧にした表1－7によれば、御成の対象となる場所は、基本的には洛中にある在京大名の館である。しかし、一時的にしか在京しなかったため洛中に館を持っていない畠山尚順や六角定頼の場合、在京中の宿所に将軍を招いて御成を実施した。また、細川政元や六角定頼に対しては、将軍が下国して御成を挙行

## 表1―6　戦国期の大名邸御成

| 番号 | 年・月・日 | 主催者 | 客 | 場所 | 出典 |
|---|---|---|---|---|---|
| 1 | 明応4・11・23 | 伊勢貞宗 | 足利義澄、細川政元 | 伊勢貞宗邸 | 後法興院政家記<br>実隆公記 |
| 2 | 10・1・30 | 伊勢貞陸 | 足利義澄、細川政元 | 伊勢貞陸邸 | 後法興院政家記 |
| 3 | 文亀1・6・16 | 細川政元 | 足利義澄 | 山城国真木島城(細川政元居城) | 後法興院政家記 |
| 4 | 2・2・9 | 細川政元 | 足利義澄 | 山城国真木島城(細川政元居城) | 後法興院政家記 |
| 5 | 2・7・27 | 細川政元 | 足利義澄、日野内光、冷泉為広、三条実望、聯輝軒永崇、万松軒等貴、公家衆 | 細川政元邸 | 後法興院政家記<br>大乗院寺社雑事記<br>実隆公記<br>拾芥記 |
| 6 | 3・2・26 | 細川政元 | 足利義澄、細川政元、細川高国、大館尚氏、赤松刑部少輔、伊勢貞宗、冷泉為広、三条実望、高倉永康、飛鳥井雅俊 | 山城国真木島城(細川政元居城) | 後法興院政家記 |
| 7 | 3・10・6 | 細川政元 | 足利義澄 | 山城国真木島城(細川政元居城) | 実隆公記 |
| 8 | 永正3・閏11・6 | 細川政元 | 足利義澄 | 細川政元邸 | 尚通公記 |
| 9 | 5・8・11 | 畠山尚順 | 足利義稙、細川高国、大内義興 | 東福寺海蔵院(畠山尚順宿所) | 実隆公記<br>尚通公記<br>拾芥記<br>春日社司祐禰記 |
| 10 | 7・10・14 | 大内義興 | 足利義稙 | 大内義興邸 | 実隆公記 |
| 11 | 9・4・16 | 細川高国 | 足利義稙、畠山義元、大内義興、細川尹賢、畠山義総、大館政信、淡路二郎、一色尹泰、畠山順光、畠山基延、伊勢貞就、古阿弥 | 細川高国邸 | 実隆公記<br>尚通公記<br>御随身三上記 |
| 12 | 9・4・20 | 畠山義元 | 足利義稙 | 畠山義元邸 | 尚通公記<br>御随身三上記 |

| | | | | | |
|---|---|---|---|---|---|
| 13 | 10・2・27 | 細川高国 | 足利義稙、畠山義元、大内義興、日野内光、公武衆 | 細川高国邸 | 実隆公記、尚通公記、元長卿記 |
| 14 | 12・12・1 | 伊勢貞陸 | 足利義稙 | 伊勢貞陸邸 | 益田家文書 |
| 15 | 12・12・8 | 細川高国 | 足利義澄、細川尹賢、細川四郎、一色尹泰、畠山順光、伊勢貞忠、伊勢貞辰、伊勢貞泰、伊勢貞陸、古阿弥、高倉永家 | 細川高国邸 | 益田家文書 |
| 16 | 15・3・17 | 畠山順光 | 足利義稙、畠山七郎、細川尹賢、大館上総介、細川淡路、細川駿河守、一色尹泰、一色弥五郎、伊勢貞辰、伊勢貞忠、伊勢貞誠、伊勢貞陸、古阿弥、伊勢又次郎、伊勢貞遠、伊勢与一、伊勢六郎左衛門尉、大館高信、畠山稙長、細川高国、飛鳥井雅俊、白川雅業 | 畠山順光邸 | 二水記、宣胤卿記、畠山亭御成記、公方様御成之次第 |
| 17 | 16・2・10 | 細川高国 | 足利義稙 | 細川高国邸 | 尚通公記、二水記 |
| 18 | 16・2・13 | 細川高国 | 足利義稙、白川雅業、高倉永家、畠山稙長 | 細川高国邸 | 守光公記 |
| 19 | 16・2・14 | 細川高国 | 足利義稙 | 細川高国邸 | 守光公記 |
| 20 | 大永2・1・28 | 細川高国 | 足利義晴 | 細川高国邸 | 二水記、経尋記 |
| 21 | 2・4・3 | 六角定頼 | 足利義晴 | 本能寺（六角定頼宿所） | 二水記 |
| 22 | 2・4・27 | 細川高国 | 足利義晴 | 細川高国邸 | 二水記、後鑑 |
| 23 | 3・8・5 | 伊勢貞忠 | 足利義晴、日野内光、冷泉為広、細川高国、細川尹賢、畠山稙長、大館高信、細川勝基、一色下総守、細川駿河守、伊勢貞辰、伊勢貞泰、吉阿弥 | 伊勢貞忠邸 | 伊勢守貞忠亭御成記 |
| 24 | 3・12・16 | 浦上村宗（赤松政村名代） | 足利義晴、細川高国 | 細川高国邸 | 実隆公記、尚通公記、二水記 |
| 25 | 4・3・6 | 細川尹賢 | 足利義晴、細川高国、冷泉為広、日野内光、飛鳥井雅綱、高倉永家、細川晴宣、細川高基、五条、大館高信、細川勝基、細川駿河守、畠山稙長、伊勢貞忠、伊勢貞辰、伊勢貞泰、千阿弥 | 細川尹賢邸 | 実隆公記、元長卿記、大永四年細川亭御成記 |

| | | | | | |
|---|---|---|---|---|---|
| 26 | 大永5・4・10 | 細川高国 | 足利義晴 | 細川高国邸 | 実隆公記 |
| 27 | 6・1・23 | 細川高国 | 足利義晴、佐子局、春日局 | 細川高国邸 | 実隆公記<br>尚通公記 |
| 28 | 天文2・4・21 | 六角定頼 | 足利義晴 | 不明（近江） | 公方様御成之次第 |
| 29 | 2・4・27 | 六角定頼 | 足利義晴、大館常興、大館晴光、大館高信、伊勢貞忠、畠山民部大輔、土岐光親、朽木稙綱、伊勢貞倍、大原高保、孝阿弥 | 不明（近江） | 佐々木少弼御成<br>申献立 |
| 30 | 7・7・29 | 細川晴元 | 足利義晴、足利義輝、近衛稙家、久我晴通、聖護院道増、一乗院覚誉、大覚寺義俊、飛鳥井雅綱、勧修寺尹豊、烏丸光康、高倉永家、日野晴光 | 細川晴元邸 | 天文七年細川亭<br>御成記 |
| 31 | 8・10・18 | 六角定頼 | 足利義晴、足利義輝、大館晴光、上野信孝、伊勢貞孝、細川晴賢、細川晴経、朽木稙綱、伊勢貞倍、畠山宗守、大上臈一台、佐子局、清光院 | 相国寺万松軒（六角定頼宿所） | 大館常興日記<br>親俊日記<br>厳助往年記<br>天文八年佐々木亭<br>御成記 |
| 32 | 8・12・3 | 細川晴元 | 足利義晴、細川晴賢、朽木稙綱、万阿弥、足利義輝、大館晴光、上野信孝、大館晴忠、細川晴経、細川高久、伊勢貞孝、祐阿弥、春阿弥、転法輪殿局、佐子局、宮内卿局 | 細川晴元邸 | 大館常興日記<br>親俊日記<br>鹿苑日録 |
| 33 | 13・11・19 | 細川晴元 | 足利義晴 | 細川晴元邸 | 言継卿記<br>天文日記 |
| 34 | 15・12・22 | 六角定頼 | 足利義晴、足利義輝、近衛稙家、聖護院道増、三宝院義尭、久我晴通、飛鳥井雅綱、広橋兼秀、烏丸光康、高倉永家、日野晴光、大館晴光、朽木稙綱、伊勢貞孝、孝阿弥、上野信孝、細川晴経、大館晴忠 | 常在寺（六角定頼宿所） | 光源院殿御元服記 |
| 35 | 15・12・23 | 六角定頼 | 足利義晴、足利義輝、山門衆月蔵坊、西楽院、蓮蔵院以下十余人 | 常在寺（六角定頼宿所） | 光源院殿御元服記 |

註：客の内、走衆・小者等は割愛した。

**表1－7　大名邸御成の場所**

| | | 自　邸 | 宿　所 | 他　邸 | 自邸・宿所（在国） |
|---|---|---|---|---|---|
| 在京大名 | 細川政元 | 2 | 0 | 0 | 4 |
| | 細川高国 | 8 | 0 | 0 | 0 |
| | 大内義興 | 1 | 0 | 0 | 0 |
| | 畠山尚順 | 0 | 1 | 0 | 0 |
| | 畠山義元 | 1 | 0 | 0 | 0 |
| | 細川晴元 | 3 | 0 | 0 | 0 |
| | 六角定頼 | 0 | 2 | 0 | 3 |
| 将軍直臣 | 伊勢貞宗 | 1 | 0 | 0 | 0 |
| | 伊勢貞陸 | 2 | 0 | 0 | 0 |
| | 伊勢貞忠 | 1 | 0 | 0 | 0 |
| | 畠山順光 | 1 | 0 | 0 | 0 |
| 在京大名一門 | 細川尹賢 | 1 | 0 | 0 | 0 |
| 在国大名内衆 | 浦上村宗 | 0 | 0 | 1 | 0 |
| 計 | | 21 | 3 | 1 | 7 |

註1：数字は興行回数を示す。
註2：連日の御成は1回と数えた。

した。石清水八幡宮放生会への参加など、特別な事情がない限り将軍が下国することはなく、将軍自身の下国による御成は特異な例であったといえる。

　御成の主催者は、在京大名と有力幕臣が中心である。表1－8は大名邸御成の主催回数を整理したものである。明応二年（一四九三）から天文一八年（一五四九）の間に計三二回の御成があり、表1－5と1－8に基づいて主催者別に回数を整理すると、伊勢貞宗（一回）、伊勢貞陸（義澄期一回、義稙後期一回、計二回）、細川政元（六回）、畠山尚順（一回）、大内義興（一回）、細川高国（義稙後期四回、義晴前期四回、計八回）、畠山義元（一回）、畠山順光（一回）、六角定頼（義晴前期一回、義晴在国期二回、義晴後期一回、義輝前期一回、計五回）、伊勢貞忠（一回）、浦上村宗（一回）、細川尹賢（一回）、細川晴元（三回）となっている。在京大名の場合、細川京兆家当主（政元・高国・晴元）と畠

**表１－８**　大名邸御成の主催回数

| | | 義澄期 | 義稙後期 | 義晴前期 | 義晴在国期 | 義晴後期 | 義輝前期 | 計 |
|---|---|---|---|---|---|---|---|---|
| 在京大名 | 細川政元 | 6 | 0 | 0 | 0 | 0 | 0 | 6 |
| | 細川高国 | 0 | 4 | 4 | 0 | 0 | 0 | 8 |
| | 大内義興 | 0 | 1 | 0 | 0 | 0 | 0 | 1 |
| | 畠山尚順 | 0 | 1 | 0 | 0 | 0 | 0 | 1 |
| | 畠山義元 | 0 | 1 | 0 | 0 | 0 | 0 | 1 |
| | 細川晴元 | 0 | 0 | 0 | 0 | 3 | 0 | 3 |
| | 六角定頼 | 0 | 0 | 1 | 2 | 1 | 1 | 5 |
| | 計 | 6 | 7 | 5 | 2 | 4 | 1 | 25 |
| 将軍直臣 | 伊勢貞宗 | 1 | 0 | 0 | 0 | 0 | 0 | 1 |
| | 伊勢貞陸 | 1 | 1 | 0 | 0 | 0 | 0 | 2 |
| | 伊勢貞忠 | 0 | 0 | 1 | 0 | 0 | 0 | 1 |
| | 畠山順光 | 0 | 1 | 0 | 0 | 0 | 0 | 1 |
| 在京大名一門 | 細川尹賢 | 0 | 0 | 1 | 0 | 0 | 0 | 1 |
| 在国大名内衆 | 浦上村宗 | 0 | 0 | 1 | 0 | 0 | 0 | 1 |
| 計 | | 8 | 9 | 8 | 2 | 4 | 1 | 32 |

註１：数字は興行回数を示す。
註２：連日の御成は１回と数えた。

山尚順・大内義興・畠山義元・六角定頼への御成が行われた。細川京兆家当主・大内義興・畠山義元は恒常的に在京して幕政に参加した在京大名である。前者に比べると短期間しか在京していないが、畠山尚順も幕政に参加していた。六角定頼は恒常的な在京はせず、在国のまま重要政策について将軍から諮問を受け、幕政に関与した(62)。ただし、御成は全ての在京大名に対して実施したのではなく、武田元信のように長期間在京したにもかかわらず御成の対象とならなかった者もいた(63)。

一方、幕臣で御成を主催したのは、伊勢惣領家当主（貞宗・貞陸・貞忠）と畠山順光である。伊勢惣領家当主は代々政所頭人を世襲しており、政所沙汰の主催者として幕政の一翼を担うとともに、将軍に対する影響力も有していた。また、畠山順光は足利義稙に寵愛された側近であり、いずれも幕臣のなかでも有数の実力者であった。

大名・幕臣以外では、赤松家内衆の浦上村宗と細川家一門の細川尹賢に対しても御成が実施された。浦上村宗は在国大名赤松政村（晴政）の名代であり、高国の与党として在国中に貢献したことが評価されたものと見られる。細川尹賢は高国の一門で、細川京兆家家中の有力者である。先述したように、尹賢邸への御成は高国の後援により実現したと考えられる。

主催回数を見ると、細川京兆家当主が突出して多く、御成を積極的に主催していた。他方、六角定頼以外の大名は一回ずつであり、主催頻度に関しては差異が見られない。定頼の場合も、二回は京都の政情不安のため足利義晴が近江国桑実寺に在国していた最中に実施したもので、もう一回は足利義輝の元服・将軍就任儀礼の一環として在国でなされた例外的なものであり、在京中に行ったものは義晴前期・後期の一回ずつで他と大差はない。ただし、畠山尚順・浦上村宗・六角定頼は数カ月程度の短い在京期間にわざわざ宿所や他の大名邸で御成を実施しており、回数こそ少ないものの、御成の対象となることを重視していたといえる。

御成で招かれた客は、将軍と在京大名・幕臣・公家であった。在京大名・公家は御相伴衆、幕臣は御供衆で、その他に将軍の供として同朋衆・走衆・小者がおり、女房衆を伴うこともあった。御供衆は必ず御成に供奉したが、御相伴衆は個々の御成によって変化しており、御成の性格に応じて供の構成も変化していた。

また、御成では正規の客の他に大勢の見物客がいた。永正一六年（一五一九）二月一〇日に細川高国邸で行われた御成の場合、御成のなかで催された猿楽の見物に訪れた鷲尾隆康は、日記に「見物衆如雲霞」であったと記している。大永四年（一五二四）三月六日の細川尹賢邸への御成の情報は、遠く豊後国の大友義鑑へも届いており、御成に対する関心の高さがうかがえる[64]。御成は、普段見ることのできない将軍や在京大名が華美な行列を組んで出行し、豪華な食事や献上品、猿楽で盛大にもてなされるなど、人目を惹きつける要素が数多く含まれた、人々の注目を集める儀礼であった。

そして、御成の主催に必要な費用は亭主が負担した。前節で検討したように、猿楽興行だけでも数百貫かかる上、数多くの高価な献上品と饗膳用の高級料理を用意しなければならないことを考慮すると、少なくとも数百貫、場合によっては一〇〇〇貫以上の多額の費用が必要であった。主催者にはその費用負担に耐えられるだけの財力が必要とされたのである。

## 5　大名邸御成の儀礼的性格

大名邸御成の内容は、将軍の出行・猿楽・贈答・饗膳に大別される。出行時、将軍は御供衆・走衆をはじめとする大勢の供を連れて行列を組み、亭主の館へ下向した。任大臣拝賀に象徴されるように、将軍の出行には、装束の華美、供奉人数の荘厳さが求められた。それゆえ、行列を見るために多数の見物人がつどい、注目を集めた。行列の終着点である御成の対象も注目され、洛中で評判となれば、その噂は地方まで広がることが期待された。また、御成の対象は原則的には在京大名か伊勢家に限られている。したがって、将軍の出行は、亭主が幕府内で高く評価され、将軍の御成を受けるに値すると認められたことを視覚的に示すことになる。亭主は、将軍の出行を通じて自身の社会的地位を喧伝したのである。

会所での饗宴中に催される、猿楽にも同様の意義がある。猿楽自体が非常に人気のある芸能で、見物客も大勢訪れるため、その宣伝効果は大きかった。それと同時に、猿楽興行は亭主による饗応の一環であり、将軍と亭主が親睦を深めるという意義がある。

一方、御成では、必ず亭主による進物の献上と将軍からの太刀の下賜という贈答が行われる。物を交換することにより親睦を深め、主従関係を確認するとともに、将軍と亭主の人間関係を円滑にする効用が考えられる。また、将軍から太刀が下賜されるのは、亭主に対する恩恵であり、それゆえに亭主は御成の礼として進物を献上するだけでなく、下賜の返礼として別個に太刀を進上した。さらに、贈答は亭主だけでなく、亭主の一門や内衆も行った。将軍に対して太刀を進上できるのは一門と重臣に相当する年寄衆だけであり、その順序にも家内部の序列が反映されていた。贈答は家中の序列を可視化する機能を持っていたのである。また、将軍との対面や贈答は本来であれば陪臣には許されない特別待遇であり、亭主の一門と内衆に名誉をもたらす恩恵であった。亭主にとって贈答とは、将軍との信頼関係を深めるとともに、家内部の序列を構築し、一門と内衆に恩恵を授けることで家中の結束を深める行為だったのである。

　御成では、式三献及び会所での酒宴に際して饗膳がなされた。饗膳の献立や宴席の場、配膳役などは地位に応じて異なっており、ここでも将軍以下の客と亭主の家内部の双方の序列が可視化された。また、饗応の返礼として最後の献では将軍が自ら酌をし、亭主に盃を授けた。亭主一門や年寄衆に対して将軍が酌をすることもあったが、いずれも将軍からの恩恵であり、酌の対象となるのは名誉なことであった。そして、将軍からの酌や将軍の食べ残しが亭主や内衆に下賜されるという行為には、共同飲食によって結束を深めるという意義が読み取れる[65]。御成における饗膳には、垸飯に類似する機能が認められる。

　饗膳や猿楽による饗応は、将軍とともに客として招かれた、在京大名や幕臣、公家に対してもなされた。猿楽や饗膳は贅の限りを尽くしたものであり、当時における最大限のもてなしであった。饗応の対象となる客は将軍に影響力を持つ有力者であり、亭主は将軍だけでなく、その他の客との関係強化も図っていたといえる。また、実際に接待役を務めたのは亭主の一門や内衆であり、幕政の実務を担う在京大名とその内衆、及び、幕臣や公家と亭主内衆の間の人間関係を築き、深める場でもあった。御成は幕政の主要構成員が一堂に会する場であり、亭主は彼らを饗応して交流を深めることで、円滑な幕政運営を図ったのである。

　また、御成の対象になることは、亭主にとって非常に名誉なことであった。永正九年（一五一二）四月一六日、足利義稙が細川高国邸への御成をしたが、その翌日、高国と交流の深い近衛尚通は使者に太刀を持たせて祝賀している。[66]「大永四年細川尹賢亭御成記」にも御成の翌日以降、使者の訪問や礼物が贈られたことが見えており、御成の対象となること自体が祝賀の対象となる名誉なことだったのである。幕府儀礼に関する記事が全体的に乏しいなか、大名邸御成が記録されているのも、御成が洛中の人々の間で評判となる、特筆に値する儀礼として認知されていたからである。御成には亭主に名誉を授ける効果があり、それは将軍からの恩恵として機能していたのである。

このように、大名邸御成は、将軍の出行・猿楽・贈答・饗膳という複数の要素を併せ持つ、複合的な儀礼であった。内容を総合すると、将軍に対する饗応を目的とする儀礼であったと考えられる。亭主は将軍に対して最大限の接待を行うことにより親睦を深め、将軍の支持を得ることで円滑な幕政運営を図ったのである。また、幕府儀礼としての機能に注目すると、亭主の社会的地位を公認し、内外に示す効果があった。亭主は、幕府内において高く評価され、かつ、御成という一大事業を実行する社会的実力を備えていることを示すことで、自身の政治力を喧伝したのである。

## 二　政治過程における大名邸御成

### 1　足利義稙の上洛と大名邸御成

永正五年（一五〇八）六月八日、前将軍足利義稙は多数の軍勢とともに上洛した。義稙の上洛は、畿内政治の主導権が将軍足利義澄を中心とする義澄派から義稙派へと移ったことを示す、象徴的な出来事であった。

義稙上洛後、初めて実施された御成が永正五年八月一一日の畠山尚順宿所への御成である。義稙は東福寺海蔵院に居住していた尚順のもとへ御成を行った。[67]この御成は「一夜御逗留」（『後法成寺関白記』永正五年八月一二日条）であり、饗宴は一一日から一二日にかけて一晩中続き、盛況だったようである。

【史料六】『後法成寺関白記』永正五年八月一三日条

十三日、（中略）徳女中、細川治部少輔（政誠）来、勧一盞、昨日東福寺ニ御成之時、細川（高国）・大内（義興）致祗候、早出云々、凡大内（義興）・畠山（尚順）不快之由有其沙汰、

これは、この御成について記した近衛尚通の日記である。ここで問題となるのが、「昨日東福寺ニ御成之時、細川（高国）・大内（義興）祗候、早出云々、凡大内（義興）・畠山（尚順）不快之由有其沙汰」の部分である。義稙の御成に際して御相伴衆としてやってきた細川高国と大内義興は、義興と尚順の不仲が原因で早々に退出した。饗宴の最中に退席することは亭主の尚順を侮辱する行為であり、近衛尚通の記すように義興と尚順の関係は険悪であったと見られる。また、義興だけでなく高国も同調して退出したことから、高国は義興寄りの立場であったと考えられる。供であるにもかかわらず主賓よりも先に退席していることから、義稙を蔑ろにする行為でもあるが、義興と高国には義稙を尊重することよりも退席を優先すべき理由があったということである。御成は亭主による客の饗応である。本来は亭主と客が親睦を深める場であるにもかかわらず、在京大名同士の不仲を露呈していることに、両者の対立の深刻さがうかがえる。

では、両者の対立にはどのような政治的背景が存在するのであろうか。義稙の上洛前後で在京大名同士の対立を示す兆候は見られない。したがって、御成そのものが対立を招いたと捉えるべきである。この御成は、義稙上洛後はじめて行われたものだが、御成の順序は幕府内部における評価と密接に関わる。尚順への御成が優先的に行われたということは、尚順の功績が義稙から最も高く評価されていることを内外に示すことになり、ひいては在京大名の序列化につながる可能性があった。高国と義興はこの評価を承伏できなかったからこそ、義稙及び尚順との関係悪化を厭わず早退することで抵抗したと考えられる。

義稙と尚順の関係は、第一次義稙政権以来のものである。義稙の失脚を招いた明応の政変も、畠山政長・尚順

父子の要請を受けて河内の畠山基家（義豊。以下、基家に統一）討伐に出陣している最中に起きたものであり、両者の関係は深かった。政変によって政長は自害に追い込まれたが、尚順は一貫して義稙派大名として行動し、義稙の越中・周防在国中もその政治姿勢は変わらなかった。永正五年の義稙上洛時も高国とともに堺で出迎えており、義稙の信頼は厚かったと見られる[68]。

また、御成直前の政治情勢に目を転じると、七月一九日、尚順は下国して義澄派との合戦を行い、七月下旬には敵方の中核であった赤沢長経を生け捕りにするという功績をあげている[69]。赤沢長経は義稙と敵対する細川澄元の内衆であり、長経らを破ることによって大和・河内の戦局は義稙派優位に展開することになった。御成が将軍からの恩恵という機能を持っていたことを考慮すると、尚順への御成の直接的要因は、尚順の軍事的功績と考えられる。

だが、義稙の将軍復位への貢献度という点では、尚順と高国及び義興との間に優劣はつけがたい。周防在国中の義稙を庇護し多数の軍勢を擁して上洛した義興と、畿内近国に政治基盤を持ち、義稙上洛時に京都を勢力下に置いていた高国の、両者の協力がなければ義稙の将軍復位はかなわなかった。特に、復位の原動力となった義興は、自身が功績第一であると自負していたと見られる。それにもかかわらず、尚順宿所への御成を実施したために義興の強い反発を招き、高国と義興の退出という事態に至った。御成は実施されたものの、尚順の意図した在京大名の序列化と親善は実現しなかったのである。

### 2　船岡山合戦後の大名邸御成

永正八年（一五一一）八月二四日、将軍足利義稙を支持する義稙派と前将軍足利義澄を支持する義澄派の間で行われた船岡山合戦は、幕府政治史上の重要な画期であった。そして、船岡山合戦後に行われた猿楽興行は、義稙派としての功績・家格・幕政上の発言力など、幕政上の地位が明確に反映されたものであった。

さて、ここで注目したいのが、翌年の永正九年四月一六日と同二〇日になされた御成である。猿楽興行の中沙汰集団や順序に幕府内の地位が反映されていたことを踏まえると、御成も同様の性格を帯びていた可能性が考えられる。そこで、この二つの御成について、船岡山合戦後の大名邸御成という一連の幕府儀礼として考察を加えることにしたい。

【史料七】『後法成寺関白記』永正九年四月一六日条

十六日、（中略）今日大樹《（義稙）》細川右京大夫《（高国）》許江渡御云々、武州《（細川頼之）》鹿苑院殿《（足利義満）》渡御之例云々、進物三献以後者献ハサメ云々、御招伴、細川右京兆《（高国）》・畠山修理大夫《（義元）》・大内左京兆《（義興）》、御共《（供）》衆細川右馬頭《（尹賢）》・畠山次郎《（義総）》・大館刑部大輔《（政信）》・淡路二郎・一色兵部少輔《（尹泰）》・畠山式部少輔《（順光）》・同宮内少輔《（基延）》・伊勢兵庫助《（貞就）》・古阿弥也、大飲及鶏鳴云々、渡御申刻也、被寄御輿、一献マイル時分夕立頻、即晴也、

【史料八】『後法成寺関白記』永正九年四月二〇日条

廿日、（中略）畠山修理大夫《（義元）》許江大樹《（義稙）》渡御、有猿楽云々、近江猿楽先相初、以後今春勧之云々、

これは、船岡山合戦後に実施した二つの御成について記した近衛尚通の日記である。四月一六日の御成は、足利義満が細川頼之に対して行った御成を先例とし、義稙と御相伴衆である亭主の細川高国、客として招かれた畠山義元と大内義興が同席し、その他に御供衆の畠山稙長や幕臣も随伴していた。この御成は、客に公家の姿は見られず、武家儀礼としての性格が強い。一方、四月二〇日の御成では、足利義稙が畠山義元のもとへ御成し、近江猿楽や今春大夫による猿楽興行が行われた。史料上の確認はできないが、高国邸への御成と同様に御相伴衆や御供衆などが供をし、饗膳による接待を受けていたと見られる。御成は亭主による将軍や在京大名に対する饗応であり、その儀礼的性格を踏まえると、船岡山合戦の戦勝に対する祝賀行事であったと考えられる。

だが、この御成には別の目的が含まれている。ここで問題となるのが、二つの御成の間隔である。四月一六日に高国邸、四月二〇日に義元邸と二度にわたって御成がなされているが、このような近接した時期に二度も御成をするのは極めて異例である。船岡山合戦後の御成には政治的意図が存在していたことをうかがわせる。

永正九年時点における在京大名のうち、元服前の畠山稙長を除いて、唯一御成の対象となっていないのが大内義興である。だが、義興は同年四月一四日、従四位上から従三位への上階を果たしている[70]。義興の上階は、船岡山合戦での戦功に対する恩賞として後柏原天皇の意向で行われたものだが、同時に上階の候補となっていた高国は「彼四品事、先以不相急之事也、被抽賞一人之条可然[71]」と辞退している。

義興上階の二日後に実施されたのが、高国邸への御成である。御成が将軍からの恩恵であったことを考慮すると、高国邸・義元邸への御成も船岡山合戦での戦功に対する恩賞と解釈すべきである。このように捉えると、義興邸への御成が実施されなかったのは、すでに上階という形で恩賞が与えられていたためと見ることができる。武家の上階は将軍が推挙した上でするのが通例である。この場合、以前からの義興の要望を踏まえ、朝廷が主体となって進めたものの、義稙の承認を経た上で上階しており、将軍からの恩賞も兼ねていたと見られる。また、義興に対しては永正七年一〇月一四日にすでに御成がなされており、初の御成になる高国・義元と違ってここで御成を受けなければならない必然性は乏しいため、上階のみになったと考えられる。

御成の順序も重要である。高国・義元という順序は、猿楽興行と同様に幕府内における両者の上下関係を反映したものと考えられる。船岡山合戦での功績と幕府政治への発言力において両者の間には明確な差異があり、それが御成の順序へ反映されたのである。

では、御成実施の主体は誰だったのであろうか。恩賞として見るならば義稙が積極的に主導した可能性も考えられるが、それにしては合戦が終わって半年以上経ってからの実施と遅すぎる。義稙には在京大名を引き立てる積極性は見られず、御成をしなければならない必然性は乏しい。一方、高国と義元にとっては初の御成であり、自己の政治的地位を喧伝し、家中の結束を強める好機であった。御成は二人に対して同時にするわけにはいかないため、高国と義元の序列が示されることになるが、すでに猿楽興行の順序で両者の上下関係は示されており問題ない。また、義興の上階によって高国と義元に対する恩賞を用意する必要性が生じており、御成を実施する名目も整っていた。御成の必要性からすると、御成実施の主体は高国と義元であったと考えられる。義興の従三位上階及び高国と義元への御成は、船岡山合戦に対する論功行賞という一連の政治過程として行われ、合戦後の政治的主導権を握った在京大名による政治的地位の喧伝に用いられたのである。

### 3　細川高国と浦上村宗の連携

表1－6に挙げた戦国期の大名邸御成のなかでも特異な位置を占めるのが、大永三年（一五二三）一二月一六日の御成である。これは、足利義晴が細川高国邸へ御成したものだが、主催者は浦上村宗であり、亭主と主催者が異なるという点で類例がないものである。では、なぜ村宗は高国邸で御成を主催したのであろうか。

高国と村宗の関係でまず重要なのが、両者は義晴の将軍擁立の首謀者であったという点である。永正一八年（一五二一）七月一六日、出奔した足利義稙に代わる将軍候補者として義晴が播磨から上洛するが、これは村宗の助力によるものであった[72]。村宗は赤松家の重臣だが当主赤松義村と敵対し、義晴擁立後、義村を殺害して新たに幼少の赤松才松丸（政村・晴政。以下、政村）を当主に擁立している。

こうした村宗の政治動向の背景には、高国との提携が存在した。前年の永正一七年、高国と敵対する細川澄元が上洛に向けた軍事行動を活発化し、一時期京都を制圧したが、澄元は義稙及び義村と提携して行動していた。これに対し、高国は義村と敵対する村宗と提携し、京都での澄元と高国の対立は播磨における義村と村宗の対立と連動して展開した[73]。共通の政敵の存在が高国と村宗を結びつけ、義晴の将軍擁立でも連携して動くことになったのである。

浦上村宗が上洛したのは、大永三年（一五二三）一二月七日である[74]。大永二年から大永三年にかけて、義村旧臣の蜂起とそれに乗じた山名誠豊の侵攻で播磨国内は争乱状態にあった[75]。誠豊が帰国したのは大永三年一一月であり、村宗が上洛したのは誠豊の侵攻を退けて政情が安定化した時期に当たる[76]。

だが、義村旧臣の蜂起と誠豊の播磨侵攻は赤松家だけの問題にとどまらない。大永二年一〇月七日、高国被官の丹波国人が多数播磨に出陣したが、これは義村旧臣が澄元旧臣と結びつくことを懸念し、高国与党である村宗を支援するために派遣したものであった[77]。また、大永三年一一月一九日には義晴のもとへ公家が参賀したが、これは「幡（播）州山名（誠豊）没落、一国無事、其儀也云々[78]」と誠豊の撤退により播磨の争乱が収まったことを祝賀したものであり、幕府において播磨の政情安定は慶賀すべきものと認識されていた。

上洛後、村宗がまず行ったのは幕府への出仕である。村宗は赤松政村の代理として義晴のもとへ挨拶に赴き、「今度国中度々乱逆、遂属本意、高名之由有沙汰[79]」と播磨静謐の功績を高く評価された。ここで問題となるのが、『二水記』の記主、鷲尾隆康が「対右京兆（高国）又忠節何人如之哉[80]」と、高国に対する忠節として評価している点である。鷲尾隆康は公家だが、先ほどの播磨静謐に対する参賀も考慮すると、これは隆康個人の認識というよりも、当時の京都政界における評価と考えられる。義晴擁立前後の経緯から、高国にとって播磨の政情悪化は最大の不安要因であり、それを無事解決した村宗の功績は、高国への貢献として高く評価されたのである。

このような経緯を経て行われたのが、先に取り上げた大永三年一二月一六日の義晴の高国邸への御成である。

【史料九】『後法成寺関白記』大永三年一二月一六日条

十六日、（中略）今日大樹（義晴）京兆（高国）江渡御、浦上掃部助（村宗）申沙汰云々、有猿楽云々、暁鐘時分還御云々、

【史料一〇】『二水記』大永三年一二月一七日条

十七日、（中略）伝聞、今日右京大夫《（高国）》申入武家《（義晴）》、赤松浦上《（村宗）》代官沙汰由也、有猿楽、観世大夫、

これは、御成について記した近衛尚通と鷲尾隆康の日記である。前者によれば「浦上掃部助《（村宗）》申沙汰云々」と高国邸への御成にもかかわらず村宗が主催した。また、後者によれば「赤松浦上《（村宗）》代官沙汰由也」と、村宗は赤松政村の代官として御成を主催した。

御成を主催することは非常に名誉なことであり、恩賞の下賜に等しい。今回の上洛時、村宗は毛氈・鞍覆の免許を得ており、御成の主催者となったのも、播磨静謐の功績に対する恩賞と考えられる[81]。だが、赤松政村の名代とはいえ、大名の内衆である村宗は御成の対象となる家格ではない。御成が実施された背景には、村宗を引き立てようとする後援者が存在したと考えられる。

『二水記』によれば、この御成は高国から義晴に要請して実施されたようである。大永四年三月六日の尹賢邸への御成も高国の口添えによって実施されており、今回と同様の経緯であったと見られる。村宗との提携関係や館を御成場所として提供したことも踏まえると、村宗による御成の主催を支援したのは高国と考えられる。高国邸での御成の主催は、高国と村宗の連携によって成立したのである。

また、村宗が主催者として注目される反面、政村や他の赤松家重臣の動きが見られないことも他の御成と大きく異なる。大名邸への御成の場合、亭主だけでなく一門や重臣も参加するのが通例だが、史料的制約があるとはいえ、彼らに目立った動きは見られず、政村も上洛していない。政村は村宗によって擁立された当主であり、村宗と敵対する重臣たちは義村旧臣として赤松家家中から排除された。村宗は赤松家の実権を掌握した人物と位置づけられており[82]、政村が上洛しなかったのも、この御成の事実上の対象が村宗だったためと考えられる。村宗主催の高国邸への御成は、村宗の政治的地位の確立を祝賀する節目の儀礼として実施されたのである。

# 第三節　足利将軍家元服儀礼と在京大名

## 一　足利将軍家元服儀礼の構造的特質

### 1　元服儀礼の式次第

足利義澄・義晴・義輝の元服儀礼はいずれも武家の儀であり、共通する要素も多いと想定される。そこで、三者の中で先行する一一代将軍足利義澄の元服を事例に、戦国期の元服儀礼の内容を見ていくことにしよう(82)。足利義澄の元服儀礼については、幕府奉行人の清元定が記した「御元服聞書」という義澄元服の別記があり、そこから詳細な内容を知ることができる。また、東坊城和長の「和長卿記」にも比較的詳しい記事が見られるので、これらを中心に見ていくことにする(83)。

足利義澄の元服は、明応三年（一四九四）一二月二七日の卯辰（午前七時）より細川政元邸で実施された。政元邸が選ばれたのは、明応の政変後に義澄が移住し、政元邸の一部が御所として機能していたためである(84)。義澄の元服は足利義政を先例とし、武家の儀で行われた。義政の元服では要脚として六〇〇貫を費やしており、義澄元服の場合も、総額は不明だが諸国に段銭を賦課して要脚を集めている。元服儀礼は莫大な要脚を必要とする国家的儀礼であった。

加冠（冠者に烏帽子を被せる役、烏帽子親）は細川政元が務めた。政元は「加冠細川政元管領幷武蔵守相任畢」（「和長卿記」）と、管領就任および武蔵守任官を果たした上で務めている。理髪（童髪から成人の髪に結う役）は細川尚経、打《うち》乱《みだり》（髪上げの道具を入れ、切り落とした髪をしまう箱を取り扱う役）は細川政賢、泔坏《ゆするつき》（櫛で髪を整えるために用いる湯水を入れる器を取り扱う役）は細川尚春が務めた。細川尚経は幕府奉公衆を輩出した細川奥州家当主、細川政賢は細川京兆家一門で将軍の御供衆を兼ねた細川典厩家当主、細川尚春は淡路守護で幕府御供衆を兼ねた細川淡路守護家当主であり、いずれも細川家一門である。また、元服惣奉行は摂津政親、元服奉行は松田英致、右筆と御祝奉行は飯尾元行であり、いずれも幕臣が務めている。

まず、御祝儀式として醍醐寺三宝院の水本坊による加持、陰陽師の賀茂在通による身固がなされた。続いて首服所（西御座敷）に義澄が入り、着座した。また、細川政元も座敷に入り、円座に着座した。そして、細川尚経が烏帽子、細川尚春が水の入った泔坏を持参した。細川政賢に関する記述は見られないが、尚経に続いて打乱箱を持って参上したものと見られる(85)。尚経は義澄のもとに祗候して髪を結い直し、髪先を笄刀で切り落とし、退出した(86)。次に政元が義澄のもとに祗候し、髪を整えた後に烏帽子を被せ、もとの座に着座した。そして、尚経が再び義澄のもとに祗候して髪を整え直し、道具を元通り納めて退出した。その後、政賢と尚春も同様に道具を納めて退出した。

次に、義澄は曹子間《ぞうしのま》に移って装束を改めた後、手水をして身を清め、曹子間を出て中央の御座で石清水八幡宮への遙拝をした。

そして、義澄は畳に着座し、御祝として義澄に対する銀器の御膳と六本立の御前物による饗応、政元からの白太刀と目録（弓・征矢・鎧など）の進上と惣奉行摂津政親による披露が行われた。その後、政元も赤縁の畳に着座し、六本立の供御による御祝があり、この時は政元も相伴した。場に関する記述はないが、足利義教や義政の元服では鬢所（首服所）で式三献がなされたことを踏まえると、この御祝は首服所でなされたと見られる。

さらに、式三献による饗宴があり、政元も相伴した。再度政元から白太刀を進上し、義澄自ら政元へ銀剣を下賜した。その後、理髪以下の役者と奉行も太刀を進上し、義澄の御前で黒太刀を下賜された。

式三献の後、今度は常御所に場を移して御祝が行われた。大名邸御成など他の幕府儀礼では、式三献後に寝殿から会所へ場を移して饗宴をするのが慣例であり、この御祝とは常御所での祝宴を指すと見られる。なお、この御祝にも政元は相伴した。

その後、将軍宣下・禁色宣下・判始・評定始・御前沙汰始が立て続けに行われた。しかし、将軍宣下は征夷大将軍への任官であり、元服儀礼ではない。また、判始なども将軍就任に伴う儀礼なので、元服儀礼とは区別すべきである[87]。

したがって、元服儀礼そのものは常御所での饗宴で終了したと考えられる。ただし、饗宴は翌二八日にも畠山義英の申沙汰で実施された。この饗宴は後述するように前日の饗宴と同様の意義を持つと考えられるので、元服儀礼の一部と見るべきである。

## 2 元服儀礼の構造

足利義澄の元服は、内容に応じて複数の要素に分類することができる。すなわち、醍醐寺三宝院の水本坊による加持、賀茂在通による身固、義澄の加冠、義澄の備服、義澄の手水、義澄による石清水八幡宮遙拝、義澄と政元による饗宴及び贈答、式三献及び贈答、常御所での饗宴、元服翌日以降の饗宴である。

では、その他の元服の場合、どのような要素で構成されていたのであろうか。足利将軍家元服儀礼の構成要素をまとめた表1―9に基づき、義澄同様、武家の儀であった義満・義教・義政・義晴・義輝を例に見ていくことにしよう。

三代将軍足利義満の元服は室町御所で行われ、初日には醍醐寺三宝院の光済による当日の加持、醍醐寺地蔵院の覚雄による祈禱、安倍宗時による身固、鬢所での加冠、鬢所での義満と細川頼之による饗宴、式三献及び贈答があり、二日目と三日目も祝宴をした[88]。

六代将軍足利義教（義円・義宣。以下、義教に統一）の元服は室町御所で行われ、初日には醍醐寺三宝院の満済による当日の加持、醍醐寺地蔵院の持円による兼日の祈禱、安倍有富による身固、鬢所での加冠、会所での備服、寝殿での石清水八幡宮遙拝、鬢所での義教と畠山持国による饗宴、式三献及び贈答があり、二日目と三日目も饗宴及び式三献をした(89)。

義澄元服の先例となった八代将軍足利義政（義成。以下、義政に統一）の元服は室町御所で行われ、初日には醍醐寺三宝院の義賢による当日の加持、実相院の増運による兼日の祈禱、賀茂在貞による身固、寝殿の鬢所中座での加冠、曹子間での備服と手水、中央御座での石清水八幡宮遙拝、鬢所での義政と細川勝元による贈答と饗宴、式三献及び贈答があり、二日目と三日目も初日同様に饗宴があった(90)。

また、一二代将軍足利義晴の元服は史料的制約により全体像は不明だが、三条御所で元服し、元服御祝として会所で饗宴と式三献、常御所で饗宴したことが確認できる(91)。なお、この饗宴は三日間連続で実施された。

**表1－9　足利将軍家元服儀礼の構成要素**

| 冠者 | 加冠役 | 場所 | 加持 | 身固 | 加冠 | 備服 | 手水 | 遙拝 | 饗宴（新将軍・加冠役） | 式三献 | 饗宴（全体） | 饗宴（翌日以降） | 出典 |
|---|---|---|---|---|---|---|---|---|---|---|---|---|---|
| 足利義満 | 細川頼之 | 室町御所 | ○ | ○ | ○ | × | × | × | ○ | ○ | ○ | ○ | 鹿苑院殿御元服記 |
| 足利義教 | 畠山持国 | 室町御所 | ○ | ○ | ○ | ○ | × | ○ | ○ | ○ | ○ | ○ | 普広院殿御元服記 |
| 足利義政 | 細川勝元 | 室町御所 | ○ | ○ | ○ | ○ | ○ | ○ | ○ | ○ | ○ | ○ | 文安六年足利義成元服記 |
| 足利義澄 | 細川政元 | 細川政元邸 | ○ | ○ | ○ | ○ | ○ | ○ | ○ | ○ | ○ | ○ | 御元服聞書、和長卿記 |
| 足利義晴 | 細川高国 | 三条御所 | × | × | ○ | × | × | × | ○ | ○ | ○ | ○ | 義晴御元服記録、二水記 |
| 足利義輝 | 六角定頼 | 樹下成保邸 | ○ | ○ | ○ | ○ | × | × | ○ | ○ | ○ | ○ | 光源院殿御元服記 |

註：○・×は記述の有無を示す。

一方、一三代将軍足利義輝の元服は近江国坂本の樹下成保邸で行われ、初日には聖護院道増による加持、土御門有春と勘解由小路有富による身固、加冠、備服、義輝と六角定頼による饗宴及び贈答、式三献及び贈答、内々の饗宴があり、二日目と三日目も饗宴及び式三献をした[92]。

このように、足利義澄と義満・義教・義政・義晴・義輝の元服儀礼では、細部に異同は見られるが基本的な構成要素と順序は共通していたと言える。すなわち、武家の儀で実施された足利将軍家元服儀礼は、加持・祈禱・身固、加冠、備服、手水・遙拝、新将軍と加冠による饗宴及び贈答、式三献及び贈答、内々の饗宴、二日目と三日目の饗宴によって構成されていたのである[93]。

### 3　元服儀礼の特質

足利将軍家の元服は複数の儀礼によって構成されている複合的儀礼だが、各儀礼を目的別に分類すると、二つに大別することができる。一つは、新将軍の成人儀礼である。新将軍の守護を祈った加持・祈禱・身固、髪を結い烏帽子を被ることにより成人への変化を示す加冠、衣服を改めることにより成人への変化を表す備服、氏社である石清水八幡宮に対する成人の報告である遙拝とその準備に当たる手水は、いずれも新将軍の成人に関わる儀礼として位置づけられる。

もう一つは、成人儀礼後の饗宴である。饗宴は三つの形態をとっているが、いずれも新将軍の成人を祝福する祝賀儀礼として機能した。また、内々の饗宴には加冠役や元服奉行などの役者に加え、将軍近親や在京大名、有力幕臣といった幕政を構成する有力者が参加していた。饗宴は成人した冠者が有力者に披露される場であり、社会的に認知される場として機能していた。

これらの儀礼のうち、幕府政治史上特に重要なのが加冠と饗宴である。この二つの儀礼は元服の中核であり、かつ、新将軍と有力大名である加冠役との関係を規定する儀礼であった。そこで、加冠と饗宴の意味について見ていくことにしよう。

加冠では理髪役が髪を結い、加冠役が烏帽子を被せることにより、新将軍は童子から成人へ姿を変える。これは元服の目的である新将軍の成人式に相当する。また、加冠役と新将軍は烏帽子親子となり、両者間に擬制的親子関係が形成される。足利将軍家では室町殿・管領・関白などが加冠役を務めたが（武家の儀の場合、管領もしくは管領代）、いずれも新将軍の後見役となる幕府の有力者であった(94)。つまり、加冠とは新将軍の成人、新将軍と加冠役による擬制的親子関係の形成という二つの意味を持つ儀礼だったのである。

新将軍と加冠役の間で行われた饗宴では、御膳と六本立による饗応がなされている。この六本立について、「普広院殿御元服記」では「御飯六本立」としており、六本立とは御飯のことであった。さて、御飯と祝膳による饗応で想起されるのが、垸飯である。「和長卿記」では「次垸飯、管領（政元）申沙汰、其儀如形云々」と、義澄元服の饗宴全体を指して「垸飯」と表現しており、加冠役による饗応は垸飯と同義であったと考えられる(95)。

では、垸飯と式三献及び饗宴との関係はどのように評価すべきであろうか。「和長卿記」では両者を区別せず「垸飯」と認識している。義政元服の饗宴について記した『康富記』では、「自今日三ヶ日可有垸飯」と、細川勝元（加冠役・管領、初日）、畠山義夏（義就。畠山徳本〈持国〉代理、二日目）、斯波持種（斯波義健代理、三日目）が負担した饗宴全体を「垸飯」としており、二日目と三日目の饗宴も垸飯と認識していた(96)。つまり、垸飯・式三献・饗宴によって構成される祝宴自体が垸飯としての意味を持っていたのである。

鎌倉幕府の場合、垸飯は正月の三箇日を中心に行われる重要な年中行事であり、食膳を献上し、共同飲食をすることから主従関係の再確認を意味する儀礼とされる。また、垸飯の主催者である沙汰人は幕府内の実体的な地位に対応しており、正月一日からの沙汰人の順序と幕府内の序列は対応関係にあった(97)。室町幕府においても垸飯は歳首の重要儀礼であり、正月一日は管領（斯波・畠山・細川のうち現職）、二日目は土岐、三日目は佐々木（六角・京極隔年）、七日は赤松、一五日は山名の諸家がそれぞれ沙汰人を務め、鎌倉幕府同様、幕府内の序列が反映される儀礼となっていた[98]。

だが、正月垸飯とは異なり、元服以前には新将軍と加冠役の間に主従関係は結ばれていない。したがって、加冠後の垸飯は主従関係を再確認する儀礼として理解すべきではない。元服における垸飯は、新将軍と加冠役が新たに主従関係を結ぶ儀礼として機能していたのである。

そして、垸飯では管領家が重要な役割を果たしている。義政の元服のように、元服当日は現職の管領（もしくは代理）、二日目は前職、三日目は元職が沙汰人を務めた。垸飯が幕府内の序列を反映する儀礼であることを踏まえれば、垸飯の独占は管領家が大名のなかで最も高い家格を占めていたことを象徴するものであった。新将軍にとって加冠役とは、最初に主従関係を結ぶ必要のある、大名の最上位に位置する有力者だったのである。

## 二　足利義澄の元服

### 1　足利義澄と細川政元の相互関係

足利義澄は、明応の政変で前将軍足利義稙が失脚したことにより擁立された将軍である。明応の政変とは、明応二年（一四九三）四月、畠山基家討伐のために河内出陣中であった足利義稙に対し、政策をめぐって対立していた細川政元が京都で叛旗を翻し、新たな将軍として義澄を擁立した将軍廃立事件である。

義澄は堀越公方足利政知の次男で、もともとは天竜寺香厳院の喝食であり、将軍に擁立された段階では自身を支える独自の人的基盤は持っていなかった[99]。幕府政治の経験もなく、元服時点で一五歳だった。義澄は擁立当初から幕政を主導するには権力基盤が脆弱であり、年齢的にも困難であったと考えられる。

一方、加冠役となった細川政元は摂津・丹波・讃岐・土佐の守護職を世襲した細川京兆家（惣領家）当主であった。明応の政変では「細河京兆《（政元）》取立香厳院《（足利義澄）》之喝食於将軍云々」と義澄を将軍に擁立し、河内在陣中の足利義稙を攻めて捕らえるなど、政変の首謀者として行動した[100]。また、政変では伊勢貞宗・武田元信・赤松政則など有力幕臣や大名と連携しており、政変後は彼らと共同で幕政を運営した。他方、政変によって義稙側近の葉室光忠は斬られ、畠山政長は自害、政長嫡子の尚順は紀伊に出奔するなど、政元の政敵だった義稙前期の有力者はことごとく失脚していた。そして、政元は応仁・文明の乱後も在京を続け、義尚期・義稙前期の幕府政治にも参加しており、政治経験、幕府内の人脈ともに豊富であった。政元は義澄元服時の幕政において主導的地位を占めており、政治経験が浅く独自の権力基盤を持たない義澄に対して、優位な立場にあったのである。

## 2　元服儀礼の延引

義澄の元服時、足利義政や政知はすでに死去しており、元将軍や将軍の実父など足利家一門で加冠役に適した人物は存在しなかった。一方、大名では管領家当主の細川政元・畠山基家・斯波義寛が義澄擁立を支持しており、候補者として挙げられる。では、なぜ複数の候補がいる中で政元が加冠役に選ばれたのであろうか。

畠山基家は河内・紀伊・越中の守護職を世襲した畠山惣領家の当主である。しかし、義稙前期は家督をめぐって対立していた畠山政長・尚順父子が幕府から嫡流として認められていたために、基家は明応の政変まで将軍の御敵に指定されていた。このような経歴ゆえに幕府内の基盤は乏しく、その上、政変後も尚順との対立が続いたために基家は在国を余儀なくされており、在京して加冠役を務めうる状況ではなかった。実際、義澄元服時は嫡子の義英が二日目の垸飯を務めている[101]。

斯波義寛は越前・尾張・遠江の守護職を世襲した斯波惣領家当主である。義寛は義稙の畠山基家討伐に参加し、政変時も義澄擁立をいち早く支持した。だが、政変やその後の政局で目立った働きは見られず、元服が行われる前の明応三年（一四九四）一〇月二八日に下国している[102]。

三者を比較すると、義澄擁立による政局の主導や伊勢貞宗ら有力者との提携など、政元は幕府内における発言力が他の候補者よりも勝っており、このことが加冠役に選ばれた要因と考えられる。この時の加冠役は先例に則って形式的に選ばれたのではなく、幕府内の力関係を反映して有力者を選出したものだったのである。

さて、義澄元服に至る経緯を追っていくと、特異な点が見られる。それは、元服の期日は一二月二〇日だったにもかかわらず、政元が出仕しなかったために二七日へ延期されたことである。元服は義澄にとって成人儀礼であり、かつ、将軍就任の前提条件を満たす晴れ舞台であった。加冠役を務める政元にとっても、新将軍と主従関係を結び、幕府内における高い地位を誇示する場であり、義澄と政元の双方にとって重要な儀礼であった。それにもかかわらず、延期されたのはなぜであろうか。

【史料一二】『後法興院政家記』明応三年一二月二一日条

廿一日、（中略）伝聞、去夜武家《（義澄）》元服儀俄延引、是細河《（政元）》可着烏帽子事迷惑難儀云々、被官人等種々雖令教訓、遂以不承引間、諸役人等空退出云々、可為来廿七日云々、如今者、又可有如何哉云々、併天魔所為歟、平生一向不着烏帽子云々、不可説々々々、

これは義澄元服について記した近衛政家の日記である。これによれば、元服が急遽延期されたのは「是細河《（政元）》可着烏帽子事迷惑難儀云々」と、政元が烏帽子を被るのを嫌ったためであった。

つづけて「被官人等種々雖令教訓、遂以不承引」とある通り、政元の内衆は烏帽子を被って出仕するよう説得したが、政元が聞き入れなかったために元服は延期された。当日の経緯からすると、政元が出仕しなかったのは細川京兆家の意向ではなかったようである。

また、近衛政家によれば、政元は「平生一向不着烏帽子云々」とされる。この点については、長享三年八月一三日、政元邸で行われた犬追物で「右京大夫（政元）殿烏帽子不被着、古今新儀云々」[103]と、先例に反して政元が烏帽子を被っていなかったことが確認できるため、元服で被るのを拒否したとしても不自然ではない。元服延期の原因は、政元が烏帽子を被るのを嫌って出仕しなかったという、政元の私情だったのである。

では、元服延期は何を意味するのであろうか。この事件について、公家は「天魔所為歟」「不可説々々々」（『後法興院政家記』）、「只魔競也」（『後慈眼院殿雑筆』）、「近代之聊爾、人々閉口」（『和長卿記』）と、一様に理解しがたく失礼であると政元の行動を非難している[104]。実際、役者や奉行の準備は徒労に終わり、「源大夫（義澄）調気色終日被相待」（『後慈眼院殿雑筆』）と、義澄は一日中待たされたにもかかわらず、元服は延期されてしまった。これは、義澄の面目を潰し、義澄と政元の信頼関係を大きく損なう礼節に反する行為である。

しかも、政元が原因で延期した幕府儀礼は他にも見られる。延徳二年六月二一日、政元邸で足利義稙の将軍宣下などが行われる予定だったが、政元が腫物を患ったために延期してしまった[105]。この場合、病気が原因であって元服とは事情が異なるが、政元に病を押して出仕し、将軍宣下を予定通り実現させようとする意欲がなかったことは確かである。

また、時期は下るが、文亀二年（一五〇二）六月には義澄の拝賀をめぐって問題が起きている。

【史料一二】『大乗院寺社雑事記』文亀二年六月一六日条

十六日、（中略）一、公方（義澄）宰相中将御拝賀事ニ、内々家門（一条冬良）ニ被申談事在之、六借御大儀事也、細川右京大夫（政元）意見申分ハ、宰相・中将モ何も御無益也、愚身（政元）意得ハ将軍ト存計也、如此御官位等御無益、ヰカニ御昇進雖有之、人以不応御下知者無其甲斐、只此分ニテ御座可然旨申、内裏（後柏原天皇）ニモ即位大礼御儀無益也、さ様儀雖行之、無正体者ハ王とも不存事也、此分ニテ雖御座候、愚身（政元）ハ国王

と存中者也、然者一切大儀共末代不相応事也、御沙汰無益旨申、仍諸家公武共ニ尤旨申云々、仍不可有御即位御沙汰、公方（義澄）拝賀も不可有旨一決了、末代滅亡之趣也、御用諸国反銭も不可沙汰旨也、

これは興福寺大乗院門跡の尋尊が義澄の拝賀に対する政元の意見を記したものである。義澄が拝賀について相談した一条冬良は尋尊の弟であり、冬良経由の情報に基づくこの記事の信憑性は高いと見られる。これによれば、参議及び左近衛中将に任官される予定だった義澄は返礼として拝賀をしようとしていた。しかし、政元の意見は、任官は無益であり、政元自身は将軍とだけ認識している。昇進したとしても人々が義澄の下知に従わなければ無意味であり、将軍職にさえあればよいというものであった。

また、政元は後柏原天皇に対しても即位礼は無益であり、たとえ即位礼をしたとしても実体を伴わなければ人々は王とは思わないが、政元自身は即位礼をしなくても国王と認識しているので問題ない。即位礼のような大規模な儀礼は末代不相応のことなので、挙行は無益であると考えていた。この政元の意見は幕府と朝廷でも賛同を得られたため、義澄の拝賀と後柏原天皇の即位は中止されたわけであるが、政元が大規模な儀礼は無益であると主張していたことは注目される。政元は将軍や天皇の威厳を演出し、君臣の秩序を保つための儀礼であっても分不相応なものは無益だと考えていたのである。

このように、政元が元服儀礼を延期させた背景には、私情に加えて、儀礼の簡素化を図るという儀礼に対する消極的姿勢が存在した。政元自身は自分が将軍として扱えば問題ないと考えていたようであるが、元服延期に際して指摘されているように、政元の将軍に対する態度は非礼であった。儀礼が政治的に重要なのは、君臣の上下関係を明らかにし、秩序を維持する機能を持つからである。家臣に当たる政元が主君である義澄を蔑ろにし、将軍を軽視する姿勢を公然と示すことは、礼節によって形成されていた秩序を自ら破壊することになる。

それでは、なぜ政元が秩序を乱す行動を取ったにもかかわらず政治問題化しなかったのであろうか。両者の上

下関係を踏まえれば、本来であれば政元に対して何らかの処罰が加えられるべきである。しかし、元服時の関係を考慮すると、権力基盤が脆弱な義澄には、幕府内の人脈、政治経験、軍事力のいずれも勝る政元を罰するのは困難だった。加冠役の私情による元服延期は、将軍と大名の力関係の逆転がもたらした現象だったのである。

## 三　足利義晴の元服

### 1　足利義晴と細川高国の相互関係

足利義晴は、前将軍足利義稙が出奔したことにより擁立された将軍である。義稙は細川高国や大内義興らと提携することで将軍への復帰を果たしたが、義興帰国後に起きた高国との権力闘争に敗れ、永正一八年（一五二一）三月七日、京都を出奔している。

義晴は元将軍足利義澄の子で、赤松義村によって庇護されていた。だが、高国は赤松家重臣の浦上村宗と連携して義晴擁立を図り、同年七月六日、播磨から義晴が上洛した。このような経歴ゆえ、義晴の人的基盤は義稙の出奔に従わなかった幕臣と義澄旧臣であった。だが、もともと敵対関係にあった義稙旧臣との信頼関係構築には時間が必要である。義澄旧臣との調和も図らねばならず、元服時点で義晴独自の人的基盤が形成されていたとは言い難い。また、義澄の在国中に生まれ播磨で育った義晴は、当然幕府政治の経験はない。しかも、義晴は元服時点で一一歳であり、主体的に権力を行使する能力があったとは考えにくい。義晴の場合も擁立当初から幕政を主導するだけの権力基盤はなく、義晴自身にも十分な統治能力は備わっていなかったと考えられる。

一方、加冠役となった細川高国は細川京兆家当主である。高国は細川京兆家庶流の細川野州家当主だったが、京兆家当主澄元との権力闘争を経て家督を継承した。そのために細川京兆家は高国派・澄元派の二派に分かれ、両者の抗争が続いていたが、永正一七年（一五二〇）五月五日、高国が澄元内衆の三好之長を破り、同年澄元も病死したために高国優位な情勢となっていた。また、義稙は澄元と提携したことが原因で失脚しており、幕政運営の障害となる政敵が没落する一方、伊勢貞忠らの幕臣と高国の関係は良好であった。そして、高国は、細川野州家当主だった義澄期以来、幕府政治に関与しており、政治経験も豊富であった。村宗と連携して義晴擁立を実行したことに明らかなように、高国は幕府政治を主導する立場にあり、政治経験・権力基盤ともに不十分な義晴に対して優位な立場にあったのである。

## 2　元服儀礼の指揮

足利義晴の加冠役候補者のうち、足利義澄はすでに死去し、前将軍足利義稙も出奔しており、足利将軍家には加冠役を務めうる人物はいなかった。管領家当主では、畠山稙長が義晴を支持していたものの、畠山義英との抗争のため上洛できる状況ではなかった。また、斯波義統は将軍の御敵であり、加冠役には成り得なかった[106]。適任者は他に存在せず、幕府内の有力者だったこともあって高国が加冠役に選ばれたと見られる。

では、元服はどのような経緯で行われたのであろうか。元服のためには将軍後継者にふさわしい位階・官職と名字を得る必要がある。義晴は永正一八年（一五二一）七月六日に擁立された後、七月二八日、従五位下に叙爵され、義晴の名字を得た[107]。大永元年（八月二三日、大永に改元）一一月二五日には正五位下・左馬頭への叙位・任官、一二月二四日に元服、翌二五日には将軍宣下・禁色宣下が行われた[108]。足利将軍家の場合、位階は正五位下以上、官職は左馬頭任官を経ることが元服の条件であったが、義晴は擁立された七月中に叙爵、名字を得た上、年内に叙位・任官・元服・将軍宣下・禁色宣下と、擁立後半年を経ずして将軍就任を果たしている。

このように、義晴の元服は将軍就任に向けた環境整備の一環であった。年内の将軍就任を実現するためには、その前提条件である元服を速やかに実施する必要があった。義晴の叙位・任官・名字選定という元服に向けた一連の準備が周到に進められていたのである。

さて、ここで問題となるのが、義晴元服の準備を誰が中心になって進めたかという点である。義晴の昇進等が円滑に行われた背景には、幕府内の意見を統一し、朝廷との交渉を進め、元服実現を推進した主導者の存在が想定される。そこで、義晴の名字選定を例に見ていくことにしよう。

【史料一三】「和長卿記」大永元年七月条

七月日、御叙爵、上卿中御門大納言（宣秀）、奉行職事頭中将重親（庭田）朝臣、大内記菅原為康参陣、官外記輩雖無所役、必令候床子座云々、武家之儀、相定也御名字事、兼日伝奏（広橋守光）可撰進之由依被相催、雖撰進之、内儀又右京兆（高国）有申子細之間、彼申御字等執合、如例三字載勘文畢、伝奏（広橋守光）持参、関白（二条尹房）申談宸筆事、関白（二条尹房）即又以伝奏（広橋守光）被申出宸筆、今日宸筆与本勘文午刻許被持参、予同就勘者、為申入御礼参武家、（中略）

御名字晴也、置于上之時不宜也、御字中人迷惑歟、注別記、

これは、義晴の名字選定の経緯を記した東坊城和長の日記である。和長は名字を撰進した勘者である。史料一三によれば、「御名字事、兼日伝奏（広橋守光）可撰進之由依被相催、雖撰進之、内儀又右京兆（高国）有申子細之間、彼申御字等執合、如例三字載勘文畢」と、武家伝奏広橋守光の命を受けて和長が名字を撰進したが、内々に細川高国が異論を申し立てたので名字等についてその意見を採用し、慣例通り三通りの名字を勘文に記載した。このことから、義晴の名字選定には高国が関与しており、自身の案を和長の勘文に加えさせたことがわかる。

また、「御名字晴也、置于上之時不宜也、御字中人迷惑歟」と、和長は名字に選ばれた「義晴」について、「晴」は上に置くのは不適切な字なので人々に迷惑を掛けると、自分で作成した勘文から選ばれた名字にもかかわらず不満を抱いていた。これは、義晴の「晴」字を一字拝領した場合（細川晴元、久我晴通など）、「晴」字が上に置かれることを問題視した意見と考えられる。

しかし、和長が「晴」字の問題点を認識した上で勘文に載せたというのは不自然である。また、自分が選んだ名字が採用されたにもかかわらず不満を抱くというのも不可解である。勘文の中に高国の案が加わっていたという経緯を踏まえれば、採用された「義晴」は高国の案だったと見るべきである。つまり、義晴の名字は、形式上和長の勘文から選定するという制度的手続きを経たものの、実際には高国の考えた「義晴」ですでに決定していたのである。

このように、義晴の名字選定を主導したのは高国であった。新将軍の名字という重要事項の決定を主導したことからすると、元服の準備は高国が中心となって推進したと見られる。では、高国は元服儀礼そのものにはどのような姿勢で臨んだのであろうか。

足利義満の加冠役を務めた細川頼之が管領であったことから、大名が加冠役を務める場合は管領に就任するのが通例であった。高国も先例に則って一一月二八日、管領に就任し、一二月一二日には従四位下・武蔵守となっている[109]。加冠役が従四位下・武蔵守となるのも頼之の先例に基づいたものである[110]。義晴元服の準備が先例に則って行われたのと同様、加冠役も先例に則った立場で元服儀礼に臨んでいる。

義晴の元服儀礼は、「以慈照院殿（足利義政）御例武家様也云々」と、足利義政の先例に基づいて武家様で行われた[111]。義政の加冠役は細川勝元だったので、将軍御所で細川家が加冠役を務めた近例に拠ったと見られる。また、義晴は岩栖院を居所としていたので、「於二条辺令見物、老若男児女子如雲」と、大勢の見物人がいる中で三条御所へ行き、元服を行った[112]。元服儀礼の内容は先述したように詳細不明だが、当日は元服と式三献や饗宴による垸飯、翌日は将軍宣下・禁色宣下・判始・評定始・御前沙汰始などが行われており、元服に関わる一連の儀礼の構成に特別な点は見られない。

しかし、元服の内容に立ち入って見ると、高国の関与が見受けられる。

【史料一四】「義晴御元服記録」

（前略）一、式三献幷御手懸参、当官（管）領ハ細川殿（高国）御しやうはん、細川殿（高国）へ之式ニハ、三さか月不参候、公方様（義晴）之御盞拝領也、是は御会所にて参分也、其後常之御所へ御成にて分、供御幷御肴三献参、五献之用意仕候へ共、夜ふけ之間如此、是ハ細川殿（高国）依御異見かやう候つる也、（後略）

これは、義晴元服の当日から三日目の垸飯について記した別記「義晴御元服記録」のうち、元服当日の垸飯について記した部分である。この条で注目されるのが、「是ハ細川殿（高国）依御異見かやう候つる也」と高国の指示が見られる点である。これは、常御所での祝宴は五献の用意をしていたが、夜更けなので三献に減らすようにという高国の意見に従って三献となったという意味である。三献にしたのは、祝宴の時間を短縮することにより幼少の将軍の負担を減らそうという配慮と見られる。初日の垸飯は高国の意見によって献数が変化したのである。

また、元服そのものではないが、将軍宣下後に行われた御前沙汰始（石清水八幡宮に対して寄進状を発給するのは御前沙汰始であり、判始とするのは興清の誤解と見られる）においても高国の関与が見受けられる。

【史料一五】「義晴将軍元服幷判始記[113]」

（前略）一、同廿五日、亥剋、御判始、於常御所御廻敷御沙汰、御判物、管領（細川）高国直門跡（善法寺）興清へ被執渡之、少御頂戴体アリテ御退出、其後為御判始御礼、各御太刀進上、同門跡（興清）御太刀御進上、

一、御判始、在所淀藤岡与三跡ヲ御寄附也、社家奉行飯尾近江守貞運、

一、如先規、管領施行於殿中可被成之由、対奉行（貞運）直被仰之処、当時当国守護無之之間、不能其儀之由被申候条、先其夜者御退出也、

一、施行事、神領内儀之間、対門跡（興清）御身可被成之由、追而被仰之条、被得其意、此方へ被成歟、（後略）

「義晴将軍元服幷判始記」は義晴元服と御前沙汰始について、石清水八幡宮別当善法寺興清が関わった部分を

中心に記した別記であり、史料一五はそのなかで御前沙汰始について記した部分である。御前沙汰始では、先例に基づき山城国淀郷内藤岡与三跡を石清水八幡宮に寄進した[114]。これは、義晴寄進状と高国施行状でなされたが、問題となったのが施行状の発給である。三条目で高国は、先例通り施行状を三条御所内で発給するように石清水八幡宮の別奉行飯尾貞運に直に命じたところ、貞運は現在、山城国守護はいないので施行状を発給する必要はないと返答したので施行状は発給されず、興清も退出したとある。施行状の発給を奉行に命じていることからすると、高国は御前沙汰始を指揮していたと考えられる。また、四条目によると施行状は興清宛に出すのがよいという高国の指示があったことがうかがえるが、実際に大永元年（一五二一）一二月二五日付で「八幡宮御師善法寺法印御房」宛の施行状が発給されており、この指示が史料上裏付けられる。つまり、御前沙汰始では、守護不在により施行状は必要ないという貞運の反対意見によって当座の施行状発給は行われなかったものの、最終的には高国の判断で施行状が発給されるに至ったのである。

このように、元服における垸飯の献数、御前沙汰始における施行状の発給指示を踏まえると、高国が元服や関連儀礼を指揮していた蓋然性は高いと考えられる。これは、他の将軍元服儀礼において加冠役が儀礼内容を指示する例がほとんど見られないことからすると、極めて特異な行為である。義晴擁立後、高国は猿楽興行や大名邸御成を統制することによって秩序形成を行っており、元服への関与も儀礼を通じた秩序形成の一環と見られる。高国は元服儀礼を指揮することにより、自身の構想に基づく秩序の構築を図ったのである。

## 四　足利義輝の元服

### 1　足利義輝と六角定頼の相互関係

足利義輝は義晴の嫡子である。義輝の元服は義澄とは異なり、前将軍義晴が見守るなかで行われた。天文一五年（一五四六）に元服した要因としては、一一歳で元服した義晴の先例に倣った、義晴が健在のうちに元服と将軍職継承を済ませておきたかった、などの理由が考えられる。

義輝自身は元服時点で一一歳であり、政治経験もない。だが、義晴の将軍在職期間は二五年に及び、内談衆と呼ばれた側近集団を組織して自立的な幕政運営を行っていたことが指摘されている[115]。義輝元服時の将軍権力は幕政を担うための人的基盤を構築しており、義晴の政治経験も豊富であった。

それに対し、加冠役を務めた六角定頼は近江国守護で南近江を治めた大名である。定頼が幕政に関与する契機となったのが、大永八年（一五二八）の細川高国失脚と義晴の近江下国である。義晴は坂本や朽木を経て天文元年（一五三二）に定頼の勢力下にある桑実寺へ移り、天文三年に上洛するまでその庇護を受けた。天文二年以降は、将軍からの諮問に対する意見、相論への口入などによって幕政に関与していたことが、先学により明らかにされている[116]。

定頼とともに幕政を支えた細川晴元は定頼の娘聟であり、両者は姻戚関係にあった。天文八年（一五三九）に晴元と晴元内衆の三好長慶が対立した際は定頼が調停役を務めるなど、両者は政治と軍事の両面で連携していた[117]。また、重要事項の諮問、口入の容認は、義晴と内談衆の双方から定頼が信頼されていたゆえに可能だったのであり、定頼は義晴と晴元の双方と良好な関係を築いていた。だが、定頼は国内事情もあって在国のまま幕政に関与しており、将軍独自の権力基盤の整備や複数の有力大名の参加による幕政運営という点も考慮すると、政元や高国と比較して幕政に対する影響力が限定的だったことは否めない。義輝元服時は、幕政に対する在京大名の影響力が低下し、相対的に将軍の発言力が強まっていた時期だったのである。

## 2　加冠選出の政治的背景

足利義輝の元服は、天文一五年（一五四六）一二月一九日、近江国坂本の日吉社神官、樹下成保邸で実施された。樹下邸が元服場所に選ばれたのは、天皇の住居となった先例に基づくものであった[118]。義輝の元服には、二つの特異な点が見られる。加冠役を管領家出身ではない六角定頼が務めたこと、京都の将軍御所ではなく坂本の樹下邸で行ったことの二点である。

天文三年の義晴京都復帰以後の幕政は、六角定頼と細川晴元によって支えられていた。晴元は高国と敵対した細川澄元の嫡子である。細川政元以後、細川京兆家は澄元派と高国派に分かれて抗争を続けていたが、高国失脚後、政局の主導権を握った晴元は義晴と和解し、その有力な与党となっていた。したがって、管領家出身者が加冠役を務めるという先例に則った場合、加冠役の適任者は晴元だった。だが、実際は定頼が管領代に就任して加冠役を務めた。また、新将軍の元服は将軍御所で行うのが先例であり、管領家以外の大名による加冠、将軍御所以外の場での元服は、いずれも前代未聞のことであった。この点について、二木謙一氏は「光源院殿御元服記」に基づき、定頼が加冠役に選ばれたのは管領不在のため、坂本で元服したのは細川一族の内紛による京都の政情不安定のためとしているが、その政治的背景は明らかではない[119]。そこで、元服が行われた天文一五年における京都周辺の政治情勢について見ていくことにしよう。

天文一五年八月、河内や和泉などで晴元と敵対する細川氏綱（高国の後継者）の軍事行動が活発化した。氏綱派には細川国慶らの旧高国内衆、畠山政国や遊佐長教らの政長流畠山家が加わっており、対抗するため晴元も内衆とともに下国した。しかし、晴元の在陣は長期化し、元服が行われた一二月に至っても氏綱派との抗争が継続していた。さらに、九月一三日には氏綱派の細川国慶が上洛したため、義晴は東山の慈照寺への動座を余儀なくされており、京都も政情不安に陥っていた[120]。

このように、一二月段階では、加冠役を務めるべき立場にある晴元が不在の上、政情悪化のために将軍御所での挙行が困難な状況にあった。よって、義輝元服のためには加冠役の代役、将軍御所に代わる元服場所の二つを用意する必要があった。

【史料一六】「光源院殿御元服記」

（前略）

一、今度御元服事、因三好党摂州表出張、就京都物忩之儀、於坂本樹下宅被行之処也、就中加冠之役者、先例於三職之中当管領之人令勤事処也、雖然当時因無管領、十一月中旬、被仰付佐々木弾正少弼定頼（六角）候処、因御旧例異于他、雖被再三辞退申、　上意厳重之間、終及御請畢、昔樹下宅戸御製、被染震筆、于今在之云々、

一、樹下成保者、日吉社職者也、彼宅数十年雖破壊而無正体、依昔日被成皇居例有之、

一、同十二月九日、定頼（六角）俄差遣進藤山城守（貞治）、御作事被申付、同十八日彼宅江可有御成云々、

（後略）

史料一六は、「光源院殿御元服記」のうち、加冠選出の理由や樹下邸について記した部分である。以下、これに基づいて検討していくことにしたい。まず、加冠であるが、「雖然当時因無管領、十一月中旬、被仰付佐々木弾正少弼定頼（六角）候」と、現在は管領がいないため、一一月中旬、定頼に加冠役を務めるよう命じたとしている。戦国期の管領は儀礼時にのみ置かれる臨時職となっていたので、今回も元服直前まで管領は任命されていなかったと見られる。したがって、管領不在とは直接的には管領未設置を指している。しかし、義澄や義晴の例から明らかなように、管領は元服直前に任命すれば問題ない。だが、晴元は在陣中で元服への参加が困難であった。管領未設置の上、晴元が不在だったために、定頼が代役として起用されたのである。

また、元服場所については、「因三好党摂州表出張、就京都物忩之儀、於坂本樹下宅被行之処也」と、三好党

の摂津出陣により京都の治安維持に支障を来すため坂本の樹下邸ですることになったとしている。三好党とは晴元内衆の三好政長や三好長慶であり、彼らが氏綱派との抗争のため下国したことを指している。したがって、坂本で行われたのは、政情不安のために京都での挙行が困難であったことが要因と考えられる。

さて、ここで問題となるのが、誰が加冠役を選び元服場所を決めたか、という点である。加冠役と元服場所はいずれも重要事項であり、それを判断したのは元服儀礼の主導者と考えられる。「光源院殿御元服記」では、「十一月中旬、被仰付佐々木弾正少弼定頼《（六角）》候処、因御旧例異于他、雖被再三辞退申、上意厳重之間、終及御請畢」と、加冠役を務めるよう定頼に命じたところ、先例と異なることを理由に再三辞退したが、上意として厳命したので定頼も承認したとしている。加冠役を選んだのは上意の主体であるが、大名である定頼に下知することが可能であり、「被仰付」や「上意」という表現に相応しい人物は将軍義晴だけである。したがって、定頼を加冠役に選んだのは義晴だったと考えられる。

さらに、元服場所の樹下邸は、史料一六の二条目に「彼宅数十年雖破壊而無正体」とあるようにかなり破損していたが、三条目によれば「同十二月九日、定頼《（六角）》俄差遣進藤山城守《（貞治）》、御作事被申付」と、元服一〇日前の一二月九日以降、定頼の命令で急遽修理された。だが、元服場所があらかじめわかっていたのであれば、直前ではなくもっと早い時期に修理を指示するのが自然である。急な普請からすると、定頼が元服場所を決めたとは考えにくい。定頼でないとすれば、元服場所を決めたのも幕府側の政策判断者である義晴と見るのが妥当である。義輝の元服は、義晴を中心とする将軍権力主導で進められたのである。

# 小括

本章では、将軍御所の猿楽興行・将軍の大名邸御成・足利将軍家元服儀礼という三つの幕府儀礼の検討を通じて、儀礼が幕府政治史上に果たした機能の究明を行った。

幕府儀礼として実施した猿楽興行は、将軍御所において在京大名らが多額の費用を負担し、客とともに猿楽を鑑賞する儀礼であり、幕政を主導する有力者が結集する場となっていた。猿楽興行は将軍や有力者との親睦を深める手段として用いられており、主催者は、猿楽興行を通じて友好的な人間関係を築くことにより、幕政の円滑な運営を図っていた。

将軍御所での主催者は、幕政の有力者にほぼ限定されていた。主催者は猿楽興行によって幕府内における特権的地位と経済力を兼ね備えていることを示すことができた。猿楽が非常に人気のある芸能だったために宣伝効果も高く、猿楽興行は主催者がその政治的地位を喧伝し、評判を高める有効な手段となっていたのである。また、猿楽興行は主催者が客を饗応するという基本的な性質を基に、主催者の目的に応じて意義を付加できる汎用性のある儀礼であった。

文亀三年（一五〇三）の猿楽興行の定例化は、足利義澄が細川政元との関係修復と政元の幕政参加による政治基盤の安定化を意図して行ったものであった。義稙派との対立という当面の課題が収まったことで、かえって義澄派内部での義澄と政元の対立が表面化し、文亀二年には両者が相次いで出奔するなど、協調関係が破綻の危機に瀕していた。義澄が推進した猿楽興行の定例化は、義澄主導で支持基盤である諸勢力の結束を強め、現状の幕政運営体制を維持・強化しようとする政策の一環であった。

文亀四年の定例化は、それに加えて、細川政元が意図する義澄と諸大名の和議への布石として行われたものであった。この時期は義稙の周防下国によって義澄派と義稙派の対立軸がなくなり、両者の関係修復の機運が高まっていた。諸大名が義澄を支持した場合、間を仲介した政元の与党となり、政元の幕政における発言力も強まることになる。政元は義稙派の諸大名と和解することにより畿内近国の政治秩序の再編を図り、併せて幕政における自己の政治的地位の強化を図ったのである。

一方、船岡山合戦後の猿楽興行は、義稙の帰洛祝と船岡山合戦の戦勝祝を兼ねた、戦乱の終焉を内外に示す区切りとなる儀礼であった。その中沙汰集団の分化と主催の順序に、義稙後期の幕政における在京大名の政治的地位が反映されていたが、この時期に在京大名の序列が問題となったことには理由がある。

永正五年の義稙上洛から同八年の船岡山合戦までの時期は、義稙派にとって政敵義澄派への対処が最優先すべき課題であり、他の問題に目を向ける余裕はなかった。しかし、船岡山合戦後、安定期に入り本格的に幕政が開始されるに及び、新たな課題が表面化した。それは、幕政運営を行うための秩序の構築である。

義稙には将軍としての幕政運営の経験があるが、将軍主導の政策決定が細川政元の反発を招き、政変勃発の要因となったことを踏まえ、明応の政変前後の将軍と大名の力関係の変化を反映した運営体制を構築する必要があった。細川高国は、幕政に携わった細川京兆家の一門として政治経験を有するが、義稙との提携は成り行き上のものであり、将軍擁立者の細川政元と足利義澄による幕政運営が行われた義澄期とは異なる体制が求められた。大内義興と畠山義元に至っては幕政参加の経験がなく、自身が政治参加できる体制を欲していた。したがって、義稙と在京大名は、双方の政治的立場を尊重し円滑な幕政運営が行える体制を整える必要があった。船岡山合戦後はこうした秩序構築の時期に当たっていたのである。猿楽興行が行われたのもまさにこの時期であり、猿楽興行は、共催者と主催の順序を通じて幕政における政治的地位を可視化することによって、船岡山合戦後の戦後秩序構築の一環として機能していたと言える。特に、合戦後の幕政で主導権を発揮したのは細川高国・大内義興の両者であり、自己にとって都合の良い枠組みを形成していたことからすると、船岡山合戦後の戦後秩序の構築を主導したのは両者であったと考えられる。

　そして、義晴上洛直後の猿楽興行は、次期将軍義晴の擁立と擁立者細川高国の政治的地位を喧伝する目的で行われた。義稙から義晴への将軍交代により、高国は幼い将軍の後見人として幕政における影響力を強めることになった。その力関係の変化を端的に表したのが猿楽興行の主催であった。また、高国は自身でも積極的に主催する一方、武田元光に自邸での猿楽興行を主催させることによって上下関係を示し、越智家頼の将軍御所での興行を仲介して与党化を図るなど、猿楽興行を政治の手段として巧妙に活用した。高国は猿楽興行を影響下に置くことにより、自身の構想に基づく秩序の構築を進めていたのである。

　大名邸御成は、将軍の出行・猿楽・贈答・饗膳という複数の要素を併せ持つ、複合的な儀礼であった。亭主は饗応することで将軍との信頼関係を深め、一方で幕府内における自身の政治的地位の高さを喧伝した。主催者はおおむね大名と有力幕臣に限られ、現状を反映した序列を構築し、維持する機能を果たした。特に細川京兆家当主は主催回数が突出して多く、御成を政策として積極的に活用していた。

　主催者と客の双方で御成の儀式次第や所作などを記した御成記を作成したが、これは御成に関する故実を蓄積し、継承する意図で作成されたものだった。御成記の作成は将軍と大名の双方が御成の継続的挙行を望んでいたことを意味しており、御成は重要儀礼として認識されていた。

　御成の開催状況に関しては、「御成初」という表現が注目される。大永四年（一五二四）の細川尹賢邸への御成時には、本来行われる予定だった鷹狩を伴う御成を「御成初」としている。鷹狩は大名の饗応を伴って泊まりがけで行うことが多く、御成の一種として認識されていたためであるが、「御成初」という表現からは、大名邸への御成や鷹狩が恒例化し、毎年複数回開催されていたことがうかがえる。戦国期には正月行事として特定の式日に実施する大名邸御成は廃絶した。しかし、臨時の儀礼としての御成は盛んに行われていたのである。

また、大名邸御成は従来評価されていたような形骸化した儀礼ではなく、現状の政治秩序を反映した政策として機能していた。足利義稙の上洛後に行われた畠山尚順への御成は、義稙派としての功績に対する恩賞として実施された。だが、御成の順序が幕府内での地位を反映することから大内義興の反発を招き、政治問題化した。御成は本質的には亭主と客が親睦を深めるものであり、対立の場となるものは珍しいが、そこから、逆に御成が在京大名同士の対立要因となるほど重要な儀礼であったことを読み取ることができる。

船岡山合戦後の御成も、合戦での軍功に対する恩賞であった。細川高国・畠山義元の順で行われたのは、幕府内の上下関係を反映してのことであった。御成の順序は猿楽興行の順序と同じであり、船岡山合戦後の戦後秩序構築の一環として機能した。

浦上村宗に対する御成も、播磨静謐の功績に対する恩賞であった。本来は大名に対してなされる御成が大名内衆の村宗に対して行われた背景には、細川高国の支援があった。村宗に対する御成は、義晴を中心とする政治秩序のなかで村宗の地位の向上を図るものであり、足利義稙から足利義晴への将軍交代後の秩序構築という流れの一部として位置づけることができる。

大名邸御成は、将軍交代後や大規模な合戦後など政局の転換点を中心に実施され、政治秩序を形成する儀礼として用いられたのである。

足利将軍家の元服儀礼で中核となっていたのは、新将軍の成人儀礼である加冠、成人の祝賀儀礼である垸飯の二つであった。加冠は加冠役との擬制的親子関係の形成、垸飯は加冠役との主従関係の形成を意味しており、元服は単なる成人儀礼ではなく、新将軍が有力者と主従関係を結び、信頼関係を構築する場として機能していた。そして、加冠役は新将軍の後見役として大名の最上位者に位置づけられており、元服は加冠役の幕府内における政治的地位を象徴する儀礼でもあった。

また、室町期と同様、戦国期においても元服には実施時の幕府内における将軍と大名の力関係が反映されていた。足利義澄・義晴の元服では加冠役の影響力が強く、義輝の元服は将軍義晴の主導で行われた。すなわち、元服を主導した勢力が当該期における幕政を主導していたものと見られる。

足利義澄の元服では加冠役を務めた細川政元の私情によって元服が延期されたが、その背景には、政元の儀礼に対する消極的姿勢、将軍に対する敬意の欠如が存在した。政元の行為は義澄の面目を潰すものであり、礼節に反するものであったが、権力基盤が脆弱な義澄には政元を罰することができず、結果的に大名優位の力関係を象徴する事件となった。

一方、足利義晴の元服の場合には、加冠役の細川高国が元服の準備、当日の儀礼内容を指示するなど、高国主導で実施されたが、これは儀礼を通じて秩序を形成する高国の政策の一環であった。高国は自身が擁立した将軍の権威を高めるために元服儀礼を演出し、同時に将軍後見役としての自己の地位の確立を図っていた。

だが、義澄・義晴の元服とは異なり、足利義輝の元服は義晴主導で進められた。非常時とはいえ、管領家出身の大名が加冠役を務め将軍御所を元服場所とする先例を無視し、加冠役に六角定頼を選び、元服場所を坂本の樹下成保邸とする決断を下したのは、いずれも義晴であった。

しかも、定頼が加冠役に選出された直接的要因は、加冠役候補だった細川晴元が出陣中で不在だったことだが、晴元の都合を優先して延期するという選択肢があったにもかかわらず、予定通り挙行した点には、政治的意図が感じられる。足利将軍家の元服儀礼において管領家以外の大名が加冠役を務めた先例はなく、定頼の加冠役起用は家格を無視した抜擢人事であった。一方、加冠役を外された晴元にとっては、これは非常に不名誉なことであり、晴元との信頼関係を損なう行為であった。つまり、義晴は晴元との関係悪化よりも定頼との関係強化を重視したのであり、定頼の加冠役抜擢は将軍権力主導の政策を反映したものだったのである。

最後に、本研究で究明した幕府儀礼の政治史上の機能と、その分析から明らかになった幕府政治の構造についてまとめることにしたい。戦国期における幕府儀礼は、身分序列の形成、権力の所在の誇示などによって秩序を形成する機能を持っていた。こうした機能ゆえ、儀礼には将軍・在京大名や在京大名同士の幕府内における力関係が反映されており、政局の場としても機能した。幕府儀礼は幕府の重要政策の一つであり、儀礼を主導することは幕政を主導することを意味していた。本章で検討した義澄期・義稙後期・義晴前期・義晴後期の場合、義澄期は細川政元、義稙後期は細川高国・大内義興、義晴前期は細川高国と、在京大名の主導性が際立ったのに対し、義晴後期では足利義晴の主体性が見られた。こうした儀礼の主導者は、当該期における幕政の主導者であることを表していたのである。

## 註

（1）二木謙一「室町幕府歳首の御成と垸飯」（同『中世武家儀礼の研究』、吉川弘文館、一九八五年、初出は一九七二年）。
（2）二木謙一「年中行事にみる戦国期の室町幕府」（『國史学』一九二号、二〇〇七年）。
（3）五島邦治「武家猿楽と室町殿における興行」（『芸能史研究』八五号、一九八四年）。同「室町幕府の式楽と猿楽の武家奉公」（『日本歴史』四七三号、一九八七年）。
（4）小森崇弘「後土御門天皇期の禁裏における猿楽興行の諸様相」（同『戦国期禁裏と公家社会の文化史』、小森崇弘君著書刊行委員会、二〇一〇年、初出は二〇〇五年）。
（5）能勢朝次『能楽源流考』（岩波書店、一九三八年）。
（6）註(1)二木論文。戦国期の大名邸御成を扱った研究としては、会所や調度品を中心に武家の生活意識や御成の意義について検討した以下の論文が見られる。佐藤豊三「将軍家「御成」について（一）」（『金鯱叢書』一号、一九七四年）。梶暁美「御成儀礼に関する一考察」（『比較生活文化研究』一五号、二〇〇八年）。同「永禄四年三好義長邸における御成儀礼について」（『生活文化史』五五号、二〇〇九年）。また、田中信司氏は所作を中心に松永久秀の政治的位置について考察している（田中信司「御供衆としての松永久秀」、『日本歴史』七二九号、二〇〇九年）。御成の内容については、註(1)二木著書で饗宴の概略が述べられており、本稿もその成果を踏まえて分析を行っている。

(7) 二木謙一『中世武家の作法』（吉川弘文館、一九九九年）。

(8) 森茂暁「足利将軍の元服」（同『中世日本の政治と文化』、思文閣出版、二〇〇六年、初出は二〇〇三年）。

(9) 阿部綾子「将軍家元服儀礼における加冠・理髪役について」（『福島県立博物館紀要』二一号、二〇〇七年）。

(10) 註(7)二木著書。

(11) 『増補続史料大成　後法興院政家記』（臨川書店）明応三年四月一〇日条。

(12) 註(4)小森論文。

(13) 『後法興院政家記』文亀三年四月一〇日条、同年五月一〇日条、同年六月一〇日条。「拾芥記」（『改定史籍集覧』二四）永正八年一一月一四日条、同年一一月一七日条。『大日本古記録　二水記』（東京大学史料編纂所）大永元年一〇月六日条。『後法成寺関白記』（思文閣出版）天文五年閏一〇月五日条。『史料纂集　言継卿記』（続群書類従完成会）天文一三年七月一二日条など。

(14) 『後法興院政家記』文亀三年二月一〇日条、同年三月一〇日条。『増補続史料大成　大乗院寺社雑事記』（臨川書店）明応八年二月九日条。『増補続史料大成　大館常興日記』（臨川書店）天文一〇年八月二一日条など。

(15) 『実隆公記』（続群書類従完成会）文亀三年九月一六日条、同年九月一九日条。

(16) 『実隆公記』文亀三年九月一九日条。「畠山亭御成記」（『群書類従』二二輯）。『後法成寺関白記』天文五年一〇月二七日条など。

(17) 『実隆公記』大永元年一〇月一一日条。『二水記』同日条。

(18) 『実隆公記』永正九年二月一五日条。

(19) 註(4)小森論文。

(20) 註(5)能勢著書。

(21) 『大乗院寺社雑事記』明応八年二月九日条。

(22) 『増補史料大成　宣胤卿記』(臨川書店) 永正元年四月二一日条。

(23) 「宗五大草紙」(『群書類従』二二輯)。

(24) 『実隆公記』大永六年四月一八日条、同年四月二〇日条。

(25) 『実隆公記』文亀三年九月一九日条。

(26) 『実隆公記』永正二年四月二一日条。

(27) 『実隆公記』大永六年一〇月一九日条。『後法成寺関白記』同日条など。

(28) 「拾芥記」永正八年一一月一四日条。

(29) 『後法興院政家記』文亀三年二月一〇日条。

(30) 『後法興院政家記』文亀三年二月一〇日条、同年三月一〇日条、同年四月一〇日条、同年五月一〇日条、同年六月一〇日条。なお、五月の猿楽興行は、『後法興院政家記』では政元単独での申沙汰になっているのに対し、『実隆公記』の同日条では「細川《(政元)》・畠山《(義英)》申沙汰云々」と、細川政元・畠山義英両人による申沙汰としている。四月・六月はいずれも大名が単独で頭役を務めていることからすると、この月も共催ではなく、名目上は政元が主催し、実際は政元と義英が要脚を負担したと解釈するべきである。政元は義英の烏帽子親を務め、両者は「細川《(政元)》与畠山《(義英)》ハ主従儀也」とされる間柄であった(『大乗院寺社雑事記』明応三年二月二三日条)。義英が要脚を負担したのは、畠山惣領家家督をめぐる畠山尚順との抗争での軍事支援など、政元からの助勢に対する見返りと見られる。

(31) 『後法興院政家記』文亀二年二月一八日条、同年三月九日条。

(32) 『後法興院政家記』文亀二年四月二五日条。

(33) 『後法興院政家記』文亀二年四月二五日条。

(34) 『後法興院政家記』文亀二年八月五日条。なお、同事件や義澄・政元の関係については、山田康弘「文亀・永正期の将軍義澄の動向」（同『戦国期室町幕府と将軍』、吉川弘文館、二〇〇〇年）も併せて参照されたい。

(35)『後法興院政家記』文亀二年八月六日条。『史料纂集　言国卿記』（続群書類従完成会）文亀二年八月六日条。

(36)『宣胤卿記』永正元年四月二一日条。『後法興院政家記』文亀四年正月二〇日条、同年二月二〇日条、永正元年三月二〇日条、同年閏三月二〇日条、同年四月二一日条、同年五月二一日条、同年六月一二日条。なお、四月二〇日は雨のため、五月二〇日は妙善院（日野富子）忌日のため翌日に延期されており、ここからも文亀四年は毎月二〇日が猿楽興行の式日となっていたことがわかる。また、六月のみ一二日開催と変則的だが、これまでの流れを受けた在国大名主催の猿楽興行ということで、定例化した猿楽興行に含めた。

(37)『後法興院政家記』永正二年正月九日条。

(38)「拾芥記」永正八年一一月一四日条。『実隆公記』同日条。『後法成寺関白記』同日条。

(39)「拾芥記」永正八年一一月一七日条。『実隆公記』同日条。『後法成寺関白記』同日条。

(40)註(1)二木論文。

(41)『実隆公記』永正九年四月一六日条。『後法成寺関白記』同年四月一六日条、同年四月二〇日条。

(42)『実隆公記』永正八年八月二四日条。「厳助往年記」（『改定史籍集覧』二五）同日条。『後法成寺関白記』同日条。「拾芥記」同日条。

(43)二木謙一『中世武家儀礼の研究』（吉川弘文館、一九八五）。註(7)二木著書。

(44)『実隆公記』永正七年四月二九日条。『後法成寺関白記』永正九年四月一六日条、永正一〇年五月一日条。

(45)今岡典和「御内書と副状」（大山喬平教授退官記念会編『日本社会の史的構造古代・中世』、思文閣出版、一九九七年）。同「足利義稙政権と大内義興」（上横手雅敬編『中世公武権力の構造と展開』、吉川弘文館、二〇〇一年）。浜口誠至「足利義稙後期の幕府政治と御内書・副状」（四国中世史研究会・戦国史研究会編『四国と戦国世界』、岩田書院、二〇一三年）。

(46)『実隆公記』永正五年八月五日条。『後法成寺関白記』同年九月五日条、同年九月二五日条。

(47)『実隆公記』大永六年一〇月一九日条。『後法成寺関白記』同日条など。

(48) 『後法成寺関白記』大永三年九月二八日条、同年九月二九日条、同年一二月一六日条。『二水記』大永三年一二月一六日条。『実隆公記』大永三年一二月一六日条。「大永四年細川亭御成記」（『続群書類従』二三輯下）。

(49) 『二水記』大永二年正月一三日条。『実隆公記』大永四年正月二九日条。

(50) 『後法成寺関白記』天文五年一〇月二七日条。

(51) 『後法成寺関白記』天文五年九月二四日条、同年一〇月二七日条、同年閏一〇月五日条。なお、将軍御所での猿楽興行に先立ち、晴元は一〇月二二日に自邸で猿楽を興行しており、これも一連の行事であったと見られる。

(52) 「宗五大草紙」。

(53) 「諸大名衆御成被申入記」（『群書類従』二二輯）。

(54) 「畠山亭御成記」。「伊勢守貞忠亭御成記」（『群書類従』二二輯）。「大永四年細川亭御成記」。「天文十七年細川亭御成記」（『続群書類従』三五輯）。「天文十八年佐々木亭御成記」（『続群書類従』三五輯）。なお、ここで取り上げる御成記は、『群書類従』や『続群書類従』での書名がまちまちで統一性がなく、内容を十分に反映していないため、年次と御成対象による書名へ改めた。また、三好義長（義興）邸への御成記については、複数の系統の御成記が現存しているために慎重な史料批判が必要であること、三好長慶の幕府政治に対する姿勢が他の在京大名と大きく異なることを考慮し、今回は考察の対象外とした。

(55) 後半部分には文明一四年・文明一五年に将軍御所で行われた酒宴及び伊勢貞宗邸への御成での進物目録が付随しているが、貞忠邸への御成と内容上の関連はないので考察の対象外とする。

(56) 足利義澄の細川政元邸への御成でも「公方今日細川新造ニ御成」とあり、館の新築は御成の契機であったと考えられる（『大乗院寺社雑事記』文亀二年七月二七日条）。

(57) 金子拓「室町殿東寺御成のパースペクティヴ」（同『中世武家政権と政治秩序』、吉川弘文館、一九九八年）。同「寛正三年足利義政東寺御成と東寺の寺院経済」（羽下徳彦編『中世の社会と史料』、吉川弘文館、二〇〇五年）。

(58) 『大館常興日記』天文八年一二月三日条など。

(59) 『実隆公記』永正七年一〇月一四日条。

(60)『増補続史料大成　親俊日記』（臨川書店）天文八年一二月四日条。『鹿苑日録』（続群書類従完成会）天文八年一二月三日条。

(61)『二水記』永正一五年三月一七日条。

(62) 大内義興・畠山尚順・六角定頼については、以下の研究を参照。今谷明「大内義興の山城国支配」（同『守護領国支配機構の研究』、法政大学出版局、一九八六年、初出は一九八四年）。註(45)今岡論文。小谷利明『畿内戦国期守護と地域社会』（清文堂出版、二〇〇三年）。同「畠山稙長の動向」（矢田俊文編『戦国期の権力と文書』、高志書院、二〇〇四年）。同「畿内戦国期守護と室町幕府」（『日本史研究』五一〇号、二〇〇五年）。弓倉弘年『中世後期畿内近国守護の研究』（清文堂出版、二〇〇六年）。奥村徹也「天文期の室町幕府と六角定頼」（米原正義先生古希記念論文集刊行会編『戦国織豊期の政治と文化』、続群書類従完成会、一九九三年）。西島太郎「足利義晴期の政治構造」（同『戦国期室町幕府と在地領主』、八木書店、二〇〇六年、初出は二〇〇〇年）。

(63) 武田元信は在京中に将軍足利義澄の推挙で御相伴衆となるが、もともと御供衆であった。室町期の御成対象は有力大名である管領家や御相伴衆の家格を持つ家と伊勢家に限定されており、武田家に対する御成は行われていなかった。また、先例のない家に対して御成を実施する場合、将軍や在京大名の口添えが必要であった。元信が御成の対象とならなかったのは、家格差と有力者の支援が得られなかったことが原因であった可能性が高い。なお、元信の在京期は『実隆公記』『後法興院政家記』『宣胤卿記』『二水記』『大乗院寺社雑事記』など複数の記録が現存するので、先例にない元信への御成が記事にならなかったとは考えにくい。

(64)『二水記』永正一六年二月一〇日条。（大永四年）三月一一日付、勝光寺光璜書状（「大友家文書」『大分県史料』、大分県教育委員会、五二二五号）。

(65) 共同飲食と饗宴の関係については、原田信男「食事の体系と共食・饗宴」（『日本の社会史』第八巻、岩波書店、一九八七年）を参照。

(66)『後法成寺関白記』永正九年四月一七日条。細川高国と近衛尚通の関係については、湯川敏治「中世公家家族の一側面」（同『戦国期公家社会と荘園経済』、続群書類従完成会、二〇〇五年、初出は一九八一年）を参照。

(67)『実隆公記』永正五年八月一一日条では八月一一日に御成をしたとあるのに対し、『後法成寺関白記』永正五年八月一二日条では一二日とされている。これは、饗応が一一日から一二日にかけてなされたために記主によって異同が生じたものと考えられる。

(68)『後法成寺関白記』永正五年四月三〇日条。

(69)『後法成寺関白記』永正五年七月二〇日条、同年八月一日条。

(70)『実隆公記』永正九年四月一四日条。

(71)『実隆公記』永正九年三月二八日条。

(72)「拾芥記」永正一八年七月一六日条。

(73)野田泰三「戦国期における守護・守護代・国人」（『日本史研究』四六四号、二〇〇一年）。

(74)『二水記』大永三年一二月七日条。『後法成寺関白記』大永三年一二月八日条。

(75)水野恭一郎「浦上村宗とその周辺」（同『武家社会の歴史像』、国書刊行会、一九八三年、初出は一九七七年）。註(73)野田論文。畑和良「浦上村宗と守護権力」（『岡山地方史研究』一〇八号、二〇〇六年）。

(76)『二水記』大永三年一一月二二日条。

(77)『二水記』大永二年一〇月七日条。

(78)『二水記』大永三年一一月二二日条。

(79)『二水記』大永三年一二月七日条。

(80)『二水記』大永三年一二月七日条。

(81)（大永四年）三月一一日付、勝光寺光瓚書状（「大友家文書」五二五号）。

(82)註(73)野田論文。註(75)水野論文。

(83)「和長卿記」（国立公文書館内閣文庫所蔵）明応三年一二月二七日条。「御元服聞書」（国立公文書館内閣文庫所蔵「武家故実雑集」所収）。元服儀礼の内容については、註(7)二木著書、註(8)森論文で明らかにされている部分も多いので、その成果を参照した。

(84)『増補続史料大成　蔭涼軒日録』（臨川書店）明応二年閏四月一〇日条。『後法興院政家記』明応二年四月二八日条。

(85)足利義教の元服を扱った「普広院殿御元服記」（『群書類従』二二輯）や足利義輝の元服を扱った「光源院殿御元服記」（『群書類従』二二輯）では、理髪・打乱・泔坏の順に参上しており、義澄の元服も同様の順序で参上したと考えられる。

(86)記事が簡潔で文意が不明確な所作については、他の元服記を参照して補った。

(87)足利義教の場合、将軍任官に先立って判始などをしたが、これは足利義持死去による政治的空白を回避するための例外的措置である。戦国期の場合、義澄・義晴・義輝はいずれも将軍就任と同じ日に判始などを実施している。

(88)「鹿苑院殿御元服記」（『群書類従』二二輯）。

(89)「普広院殿御元服記」。註(8)森論文。二木氏は饗宴の場所を会所としたが、「普広院殿御元服記」に基づき鬢所に比定した。

(90)「文安六年足利義成元服記」（国立歴史民俗博物館所蔵）。

(91)「義晴御元服記録」（尊敬閣文庫所蔵）。『二水記』大永元年一二月二四日条。

(92)「光源院殿御元服記」。註(7)二木著書。

(93)公家の儀の場合、遙拝、冠者と加冠による饗宴、式三献は行われず、加冠及び備服の役者や所作に変化が見られる。ただし、管領家の申沙汰による饗宴は三日とも実施された。

(94)註(8)森論文。註(9)阿部論文。

(95)「和長卿記」明応三年一二月二七日条。

(96)『増補史料大成　康富記』（臨川書店）文安六年四月一六日条、同年四月一七日条、同年四月一八日条。

(97)村井章介「執権政治の変質」（同『中世の国家と在地社会』、校倉書房、二〇〇五年、初出は一九八四年）。

(98)註(1)二木論文。

(99)義澄の人的基盤については、註(34)山田論文を参照。

(100)『後法興院政家記』明応二年四月二一日条、同二三日条など。

(101)「和長卿記」明応三年一二月二八日条。

(102)『大乗院寺社雑事記』明応二年四月三〇日条。『後法興院政家記』明応三年一一月一日条。

(103)『史料纂集　北野社家日記』（続群書類従完成会）長享三年八月一三日条。政元が烏帽子を嫌い出仕時も被らなかったことは、「雑事覚悟事」にも見える。

(104)『後法興院政家記』明応三年一二月二一日条。「後慈眼院殿雑筆」（『九条家歴世記録』二、明治書院）明応三年一二月二一日条。「和長卿記」明応三年一二月二〇日条。

(105)『後法興院政家記』延徳二年六月二一日条。

(106)「義晴御元服記録」。

(107)「拾芥記」永正一八年七月二八日条。「和長卿記」同日条など。

(108)『二水記』大永元年一一月二五日条、同年一二月二四日条、同年一二月二五日条など。

(109)『二水記』大永元年一一月二八日条。『実隆公記』大永元年一二月一二日条。「和長卿記」大永元年一二月二一日条など。

(110)足利義満の加冠役を務めた細川頼之が従四位下・武蔵守となったことが先例となり、加冠役を務める管領は従四位下に叙され、細川京兆家当主が加冠役の場合は武蔵守に任官されるのが通例となっていた。

(111)「和長卿記」大永元年一二月二四日条。

(112)『二水記』大永元年一二月二四日条。

(113)「義晴将軍元服幷判始記」（尊経閣文庫所蔵）は石清水八幡宮所蔵の別記を写したものである。判始・御前沙汰始については、足利義稙の判始・御前沙汰始について記した「将軍宣下記」を参照。

(114)大永元年一二月二五日付、足利義晴寄進状。（『大日本古文書　石清水八幡宮文書』、東京大学史料編纂所、一七一号）。大永元年一二月二五日付、細川高国施行状（『石清水八幡宮文書』九七号）。

(115)設楽薫「将軍足利義晴の政務決裁と「内談衆」」（『年報中世史研究』二〇号、一九九五年）。同「将軍足利義晴の嗣立と大館常興の登場」（『日本歴史』六三一号、二〇〇〇年）。羽田聡「足利義晴期における内談衆編制の意義につい

て」（『三田中世史研究』六号、一九九九年）。山田康弘『戦国期室町幕府と将軍』（吉川弘文館、二〇〇〇年）。

(116) 註(62)奥村論文。(62)西島論文。

(117) 『大館常興日記』天文八年七月二八日条など。

(118) 「光源院殿御元服記」。

(119) 註(1)二木著書。

(120) 小谷利明「畿内戦国期守護と室町幕府」（『日本史研究』五一〇号、二〇〇五年）。弓倉弘年「天文期の政長流畠山氏」（同『中世後期畿内近国守護の研究』、清文堂出版、二〇〇六年、初出は一九八二年）。『増補続史料大成　多聞院日記』（臨川書店）天文一五年八月二一日条。「二条寺主家記」（『続々群書類従三　続南行雑録』、続群書類従完成会）天文一五年九月一三日条。「天文日記」（『真宗史料集成』、同朋社）天文一五年八月二一日条、同年一〇月一一日条など。

# 第二章　細川京兆家奉行人奉書による幕政の補完と代行

## はじめに

本章では、細川京兆家奉行人奉書の検討を通じて、幕府政治史上における細川京兆家の政治的位置を解明する。現状の幕府政治史では、戦国期幕府を将軍と大名の連立政権とし、両者は相互補完関係にあるとする見解が主流である[1]。しかし、従来の研究により義晴後期を中心に将軍権力内部の政策決定過程が明らかにされる一方、細川京兆家の政治的役割についてはほとんど論じられておらず、相互補完の具体像が十分に解明されたとは言い難い。

そこで、重要な論点となるのが、細川京兆家奉行人奉書をめぐる問題である。細川京兆家奉行人奉書は室町幕府奉行人連署奉書（以下、幕府奉行人奉書とする）の遵行を行っているが、この遵行は細川京兆家による幕政の補完を示す好例である。

細川京兆家奉行人奉書を対象とした唯一の専論である今谷明氏の研究では、この奉書を、室町期の管領奉書を代替し幕府奉行人奉書の効力を補完する「管領代奉書」として位置づけている。今谷氏は細川京兆家奉行人の政治的地位を幕府の「管領代」と捉え、「管領代奉書」という新たな概念を提示した[2]。

しかし、小泉義博氏の研究によって、「管領代」の根拠とされた幕府奉行人奉書の「右京兆代」という充所は書札礼上の問題であることが明らかになった。小泉氏は、受給者を直接充所とした管領奉書とは異なり、幕府奉行人奉書は、奉者である奉行人層の職制上の身分の低さゆえに家格の高い大名に対しては代官宛にしか発給できず、「……代」という充所を持つ奉書が現れたことを明らかにした(3)。したがって、細川京兆家奉行人は「管領代」という役職に就任していたわけではない。その発給文書も細川京兆家当主の上意を受けて発給する奉書として、細川京兆家奉行人奉書とするのが妥当である。

また、上島有氏は管領奉書の代替は幕府奉行人奉書であり、「管領代奉書」ではないことを指摘している(4)。このように、「管領代」という役職の存在、管領奉書の代替という見解については問題点が指摘されており、細川京兆家奉行人奉書の位置づけについても再考が必要である。

細川京兆家奉行人奉書を論じる際にまず問題となるのは、幕府奉行人奉書の遵行をどのように理解するかという点である。今谷氏は遵行に基づく幕政の補完を細川京兆家による幕府機構の吸収と捉えたが、将軍権力と細川京兆家を対立的に捉える見解が適切かどうかは具体例に基づく検証が必要である。また、今谷氏の議論では奉書発給を制度的に捉えているために発給契機に対する関心が乏しく、受益者の要請を経て遵行が行われるという文書の当事者主義が踏まえられていない。だが、現状の研究でも細川京兆家奉行人奉書を守護奉行人奉書とみなす見解があり、細川京兆家奉行人奉書による遵行が幕府の制度的枠組みに基づくものであったのか、あるいは、制度外の別個の仕組みに基づいていたのかは、幕政補完の性格を規定する上で重要な論点であると言える。そこで、第一節では細川京兆家奉行人奉書による遵行について、奉書の発給過程、守護職の有無と遵行の関連性の二点を検討し、遵行と幕府制度との因果関係について明らかにする。

また、今谷氏の研究で扱われたのは幕府奉行人奉書を遵行する細川京兆家奉行人奉書である。だが、細川京兆家奉行人奉書の大半は、幕府下知を経ず細川京兆家の意向に基づいて発給されたものであり、遵行を行う奉書は全体の一部にすぎない。奉書の様式や充所に関する指摘も史料とそぐわない点があり、検討の余地がある。細川京兆家奉行人奉書の基本的性格の理解を疎かにしたままでは、遵行の正確な理解には至らない。幕府政治の一翼を担った細川京兆家の政治機構を理解する上でも、その主要な命令伝達手段であった細川京兆家奉行人奉書の理解を深めることは有意義と考えられる。そこで、第二節では細川京兆家の命を受けて発給された奉行人奉書の発給契機や発給過程について考察し、その上で様式・発給範囲・充所・内容の四点について検討することにより、細川京兆家奉行人奉書の機能を解明する。

そして、従来の研究では捨象されてきたが、細川京兆家奉行人奉書は、遵行ではなく単独で発給される場合にも幕府奉行人奉書と内容上の重複が見られる。これは、遵行とは異なる形で幕政を補完するものと捉えられる。そこで、第三節では幕府奉行人奉書発給の前提となる御前沙汰・政所沙汰・侍所沙汰・地方沙汰の政務処理内容の変遷を確認した上で、細川京兆家による強制執行、内衆による権利侵害の増加などの細川京兆家奉行人奉書の発給要因を検討することにより、細川京兆家奉行人奉書による幕政代行の背景について究明する。

今谷氏の研究では、細川京兆家奉行人が守護代らに奉書を発給していることを守護代に命令を下す立場にあったと理解し、細川京兆家奉行人を守護代の上位に位置する管領代と規定した。だが、奉行人は細川京兆家当主の意向を奉じて命令を伝達する奉者であって、直接命令を下しているわけではない。奉行人の家中内における位置づけは再考すべきである。また、細川京兆家奉行人には奉書の発給以外にも独自の活動が見られ、その活動内容が奉行人としての動向にも反映されている。そして、細川京兆家奉行人奉書は京兆家独自の訴訟審理及び裁許を経て発給されたものだが、従来その過程については明らかにされてこなかった。そこで、第四節では高国期を事例として細川京兆家奉行人の活動と発給に至る訴訟審理及び裁許過程を検討し、奉書発給を支えた細川京兆家の政治機構を明らかにする。

## 第一節　室町幕府奉行人奉書と細川京兆家奉行人奉書

### 一　細川京兆家奉行人奉書による遵行

大永二年（一五二二）、大徳寺末寺妙覚寺跡と同門前屋地等において百姓による隠地と地子銭の減額が行われ、問題となっていた。そこで、大徳寺は以下の幕府奉行人奉書と細川京兆家奉行人奉書を得ることによって問題の解決を図った。

【史料一】室町幕府奉行人連署奉書(5)（『大徳寺文書』）

紫野大徳寺末寺北少〔小〕路大宮妙覚寺跡、同門前屋地等丈数目録在別紙事、寺家当知行之処、地上百姓等或令隠地、或地子少分沙汰云々、太無謂、早於隠地者、尋捜之、至少分沙汰族者、如類地可被加催促之由、所被仰下也、仍執達如件、

大永二年八月廿八日　前近江守（飯尾貞運）（花押）

散位（飯尾為完）（花押）

当寺雑掌

【史料二】細川高国家奉行人飯尾秀兼奉書(6)（『大徳寺文書』）

紫野大徳寺末寺北小路大宮妙覚寺跡、同門前屋地等事、百姓等或令隠地、或地子少分沙汰云々、太無謂、早如地類〔類地〕可致其沙汰之段、任去月廿八日　公方御下知之旨、可被全寺務之由候也、仍執達如件、

大永弐

九月十日　（飯尾）秀兼（花押）

史料一・二は、この件に関して発給された幕府奉行人奉書と細川京兆家奉行人奉書である。幕府奉行人奉書は史料一の他に同日付でほぼ同内容の「当地百姓中」宛が一通（計二通）、細川高国家奉行人奉書は史料二の他に同日付で「当地百姓中」宛が一通（計二通）それぞれ発給されている。[7] これらの奉書では、大徳寺による隠地の捜索と地子銭催促を承認し、百姓に対して地子銭納入を命じている。大徳寺は奉書を示して督促することにより、百姓による地子銭支払いが円滑に行われることを期待していたのである。

史料二の文中にある「去月廿八日　公方御下知」とは、同一内容で発給の月日が一致することから明らかな通り、史料一を指している。室町幕府奉行人連署奉書を受けて発給された細川京兆家奉行人奉書は、「任○月○日公方御下知旨」、または、「任　公方御下知旨」と奉書中に幕府の下知を受けたことを示す文言（以下、遵行文言と称す）を有し、幕府奉行人奉書とほぼ同一内容で発給されるという特徴が見られる。細川京兆家奉行人奉書は、幕府奉行人奉書を受けて幕命の遵行を行っているのである。また、両者の発給に一〇日ほどの間隔が見られることや、史料二が史料一を受けて出されたことからすると、大徳寺はまず幕府奉行人奉書を入手し、それを用いて細川京兆家奉行人奉書の発給を求めたと考えられる。大徳寺は、百姓に対する強制執行力を持つ細川京兆家の下知を得ることによって、督促に実効性を持たせようとしたのである。

今谷明氏は、細川京兆家奉行人奉書が室町幕府奉行人連署奉書と併肩して効力を主張し、その実効を補完する体制であったために室町幕府権力の解体に拍車がかかったとして、細川京兆家奉行人奉書による遵行を制度として理解した。[8] だが、現存する室町幕府奉行人連署奉書の大半は単独で完結しており、遵行が行われたのは一部にすぎないという事実を考慮すると、体制と言えるほど制度化していたという見解は疑問に思われる。細川京兆家による遵行が制度化したものでなければ、奉行人奉書を根拠に室町幕府権力解体の一因とする見解も理論的根拠を失うことになる。

では、遵行はどのような場合に行われたのであろうか。北野社を事例に細川京兆家奉行人奉書の発給過程を見ていくことにしよう。

長享二年（一四八八）三月から四月にかけて、幕府から洛中追放処分を受けていた北野社前松梅院主禅椿が上洛し、捜索と逮捕が命じられるという事件が起きた。禅椿は前年に行われた将軍足利義尚（義熙。以下、義尚に統一）の六角高頼討伐に際して、北野社の警固にあたるよう命じられたにもかかわらず義尚の意向に背いて参陣し、そのために将軍家御師職を剝奪された上に洛中追放処分となっていた[9]。しかし、翌長享二年二月二五日、禅椿が訴訟を行うため上洛して洛中を徘徊していたために、義尚は身柄拘束を北野社に命じた。北野社は手勢を派遣して捕まえようとしたが、禅椿方との交戦になり、禅椿は徳大寺実淳の屋敷に逃がれてそのまま逃亡してしまった[10]。

【史料三】『北野社家日記』長享二年四月八日条

八日、今日所々御奉書被成畢、

禅椿事、去年　御動座之刻、違背　上裁之条、被改御師職、於其身者、雖可被処厳科、以寛宥之儀被追放之、然近日任雅意、或社辺、或洛中令徘徊云々、弥蔑如　上意之間、罪科重畳者歟、所詮不謂権門勢家、有居住之在所者、随于見合、可召進之旨、被成奉書於　北野宮寺祠官中訖、若被官中至許容与力之輩者、堅可被加下知之由、所被仰下也、仍執達如件、

長享二年四月二日　丹後守（松田長秀）在判

前加賀守（飯尾清房）在判

右京兆代

禅椿事、去年御動座之刻、違背　上裁之条、雖可被処厳科、以寛宥之儀被放御師職、被追放其身畢、爰吉井得彼禅椿之語、泉州坂本郷庄及押妨云々、言語道断次第也、松梅院禅予代官入部之上者、年貢以下厳密可致其沙汰、若有難渋之輩者、随注進交名、可被処罪科之由、被仰出候也、仍執達如件、

長享二

四月二日　(松田)長秀在判

(飯尾)清房在判

当所名主沙汰人中

禅椿事、去年　御動座之刻、令違背上裁之条、雖可被処厳科、以寛宥之儀、被改御師職、於其身者、被追放之、所詮向後不謂権門勢家、有居住之在所者、可召進之旨、被成奉書訖、若被官中有許容与力之族者、可被処其科之段、堅可被加下知、次　北野宮寺領泉州坂本郷庄事、吉井得彼禅椿之語押妨云々、言語道断之次第也、松梅院禅予代官入部之上者、不日沙汰付之、可被全所務之由、所被仰下也、仍執達如件、

長享二年四月二日　(松田長秀)丹後守在判

(飯尾清房)前加賀守在判

細川(勝信)民部大輔殿

泉州上之守護(細川元有)五郎殿へ同御奉書在之、文言同前也、

一、禅椿事、去年　御動座之刻、違背　上裁之条、雖可被処厳科、以寛宥之儀被追放之処、近日任雅意、令徘徊京都云々、言語道断次第也、不可不誡之、所詮随于見合、為一社中可被召進之、若於社家有同意与力之輩者、可為同罪之上者、速可被注申交名之由、所被仰下也、仍執達如件、

長享二年三月十日　(松田長秀)丹後守在判

前加賀守（飯尾清房）同

北野宮寺祠官中

当坊へ御文言同前被成也、

仍同廿九日、禅椿旅宿白雲内也、為社家相語人押寄之処、其身没落、当座若党二人・法師一人・井上下人被討畢、其旨致注進処、重御下知也、

一、禅椿事、令徘徊社辺并洛中之間、可召進之旨、以前被成奉書之処、没落云々、所詮於向後者、不謂権門勢家、有居住之在所、随于見合、可被召進之、猶以祠官以下至同意与力之輩者、可被処罪科上者、可被注申之由、所被仰出也、仍執達如件、

長享二年四月二日　丹後守（松田長秀）

前加賀守（飯尾清房）

北野宮寺祠官中

当坊へ文言同前、

【史料四】『北野社家日記』長享二年四月二二日条

廿二日、天気快晴、今日細河殿（政元）下知被成所々畢、

先松梅院禅椿事、依有其咎被追放之処、蔑如　上意社辺・洛中徘徊之条、任今月二日公方御下知之旨、不謂権門勢家、有居住在所者、尋捜之可被召進由也、仍執達如件、

長享二　斎藤々兵衛

四月廿二日　元右在判

治部少輔殿（上野政益）　玄蕃頭殿（上野元治）　長塩又四郎殿（元親）

上原神六（元秀）殿　　薬師寺備後守（元長）殿　　薬師寺三郎左衛門尉（長盛）殿
安富新兵衛（元家）尉殿　　一宮修理亮（季明）殿　　香川孫房（満景）殿
寺町太郎左衛門尉（通定）殿　　秋庭備中守（元重）殿　　香河五郎次郎殿
同六郎左衛門尉殿

上原父子方ヨリ書状在之、仍又遣状、
就禅椿事、被成御奉書候処、為御屋形（政元）様厳重御成敗、社家安堵仕候、併依申御沙汰候条、御祈禱専一候、必以参陣連々御礼可申入候、仍先日進書状候処、懇示預候、本望候、毎篇弥奉憑候、非其儀候、恐々謹言、

卯月廿二日　　禅予

上原豊前守（賢家）殿
同神六（元秀）殿

史料三・四は、この事件に関する『北野社家日記』の記事である。[11] 史料三はこの事件に関して発給された幕府奉行人奉書を写したもので、三月一〇日付の北野宮寺祠官中宛の幕府奉行人奉書（同文言で松梅院にも発給、計二通）、四月二日付の「右京兆代」「当所名主百姓中」「細川民部大輔（勝信）殿」「北野宮寺祠官中」宛の幕府奉行人奉書の写（同文言で細川和泉上守護家・松梅院にも発給、計六通）が収められている。

史料四は、史料三を受けて発給された細川政元家奉行人斎藤元右奉書である。この奉書の発給に関しては細川政元内衆の上原賢家・同元秀父子が関与しており、両人からの書状に対する返事として出された松梅院禅予の書状も写されている。

今谷氏は史料四の細川京兆家奉行人奉書を幕府奉行人奉書の遵行と位置づけ、北野社の要請で幕府と細川京兆家双方の奉行人奉書が発給されたとした。[12] しかし、幕府官制上における細川京兆家奉行人奉書の位置づけという

制度史的観点から論じているため、細川京兆家奉行人奉書の発給を自明のものとしており、発給の背景に対する踏み込んだ分析はなされていない。そこで、奉書の内容や発給前後の北野社の動きから、なぜ、北野社は細川京兆家奉行人奉書を必要とし、どのような過程を経て発給されたのか見ていくことにしよう。

まず、問題となるのが、禅椿逮捕を命じた幕府奉行人奉書は誰の意思に基づいて発給されたかということである。三月二九日に行われた北野社による禅椿追捕について、松梅院禅予は「禅椿為　上意可召進由在之」により行ったとしており、禅椿追捕は幕府から北野社に対して出された命令であった[13]。前後関係を踏まえると、三月二九日の追捕は三月一〇日付の幕府奉行人奉書を受けて実行したものと位置づけられる。そして、三月二九日の追捕失敗を受けて出されたのが、四月二日付の幕府奉行人奉書である。これは、史料三の四月二日付奉書の前に付された記事で「其旨致注進処、重御下知也」としていることから明らかなように、松梅院からの注進を受けて出されたものであり、祠官中・松梅院宛の禅椿逮捕を命じた奉書は幕府の意思に基づいて発給されたのである。

では、四月二日付の他の幕府奉行人奉書は誰の意思に基づいて発給されたのであろうか。細川元有・細川勝信宛の奉書は、被官の禅椿への協力禁止、和泉国坂本郷における松梅院の権益保全の二点を命じている。しかし、京都近郊に潜伏している禅椿への対応を和泉上守護・同下守護に命じる必然性は乏しい。一方、「当所名主百姓中」宛の奉書は禅椿与党の吉井による坂本郷への押妨排除と松梅院の権益保全を命じており、禅椿逮捕と直接の関係はない。これは、受益者である松梅院禅予の要請により発給されたと見るべきである。和泉両守護宛に発給された奉書も松梅院の権益保全に比重が置かれており、禅予の要請で発給されたと考えられる。

それでは、細川京兆家宛の幕府奉行人奉書は誰の意思によって発給されたのであろうか。内容を見てみると、前半部分で、洛中追放処分を受けたにもかかわらず近日北野社周辺や洛中を徘徊するのは将軍の裁許を軽んじるものであるとして禅椿の罪科について述べ、後半部分では、不入特権を持つ権門勢家を問わず見つけ次第踏み込んで禅椿の捜索と逮捕を行い、身柄の進上を行うよう北野社祠官に命じたことを示し、最後に細川京兆家被官で禅椿の保護や協力をする者を戒めるよう命じている。

この奉書の趣旨は、細川京兆家被官による禅椿への支援を禁じることである。したがって、禅椿逮捕に実効性を持たせるという点では、幕府の意思に合致する。しかし、実際に逮捕を実行するのは北野社であり、禅椿の捜索と逮捕に対する障害を取り除くという意味で、この奉書を必要としていたのは北野社側である。したがって、奉書の発給には両者の意思が反映されたわけであるが、禅椿逮捕に対する一貫した姿勢を考慮すると、この奉書は幕府の意向が強く働いて発給されたものと見られる。

次に、史料四の細川京兆家奉行人奉書の内容を見ることにしよう。この奉書では、上意違背の咎により幕府から洛中追放処分を受けた禅椿が上意を軽んじて北野社周辺・洛中を徘徊しているという現状を述べ、次いで四月二日付の幕府奉書の通り、権門勢家を問わず、禅椿居住の在所があれば捜索して逮捕し、身柄を進上するよう命じている。充所は細川京兆家一門と守護代や評定衆を務める重臣であり、在京内衆の有力者に禅椿追捕を命じたものと見られる。

ここで注目されるのが、三月一〇日付の細川京兆家充幕府奉行人奉書とこの細川京兆家奉行人奉書では内容に差異が見られる点である。三月十日付の奉書では北野社祠官に禅椿の逮捕と捜索を命じたが、細川京兆家には被官の禅椿への協力・保護を禁止しただけで、直接、禅椿の逮捕・捜索を命じたわけではない。だが、細川京兆家奉行人奉書では禅椿の逮捕と捜索を命じており、幕府奉行人奉書よりも踏み込んだ内容となっている。

そこで、細川京兆家奉行人奉書と同じ四月二二日付で出された禅予の書状を見てみると、細川政元の厳重な成敗がなされ、禅予は安堵していると述べており、奉書が禅予の意に適うものであったことがわかる。北野社単独で行うよりも、多数の在京内衆や被官を抱える細川京兆家の助力を得た方が、禅椿追捕には効果的だったと見られる。さらに、「併依申御沙汰」と述べているように、この奉書は書状の充所である上原賢家・上原元秀父子を通じて細川京兆家に申請し、その結果、発給されたものであった。禅予は北野社領のある丹波の守護代である上原元秀やその父賢家とは日常的に交流を持っており、その縁を頼って細川京兆家との交渉に臨んだものと見られる。

また、幕府奉行人奉書を持参して細川京兆家と交渉したのは禅予である。当然、禅予は細川京兆家奉行人奉書の内容についても要望を出していたと想定される。無論、禅予の要望が全て聞き届けられたわけではないだろうが、幕府奉行人奉書に比べ、より禅予の要望に適った内容に変化したということは、禅予の意向が細川京兆家奉行人奉書にも反映されたと捉えてよいと考えられる。

このように、幕府奉行人奉書の遵行に相当する四月二二日付の細川京兆家奉行人奉書は、受益者である松梅院禅予が細川京兆家に働きかけることによって発給されたものであった。三月二九日付の幕府奉行人奉書の遵行が行われていないことや、幕府奉行人奉書発給から細川京兆家奉行人奉書発給まで二〇日の間があることからも、遵行は義務化していたのではなく、働きかけがあってはじめて実施されるものであったことを物語っている。では、細川京兆家奉行人奉書による遵行は受益者の申請を受けて行われたと考えてよいのであろうか。北野社の事例だけでは義尚期の発給契機しか確認できないため、他の時期でも同様の関係が見出せるかどうか検証する必要がある。そこで、もう一つ、義晴後期の事例を見ていくことにしよう。

天文二年（一五三三）、山科言継の管理していた朝廷御料所の山城国山科東荘大宅郷地頭職・同諸散在椥辻等について、年貢納入が延滞するという問題が生じていた。そこで、言継は幕府に訴えて二通の幕府奉行人奉書を入手した。

山科言継の日記である『言継卿記』には幕府奉行人奉書が写されているが、一通は大宅郷の名主沙汰人中宛、もう一通は他の山科七郷中宛のものである[14]。それによれば、大宅郷では昨年幕府奉行人奉書が出されたにもかかわらず、違乱者がいると称して百姓が年貢納入を拒んでいた。そこで、山科家に年貢を納入するよう命じた幕府奉行人奉書が出された。言継は再度幕府奉行人奉書を入手することにより、この問題の解決を図ったのである。

　言継は幕府奉行人奉書を入手すると、今度は細川京兆家と交渉している。九月五日、家司の沢路重清を摂津国芥川城主、細川晴元のもとへ派遣している[15]。言継が幕府奉行人奉書を入手したのは、この奉書の写が載せられた八月三〇日であろうから、入手から五日後には細川京兆家との交渉を開始したことになる。

　そして、九月八日、沢路重清が芥川城から上洛し、細川京兆家奉行人奉書を言継のもとへもたらした[16]。言継は山科家雑掌、大宅郷名主百姓中、山科七郷名主沙汰人中のそれぞれに宛てた三通の奉書を入手した。幕府奉行人奉書とおおむね内容は同じであるが、山科家雑掌宛の奉書が新たに加わっている点が幕府奉行人奉書とは異なっている[17]。

　さて、言継の場合、細川京兆家宛の幕府奉行人奉書は入手しなかったものの、他者宛の奉書を入手後すぐに細川京兆家と交渉していることから、細川京兆家奉行人奉書の発給を前提として幕府奉行人奉書を入手したと見られる。では、なぜ言継は細川京兆家奉行人奉書を求めたのであろうか。細川京兆家は山城国人を被官化しており、在地への強い影響力を持っていた。したがって、その奉書は年貢納入を催促する有効な手段となったと考えられる。一方、言継は以前、幕府奉行人奉書を入手したが問題解決には至らなかった。幕府奉行人奉書単独での催促では十分な成果が得られなかったのである。しかし、細川京兆家は幕府を支える立場にあり、幕府の下知を無視できない細川京兆家に対する交渉手段として幕府奉行人奉書は有効である。そこで、幕府奉行人奉書を手がかりに細川京兆家と交渉し、細川京兆家の権力を背景に問題解決を図ったと考えられる。

　交渉後、数日で奉書が発給されていることから、義晴後期においては細川京兆家による遵行が慣習として定着していたと見られる。しかし、細川京兆家奉行人奉書の発給を求め交渉したのは、受益者である山科家であった。幕府奉行人奉書が発給されたからといって、それが即座に細川京兆家奉行人奉書による遵行を意味するわけではない。遵行が行われたのは、受益者である山科言継が必要とし、交渉を行った結果である。細川京兆家奉行人奉書による遵行は制度ではなく、必要とする受益者が個別に交渉することにより行われたのである。

## 二　細川京兆家奉行人奉書と山城国守護

細川京兆家奉行人奉書による遵行の意義を明らかにする上で、もう一つ検討しなければならない課題が守護遵行状との関係である。山田康弘氏は、幕府奉行人奉書を受けて交付された信長朱印状の古文書学上の位置を考察するなかで細川京兆家奉行人奉書についても検討を加え、幕府奉行人奉書がかつての管領奉書を代行し、守護奉行人奉書がかつての守護遵行状の機能を代行していたとし、細川京兆家奉行人奉書を山城や摂津の守護奉行人奉書として位置づけている[18]。こうした見解は広く見られるものであり、自治体史や史料集での名称を見る限り、現在では細川京兆家奉行人奉書を守護奉行人奉書とする見方が一般化しているようである。しかし、これは細川京兆家奉行人奉書そのものの検証から導き出された結論ではない。細川京兆家による遵行が守護という幕府制度上の役職と結びついて行われるものなのかどうか、検証する必要がある。そこで、奉書の発給例も多く、守護との関係が明確に表れる山城国を事例に、細川京兆家奉行人奉書による遵行と守護との関係を見ていくことにしよう。

細川家は一門も含め多くの守護職を保持していたが、そのなかで細川京兆家が保持していたのは摂津・丹波・讃岐・土佐の守護職である。一方、山城については、守護職は保持していないものの、国人の被官化を通じて実効支配を行っており、細川京兆家奉行人奉書による遵行も行われている[19]。

では、細川京兆家当主以外の山城国守護が存在する時期は遵行が行われていたのだろうか。守護の在職徴証が明らかな伊勢貞陸と大内義興の在任期を例に見ていくことにしよう[20]。

まず、伊勢貞陸の在任期であるが、明応八年（一四九九）九月二〇日付で賀茂社境内六郷・散在地への守護使不入特権を承認した細川京兆家奉行人奉書が発給されているが、奉書中には「早任去年十一月七日公方奉書之旨」という遵行文言が見られる。実際、明応七年（一四九八）一一月七日付で同内容の幕府奉行人奉書が発給されており、明応八年九月二〇日付の細川京兆家奉行人奉書はこの幕府奉行人奉書を遵行したものであった[21]。伊勢貞陸の守護在任期は、守護代に細川政元内衆の香西元長が補任されるという変則的な体制をとっていたので、その影響も考えられるが、いずれにしても細川京兆家以外の守護が存在したにもかかわらず、細川京兆家奉行人奉書による遵行が行われていた。

一方、大内義興の在任期に遵行は行われていたのであろうか。永正八年（一五一一）一一月二六日付で久我家領久我荘・大藪荘の地下人に対して年貢納入を命じる三通の細川京兆家奉行人奉書が発給されているが、これらには「殊被成　公方御下知」という遵行文言が見られる。これは、内容から見て、永正八年一〇月一七日付の二通、永正八年一一月二六日付の一通の計三通の幕府奉行人奉書を指すものである[22]。やはり、山城国守護が存在するにもかかわらず、細川京兆家奉行人奉書による遵行が行われていたのである。

したがって、幕府奉行人奉書を遵行する細川京兆家奉行人奉書を、守護遵行状に相当する守護奉行人奉書と規定するのは適切ではない。細川京兆家奉行人奉書による遵行は、細川京兆家が守護という幕府制度上の地位にあるために行われたのではなく、受益者が細川京兆家の課題解決能力を期待して発給を求めたため、制度上の裏付けがないにもかかわらず行われていたのである。

## 第二節　細川京兆家奉行人奉書の社会的効力

### 一　細川京兆家奉行人奉書発給の契機

細川京兆家奉行人奉書を扱った従来の研究は、細川京兆家と将軍権力の関係の解明が課題であったため、遵行の分析結果から奉書を理解してきた[23]。しかし、細川京兆家奉行人奉書の機能はそれだけではない。細川京兆家奉行人奉書で遵行に相当する文書は、対応する同一案件の幕府奉行人奉書が現存するもの、及び、幕府奉行人奉書は現存しないが「任　公方御下知旨」等の遵行文言を有するものである[24]。だが、現存する細川京兆家奉行人奉書は、幕府奉行人奉書との対応関係がない、あるいは、遵行文言が存在しない、細川京兆家の意向によって独自に発給されたものが大半を占める。

このことは、細川京兆家奉行人奉書には、幕府下知の遵行に相当するものと、幕府が介在せずに発給されたものの二種類が存在したことを示している。従来、中心的に扱われてきた幕府の下知の遵行に相当する細川京兆家奉行人奉書は、あくまでも全体の一部にすぎない。細川京兆家奉行人奉書の歴史的意義を解明するには、遵行に相当しないものをも含めた全体との関連性や質的差異を含めて理解する必要がある。

さて、そこで問題となるのが、そのような細川京兆家奉行人奉書は何が契機となって発給されたかということである。前項での検討により、幕府奉行人奉書を遵行する細川京兆家奉行人奉書は、受益者の要請を契機として発給されていたことが明らかになった。では、遵行に当たらない細川京兆家奉行人奉書の発給の契機は何であったのであろうか。朝廷御所の堀普請をめぐる一件を事例に発給経緯を見ていくことにしよう。

天文三年（一五三四）は、一向一揆と細川京兆家の対立によって京都の治安が悪化していた時期であり、朝廷でも自衛策として御所の周囲に堀を造ることになった。堀の普請には山科言継が関わっており、『言継卿記』には、この案件に関する記事や関連文書の写が載せられている[25]。それによると、朝廷では御所周辺の六町に命じて堀の普請を行わせることとし、三月二三日、開削が始まった。しかし、六町の町人はすでに細川京兆家の下知によって別の堀普請に従事しており、翌二四日、波々伯部元継によって朝廷御所の堀の開削は中止させられた。そのため、堀普請を担当していた細川晴元内衆の内藤国貞と波々伯部元継に許可を求めたが、同時に普請を行うことはできないので朝廷の普請はしばらく待つべきであるとして、承知しなかった。

そこで、三月二六日、言継が参内して後奈良天皇に現状を披露したところ、三条西公条・万里小路秀房と相談するよう命じられた。言継は両人のもとへ出向いて相談し、幕府へ訴えるのが適切であるという結論に達したので、再び参内してその旨を披露し、同日付・広橋兼秀宛で六町の普請を免除するよう足利義晴へ伝えることを命じた女房奉書が長橋局によって作成された。

しかし、義晴は政情不安によって近江国桑実寺に滞在しており、広橋兼秀が近江に下向したのは五月三日であった。幕府の下知が出ず事態が進展しないので、言継から摂津国芥川城にいる細川晴元内衆の古津元幸・第十帯刀左衛門尉の両人に対して書状を出すことになり、四月二四日付の書状が翌二五日、両人のもとへ届けられた。言継書状では、朝廷の堀普請に対し、六町の町人を動員している内藤国貞・波々伯部元継が細川晴元の下知と称して承知しないことを後奈良天皇の意向に反する行為だとして非難し、近日中に幕府にも訴えると幕府を持ち出して牽制しつつ、六町の普請免除と晴元への取りなしを求めている。四月二九日、古津元幸からの返事があったが、それとともに送られてきたのが次の細川晴元家奉行人、茨木長隆による二通の奉書である。

【史料五】『言継卿記』天文三年四月二九日条

廿九日、乙丑、天晴、七時分夕立、一、早々従古津(元幸)方先度之堀之事返事有之、堅両人ニ申付云々、第十帯刀左衛

門尉昨夕上洛云々、西専庵へ罷向見参候、内藤(国貞)・波々伯部(元継)両人方、又地下へ六郎(晴元)下知付候、写候了、

為　禁裏御用心、堀之事被仰付洛中一条二町、正親町二町、烏丸、橘辻子町人等処、被相拘之云々、甚不可然、惣堀雖延引、先可専　勅命由、堅可被加下知候也、仍執達如件、

四月廿八日　長隆(茨木)判

内藤(国貞)弾正忠殿

波々伯部(元継)左衛門尉殿

為　禁裏御用心、堀事被仰付洛中一条二町、正親町二町、烏丸、橘辻子等処、有難渋子細云々、太不可然、所詮惣堀雖被延引、先可専　勅命候也、仍執達如件、

四月廿八日　長隆(茨木)判

所々町中

此町へ之下知者不付、予所望候、伏見殿御地之上相除候間、如此候了、(後略)

この奉書では、朝廷が用心のため、堀の普請を洛中の六町へ命じたが応じないことを非難し、惣堀を延期してでも勅命通り朝廷の普請に当たるよう命じている。充所は細川京兆家の堀普請担当者である内藤国貞と波々伯部元継及び普請を行う六町であり、これまでの主張と異なり、細川京兆家が朝廷御所の堀普請の優先を許可している。言継書状の到着から数日で奉書が発給されており、細川京兆家では早急にこの問題への対応を協議し、判断を下したと考えられる。以後、堀普請をめぐる問題は見られず、朝廷御所周辺の堀普請は順調に進められたものと見られる。

朝廷御所の堀普請における細川京兆家奉行人奉書は、朝廷による堀普請の開始→波々伯部元継による中止→細川京兆家内衆との交渉→朝廷での合議→幕府に対する女房奉書の発給→細川京兆家に対する言継書状の発給→細

川京兆家奉行人奉書の発給という経緯で発給された。奉書発給の直接の契機となったのは、朝廷の命を受けた言継の書状である。遵行以外の場合も、細川京兆家奉行人奉書は受益者の要請が契機となって発給されたのである。だが、細川京兆家奉行人奉書を通覧すると、明らかに受益者の要請以外の契機によって発給されたものも見られる。

【史料六】細川高国家奉行人飯尾秀兼奉書(26)（『久我家文書』）

路次之儀、各令警固致忠節者、可有御褒美、若号一揆於物忩者、堅可被処罪科旨、可被下知地下人等之由候也、仍執達如件、

大永六

十二月一日　秀兼（飯尾）（花押）

久我家雑掌

史料六は、路次警固と一揆の禁止を地下人に下知するよう命じた細川高国家奉行人奉書である。大永六年（一五二六）は細川高国家で内紛が起きた時期であり、緊迫した軍事情勢に対応するために出されたものである。だが、軍勢が往来する路次の警固は充所である久我家の利益になるわけではなく、久我家から発給を要請したとは考えられない。路次警固が必要なのは細川京兆家であり、この奉書は細川京兆家側の事情が契機となって発給されたと考えられる。

この他にも、軍勢催促や商業統制など受益者ではなく発給者側の事情が契機となって出されたものがいくつか見られる。細川京兆家奉行人奉書には、受益者の要請を受けて問題解決を図る機能の他に、細川京兆家の命令を通達するという機能が存在したのである。

また、幕府御料所での悪党による放火・殺害事件に対する犯人捜索と誅殺を命じた文明八年（一四七六）一一

月一二日付、細川政元家奉行人の飯尾家兼奉書のように、幕府からの命令の実施を命じたものが見られる(27)。これらは幕府下知を遵行したものであるが、受益者が幕府である点が大きく異なる。ただし、現存するものは御料所関係を中心に若干見られる程度である。

このように、細川京兆家奉行人奉書の発給契機には、受益者の要請、細川京兆家の下知、幕府の下知の三種類が存在した。だが、遵行・単独発給のいずれにおいても、受益者の要請を契機とするものが大半を占めている。細川京兆家奉行人奉書の主要な発給契機は受益者の要請だったのである。

## 二　細川京兆家奉行人奉書の機能

次に、細川京兆家奉行人奉書の具体的な機能について、様式・発給範囲・充所・内容の四点を検討する。ここでは、細川政元・細川高国・細川晴元の奉行人奉書を一覧表にした表2－1・2－2・2－3、様式別にまとめた表2－4、発給対象地域別にまとめた表2－5、受益者別にまとめた表2－6、内容別にまとめた表2－7に基づいて考察する。なお、細川京兆家奉行人奉書の基本的性格については、今谷明氏が分析しているので、その見解についても適宜言及していくことにしたい(28)。

**表2－1**　細川政元家奉行人奉書

| 番号 | 年・月・日 | 書止文言 | 署判 | 充所 | 様式 | 年号 | 形状 | 内容 | 受益者 | 地域 | 出典 |
|---|---|---|---|---|---|---|---|---|---|---|---|
| 1 | 文明5・8・6 | 仍執達如件 | 秀久(花押) | 住持 | 奉書 | 付 | 折紙 | 課役賦課 | 寺社 | 丹波 | 和田寺文書 |
| 2 | 5・8・6 | 仍執達如件 | 秀久(花押) | 内藤□□□ | 奉書 | 付 | 折紙 | 課役賦課 | 寺社 | 丹波 | 和田寺文書 |
| 3 | 5・9・20 | 仍執達如件 | 家兼(花押) | 住持 | 奉書 | 付 | 折紙 | 所帯安堵 | 寺社 | 丹波 | 両足院文書 |
| 4 | (5)・12・8 | 仍執達如件 | 家兼 | 安富新兵衛尉殿 | 奉書 | 無 | (折紙) | 課役賦課 | 寺社 | 摂津 | 東大寺文書 |

| | | | | | | | | | | | |
|---|---|---|---|---|---|---|---|---|---|---|---|
| 5 | 文明8・11・12 | 仍執達如件 | 家兼判 | 内藤備前守殿 | 奉書 | 付 | (折紙) | 検断 | 幕府 | 丹波 | 蜷川家文書 |
| 6 | 8・12・2 | 仍執達如件 | 家兼(花押) | 当社神官中 | 奉書 | 付 | 折紙 | 課役賦課 | 寺社 | 丹波 | 出雲神社文書 |
| 7 | 8・12・2 | 仍執達如件 | 家兼(花押) | 内藤備前守殿 | 奉書 | 付 | 折紙 | 課役賦課 | 寺社 | 丹波 | 出雲神社文書 |
| 8 | 9・9・18 | 仍執達如件 | 家兼有判 | 内藤備前守殿 | 奉書 | 付 | (折紙) | 年貢・公事未進 | 幕府 | 丹波 | 蜷川家文書 |
| 9 | 10・9・23 | 仍執達如件 | 家兼(花押) | 神足孫左衛門尉殿 | 奉書 | 付 | 折紙 | 所帯押領 | 武家 | 山城 | 尊経閣文庫所蔵文書 |
| 10 | 10・10・11 | 仍執達如件 | 元右判 | 伊丹殿 | 奉書 | 付 | 不明 | 課役賦課 | 寺社 | 摂津 | 多聞院日記 |
| 11 | 10・10・11 | 仍執達如件 | 元右判 | (池田殿) | 奉書 | 付 | 不明 | 課役賦課 | 寺社 | 摂津 | 多聞院日記 |
| 12 | 10・10・11 | 仍執達如件 | 元右判 | (薬師寺備後守殿) | 奉書 | 付 | 不明 | 課役賦課 | 寺社 | 摂津 | 多聞院日記 |
| 13 | 10・12・22 | 仍執達如件 | 元右判 | 薬師寺備後守殿 | 奉書 | 付 | 不明 | 所帯押領 | 寺社 | 摂津 | 多聞院日記 |
| 14 | 11・7・18 | 仍執達如件 | 家兼在判 | 香川孫房殿 | 奉書 | 付 | (折紙) | 年貢・公事未進 | 武家 | 讃岐 | 賀茂別雷神社文書 |
| 15 | 11・9・3 | 仍執達如件 | 元右(花押) | 薬師寺備後守殿 | 奉書 | 付 | 折紙 | 所帯押領 | 寺社 | 摂津 | 実相院文書 |
| 16 | 12・12・27 | 仍執達如件 | 秀久(花押) | 多田院雑掌 | 奉書 | 付 | 折紙 | 所帯安堵 | 寺社 | 摂津 | 多田神社文書 |
| 17 | 13・12・5 | 仍執達如件 | 秀久 | 薬師寺備後守殿 | 奉書 | 付 | (折紙) | 所帯押領 | 寺社 | 摂津 | 地蔵院文書 |
| 18 | 14・3・22 | 仍執達如件 | 秀久(花押) | 当院雑掌 | 奉書 | 付 | 折紙 | 所帯安堵 | 寺社 | 摂津 | 多田神社文書 |
| 19 | 14・閏7・6 | 仍執達如件 | 元右 | 内藤備前守殿 | 奉書 | 付 | 不明 | 所帯押領 | 武家 | 丹波 | 東寺文書 |
| 20 | 14・閏7・6 | 仍執達如件 | 元右 | 中沢一族中<br>波々伯部一族中 | 奉書 | 付 | 不明 | 所帯押領 | 武家 | 丹波 | 東寺文書 |
| 21 | 14・閏7・25 | 仍執達如件 | 秀久(花押) | 高橋三郎殿 | 奉書 | 付 | 折紙 | 所帯安堵 | 公家 | 摂津 | 壬生家文書 |
| 22 | 14・8・24 | 仍執達如件 | 元右(花押影) | 新開次郎右衛門尉殿 | 奉書 | 付 | (折紙) | 所帯安堵 | 武家 | 摂津 | 古文書纂 |
| 23 | 14・11・3 | 仍執達如件 | 賢定判 | 薬師寺備後守殿 | 奉書 | 付 | (折紙) | 所帯押領 | 寺社 | 摂津 | 実相院文書 |
| 24 | 14・11・18 | 仍執達如件 | 元右(花押) | 当院住持 | 奉書 | 付 | 折紙 | 所帯押領 | 寺社 | 摂津 | 大徳寺文書 |
| 25 | 14・12・5 | 仍執達如件 | 家兼(花押) | 高尾尾崎坊 | 奉書 | 付 | 折紙 | 課役賦課 | 寺社 | 丹波 | 尊経閣古文書纂 |
| 26 | 14・12・5 | 仍執達如件 | 家兼(花押) | 物部神六殿 | 奉書 | 付 | 折紙 | 課役賦課 | 寺社 | 丹波 | 尊経閣古文書纂 |
| 27 | 14・12・25 | 仍執達如件 | 元右判 | 物部神六殿 | 奉書 | 付 | (折紙) | 所帯押領 | 寺社 | 丹波 | 東文書 |
| 28 | 16・12・29 | 仍執達如件 | 家兼(花押) | 物部神六殿 | 奉書 | 付 | 折紙 | 所帯安堵 | 芸人 | 丹波 | 土佐家文書 |

| | | | | | | | | | | | |
|---|---|---|---|---|---|---|---|---|---|---|---|
| 29 | 17・4・2 | 仍執達如件 | 元右（花押） | 広隆寺雑掌 | 奉書 | 付 | 折紙 | 相論 | 寺社 | 山城<br>丹波 | 広隆寺文書 |
| 30 | 17・11・14 | 仍執達如件 | 家兼（花押） | 摂津守殿<br>薬師寺備後守殿 | 奉書 | 付 | 折紙 | 課役賦課 | 寺社 | 摂津 | 水無瀬神社文書 |
| 31 | 17・12・23 | 仍執達如件 | 家兼判 | 飯尾大和入道殿 | 奉書 | 付 | （竪紙） | 所帯押領 | 武家 | 摂津 | 尊経閣古文書纂 |
| 32 | 18・10・9 | 仍執達如件 | 家兼（花押） | 神足孫左衛門尉殿<br>野田弾正忠殿<br>高橋勘解由左衛門尉殿 | 奉書 | 付 | 折紙 | 所帯押領 | 公家 | 山城 | 久我家文書 |
| 33 | 18・10・9 | 仍執達如件 | 家兼（花押） | 西岡中脉御被官人中 | 奉書 | 付 | 折紙 | 所帯押領 | 公家 | 山城 | 久我家文書 |
| 34 | 18・10・21 | 仍執達如件 | 家兼（花押） | 西岡御被官人中<br>中脉御被官人中<br>横大路御被官人中 | 奉書 | 付 | 折紙 | 所帯押領 | 公家 | 山城 | 久我家文書 |
| 35 | 18・10・21 | 仍執達如件 | 家兼（花押） | 上山城御被官人中 | 奉書 | 付 | 折紙 | 所帯押領 | 公家 | 山城 | 久我家文書 |
| 36 | 長享1・8・13 | 仍執達如件 | 家兼（花押） | 多田院雑掌 | 奉書 | 付 | 折紙 | 課役賦課 | 寺社 | 摂津 | 多田神社文書 |
| 37 | 1・8・17 | 仍執達如件 | 賢兼（花押） | 当院雑掌 | 奉書 | 付 | 折紙 | 課役賦課 | 寺社 | 摂津 | 多田神社文書 |
| 38 | 1・9・30 | 仍執達如件 | 元右在判 | （充所欠） | 奉書 | 付 | 不明 | 所帯押領 | 寺社 | 河内 | 石清水文書 |
| 39 | 1・10・17 | 仍執達如件 | 家兼（花押） | 東寺供僧御中 | 奉書 | 付 | 折紙 | 所帯押領 | 寺社 | 山城 | 東寺百合文書 |
| 40 | 1・12・15 | 仍執達如件 | 家兼（花押） | 薬師寺備後守殿<br>安富与三左衛門尉殿 | 奉書 | 付 | 折紙 | 課役賦課 | 寺社 | 摂津 | 水無瀬神社文書 |
| 41 | 2・4・22 | 仍執達如件 | 斎藤々兵衛元<br>右在判 | 治部少輔殿<br>玄蕃頭殿<br>長塩又四郎殿<br>上原神六殿<br>薬師寺備後守殿<br>薬師寺三郎左衛門尉殿<br>安富新兵衛尉殿<br>一宮修理亮殿<br>香川孫房殿<br>寺町太郎左衛門尉殿 | 奉書 | 付 | 不明 | 検断 | 寺社 | 山城 | 北野社家日記 |

| | | | | | | | | | | | |
|---|---|---|---|---|---|---|---|---|---|---|---|
| | | | | 秋庭備中守殿<br>香河五郎次郎殿<br>同六郎左衛門尉殿 | | | | | | | |
| 42 | 延徳1・8・10 | 仍執達如件 | 貞昭判 | 飯尾長門守殿 | 奉書 | 付 | 不明 | 所帯安堵 | 武家 | 山城 | 真珠庵文書 |
| 43 | 2・2・29 | 仍執達如件 | 貞昭判 | 薬師寺備後守殿 | 奉書 | 付 | 不明 | 所帯安堵 | 寺社 | 摂津 | 北野社家日記 |
| 44 | 2・2・29 | 仍執達如件 | 貞昭判 | 上原神六殿 | 奉書 | 付 | 不明 | 所帯安堵 | 寺社 | 丹波 | 北野社家日記 |
| 45 | 2・8・12 | 仍執達如件 | 家兼(花押) | 長福寺納所禅師 | 奉書 | 付 | 折紙 | 所帯安堵 | 寺社 | 山城 | 長福寺文書 |
| 46 | 2・12・2 | 仍執達如件 | 飯尾長門家兼判 | 小畠弥五郎殿 | 奉書 | 付 | 不明 | 所帯安堵 | 寺社 | 丹波 | 北野社家日記 |
| 47 | 3・6・30 | 仍執達如件 | 家兼(花押) | 当所名主百姓中 | 奉書 | 付 | 折紙 | 所帯押領 | 寺社 | 摂津 | 輯古帖 |
| 48 | 3・11・20 | 仍執達如件 | 家兼(花押) | 当所名主百姓中 | 奉書 | 付 | 折紙 | 所帯押領 | 寺社 | 近江 | 天龍寺文書 |
| 49 | 3・11・20 | 仍執達如件 | 家兼(花押) | 安富筑後守殿 | 奉書 | 付 | 折紙 | 所帯押領 | 寺社 | 近江 | 天龍寺文書 |
| 50 | 3・11・20 | 仍執達如件 | 家兼(花押) | 宝篋院 | 奉書 | 付 | 折紙 | 所帯押領 | 寺社 | 近江 | 天龍寺文書 |
| 51 | 明応1・10・11 | 仍執達如件 | 元右判 | 当所名主沙汰人中 | 奉書 | 付 | 不明 | 所帯押領 | 武家 | 山城 | 久我家文書 |
| 52 | 1・10・12 | 仍執達如件 | 家兼判 | 太田蔵人殿 | 奉書 | 付 | 不明 | 年貢・公事未進 | 寺社 | 丹波 | 北野社家日記 |
| 53 | 1・10・12 | 仍執達如件 | 家兼判 | 当所名主百姓中 | 奉書 | 付 | 不明 | 年貢・公事未進 | 寺社 | 丹波 | 北野社家日記 |
| 54 | 1・10・28 | 仍執達如件 | 家兼判 | 上原左衛門大夫殿 | 奉書 | 付 | 不明 | 所帯安堵 | 寺社 | 丹波 | 北野社家日記 |
| 55 | 1・10・28 | 仍執達如件 | 家兼判 | 当所名主百姓等中 | 奉書 | 付 | 不明 | 所帯安堵 | 寺社 | 丹波 | 北野社家日記 |
| 56 | 3・7・23 | 仍執達如件 | 家兼 | 尼崎地下人中 | 奉書 | 付 | 不明 | 課役賦課 | 寺社 | 摂津 | 東大寺文書 |
| 57 | 3・11・11 | 仍執達如件 | 元右(花押) | 当院雑掌 | 奉書 | 付 | 折紙 | 課役賦課 | 寺社 | 摂津 | 多田神社文書 |
| 58 | 4・6・19 | 仍執達如件 | 元右 | 上原豊前守殿 | 奉書 | 付 | 不明 | 所帯安堵 | 幕府 | 丹波 | 蜷川家文書 |
| 59 | 4・7・3 | 仍執達如件 | 家兼判 | 寒川太郎三郎殿<br>大築但馬殿<br>久世孫大郎殿<br>大藪左近将監殿 | 奉書 | 付 | (折紙) | 所帯押領 | 寺社 | 山城 | 東寺百合文書 |
| 60 | 4・12・22 | 仍執達如件 | 元右(花押) | 塩川彦太郎殿 | 奉書 | 付 | 折紙 | 課役賦課 | 寺社 | 摂津 | 多田神社文書 |
| 61 | 4・12・22 | 仍執達如件 | 元右(花押) | 多田院雑掌 | 奉書 | 付 | 折紙 | 課役賦課 | 寺社 | 摂津 | 多田神社文書 |

| | | | | | | | | | | | |
|---|---|---|---|---|---|---|---|---|---|---|---|
| 62 | 5・閏2・12 | 仍執達如件 | 家兼判 | 当院雑掌 | 奉書 | 付 | （折紙） | 所帯押領 | 寺社 | 山城 | 明王院文書 |
| 63 | 5・8・10 | 仍執達如件 | 元右（花押） | 当所名主沙汰人中 | 奉書 | 付 | 折紙 | 所帯安堵 | 武家 | 山城 | 久我家文書 |
| 64 | 5・10・10 | 仍執達如件 | 家兼（花押） | 当寺雑掌 | 奉書 | 付 | 折紙 | 所帯押領 | 寺社 | 山城 | 善峰寺文書 |
| 65 | 5・10・10 | 仍執達如件 | 家兼（花押） | 当所名主百姓等中 | 奉書 | 付 | 折紙 | 所帯押領 | 寺社 | 山城 | 善峰寺文書 |
| 66 | 6・5・14 | 仍執達如件 | 元右（花押） | 東寺雑掌 | 奉書 | 付 | 折紙 | 相論 | 寺社 | 山城 | 東寺文書 |
| 67 | 6・5・14 | 仍執達如件 | 元右判 | 福地新左衛門尉殿 | 奉書 | 付 | （折紙） | 相論 | 寺社 | 山城 | 東寺文書 |
| 68 | 6・5・14 | 仍執達如件 | 元右判 | 寒川太郎三郎殿<br>大簗但馬殿<br>久世孫大郎殿<br>大藪左近将監殿<br>三鈷寺雑掌 | 奉書 | 付 | （折紙） | 相論 | 寺社 | 山城 | 東寺百合文書 |
| 69 | 6・5・14 | 仍執達如件 | 元右判 | 中脉御被官人中 | 奉書 | 付 | （折紙） | 相論 | 寺社 | 山城 | 東寺文書 |
| 70 | 6・5・14 | 仍執達如件 | 元右判 | 下桂庄名主沙汰人中 | 奉書 | 付 | （折紙） | 相論 | 寺社 | 山城 | 東寺文書 |
| 71 | 6・8・5 | 仍執達如件 | 元右（花押） | 長尾与三左衛門尉殿 | 奉書 | 付 | 折紙 | 所帯安堵 | 武家 | 丹波 | 雨森善四郎氏所蔵文書 |
| 72 | 6・8・21 | 仍執達如件 | 家兼（花押） | 成就院 | 奉書 | 付 | 折紙 | 検断 | 寺社 | 山城 | 成就院文書 |
| 73 | 6・9・7 | 仍執達如件 | 家兼（花押） | 当寺雑掌 | 奉書 | 付 | 折紙 | 所帯押領 | 寺社 | 山城 | 善峰寺文書 |
| 74 | 6・9・7 | 仍執達如件 | 家兼（花押） | 灰方与七殿 | 奉書 | 付 | 折紙 | 所帯押領 | 寺社 | 山城 | 善峰寺文書 |
| 75 | 6・9・7 | 仍執達如件 | 家兼（花押） | 当所名主百姓中 | 奉書 | 付 | 折紙 | 所帯押領 | 寺社 | 山城 | 善峰寺文書 |
| 76 | 6・10・5 | 仍執達如件 | 貞昭（花押） | 真継筑後守殿 | 奉書 | 付 | 折紙 | 所帯安堵 | 武家 | 丹波 | 勧修寺文書 |
| 77 | 6・10・21 | 仍執達如件 | 家兼判 | 当御門跡雑掌 | 奉書 | 付 | 不明 | 所帯安堵 | 寺社 | 山城 | 勧修寺文書（謄写本） |
| 78 | 6・10・21 | 仍執達如件 | 家兼判 | 山科七郷名主沙汰人中 | 奉書 | 付 | 不明 | 所帯安堵 | 寺社 | 山城 | 勧修寺文書（謄写本） |
| 79 | 6・12・30 | 仍執達如件 | 元右 | 多田又三郎殿 | 奉書 | 付 | 不明 | 所帯安堵 | 武家 | 讃岐<br>摂津<br>山城 | 古簡雑纂 |
| 80 | 7・2・1 | 仍執達如件 | 家兼判 | 乙訓郡内国人中<br>郡内名主沙汰人中 | 奉書 | 付 | （折紙） | 課役賦課 | 武家 | 山城 | 東寺百合文書 |

| | | | | | | | | | | | |
|---|---|---|---|---|---|---|---|---|---|---|---|
| 81 | 明応7・2・7 | 仍執達如件 | 家兼在判 | 香西又六殿 | 奉書 | 付 | (折紙) | 課役賦課 | 武家 | 山城 | 建内文書<br>東寺百合文書 |
| 82 | 7・2・7 | 仍執達如件 | 家兼在判 | 郡内名主沙汰人中 | 奉書 | 付 | (折紙) | 課役賦課 | 武家 | 山城 | 東寺百合文書 |
| 83 | 7・2・12 | 仍執達如件 | 秀兼(花押) | 山崎雑掌 | 奉書 | 付 | 折紙 | 課役賦課 | 寺社 | 山城 | 離宮八幡宮文書 |
| 84 | 7・2・12 | 仍執達如件 | 秀兼(花押) | 薬師寺備後守殿<br>長塩弥五郎殿 | 奉書 | 付 | 折紙 | 課役賦課 | 寺社 | 山城 | 離宮八幡宮文書 |
| 85 | 7・6・27 | 仍執達如件 | 家兼(花押) | 当院雑掌 | 奉書 | 付 | 折紙 | 課役賦課 | 寺社 | 山城 | 大徳寺文書 |
| 86 | 7・9・13 | 仍執達如件 | 家兼(花押) | 実相院門跡雑掌 | 奉書 | 付 | 折紙 | 所帯安堵 | 武家 | 山城 | 実相院文書 |
| 87 | 7・11・1 | 仍執達如件 | 家兼在判 | 乙訓郡内国人中 | 奉書 | 付 | (折紙) | 課役賦課 | 武家 | 山城 | 東寺百合文書 |
| 88 | 7・11・6 | 仍執達如件 | 元右判 | 久我殿雑掌 | 奉書 | 付 | 折紙 | 所帯安堵 | 公家 | 山城 | 久我家文書 |
| 89 | 7・11・6 | 仍執達如件 | 元右(花押) | 香西又六殿 | 奉書 | 付 | 折紙 | 所帯安堵 | 公家 | 山城 | 久我家文書 |
| 90 | 7・11・6 | 仍執達如件 | 元右(花押) | 城州中脉御被官人中 | 奉書 | 付 | 折紙 | 所帯安堵 | 公家 | 山城 | 久我家文書 |
| 91 | 7・12・27 | 仍執達如件 | 家兼在判 | 飯尾近江守殿 | 奉書 | 付 | (竪紙) | 所帯押領 | 武家 | 摂津 | 尊経閣古文書纂 |
| 92 | 8・9・13 | 仍執達如件 | 家兼(花押) | 狛孫左衛門尉殿 | 奉書 | 付 | 折紙 | 所帯安堵 | 武家 | 山城 | 小林凱之所蔵文書 |
| 93 | 8・9・20 | 仍執達如件 | 元右判 | 飯尾長門守殿 | 奉書 | 付 | 不明 | 所帯安堵 | 武家 | 山城 | 真珠庵文書 |
| 94 | 8・9・20 | 仍執達如件 | 元右判 | 紫野地下人中 | 奉書 | 付 | 不明 | 所帯安堵 | 武家 | 山城 | 真珠庵文書 |
| 95 | 8・9・20 | 仍執達如件 | 家兼(花押) | (充所欠) | 奉書 | 付 | 折紙 | 所帯安堵 | 寺社 | 山城 | 賀茂別雷神社文書 |
| 96 | 8・9・23 | 仍執達如件 | 家兼在判 | 中脉御被官人中 | 奉書 | 付 | (折紙) | 軍勢催促 | 細川 | 山城 | 東寺百合文書 |
| 97 | (9)・6・1 | 仍執達如件 | (署判欠) | 当寺雑掌 | 奉書 | 無 | (折紙) | 課役賦課 | 寺社 | 山城 | 東寺百合文書 |
| 98 | 9・6・1 | 仍執達如件 | (署判欠) | 当方御被官中 | 奉書 | 付 | (折紙) | 課役賦課 | 寺社 | 山城 | 東寺百合文書 |
| 99 | 9・6・1 | 仍執達如件 | (署判欠) | 久世上下庄名主沙汰人中 | 奉書 | 付 | (折紙) | 課役賦課 | 寺社 | 山城 | 東寺百合文書 |
| 100 | 9・10・14 | 仍執達如件 | 元右(花押) | 当寺雑掌 | 奉書 | 付 | 折紙 | 所帯安堵 | 寺社 | 山城 | 東寺百合文書 |
| 101 | 9・10・14 | 仍執達如件 | 元右(花押) | 当所名主百姓中 | 奉書 | 付 | 折紙 | 所帯安堵 | 寺社 | 山城 | 東寺百合文書 |
| 102 | 9・10・14 | 仍執達如件 | 元右(花押) | 当所名主百姓中 | 奉書 | 付 | 折紙 | 所帯安堵 | 寺社 | 山城 | 東寺文書 |

| | | | | | | | | | | | |
|---|---|---|---|---|---|---|---|---|---|---|---|
| 103 | 9・10・14 | 仍執達如件 | 元右(花押) | 当寺雑掌 | 奉書 | 付 | 折紙 | 課役賦課 | 寺社 | 山城 | 東寺百合文書 |
| 104 | 9・10・14 | 仍執達如件 | 元右(花押) | 当所名主百姓中 | 奉書 | 付 | 折紙 | 課役賦課 | 寺社 | 山城 | 東寺百合文書 |
| 105 | 文亀2・10・7 | 仍執達如件 | 元兼判 | 東寺雑掌 | 奉書 | 付 | (切紙) | 相論 | 寺社 | 山城 | 東寺文書 |
| 106 | 3・2・27 | 仍執達如件 | 元兼在判 | 薬師寺与次殿 | 奉書 | 付 | 不明 | 課役賦課 | 細川 | 摂津 | 雑々日記 |
| 107 | 3・11・10 | 仍執達如件 | 元右(花押) | 寺町石見守殿<br>寺町周防守殿 | 奉書 | 付 | 折紙 | 命令通達 | 細川 | 不明 | 古文書纂 |
| 108 | 永正1・11・22 | 仍執達如件 | 元右(花押) | 九条殿雑掌 | 奉書 | 付 | 折紙 | 課役賦課 | 公家 | 山城 | 九条家文書 |
| 109 | 2・2・24 | 仍執達如件 | 秀兼在判 | 高屋宗右衛門尉殿 | 奉書 | 付 | (折紙) | 所帯安堵 | 武家 | 丹波 | 蜷川家文書 |
| 110 | 2・2・24 | 仍執達如件 | 秀兼(花押) | 片山七郎左衛門尉殿 | 奉書 | 付 | 折紙 | 所帯安堵 | 武家 | 丹波 | 片山家文書 |
| 111 | 2・2・27 | 仍執達如件 | 元右(花押) | 片山助次郎殿 | 奉書 | 付 | 折紙 | 所帯安堵 | 武家 | 丹波 | 丹波片山家文書 |
| 112 | 2・2・27 | 仍執達如件 | 元右(花押) | 内藤亀満丸殿 | 奉書 | 付 | 折紙 | 所帯安堵 | 武家 | 丹波 | 丹波片山家文書 |
| 113 | 2・2・27 | 状如件 | 元右(花押) | 当所名主百姓中 | 書下 | 付 | 折紙 | 所帯安堵 | 武家 | 丹波 | 丹波片山家文書 |
| 114 | 2・2・27 | 仍執達如件 | 元右在判 | 片山助次郎殿 | 奉書 | 付 | (折紙) | 所帯安堵 | 武家 | 丹波 | 丹波片山家文書 |
| 115 | 2・10・3 | 仍執達如件 | 秀兼(花押) | 禅定寺諸侍郡役衆中 | 奉書 | 付 | 折紙 | 軍勢催促 | 細川 | 山城 | 禅定寺文書 |
| 116 | 3・7・24 | 依仰下知如件 | 因幡守三善朝臣在判 | 興福寺幷境内奈良中 | 下知状 | 書下 | 不明 | 禁制 | 寺社 | 大和 | 多聞院日記 |
| 117 | 3・8・6 | 状如件 | 秀兼(花押) | 当所名主百姓中 | 書下 | 付 | 折紙 | 相論 | 芸人 | 丹波 | 土佐家文書 |
| 118 | 3・10・28 | 仍執達如件 | 貞昭(花押) | 土佐形部大輔殿 | 奉書 | 付 | 折紙 | 相論 | 芸人 | 丹波 | 土佐家文書 |
| 119 | 3・12・5 | 仍執達如件 | 在判 | 勧学院 | 奉書 | 付 | (折紙) | 所帯押領 | 寺社 | 摂津 | 宝珠院文書 |
| 120 | 3・12・5 | 仍執達如件 | (署判欠) | 乾長老 | 奉書 | 付 | (折紙) | 所帯押領 | 寺社 | 摂津 | 宝珠院文書 |
| 121 | 4・4・12 | 仍執達如件 | 貞昭(花押) | 名主百姓中 | 奉書 | 付 | 折紙 | 年貢・公事未進 | 芸人 | 丹波 | 土佐家文書 |
| 122 | (年未詳)10・24 | 状如件 | 元右在判 | 勝三とのへ | 書下 | 無 | (折紙) | 命令通達 | 細川 | 山城 | 東寺百合文書 |
| 123 | (年未詳)12・23 | 状如件 | 元右(花押) | 勝三新兵衛殿 | 書下 | 無 | 折紙 | 課役賦課 | 寺社 | 山城 | 東寺百合文書 |

**表2―2　細川高国家奉行人奉書**

| 番号 | 年・月・日 | 書止文言 | 署判 | 充所 | 様式 | 年号 | 形状 | 内容 | 受益者 | 地域 | 出典 |
|---|---|---|---|---|---|---|---|---|---|---|---|
| 1 | 永正5・3・29 | 仍執達如件 | 貞船(花押) | 賀茂社家中 | 奉書 | 付 | 折紙 | 軍勢催促 | 細川 | 山城 | 賀茂別雷神社文書 |
| 2 | 5・7・6 | 仍状如件 | 秀兼(花押) | 当所名主百姓中 | 奉書 | 付 | 折紙 | 所帯安堵 | 公家 | 山城 | 久我家文書 |
| 3 | 5・7・28 | 仍執達如件 | 秀兼判 | 当御門跡雑掌 | 奉書 | 付 | 不明 | 所帯安堵 | 寺社 | 山城等 | 北野神社文書 |
| 4 | 5・8・9 | 仍執達如件 | 貞船(花押) | 当所名主百姓中 | 奉書 | 付 | 折紙 | 所帯押領 | 武家 | 山城 | 賀茂別雷神社文書 |
| 5 | 5・8・26 | 仍執達如件 | 秀兼(花押) | 西岡中脉御被官人中 | 奉書 | 付 | 折紙 | 所帯押領 | 公家 | 山城 | 久我家文書 |
| 6 | 5・8・26 | 仍執達如件 | 秀兼(花押) | 西岡御被官人中 | 奉書 | 付 | 折紙 | 所帯押領 | 公家 | 山城 | 久我家文書 |
| 7 | 5・8・28 | 仍執達如件 | 秀兼(花押) | (充所欠) | 奉書 | 付 | 折紙 | 所帯安堵 | 寺社 | 山城 | 座田文書 |
| 8 | 5・9・9 | 仍状如件 | 貞船(花押) | 当所名主百姓中 | 書下 | 付 | 折紙 | 所帯安堵 | 寺社 | 丹波 | 北野神社文書 |
| 9 | 5・9・23 | 仍状如件 | 秀兼(花押) | 当所名主百姓中 | 書下 | 付 | 折紙 | 所帯押領 | 武家 | 山城 | 賀茂別雷神社文書 |
| 10 | 5・9・23 | 仍執達如件 | 秀兼(花押) | 賀茂社司氏人中 | 奉書 | 付 | 折紙 | 所帯押領 | 武家 | 山城 | 賀茂別雷神社文書 |
| 11 | 5・9・27 | 仍状如件 | 貞船(花押) | 当所名主百姓中 | 書下 | 付 | 折紙 | 所帯安堵 | 寺社 | 山城 | 山科家古文書 |
| 12 | 5・10・18 | 仍状如件 | 貞船(花押) | 当所名主百姓中 | 書下 | 付 | 折紙 | 所帯安堵 | 寺社 | 摂津 | 天龍寺文書 |
| 13 | 5・10・18 | 仍執達如件 | 貞船(花押) | 当院雑掌 | 奉書 | 付 | 折紙 | 所帯安堵 | 寺社 | 摂津 | 天龍寺文書 |
| 14 | 5・10・19 | 仍執達如件 | 貞船(花押) | 当寺雑掌 | 奉書 | 付 | 折紙 | 所帯安堵 | 寺社 | 摂津 | 勝尾寺文書 |
| 15 | 5・10・19 | 仍執達如件 | 貞船(花押) | 薬師寺万徳丸殿 | 奉書 | 付 | 折紙 | 所帯安堵 | 寺社 | 摂津 | 勝尾寺文書 |
| 16 | 5・10・28 | 仍状如件 | 秀兼(花押) | 当所名主百姓中 | 書下 | 付 | 折紙 | 所帯押領 | 武家 | 山城 | 久我家文書 |
| 17 | 5・11・12 | 仍執達如件 | 秀兼(花押) | 当軒 | 奉書 | 付 | 折紙 | 所帯安堵 | 寺社 | 山城 | 塚本文書 |
| 18 | 5・12・28 | 仍執達如件 | 公則(花押) | 当所名主百姓中 | 奉書 | 付 | 折紙 | 所帯押領 | 芸人 | 丹波 | 土佐家文書 |
| 19 | 6・9・20 | 仍執達如件 | 公則(花押) | 当寺納所禅師 | 奉書 | 付 | 折紙 | 所帯安堵 | 寺社 | 山城 | 大徳寺文書 |
| 20 | 6・9・20 | 仍状如件 | 公則(花押) | 当所百姓中 | 書下 | 付 | 折紙 | 所帯安堵 | 寺社 | 山城 | 大徳寺文書 |
| 21 | 6・11・23 | 仍状如件 | 貞船判 | 当所名主百姓中 | 書下 | 付 | (折紙) | 所帯安堵 | 武家 | 山城 | 九条家文書 |
| 22 | 6・12・5 | 仍執達如件 | 貞船(花押) | 内藤彦五郎殿 太田蔵人殿 | 奉書 | 付 | 折紙 | 課役賦課 | 寺社 | 丹波 | 松尾神社文書 |

| | | | | | | | | | | | |
|---|---|---|---|---|---|---|---|---|---|---|---|
| 23 | 6・12・23 | 仍執達如件 | 貞船判 | 松梅院雑掌 | 奉書 | 付 | 不明 | 課役賦課 | 寺社 | 丹波 | 北野社家日記 |
| 24 | 6・12・23 | 仍執達如件 | 貞船判 | （内藤彦五郎殿 太田蔵人殿） | 奉書 | 付 | 不明 | 課役賦課 | 寺社 | 丹波 | 北野社家日記 |
| 25 | 6・12・23 | 仍執達如件 | 貞船判 | （当所名主百姓中） | 奉書 | 付 | 不明 | 課役賦課 | 寺社 | 丹波 | 北野社家日記 |
| 26 | 6・12・24 | 仍執達如件 | 公則（花押） | 寺家雑掌 | 奉書 | 付 | 折紙 | 所帯安堵 | 寺社 | 丹波 | 妙心寺文書 |
| 27 | 6・12・24 | 仍状如件 | 公則（花押） | 当所名主百姓中 | 書下 | 付 | 折紙 | 所帯安堵 | 寺社 | 丹波 | 妙心寺文書 |
| 28 | 7・3・26 | 仍執達如件 | 貞船（花押） | 大山崎惣庄中 | 奉書 | 付 | 折紙 | 商業統制 | 細川 | 山城 | 離宮八幡宮文書 |
| 29 | 7・4・26 | 仍執達如件 | 秀兼判 | 主殿両大夫殿 | 奉書 | 付 | （折紙） | 検断 | 公家 | 山城 | 壬生家文書 |
| 30 | 7・5・28 | 仍執達如件 | 貞船在判 | □□□□中 | 奉書 | 付 | 不明 | 所帯安堵 | 武家 | 山城 | 羽倉文書 |
| 31 | 7・5・28 | 仍執達如件 | 貞船在判 | 目代兵部大輔殿 | 奉書 | 付 | 不明 | 所帯安堵 | 武家 | 山城 | 羽倉文書 |
| 32 | 7・10・19 | 仍執達如件 | 秀兼（花押） | 当社近所諸侍中 | 奉書 | 付 | 折紙 | 所帯押領 | 寺社 | 山城 | 松尾神社文書 |
| 33 | 7・10・20 | 仍執達如件 | 秀兼（花押） | 久我殿雑掌 | 奉書 | 付 | 折紙 | 年貢・公事未進 | 公家 | 山城 | 久我家文書 |
| 34 | 7・10・20 | 仍状如件 | 秀兼（花押） | 当所名主百姓中 | 書下 | 付 | 折紙 | 年貢・公事未進 | 公家 | 山城 | 久我家文書 |
| 35 | 7・10・22 | 仍執達如件 | 秀兼（花押） | 小寺又四郎殿 | 奉書 | 付 | 折紙 | 年貢・公事未進 | 公家 | 山城 | 久我家文書 |
| 36 | 7・12 | 仍執達如件 | 秀兼在判 | 当社一社中 | 奉書 | 付 | 不明 | 検断 | 細川 | 山城 | 松尾神社文書 |
| 37 | 7・12・6 | 仍執達如件 | 秀兼在判 | 天龍寺雑掌 | 奉書 | 付 | 不明 | 検断 | 細川 | 山城 | 松尾神社文書 |
| 38 | 8・4・24 | 仍執達如件 | 貞船（花押） | 当社□□氏人中 | 奉書 | 付 | 折紙 | 所帯安堵 | 寺社 | 山城 | 賀茂別雷神社文書 |
| 39 | 8・4・24 | 仍執達如件 | 貞船（花押） | 当所名主百姓中 | 奉書 | 付 | 折紙 | 所帯安堵 | 寺社 | 山城 | 賀茂別雷神社文書 |
| 40 | 8・7・15 | 仍執達如件 | 秀兼（花押） | 大山崎惣中 | 奉書 | 付 | 折紙 | 命令通達 | 商人 | 山城 | 離宮八幡宮文書 |
| 41 | 8・7・15 | 仍執達如件 | 秀兼（花押） | 大山崎惣中 | 奉書 | 付 | 折紙 | 命令通達 | 商人 | 山城 | 離宮八幡宮文書 |
| 42 | 8・8・20 | 仍執達如件 | 秀兼（花押） | 賀茂社家惣中 | 奉書 | 付 | 折紙 | 軍勢催促 | 細川 | 山城 | 賀茂別雷神社文書 |
| 43 | 8・8・23 | 仍執達如件 | 貞船（花押） | 賀茂惣庄中 | 奉書 | 付 | 折紙 | 軍勢催促 | 細川 | 山城 | 賀茂別雷神社文書 |
| 44 | 8・9・17 | 仍執達如件 | 秀兼在判 | 庄林木工助殿 | 奉書 | 付 | （折紙） | 所帯押領 | 公家 | 山城 | 壬生家文書 |
| 45 | 8・10・2 | 仍執達如件 | 秀綱（花押） | 秋庭備中守殿 太田式部丞殿 | 奉書 | 付 | 折紙 | 所帯安堵 | 寺社 | 摂津 | 天龍寺文書 |

| | | | | | | | | | | | |
|---|---|---|---|---|---|---|---|---|---|---|---|
| 46 | 永正8・11・16 | 仍状如件 | 貞船在判 | 当所名主百姓中 | 書下 | 付 | (折紙) | 年貢・公事未進 | 寺社 | 山城 | 東寺百合文書 |
| 47 | 8・12・21 | 仍執達如件 | 秀兼(花押) | 石井美作守殿 | 奉書 | 付 | 折紙 | 相論 | 武家 | 山城 | 九条家文書 |
| 48 | 8・12・26 | 仍執達如件 | 貞船(花押) | 久我殿御雑掌 | 奉書 | 付 | 折紙 | 年貢・公事未進 | 公家 | 山城 | 久我家文書 |
| 49 | 8・12・26 | 仍執達如件 | 貞船(花押) | 御被官人中 | 奉書 | 付 | 折紙 | 年貢・公事未進 | 公家 | 山城 | 久我家文書 |
| 50 | 8・12・26 | 仍執達如件 | 貞船(花押) | 当所名主百姓中 | 奉書 | 付 | 折紙 | 年貢・公事未進 | 公家 | 山城 | 久我家文書 |
| 51 | 8・12・27 | 仍執達如件 | 貞船判 | 石井雅楽助殿 | 奉書 | 付 | (折紙) | 年貢・公事未進 | 寺社 | 山城 | 九条家文書 |
| 52 | 9・4・26 | 仍執達如件 | 貞船(花押) | 東寺雑掌 | 奉書 | 付 | 折紙 | 所帯安堵 | 武家 | 不明 | 東寺百合文書 |
| 53 | 9・6・9 | 仍執達如件 | 貞船判 | 当坊雑掌 | 奉書 | 付 | (折紙) | 年貢・公事未進 | 寺社 | 山城 | 九条家文書 |
| 54 | 9・6・16 | 仍執達如件 | 貞船判 | 石井美作守殿 | 奉書 | 付 | (折紙) | 年貢・公事未進 | 武家 | 山城 | 九条家文書 |
| 55 | 9・8・9 | 仍執達如件 | 貞船(花押) | □□氏人中 | 奉書 | 付 | 折紙 | 所帯押領 | 武家 | 山城 | 賀茂別雷神社文書 |
| 56 | 9・9・26 | 仍執達如件 | 貞船(花押) | 当所名主沙汰人中 | 奉書 | 付 | 折紙 | 年貢・公事未進 | 寺社 | 山城 | 東寺百合文書 |
| 57 | 9・10・6 | 仍状如件 | 貞船(花押影) | 当所名主百姓中 | 書下 | 付 | (折紙) | 所帯押領 | 寺社 | 山城 | 曇華院殿古文書 |
| 58 | 9・12・10 | 仍執達如件 | 貞船(花押) | 御被官人中 | 奉書 | 付 | 折紙 | 年貢・公事未進 | 公家 | 山城 | 押小路文書 |
| 59 | 10・3・10 | 仍執達如件 | 貞船(花押影) | 森本新五郎殿 | 奉書 | 付 | 不明 | 所帯安堵 | 武家 | 摂津 | 北河原森本文書 |
| 60 | 10・11・9 | 仍執達如件 | 貞船判 | 石井美作守殿 | 奉書 | 付 | (折紙) | 所帯押領 | 武家 | 山城 | 九条家文書 |
| 61 | 10・11・9 | 仍執達如件 | 貞船判 | 石井山城守殿 | 奉書 | 付 | (折紙) | 所帯押領 | 武家 | 山城 | 九条家文書 |
| 62 | (10)・12・13 | 恐々謹言 | 秀綱(花押) | 能勢因幡守殿<br>河原林対馬守殿 | 書状 | 無 | 竪紙 | 課役賦課 | 寺社 | 摂津 | 多田神社文書 |
| 63 | (10)・12・13 | 恐々謹言 | 秀綱(花押) | 塩川千代寿殿 | 書状 | 無 | 折紙 | 課役賦課 | 寺社 | 摂津 | 多田神社文書 |
| 64 | 11・5・5 | 仍執達如件 | 秀兼(花押) | 当院雑掌 | 奉書 | 付 | 折紙 | 課役賦課 | 寺社 | 摂津 | 多田神社文書 |
| 65 | 11・5・5 | 仍執達如件 | 秀兼(花押) | 薬師寺与次殿<br>伊丹兵庫助殿 | 奉書 | 付 | 折紙 | 課役賦課 | 寺社 | 摂津 | 多田神社文書 |
| 66 | 11・11・2 | 仍執達如件 | 秀綱(花押) | 新兵衛頭殿御局 | 奉書 | 付 | 折紙 | 所帯安堵 | 公家 | 山城 | 九条家文書 |
| 67 | 12・5・28 | 仍状如件 | 貞船(花押) | 小山郷百姓中 | 奉書 | 付 | 折紙 | 所帯押領 | 武家 | 山城 | 賀茂別雷神社文書 |
| 68 | 12・5・28 | 仍執達如件 | 貞船在判 | 長塩又四郎殿 | 奉書 | 付 | (折紙) | 所帯押領 | 武家 | 山城 | 賀茂別雷神社文書 |

| | | | | | | | | | | | |
|---|---|---|---|---|---|---|---|---|---|---|---|
| 69 | 12・9・14 | 仍執達如件 | 秀綱判 | 松梅院雑掌 | 奉書 | 付 | 不明 | 課役賦課 | 寺社 | 丹波 | 北野社家日記 |
| 70 | 12・9・14 | 仍執達如件 | 秀綱判 | (香川・内藤彦五郎) | 奉書 | 付 | 不明 | 課役賦課 | 寺社 | 丹波 | 北野社家日記 |
| 71 | 12・9・14 | 仍執達如件 | 秀綱判 | (百姓中) | 奉書 | 付 | 不明 | 課役賦課 | 寺社 | 丹波 | 北野社家日記 |
| 72 | 12・10・10 | 仍執達如件 | 元兼(花押) | 多田院雑掌 | 奉書 | 付 | 折紙 | 課役賦課 | 寺社 | 摂津 | 多田神社文書 |
| 73 | 12・11・2 | 仍執達如件 | 元兼(花押) | 松尾社家雑掌 | 奉書 | 付 | 折紙 | 課役賦課 | 寺社 | 摂津 | 多田神社文書 |
| 74 | (12)・12・5 | 恐々謹言 | 秀綱(花押) | 薬師寺与次殿 田辺孫三郎殿 | 書状 | 無 | 竪紙 | 課役賦課 | 寺社 | 摂津 | 多田神社文書 |
| 75 | (13)・6・12 | 恐々謹言 | 秀綱(花押) | 多田院雑掌 | 書状 | 無 | 竪紙 | 課役賦課 | 寺社 | 摂津 | 多田神社文書 |
| 76 | (13)・6・12 | 恐々謹言 | 秀綱(花押) | 薬師寺与次殿 河原林対馬守殿 | 書状 | 無 | 竪紙 | 課役賦課 | 寺社 | 摂津 | 多田神社文書 |
| 77 | 13・9・17 | 仍執達如件 | 貞船(花押) | 丹州船井庄十一村中 | 奉書 | 付 | 折紙 | 課役賦課 | 寺社 | 丹波 | 北野神社文書 |
| 78 | 13・11・9 | 仍執達如件 | 貞船(花押) | 東寺雑掌 | 奉書 | 付 | 折紙 | 相論 | 武家 | 山城 | 東寺百合文書 |
| 79 | 13・12・23 | 仍執達如件 | 元兼(花押) | (充所欠) | 奉書 | 付 | 折紙 | 所帯安堵 | 寺社 | 摂津 | 玉林院文書 |
| 80 | 14・6・16 | 仍執達如件 | 秀綱(花押) | 賀茂氏人中 | 奉書 | 付 | 折紙 | 所帯押領 | 細川 | 山城 | 賀茂別雷神社文書 |
| 81 | 14・9・7 | 仍執達如件 | 秀兼 | 松梅院 | 奉書 | 付 | 不明 | 課役賦課 | 寺社 | 丹波 | 北野社家引付 |
| 82 | 14・9・7 | 仍執達如件 | 秀兼 | (香川・内藤) | 奉書 | 付 | 不明 | 課役賦課 | 寺社 | 丹波 | 北野社家引付 |
| 83 | 14・12・24 | 仍執達如件 | 秀綱(花押) | 石井河内守殿 | 奉書 | 付 | 折紙 | 年貢・公事未進 | 寺社 | 山城 | 東寺百合文書 |
| 84 | 14・12・24 | 仍執達如件 | 秀綱(花押) | 拝師庄名主百姓中 | 奉書 | 付 | 折紙 | 年貢・公事未進 | 寺社 | 山城 | 東寺百合文書 |
| 85 | 15・3・4 | 仍執達如件 | 秀綱(花押影) | 龍安寺雑掌 | 奉書 | 付 | (折紙) | 所帯押領 | 寺社 | 丹波 | 大雲山誌稿 |
| 86 | 16・5・27 | 仍執達如件 | 貞船(花押) | 摂州武庫郡浜田庄名主沙汰人中 | 奉書 | 付 | 折紙 | 相論 | 武家 | 摂津 | 寺岡文書 |
| 87 | 16・9・5 | 仍執達如件 | 秀綱(花押) | 当所名主中 | 奉書 | 付 | 折紙 | 所帯押領 | 寺社 | 山城 | 鹿王院文書 |
| 88 | 16・9・24 | 仍執達如件 | 秀兼 | □□百姓中 | 奉書 | 付 | 不明 | 所帯安堵 | 武家 | 山城 | 羽倉文書 |
| 89 | 17・4・18 | 仍執達如件 | 元兼(花押) | 賀茂氏人中 | 奉書 | 付 | 折紙 | 軍勢催促 | 細川 | 山城 | 賀茂別雷神社文書 |
| 90 | 17・4・23 | 仍執達如件 | 元兼(花押) | 賀茂氏人中 | 奉書 | 付 | 折紙 | 軍勢催促 | 細川 | 山城 | 賀茂別雷神社文書 |

| | | | | | | | | | | | |
|---|---|---|---|---|---|---|---|---|---|---|---|
| 91 | 永正17・7・11 | 仍執達如件 | 貞船（花押） | 不断光院南僧坊 | 奉書 | 付 | 折紙 | 所帯安堵 | 武家 | 山城 | 九条家文書 |
| 92 | 17・8・21 | 仍執達如件 | 貞船（花押） | 革島勘解由左衛門尉殿 | 奉書 | 付 | 折紙 | 所帯押領 | 武家 | 山城 | 革島文書 |
| 93 | 17・10・6 | 仍執達如件 | 貞船（花押） | 勧修寺門跡雑掌 | 奉書 | 付 | 竪紙 | 年貢・公事未進 | 寺社 | 山城 | 勧修寺文書 |
| 94 | 17・11・20 | 仍執達如件 | 秀兼（花押） | 大山崎惣中 | 奉書 | 付 | 折紙 | 商業統制 | 商人 | 山城 | 離宮八幡宮文書 |
| 95 | 17・12・2 | 仍執達如件 | 秀兼在判 | 西郷諸侍中 | 奉書 | 付 | 不明 | 所帯押領 | 武家 | 摂津 | 壬生家文書 |
| 96 | 17・12・19 | 仍状如件 | 秀兼（花押） | 当所名主百姓中 | 書下 | 付 | 折紙 | 年貢・公事未進 | 細川 | 摂津 | 松尾神社文書 |
| 97 | 17・12・28 | 仍執達如件 | 貞船判 | 不動院雑掌 | 奉書 | 付 | 不明 | 所帯安堵 | 寺社 | 山城 | 華頂要略 |
| 98 | 18・2・26 | 仍執達如件 | 元兼判 | 薬師寺与一殿 | 奉書 | 付 | （折紙） | 年貢・公事未進 | 公家 | 摂津 | 壬生家文書 |
| 99 | 18・2・26 | 仍執達如件 | 元兼判 | 当所名主百姓中 | 奉書 | 付 | （折紙） | 年貢・公事未進 | 公家 | 摂津 | 壬生家文書 |
| 100 | 大永1・10・9 | 仍執達如件 | 秀綱（花押） | 今西殿 | 奉書 | 付 | 折紙 | 課役賦課 | 細川 | 摂津 | 今西文書 |
| 101 | 2・2・23 | 仍執達如件 | 秀兼（花押） | 養徳院雑掌 | 奉書 | 付 | 折紙 | 所帯安堵 | 寺社 | 山城 | 大徳寺文書 |
| 102 | 2・2・23 | 仍状如件 | 秀兼（花押） | 当田地百姓中 | 書下 | 付 | 折紙 | 所帯安堵 | 寺社 | 山城 | 大徳寺文書 |
| 103 | 2・9・10 | 仍執達如件 | 秀兼（花押） | 寺家雑掌 | 奉書 | 付 | 折紙 | 年貢・公事未進 | 寺社 | 山城 | 大徳寺文書 |
| 104 | 2・9・10 | 仍状如件 | 秀兼（花押） | 当地百姓中 | 書下 | 付 | 折紙 | 年貢・公事未進 | 寺社 | 山城 | 大徳寺文書 |
| 105 | 2・9・28 | 仍執達如件 | 貞船判 | 買得人数中 | 奉書 | 付 | （折紙） | 所帯安堵 | 公家 | 山城 | 九条家文書 |
| 106 | 2・9・29 | 仍執達如件 | 秀兼 | 沢村泉千代殿 | 奉書 | 付 | （折紙） | 課役賦課 | 商人 | 山城 | 新田家旧蔵文書 |
| 107 | 2・9・29 | 仍執達如件 | 秀兼 | 今江兵庫助殿 | 奉書 | 付 | （折紙） | 課役賦課 | 商人 | 山城 | 新田家旧蔵文書 |
| 108 | 2・12・10 | 仍執達如件 | 元兼判 | 東寺雑掌 | 奉書 | 付 | （折紙） | 所帯安堵 | 寺社 | 山城 | 東寺百合文書 |
| 109 | 2・12・28 | 仍執達如件 | 元兼（花押） | 小畠新九郎殿 | 奉書 | 付 | 折紙 | 年貢・公事未進 | 公家 | 山城 | 久我家文書 |
| 110 | 2・12・28 | 仍執達如件 | 元兼（花押） | 当所名主百姓中 | 奉書 | 付 | 折紙 | 年貢・公事未進 | 公家 | 山城 | 久我家文書 |
| 111 | 3・4・8 | 仍執達如件 | 秀綱在判 | 沙汰人中 | 奉書 | 付 | （折紙） | 所帯安堵 | 武家 | 近江 | 朽木文書 |
| 112 | （3）・7・3 | 恐々謹言 | 秀綱（花押） | 多田院雑掌 | 書状 | 無 | 竪紙 | 課役賦課 | 寺社 | 摂津 | 多田神社文書 |
| 113 | （3）・7・3 | 恐々謹言 | 秀綱（花押） | 塩川孫太郎殿 | 書状 | 無 | 竪紙 | 課役賦課 | 寺社 | 摂津 | 多田神社文書 |
| 114 | 3・7・10 | 仍状如件 | 秀兼（花押） | 当所名主百姓中 | 書下 | 付 | 折紙 | 所帯安堵 | 公家 | 山城 | 久我家文書 |

| | | | | | | | | | | | |
|---|---|---|---|---|---|---|---|---|---|---|---|
| 115 | 3・9・12 | 仍執達如件 | 秀兼(花押) | 御被官沙汰人中 | 奉書 | 付 | 折紙 | 所帯安堵 | 寺社 | 山城 | 真乗院文書 |
| 116 | 3・9・12 | 仍状如件 | 秀兼(花押) | 当所百姓中 | 書下 | 付 | 折紙 | 所帯安堵 | 寺社 | 山城 | 真乗院文書 |
| 117 | (3)・9・17 | 恐々謹言 | 秀綱(花押) | 多田院雑掌 | 書状 | 無 | 竪紙 | 課役賦課 | 寺社 | 摂津 | 多田神社文書 |
| 118 | (3)・9・17 | 恐々謹言 | 秀綱(花押) | 薬師寺与次殿<br>香川美作守殿 | 書状 | 無 | 竪紙 | 課役賦課 | 寺社 | 摂津 | 多田神社文書 |
| 119 | (3)・9・17 | 恐々謹言 | 秀綱(花押) | 塩川孫太郎殿 | 書状 | 無 | 竪紙 | 課役賦課 | 寺社 | 摂津 | 多田神社文書 |
| 120 | 3・9・17 | 仍執達如件 | 秀綱(花押) | 内藤弾正忠殿 | 奉書 | 付 | 折紙 | 所帯安堵 | 寺社 | 丹波 | 龍潭寺文書 |
| 121 | 3・11・14 | 仍執達如件 | 元兼(花押) | 小畠新九郎殿 | 奉書 | 付 | 折紙 | 年貢・公事未進 | 公家 | 山城 | 久我家文書 |
| 122 | 3・11・14 | 仍執達如件 | 元兼(花押) | 当所名主百姓中 | 奉書 | 付 | 折紙 | 年貢・公事未進 | 公家 | 山城 | 久我家文書 |
| 123 | 3・12・3 | 仍執達如件 | 秀綱(花押) | 土佐左近将監殿 | 奉書 | 付 | 折紙 | 所帯安堵 | 武家 | 丹波 | 土佐家文書 |
| 124 | 3・12・24 | 仍執達如件 | 秀兼(花押) | 当寺住持 | 奉書 | 付 | 折紙 | 所帯押領 | 寺社 | 山城 | 真乗院文書 |
| 125 | 3・12・30 | 仍執達如件 | 秀兼(花押) | 賀茂社氏人中 | 奉書 | 付 | 折紙 | 所帯押領 | 寺社 | 山城 | 賀茂別雷神社文書 |
| 126 | 4・7・5 | 仍執達如件 | 元兼(花押) | 御被官人中 | 奉書 | 付 | 折紙 | 課役賦課 | 細川 | 山城 | 久我家文書 |
| 127 | 4・7・5 | 仍状如件 | 元兼(花押) | 当所名主百姓中 | 書下 | 付 | 折紙 | 課役賦課 | 細川 | 山城 | 久我家文書 |
| 128 | 4・12・29 | 仍執達如件 | 秀兼(花押) | 大山崎神人中 | 奉書 | 付 | 折紙 | 課役賦課 | 商人 | 山城 | 離宮八幡宮文書 |
| 129 | 5・8・25 | 仍執達如件 | 元兼(花押) | 松梅院 | 奉書 | 付 | 折紙 | 課役賦課 | 寺社 | 丹波 | 北野神社文書 |
| 130 | 5・8・25 | 仍執達如件 | 元兼(花押) | 内藤弾正忠殿<br>中沢越前守殿<br>石田四郎兵衛尉殿 | 奉書 | 付 | 折紙 | 課役賦課 | 寺社 | 丹波 | 北野神社文書 |
| 131 | 6・4・5 | 仍執達如件 | 元兼(花押) | 当社正祝殿 | 奉書 | 付 | 切紙 | 所帯押領 | 寺社 | 和泉 | 三浦周行所蔵文書 |
| 132 | 6・4・5 | 仍執達如件 | 元兼(花押) | 鳥取弾正忠殿 | 奉書 | 付 | 折紙 | 所帯押領 | 寺社 | 和泉 | 三浦周行所蔵文書 |
| 133 | 6・4・5 | 仍状如件 | 元兼(花押) | 当所名主百姓中 | 書下 | 付 | 折紙 | 所帯押領 | 寺社 | 和泉 | 三浦周行所蔵文書 |
| 134 | 6・11・9 | 仍状如件 | 貞船(花押) | 当所名主百姓中 | 書下 | 付 | 折紙 | 所帯安堵 | 武家 | 丹波 | 小畠文書 |
| 135 | 6・12・1 | 仍執達如件 | 秀兼(花押) | 久我家雑掌 | 奉書 | 付 | 折紙 | 軍勢催促 | 細川 | 山城 | 久我家文書 |
| 136 | 7・2・5 | 仍執達如件 | 貞船判 | 佐藤次郎殿 | 奉書 | 付 | 不明 | 軍勢催促 | 武家 | 山城 | 大永七年雑記 |
| 137 | 7・2・5 | 仍執達如件 | 貞船判 | 河原崎藤五殿 | 奉書 | 付 | 不明 | 軍勢催促 | 武家 | 山城 | 大永七年雑記 |

| | | | | | | | | | | | |
|---|---|---|---|---|---|---|---|---|---|---|---|
| 138 | 大永7・2・5 | 仍執達如件 | 貞船判 | 淀六郷船方中 | 奉書 | 付 | 不明 | 軍勢催促 | 武家 | 山城 | 大永七年雑記 |
| 139 | 7・2・5 | 仍執達如件 | 貞船判 | 淀六郷惣中 | 奉書 | 付 | 不明 | 軍勢催促 | 武家 | 山城 | 大永七年雑記 |
| 140 | 7・2・5 | 仍執達如件 | 貞船判 | 河原崎石見入道殿 | 奉書 | 付 | 不明 | 軍勢催促 | 武家 | 山城 | 大永七年雑記 |
| 141 | 7・10・28 | 仍下知如件 | 越前守源朝臣(花押) | 吉祥院庄 | 下知状 | 書下 | 竪紙 | 禁制 | 在地 | 山城 | 三浦周行所蔵文書 |
| 142 | 享禄4・3・21 | 仍下知如件 | 前越前守(花押) | 広瀬地下中 | 下知状 | 書下 | 竪紙 | 禁制 | 在地 | 摂津 | 水無瀬神社文書 |
| 143 | (年未詳)12・7 | 仍状如件 | 貞船判 | 当所名主百姓中 | 書下 | 付 | (折紙) | 所帯押領 | 武家 | 山城 | 東寺百合文書 |
| 144 | (年未詳)□1・晦日 | 仍執達如件 | 秀綱(花押) | 当寺雑掌 | 奉書 | 付 | 折紙 | 年貢・公事未進 | 寺社 | 山城 | 東寺百合文書 |
| 145 | (年未詳)□1・晦日 | 仍執達如件 | 秀綱(花押) | 久世太郎左衛門尉殿 | 奉書 | 付 | 折紙 | 年貢・公事未進 | 寺社 | 山城 | 東寺百合文書 |
| 146 | (年未詳)□1・晦日 | 仍状如件 | 秀綱(花押) | 当所名主百姓中 | 書下 | 付 | 折紙 | 年貢・公事未進 | 寺社 | 山城 | 東寺百合文書 |

## 表2−3 細川晴元家奉行人奉書

| 番号 | 年・月・日 | 書止文言 | 署判 | 充所 | 様式 | 年号 | 形状 | 内容 | 受益者 | 地域 | 出典 |
|---|---|---|---|---|---|---|---|---|---|---|---|
| 1 | 大永7・4・12 | 状如件 | 長隆判 | 城州八幡地下中 | 書下 | 付 | 不明 | 命令通達 | 細川 | 山城 | 大永七年雑記 |
| 2 | 7・8・13 | 仍執達如件 | 長隆(花押) | 東寺雑掌 | 奉書 | 付 | 折紙 | 所帯安堵 | 寺社 | 山城 | 東寺百合文書 |
| 3 | 7・8・13 | 仍執達如件 | 長隆判 | 寒河千代市殿 | 奉書 | 付 | (折紙) | 所帯安堵 | 寺社 | 山城 | 東寺百合文書 |
| 4 | 7・8・13 | 仍状如件 | 長隆(花押) | 当所名主百姓中 | 書下 | 付 | 折紙 | 所帯安堵 | 寺社 | 山城 | 東寺百合文書 |
| 5 | 7・10・27 | 仍執達如件 | 元運(花押) | 秋山幸久丸殿 | 奉書 | 付 | 折紙 | 所帯安堵 | 武家 | 讃岐 | 秋山家文書 |
| 6 | 7・10・27 | 仍執達如件 | 元運(花押) | 当所名主百姓中 | 奉書 | 付 | 折紙 | 所帯安堵 | 武家 | 讃岐 | 秋山家文書 |
| 7 | 8・5・25 | 仍執達如件 | 左衛門尉三善<br>元運(花押) | 遍照心院 | 奉書 | 書下 | 竪紙 | 禁制 | 寺社 | 山城 | 大通寺文書 |
| 8 | 8・6・24 | 仍執達如件 | 元運 | 当所名主百姓中 | 奉書 | 付 | 不明 | 所帯安堵 | 武家 | 丹波 | 前田家所蔵文書 |
| 9 | 8・7・28 | 仍執達如件 | 長隆(花押) | 密乗院 | 奉書 | 付 | 折紙 | 所帯安堵 | 寺社 | 山城 | 勧修寺文書 |
| 10 | 8・8・15 | 仍執達如件 | 元運(花押) | 伊勢守殿 | 奉書 | 付 | 折紙 | 所帯押領 | 武家 | 丹波 | 蜷川家文書 |
| 11 | 享禄1・9・5 | 仍執達如件 | 長隆判 | 秋岡殿 | 奉書 | 付 | (小切紙) | 所帯押領 | 寺社 | 山城 | 勧修寺文書 |

| | | | | | | | | | | | |
|---|---|---|---|---|---|---|---|---|---|---|---|
| 12 | 1・9・13 | 仍執達如件 | 長隆（花押） | 西林院 | 奉書 | 付 | 折紙 | 所帯安堵 | 寺社 | 山城 | 勧修寺文書 |
| 13 | 1・9・13 | 仍執達如件 | 長隆判 | 秋岡孫三郎殿 | 奉書 | 付 | （小切紙） | 所帯押領 | 寺社 | 山城 | 勧修寺文書 |
| 14 | 1・9・26 | 仍執達如件 | 長隆 | 諸検校中 | 奉書 | 無 | 不明 | 所帯安堵 | 芸人 | 山城 | 座中天文記 |
| 15 | 1・9・26 | 仍執達如件 | 元運（花押） | 妙心寺 | 奉書 | 付 | 折紙 | 所帯安堵 | 寺社 | 山城 | 妙心寺文書 |
| 16 | 1・閏9・13 | 仍執達如件 | 長隆（花押） | 鹿王院雑掌 | 奉書 | 付 | 折紙 | 所帯安堵 | 寺社 | 山城 丹波 | 鹿王院文書 |
| 17 | 1・10・3 | 仍執達如件 | 元運判 | 住持 | 奉書 | 付 | 不明 | 所帯安堵 | 寺社 | 摂津 | 大徳寺文書 |
| 18 | 1・10・3 | 仍執達如件 | 元運 | 薬師寺三郎左衛門尉殿 | 奉書 | 付 | 不明 | 所帯安堵 | 寺社 | 摂津 | 大徳寺文書 |
| 19 | 1・10・5 | 仍執達如件 | 長隆判 | 寒河千代市丸殿 | 奉書 | 付 | （折紙） | 所帯押領 | 寺社 | 山城 | 東寺百合文書 |
| 20 | 1・10・5 | 仍執達如件 | 長隆（花押） | 三好筑前守殿 | 奉書 | 付 | 折紙 | 所帯押領 | 寺社 | 山城 | 高山寺文書 |
| 21 | 1・10・5 | 状如件 | 長隆（花押） | 当所名主百姓中 | 書下 | 付 | 折紙 | 所帯押領 | 寺社 | 山城 | 東寺百合文書 |
| 22 | 1・10・6 | 仍執達如件 | 為清（花押） | 当院雑掌 | 奉書 | 付 | 折紙 | 所帯押領 | 寺社 | 山城 | 二尊院文書 |
| 23 | 1・10・10 | 仍執達如件 | 為清（花押） | 当所名主百姓中 | 奉書 | 付 | 折紙 | 所帯押領 | 寺社 | 山城 | 泉涌寺文書 |
| 24 | 1・10・26 | 仍執達如件 | 元運在判 | 西九条幷所々名主百姓中 | 奉書 | 付 | （折紙） | 所帯安堵 | 寺社 | 山城 | 東寺百合文書 |
| 25 | 1・11・3 | 仍執達如件 | 元運（花押） | 当所名主百姓中 | 奉書 | 付 | 折紙 | 所帯安堵 | 寺社 | 山城 | 実相院文書 |
| 26 | 1・11・6 | 仍執達如件 | 元運（花押） | 大雲寺寺僧中 | 奉書 | 付 | 折紙 | 所帯安堵 | 寺社 | 山城 | 実相院文書 |
| 27 | 1・12・3 | 状如件 | 長隆判 | 当所名主百姓中 | 書下 | 付 | （切紙） | 所帯押領 | 寺社 | 山城 | 勧修寺文書 |
| 28 | 1・12・3 | 状如件 | 長隆判 | 当所名主百姓中 | 書下 | 付 | （切紙） | 所帯押領 | 寺社 | 山城 | 勧修寺文書 |
| 29 | 1・12・14 | 仍執達如件 | 元運（花押） | 当院住持 | 奉書 | 付 | 折紙 | 所帯安堵 | 寺社 | 山城 | 両足院文書 |
| 30 | 1・12・24 | 仍執達如件 | 元運在判 | 当所名主百姓中 | 奉書 | 付 | 不明 | 所帯安堵 | 寺社 | 山城 | 真珠庵文書 |
| 31 | 1・12・24 | 仍執達如件 | 為清（花押） | 多田院雑掌 | 奉書 | 付 | 折紙 | 課役賦課 | 寺社 | 摂津 | 多田神社文書 |
| 32 | 1・12・24 | 仍執達如件 | 為清（花押） | 可竹軒代 薬師寺三郎左衛門尉代 | 奉書 | 付 | 折紙 | 課役賦課 | 寺社 | 摂津 | 多田神社文書 |
| 33 | 2・2・26 | 仍執達如件 | 元運（花押） | 井関兵部卿殿 | 奉書 | 付 | 折紙 | 所帯押領 | 寺社 | 山城 | 井関文書 |
| 34 | 2・3・13 | 仍執達如件 | 元運判 | 上下京米屋中 | 奉書 | 付 | （折紙） | 年貢・公事未進 | 幕府 | 丹波 | 蜷川家文書 |

| | | | | | | | | | | | |
|---|---|---|---|---|---|---|---|---|---|---|---|
| 35 | 享禄2・5・3 | 仍執達如件 | 元運判 | 当所名主百姓中 | 奉書 | 付 | (折紙) | 所帯安堵 | 寺社 | 山城 | 東寺百合文書 |
| 36 | 2・9・6 | 仍状如件 | 長隆 | 当所名主百姓中 | 書下 | 付 | (折紙) | 所帯押領 | 武家 | 山城 | 東寺百合文書 |
| 37 | 2・9・26 | 仍執達如件 | 元運(花押) | 東寺院家中 | 奉書 | 付 | 折紙 | 所帯安堵 | 武家 | 山城 | 東寺文書 |
| 38 | 2・10・12 | 仍執達如件 | 元運(花押) | 東寺院家中 | 奉書 | 付 | 折紙 | 所帯押領 | 武家 | 山城 | 東寺文書 |
| 39 | 2・10・12 | 仍執達如件 | 元運在判 | 雲居庵 | 奉書 | 付 | (折紙) | 所帯安堵 | 寺社 | 丹波 | 天龍寺文書 |
| 40 | 2・10・16 | 仍執達如件 | 為清(花押) | 緒方又三郎殿 | 奉書 | 付 | 折紙 | 所帯押領 | 寺社 | 山城 | 泉涌寺文書 |
| 41 | 2・10・21 | 由候也 | 長隆在判 | 当所名主百姓中 | 書下 | 付 | (折紙) | 所帯押領 | 武家 | 山城 | 東寺百合文書 |
| 42 | 2・10・26 | 仍執達如件 | 元運(花押) | 賀茂社家雑掌 | 奉書 | 付 | 折紙 | 所帯押領 | 武家 | 山城 | 賀茂別雷神社文書 |
| 43 | 2・10・30 | 仍状如件 | 長隆在判 | 当所名主百姓中 | 書下 | 付 | (折紙) | 所帯押領 | 武家 | 山城 | 東寺百合文書 |
| 44 | 2・11・15 | 仍執達如件 | 元運(花押) | 当所名主百姓中 | 奉書 | 付 | 折紙 | 所帯押領 | 寺社 | 山城 | 実相院文書 |
| 45 | 2・12・6 | 仍執達如件 | 元運(花押) | 実相院御門跡雑掌 | 奉書 | 付 | 折紙 | 所帯押領 | 寺社 | 山城 | 実相院文書 |
| 46 | 2・12・6 | 仍執達如件 | 元運判 | 東福寺雑掌 | 奉書 | 付 | (折紙) | 相論 | 寺社 | 山城 | 九条家文書 |
| 47 | 3・7・3 | 仍執達如件 | 元運判 | 所々名主百姓中 | 奉書 | 付 | (折紙) | 命令通達 | 細川 | 山城等 | 勧修寺文書 |
| 48 | 3・7・19 | 仍執達如件 | 元運判 | 当□名主百姓中 | 奉書 | 付 | (折紙) | 所帯押領 | 寺社 | 山城 | 東寺百合文書 |
| 49 | 3・9・16 | 仍執達如件 | 長隆判 | 東寺々僧御中 | 奉書 | 付 | (折紙) | 年貢・公事未進 | 武家 | 山城 | 東寺百合文書 |
| 50 | 3・10・9 | 仍執達如件 | 元運(花押) | 当所名主百姓中 | 奉書 | 付 | 折紙 | 所帯押領 | 寺社 | 山城 | 実相院文書 |
| 51 | 3・10・17 | 仍執達如件 | 長隆(花押) | 当寺雑掌 | 奉書 | 付 | 折紙 | 所帯安堵 | 寺社 | 山城 | 東寺百合文書 |
| 52 | 3・10・17 | 状如件 | 長隆(花押) | 当所名主百姓中 | 書下 | 付 | 折紙 | 所帯安堵 | 寺社 | 山城 | 東寺百合文書 |
| 53 | 3・10・21 | 仍執達如件 | 長隆(花押) | 東寺雑掌 | 奉書 | 付 | 折紙 | 所帯押領 | 武家 | 山城 | 東寺文書 |
| 54 | 3・10・21 | 状如件 | 長隆在判 | 当所名主百姓中 | 書下 | 付 | (折紙) | 所帯押領 | 武家 | 山城 | 東寺百合文書 |
| 55 | 3・10・22 | 状如件 | 長隆在判 | 当所名主百姓中 | 書下 | 付 | (折紙) | 所帯押領 | 武家 | 山城 | 東寺百合文書 |
| 56 | 3・10・26 | 仍執達如件 | 元運(花押) | 賀茂社家中 | 奉書 | 付 | 折紙 | 軍勢催促 | 細川 | 山城 | 早稲田大学荻野研究室所蔵文書 |
| 57 | 3・12・20 | 仍状如件 | 為清(花押) | 所々百姓中 | 書下 | 付 | 折紙 | 所帯押領 | 寺社 | 山城 | 泉涌寺文書 |
| 58 | 4・7・3 | 仍執達如件 | 為清(花押) | 当所名主百姓中 | 奉書 | 付 | 折紙 | 所帯押領 | 武家 | 山城 | 山科家古文書 |

| | | | | | | | | | | |
|---|---|---|---|---|---|---|---|---|---|---|
| 59 | 4・7・18 | 仍執達如件 | 元運在判 | 当所名主百姓中 | 奉書 | 付 | (折紙) | 年貢・公事未進 | 武家 | 山城 | 壬生家文書 |
| 60 | 4・8・16 | 仍執達如件 | 長隆(花押) | 龍翔寺雑掌 | 奉書 | 付 | 折紙 | 所帯安堵 | 寺社 | 山城 | 大徳寺文書 |
| 61 | 4・8・16 | 仍状如件 | 長隆(花押) | 所々名主百姓中 | 書下 | 付 | 折紙 | 所帯安堵 | 寺社 | 山城 | 大徳寺文書 |
| 62 | 4・8・17 | 仍執達如件 | 元運(花押) | 遍照心院雑掌 | 奉書 | 付 | 折紙 | 所帯安堵 | 寺社 | 山城 | 大通寺文書 |
| 63 | 4・9・7 | 仍執達如件 | 元運(花押) | 当所名主百姓中 | 奉書 | 付 | 折紙 | 所帯安堵 | 武家 | 山城 | 大徳寺文書 |
| 64 | 4・9・27 | 仍執達如件 | 為清(花押) | 当寺雑掌 | 奉書 | 付 | 折紙 | 所帯安堵 | 寺社 | 山城 | 広隆寺文書 |
| 65 | 4・9・27 | 仍執達如件 | 為清(花押) | 当所名主百姓中 | 奉書 | 付 | 折紙 | 所帯安堵 | 寺社 | 山城 | 広隆寺文書 |
| 66 | 4・10・10 | 仍執達如件 | 元運(花押影) | 山門使節中 | 奉書 | 付 | 不明 | 所帯安堵 | 寺社 | 近江 | 華頂要略 |
| 67 | 4・10・13 | 仍執達如件 | 長隆(花押) | 東寺雑掌 | 奉書 | 付 | 折紙 | 所帯押領 | 武家 | 山城 | 東寺百合文書 |
| 68 | 4・10・13 | 状如件 | 長隆在判 | 当所名主百姓中 | 書下 | 付 | (折紙) | 所帯押領 | 武家 | 山城 | 東寺百合文書 |
| 69 | 4・10・19 | 仍執達如件 | 為清(花押) | 九条内名主百姓中 | 奉書 | 付 | 折紙 | 所帯押領 | 寺社 | 山城 | 泉涌寺文書 |
| 70 | 4・10・27 | 仍執達如件 | 元運判 | 当所名主百姓中 | 奉書 | 無 | (折紙) | 年貢・公事未進 | 武家 | 山城 | 教王護国寺文書 |
| 71 | 4・10・28 | 仍執達如件 | 元運(花押) | 寺家雑掌 | 奉書 | 付 | 折紙 | 所帯安堵 | 寺社 | 山城 | 大徳寺文書 |
| 72 | 4・10・28 | 仍執達如件 | 元運(花押) | 当地百姓中 | 奉書 | 付 | 折紙 | 所帯安堵 | 寺社 | 山城 | 大徳寺文書 |
| 73 | 4・12・23 | 仍執達如件 | 元運(花押) | 当所名主百姓中 | 奉書 | 付 | 折紙 | 所帯安堵 | 寺社 | 山城 | 山科家古文書 |
| 74 | 4・12・28 | 仍執達如件 | 元運(花押) | 徳隣庵 | 奉書 | 付 | 折紙 | 所帯安堵 | 寺社 | 山城 | 前田家所蔵文書 |
| 75 | 4・12・28 | 仍執達如件 | 元運(花押) | 当所名主百姓中 | 奉書 | 付 | 折紙 | 所帯安堵 | 寺社 | 山城 | 前田家所蔵文書 |
| 76 | 5・8・2 | 仍執達如件 | 長隆(花押) | 念仏寺 | 奉書 | 付 | 折紙 | 軍勢催促 | 細川 | 和泉 | 開口神社文書 |
| 77 | 天文1・9・26 | 仍執達如件 | 元運(花押) | 東寺雑掌 | 奉書 | 付 | 折紙 | 所帯安堵 | 寺社 | 山城 | 東寺百合文書 |
| 78 | 1・10・13 | 仍執達如件 | 元運(花押) | 吉田忠兵衛尉殿 | 奉書 | 付 | 折紙 | 所帯押領 | 武家 | 山城 | 山科家古文書 |
| 79 | 1・10・16 | 仍執達如件 | 長隆判 | 奉公衆御中 | 奉書 | 付 | (切紙) | 命令通達 | 細川 | 山城 摂津 丹波 | 近衛家文書 |
| 80 | 1・11・12 | 仍執達如件 | 長隆(花押) | 円満院御門跡雑掌 | 奉書 | 付 | 折紙 | 所帯安堵 | 寺社 | 山城 | 円満院文書 |
| 81 | 1・11・13 | 仍執達如件 | 長隆在判 | 高畠与十郎殿 | 奉書 | 付 | 不明 | 命令通達 | 細川 | 山城 | 経厚法印記 |

| | | | | | | | | | | | |
|---|---|---|---|---|---|---|---|---|---|---|---|
| 82 | 天文1・12・17 | 仍執達如件 | 元運（花押） | 寒河越前守殿 | 奉書 | 付 | 折紙 | 所帯安堵 | 寺社 | 山城 | 東寺百合文書 |
| 83 | 2・7・29 | 仍執達如件 | 長隆（花押） | 大徳寺雑掌 | 奉書 | 付 | 折紙 | 課役賦課 | 寺社 | 山城 | 大徳寺文書 |
| 84 | 2・8・9 | 仍執達如件 | 元運（花押） | 福家五郎左衛門尉殿 | 奉書 | 付 | 折紙 | 年貢・公事未進 | 寺社 | 山城 | 東寺文書 |
| 85 | 2・8・9 | 仍状如件 | 元運（花押） | 当所名主百姓中 | 書下 | 付 | 折紙 | 年貢・公事未進 | 寺社 | 山城 | 東寺百合文書 |
| 86 | 2・9・7 | 仍執達如件 | 長隆判 | 山科内蔵頭家雑掌 | 奉書 | 付 | 不明 | 年貢・公事未進 | 公家 | 山城 | 言継卿記 |
| 87 | 2・9・7 | 状如件 | 長隆判 | 山科七郷沙汰人中 | 書下 | 付 | 不明 | 年貢・公事未進 | 公家 | 山城 | 言継卿記 |
| 88 | 2・9・7 | 状如件 | 長隆判 | 当所名主百姓中 | 書下 | 付 | 不明 | 年貢・公事未進 | 公家 | 山城 | 言継卿記 |
| 89 | 2・9・24 | 仍状如件 | 元運（花押） | 当所名主百姓中 | 書下 | 付 | 折紙 | 所帯押領 | 寺社 | 山城 | 清閑寺文書 |
| 90 | 2・10・1 | 仍執達如件 | 元運（花押） | 南禅寺真乗院住持 | 奉書 | 付 | 折紙 | 所帯安堵 | 寺社 | 山城 | 真乗院文書 |
| 91 | 2・10・1 | 仍状如件 | 元運（花押） | 当所名主百姓中 | 書下 | 付 | 折紙 | 所帯安堵 | 寺社 | 山城 | 真乗院文書 |
| 92 | 2・10・12 | 仍執達如件 | 元運（花押） | □□氏人中 | 奉書 | 付 | 折紙 | 所帯押領 | 寺社 | 山城 | 早稲田大学荻野研究室所蔵文書 |
| 93 | 2・10・19 | 仍執達如件 | 元運（花押） | 当所名主百姓中 | 奉書 | 付 | 折紙 | 所帯安堵 | 寺社 | 山城 | 法金剛院文書 |
| 94 | 2・10・20 | 仍執達如件 | 長隆（花押） | 当院住持 | 奉書 | 付 | 折紙 | 所帯安堵 | 寺社 | 山城 | 勧修寺文書 |
| 95 | 2・10・20 | 状如件 | 長隆判 | 当所名主百姓中 | 書下 | 付 | （折紙） | 所帯安堵 | 寺社 | 山城 | 勧修寺文書 |
| 96 | 2・10・22 | 仍状如件 | 元運（花押） | 当所名主百姓中 | 書下 | 付 | 折紙 | 年貢・公事未進 | 寺社 | 山城 | 東寺百合文書 |
| 97 | 2・10・22 | 仍執達如件 | 元運（花押） | 福家五郎左衛門尉殿 | 奉書 | 付 | 折紙 | 年貢・公事未進 | 寺社 | 山城 | 東寺百合文書 |
| 98 | 2・10・24 | 仍状如件 | 元運（花押） | 当所名主百姓中 | 書下 | 付 | 折紙 | 所帯押領 | 寺社 | 山城 | 清閑寺文書 |
| 99 | 2・10・24 | 状如件 | 長隆（花押） | 当所名主百姓中 | 書下 | 付 | 折紙 | 所帯安堵 | 寺社 | 山城 | 勧修寺文書 |
| 100 | 2・10・24 | 状如件 | 長隆（花押） | 当所名主百姓中 | 書下 | 付 | 折紙 | 所帯安堵 | 寺社 | 山城 | 勧修寺文書 |
| 101 | 2・10・28 | 仍執達如件 | 長隆（花押） | 当寺雑掌 | 奉書 | 付 | 折紙 | 所帯安堵 | 寺社 | 山城 | 大徳寺文書 |
| 102 | 2・10・28 | 仍状如件 | 長隆（花押） | 所々名主百姓中 | 書下 | 付 | 折紙 | 所帯安堵 | 寺社 | 山城 | 大徳寺文書 |
| 103 | 2・11・2 | 仍執達如件 | 長隆（花押） | 紫野大僊院雑掌 | 奉書 | 付 | 折紙 | 所帯安堵 | 寺社 | 山城 | 大徳寺文書 |
| 104 | 2・11・14 | 仍執達如件 | 長隆（花押） | 東寺雑掌 | 奉書 | 付 | 折紙 | 所帯押領 | 武家 | 山城 | 東寺百合文書 |
| 105 | 2・12・28 | 仍状如件 | 元運（花押） | 当所名主百姓中 | 書下 | 付 | 折紙 | 年貢・公事未進 | 寺社 | 山城 | 真乗院文書 |

| | | | | | | | | | | | |
|---|---|---|---|---|---|---|---|---|---|---|---|
| 106 | 3・1・28 | 仍執達如件 | 長隆(花押) | 当寺 | 奉書 | 付 | 折紙 | 課役賦課 | 寺社 | 和泉 | 開口神社文書 |
| 107 | 3・1・28 | 仍執達如件 | 長隆(花押) | 香西与四郎殿 | 奉書 | 付 | 折紙 | 課役賦課 | 寺社 | 和泉 | 開口神社文書 |
| 108 | 3・1・28 | 仍状如件 | 長隆(花押) | 所々名主百姓中 | 書下 | 付 | 折紙 | 課役賦課 | 寺社 | 和泉 | 開口神社文書 |
| 109 | 3・4・27 | 仍執達如件 | 長隆判 | 下田彦治郎殿 | 奉書 | 付 | 不明 | 所帯安堵 | 武家 | 丹波 | 記録御用所本古文書 |
| 110 | 3・4・28 | 仍執達如件 | 長隆判 | 内藤弾正忠殿<br>波々伯部左衛門尉殿 | 奉書 | 無 | 不明 | 課役賦課 | 朝廷 | 山城 | 言継卿記 |
| 111 | 3・4・28 | 仍執達如件 | 長隆判 | 所々町中 | 奉書 | 無 | 不明 | 課役賦課 | 朝廷 | 山城 | 言継卿記 |
| 112 | 3・7・17 | 仍執達如件 | 元運(花押) | 深草郷沙汰人御被官中 | 奉書 | 付 | 折紙 | 所帯押領 | 寺社 | 山城 | 真乗院文書 |
| 113 | 3・9・22 | 仍執達如件 | 長隆(花押) | 当所名主百姓中 | 奉書 | 付 | 折紙 | 所帯押領 | 寺社 | 山城 | 大徳寺文書 |
| 114 | (3・9)・28 | 仍執達如件 | 長隆在判 | 木沢左京亮殿 | 奉書 | 付 | (折紙) | 課役賦課 | 細川 | 山城 | 東寺百合文書 |
| 115 | (3)・9・28 | 仍状如件 | 長隆在判 | 所々名主百姓中 | 書下 | 付 | (折紙) | 課役賦課 | 細川 | 山城 | 東寺百合文書 |
| 116 | 3・10・9 | 仍執達如件 | 長隆(花押) | 当庵雑掌 | 奉書 | 付 | 折紙 | 所帯押領 | 寺社 | 山城 | 大徳寺文書 |
| 117 | 3・10・9 | 仍状如件 | 長隆(花押) | 所々名主百姓中 | 書下 | 付 | 折紙 | 所帯押領 | 寺社 | 山城 | 大徳寺文書 |
| 118 | 3・10・9 | 仍執達如件 | 長隆(花押) | 当庵雑掌 | 奉書 | 付 | 折紙 | 所帯押領 | 寺社 | 山城 | 大徳寺文書 |
| 119 | 3・10・9 | 仍状如件 | 長隆(花押) | 当所百姓中 | 書下 | 付 | 折紙 | 所帯押領 | 寺社 | 山城 | 大徳寺文書 |
| 120 | 3・10・17 | 状如件 | 長隆(花押) | 所々名主百姓中 | 書下 | 付 | 折紙 | 年貢・公事未進 | 寺社 | 山城 | 勧修寺文書 |
| 121 | 3・10・17 | 状如件 | 長隆(花押) | 当所名主百姓中 | 書下 | 付 | 折紙 | 年貢・公事未進 | 寺社 | 山城 | 勧修寺文書 |
| 122 | 3・10・19 | 依執達如件 | 長隆判 | 当社雑掌 | 奉書 | 付 | 不明 | 所帯安堵 | 寺社 | 山城 | 平野社文書 |
| 123 | 3・10・19 | 仍状如件 | 長隆判 | 神人百姓中 | 書下 | 付 | 不明 | 年貢・公事未進 | 寺社 | 山城 | 平野社文書 |
| 124 | 3・10・19 | 状如件 | 長隆判 | 神人百姓中 | 書下 | 付 | 不明 | 年貢・公事未進 | 寺社 | 山城 | 平野社文書 |
| 125 | 3・10・22 | 仍執達如件 | 長隆判 | 三好千熊丸殿 | 奉書 | 付 | 不明 | 所帯押領 | 寺社 | 山城 | 平野社文書 |
| 126 | 3・10・28 | 仍執達如件 | 元運(花押) | 当社□□氏人中 | 奉書 | 付 | 折紙 | 所帯押領 | 寺社 | 山城 | 座田文書 |
| 127 | 3・11・5 | 状如件 | 長隆判 | 当社境内神人百姓中 | 書下 | 付 | 不明 | 所帯押領 | 寺社 | 山城 | 平野社文書 |
| 128 | 3・11・21 | 仍状如件 | 元運(花押) | 当所名主百姓中 | 書下 | 付 | 折紙 | 年貢・公事未進 | 寺社 | 山城 | 真乗院文書 |
| 129 | 3・11・27 | 状如件 | 元運(花押) | 当所名主百姓中 | 書下 | 付 | 折紙 | 所帯押領 | 公家 | 山城 | 山科家古文書 |

| | | | | | | | | | | | |
|---|---|---|---|---|---|---|---|---|---|---|---|
| 130 | 天文3・11・27 | 仍執達如件 | 長隆（花押） | 諸法華宗中 | 奉書 | 付 | 折紙 | 所帯安堵 | 公家 | 山城 | 土御門家文書 |
| 131 | 3・11・27 | 状如件 | 長隆（花押） | 粟田口商人中 | 書下 | 付 | 折紙 | 所帯安堵 | 公家 | 山城 | 土御門家文書 |
| 132 | 3・11・27 | 状如件 | 長隆（花押） | 白川口商人中 | 書下 | 付 | 折紙 | 所帯安堵 | 公家 | 山城 | 土御門家文書 |
| 133 | 3・11・27 | 仍執達如件 | 長隆（花押） | 土御門修理大夫殿 | 奉書 | 付 | 折紙 | 所帯安堵 | 公家 | 山城 | 土御門家文書 |
| 134 | 4・2・14 | 仍執達如件 | 元運 | 惣検校 | 奉書 | 無 | 不明 | 相論 | 芸人 | 山城 | 座中天文記 |
| 135 | 4・7・12 | 仍状如件 | 元運（花押） | 当所名主百姓中 | 書下 | 付 | 折紙 | 所帯安堵 | 寺社 | 山城 | 大徳寺文書 |
| 136 | 4・8・12 | 仍状如件 | 元運（花押） | 当所名主百姓中 | 書下 | 付 | 折紙 | 所帯安堵 | 寺社 | 山城 | 東寺百合文書 |
| 137 | 4・8・17 | 仍状如件 | 元運（花押） | 当所名主百姓中 | 書下 | 付 | 折紙 | 所帯安堵 | 寺社 | 山城 | 保阪潤治所蔵文書 |
| 138 | 4・9・6 | 状如件 | 長隆（花押） | 当所名主百姓中 | 書下 | 付 | 折紙 | 所帯押領 | 寺社 | 山城 | 東寺百合文書 |
| 139 | 4・10・7 | 仍執達如件 | 長隆在判 | 東寺雑掌 | 奉書 | 付 | （折紙） | 所帯安堵 | 寺社 | 山城 | 東寺百合文書 |
| 140 | 4・10・10 | 仍執達如件 | 為清（花押） | 桂宮院雑掌 | 奉書 | 付 | 折紙 | 所帯押領 | 寺社 | 山城 | 広隆寺文書 |
| 141 | 4・10・19 | 仍状如件 | 為清（花押） | 当所名主百姓中 | 書下 | 付 | 折紙 | 所帯押領 | 寺社 | 山城 | 広隆寺文書 |
| 142 | 4・11・9 | 仍執達如件 | 元運（花押） | 寺内九右衛門尉殿 寺内孫八殿 | 奉書 | 付 | 折紙 | 年貢・公事未進 | 寺社 | 山城 | 真乗院文書 |
| 143 | 4・11・15 | 仍執達如件 | 長隆 | 上京地下中 | 奉書 | 付 | 不明 | 相論 | 芸人 | 山城 | 座中天文記 |
| 144 | 4・11・15 | 仍執達如件 | 長隆 | 下京地下中 | 奉書 | 付 | 不明 | 相論 | 芸人 | 山城 | 座中天文記 |
| 145 | 4・12・9 | 状如件 | 元運在判 | 当所名主百姓中 | 書下 | 付 | 折紙 | 年貢・公事未進 | 寺社 | 山城 | 東寺百合文書 |
| 146 | 4・12・20 | 仍執達如件 | 為清（花押） | 遍照心院雑掌 | 奉書 | 付 | 折紙 | 年貢・公事未進 | 寺社 | 山城 | 遍照心院文書 |
| 147 | 4・12・20 | 仍状如件 | 為清（花押） | 当所名主百姓中 | 書下 | 付 | 折紙 | 年貢・公事未進 | 寺社 | 山城 | 遍照心院文書 |
| 148 | 4・12・21 | 仍執達如件 | 為清（花押） | 東寺雑掌 | 奉書 | 付 | 折紙 | 年貢・公事未進 | 寺社 | 山城 | 遍照心院文書 |
| 149 | 5・10・10 | 仍執達如件 | 為清（花押） | 土佐形部大輔殿 | 奉書 | 付 | 折紙 | 所帯安堵 | 芸人 | 丹波 | 土佐家文書 |
| 150 | 5・10・16 | 状如件 | 長隆（花押） | 渡辺源兵衛尉殿 | 書下 | 付 | 折紙 | 所帯押領 | 寺社 | 山城 | 大徳寺文書 |
| 151 | 5・10・17 | 状如件 | 長隆判 | 百姓中 | 書下 | 付 | （折紙） | 所帯押領 | 武家 | 山城 | 羽倉文書 |
| 152 | 5・10・19 | 仍執達如件 | 長隆（花押） | 商人中 | 奉書 | 付 | 折紙 | 所帯安堵 | 公家 | 山城 | 土御門家文書 |
| 153 | 5・10・21 | 仍執達如件 | 長隆（花押） | 当寺雑掌 | 奉書 | 付 | 折紙 | 所帯安堵 | 寺社 | 山城 | 長福寺文書 |

| | | | | | | | | | | | |
|---|---|---|---|---|---|---|---|---|---|---|---|
| 154 | 5・閏10・7 | 仍仰下知如件 | 上野介三善朝臣在判 | (充所欠) | 下知状 | 書下 | 不明 | 宗教統制 | 細川 | 山城 | 本能寺文書 |
| 155 | 5・閏10・13 | 状如件 | 長隆判 | 名主百姓中 | 書下 | 付 | (折紙) | 所帯押領 | 武家 | 山城 | 羽倉文書 |
| 156 | 5・閏10・13 | 仍執達如件 | 長隆(花押) | 本願寺雑掌 | 奉書 | 付 | 折紙 | 年貢・公事未進 | 寺社 | 加賀 | 曼珠院文書 |
| 157 | 5・12・9 | 仍執達如件 | 長隆(花押) | 当寺雑掌 | 奉書 | 付 | 折紙 | 所帯安堵 | 寺社 | 山城 | 大徳寺文書 |
| 158 | 5・12・9 | 状如件 | 長隆(花押) | 当地百姓中 | 書下 | 付 | 折紙 | 所帯安堵 | 寺社 | 山城 | 大徳寺文書 |
| 159 | 6・3・21 | 仍執達如件 | 為清(花押) | 当所名主百姓中 | 奉書 | 付 | 折紙 | 所帯押領 | 武家 | 丹波 | 久下文書 |
| 160 | 6・5・6 | 仍執達如件 | 元運 | 諸口役所中 | 奉書 | 付 | 不明 | 相論 | 芸人 | 山城 | 座中天文記 |
| 161 | 6・5・20 | 依仰下知如件 | 上野介三善朝臣(花押) | 村雲浄福寺 | 下知状 | 書下 | 竪紙 | 禁制 | 寺社 | 山城 | 浄福寺文書 |
| 162 | 6・5・29 | 仍執達如件 | 長隆 | 諸口役所中 | 奉書 | 付 | 不明 | 相論 | 寺社 | 山城 | 座中天文記 |
| 163 | 6・6・27 | 仍状如件 | 長隆(花押) | 諸商人中 | 書下 | 付 | 折紙 | 所帯安堵 | 公家 | 山城 | 土御門家文書 |
| 164 | 6・7・5 | 仍執達如件 | 元運判 | 白毫寺雑掌 | 奉書 | 付 | 不明 | 相論 | 武家 | 山城 | 大徳寺文書 |
| 165 | 6・7・28 | 仍執達如件 | 長隆 | 惣検校天一座中 | 奉書 | 付 | 不明 | 相論 | 芸人 | 山城 | 座中天文記 |
| 166 | 6・7・28 | 仍執達如件 | 長隆 | 祥一検校座中 | 奉書 | 付 | 不明 | 相論 | 芸人 | 山城 | 座中天文記 |
| 167 | 6・8・6 | 仍執達如件 | 長隆 | 諸役所中 | 奉書 | 付 | 不明 | 相論 | 芸人 | 山城 | 座中天文記 |
| 168 | 6・8・27 | 状如件 | 長隆(花押影) | 城州摂州諸役所中 | 書下 | 付 | 不明 | 過書 | 不明 | 山城 摂津 丹波 | 集古文書 |
| 169 | 6・9・19 | 仍執達如件 | 長隆(花押) | 当院雑掌 | 奉書 | 付 | 折紙 | 所帯安堵 | 寺社 | 山城 | 大徳寺文書 |
| 170 | 6・9・19 | 仍状如件 | 長隆(花押) | 所々名主百姓中 | 書下 | 付 | 折紙 | 所帯安堵 | 寺社 | 山城 | 大徳寺文書 |
| 171 | 6・9・19 | 状如件 | 長隆(花押) | 当所名主百姓中 | 書下 | 付 | 折紙 | 所帯安堵 | 寺社 | 山城 | 大徳寺文書 |
| 172 | 6・9・23 | 仍執達如件 | 元運(花押) | 亨子院雑掌 | 奉書 | 付 | 折紙 | 所帯安堵 | 寺社 | 山城 | 法金剛院文書 |
| 173 | 6・9・23 | 状如件 | 元運(花押) | 当所名主百姓中 | 書下 | 付 | 折紙 | 所帯安堵 | 寺社 | 山城 | 法金剛院文書 |
| 174 | 6・10・3 | 仍執達如件 | 長隆(花押) | 北野地下中 西京地下中 | 奉書 | 付 | 折紙 | 検断 | 寺社 | 山城 | 大報恩寺文書 |

| | | | | | | | | | | | |
|---|---|---|---|---|---|---|---|---|---|---|---|
| 175 | 天文6・10・16 | 仍執達如件 | 為清(花押) | 実相院御門跡雑掌 | 奉書 | 付 | 折紙 | 所帯安堵 | 寺社 | 山城 | 実相院文書 |
| 176 | 6・10・16 | 仍状如件 | 為清(花押) | 当所名主百姓中 | 書下 | 付 | 折紙 | 所帯安堵 | 寺社 | 山城 | 実相院文書 |
| 177 | 6・12・6 | 仍執達如件 | 為清(花押) | 当社社家神方中 | 奉書 | 付 | 折紙 | 所帯安堵 | 寺社 | 山城 | 松尾神社文書 |
| 178 | 7・3・10 | 仍執達如件 | 元運(花押) | 波多野備前守殿 | 奉書 | 付 | 折紙 | 過書 | 寺社 | 丹波 | 清涼寺文書 |
| 179 | 7・5・3 | 仍状如件 | 為清(花押) | 当地百姓中 | 書下 | 付 | 折紙 | 所帯押領 | 武家 | 山城 | 山科家古文書 |
| 180 | 7・7・2 | 仍執達如件 | 長隆(花押) | 松尾社家雑掌 | 奉書 | 付 | 折紙 | 所帯安堵 | 寺社 | 山城 | 松尾神社文書 |
| 181 | 7・7・2 | 仍状如件 | 長隆(花押) | 当所名主百姓中 | 書下 | 付 | 折紙 | 所帯安堵 | 寺社 | 山城 | 松尾神社文書 |
| 182 | 7・7・3 | 状如件 | 長隆(花押) | 岩倉郷中<br>花薗郷中<br>長谷郷中 | 書下 | 付 | 折紙 | 年貢・公事未進 | 公家 | 山城 | 土御門家文書 |
| 183 | 7・7・5 | 仍執達如件 | 為清(花押) | 北野宮寺一社中 | 奉書 | 付 | 折紙 | 所帯押領 | 寺社 | 山城 | 山科家古文書 |
| 184 | 7・9・13 | 仍執達如件 | 為清(花押) | 実相院御門跡雑掌 | 奉書 | 付 | 折紙 | 所帯押領 | 寺社 | 山城 | 実相院文書 |
| 185 | 7・9・13 | 仍執達如件 | 為清(花押) | 実相院御門跡雑掌 | 奉書 | 付 | 折紙 | 所帯押領 | 寺社 | 丹波 | 実相院文書 |
| 186 | 7・9・13 | 仍執達如件 | 為清 | 山本修理亮殿 | 奉書 | 付 | (折紙) | 所帯押領 | 寺社 | 山城 | 実相院文書 |
| 187 | 7・9・13 | 仍執達如件 | 為清(花押) | 当所名主百姓中 | 奉書 | 付 | 折紙 | 所帯押領 | 寺社 | 山城 | 実相院文書 |
| 188 | 7・9・22 | 仍状如件 | 元運(花押) | 当所名主百姓中 | 書下 | 付 | 折紙 | 所帯押領 | 寺社 | 摂津 | 泉涌寺文書 |
| 189 | 7・9・27 | 仍状如件 | 為清(花押) | 当所名主百姓中 | 書下 | 付 | 折紙 | 所帯押領 | 寺社 | 山城 | 実相院文書 |
| 190 | 7・10・10 | 仍状如件 | 為清(花押) | 当所百姓中 | 書下 | 付 | 折紙 | 年貢・公事未進 | 武家 | 山城 | 和田英松所蔵文書 |
| 191 | 7・10・10 | 仍執達如件 | 為清 | 波多野備前守殿 | 奉書 | 付 | 不明 | 所帯押領 | 幕府 | 丹波 | 前田家所蔵文書 |
| 192 | 7・12・24 | 仍状如件 | 為清(花押) | 当地百姓中 | 書下 | 付 | 折紙 | 所帯押領 | 寺社 | 山城 | 土御門家文書 |
| 193 | 7・12・29 | 仍執達如件 | 元運(花押) | 柳本孫七郎殿 | 奉書 | 付 | 折紙 | 所帯押領 | 寺社 | 山城 | 真乗院文書 |
| 194 | 7・12・29 | 仍状如件 | 元運(花押) | 当所名主百姓中 | 書下 | 付 | 折紙 | 所帯押領 | 寺社 | 山城 | 真乗院文書 |
| 195 | 8・閏6・2 | 仍執達如件 | 元運(花押) | 東寺衆徒御中 | 奉書 | 付 | 折紙 | 所帯安堵 | 寺社 | 山城等 | 東寺文書 |
| 196 | 8・7・26 | 仍下知如件 | 伊賀守藤原(花押) | 太山崎 | 下知状 | 書下 | 竪紙 | 禁制 | 商人 | 山城 | 離宮八幡宮文書 |

| | | | | | | | | | | | |
|---|---|---|---|---|---|---|---|---|---|---|---|
| 197 | 8・8・8 | 仍状如件 | 為清(花押) | 当所名主百姓中 | 書下 | 付 | 折紙 | 所帯安堵 | 寺社 | 山城 | 東寺百合文書 |
| 198 | 8・8・9 | 状如件 | 長隆(花押) | 当所名主百姓中 | 書下 | 付 | 折紙 | 所帯押領 | 寺社 | 山城 | 大徳寺文書 |
| 199 | 8・8・10 | 仍執達如件 | 為清(花押) | 二尊院 | 奉書 | 付 | 折紙 | 禁制 | 寺社 | 山城 | 二尊院文書 |
| 200 | 8・8・12 | 仍執達如件 | 為清(花押) | 十穀尭淳上人 | 奉書 | 付 | 折紙 | 所帯安堵 | 寺社 | 山城 | 清涼寺文書 |
| 201 | 8・9・23 | 状如件 | 為清(花押) | 当所名主百姓中 | 書下 | 付 | 折紙 | 所帯押領 | 寺社 | 山城 | 真乗院文書 |
| 202 | 8・10・10 | 仍執達如件 | 長隆(花押) | 養徳院雑掌 | 奉書 | 付 | 折紙 | 所帯押領 | 寺社 | 山城 | 大徳寺文書 |
| 203 | 8・10・10 | 状如件 | 長隆(花押) | 当所名主百姓中 | 書下 | 付 | 折紙 | 所帯押領 | 寺社 | 山城 | 大徳寺文書 |
| 204 | 8・10・14 | 状如件 | 長隆 | 当所名主百姓中 | 書下 | 付 | 不明 | 年貢・公事未進 | 幕府 | 丹波 | 親俊日記 |
| 205 | 8・10・16 | 仍執達如件 | 為清(花押) | 借主中 | 奉書 | 付 | 折紙 | 所帯押領 | 商人 | 山城 | 大山崎町歴史資料館所蔵文書 |
| 206 | 8・10・20 | 仍状如件 | 為清(花押) | 当所名主百姓中 | 書下 | 付 | 折紙 | 所帯押領 | 寺社 | 山城 | 松尾神社文書 |
| 207 | 8・10・26 | 依仰下知如件 | 兵部丞三善(花押) | 五条御影堂内諸寮舎 | 下知状 | 書下 | 竪紙 | 禁制 | 寺社 | 山城 | 新善光寺文書 |
| 208 | 8・10・26 | 仍状如件 | 為清(花押) | 当所名主百姓中 | 書下 | 付 | 折紙 | 所帯押領 | 寺社 | 山城 | 龍安寺文書 |
| 209 | 8・10・28 | 仍執達如件 | 長隆(花押) | 多田院雑掌 | 奉書 | 付 | 折紙 | 課役賦課 | 寺社 | 摂津 | 多田神社文書 |
| 210 | 8・10・晦日 | 仍執達如件 | 為清(花押) | 西源院 桂蔭軒 養花軒 | 奉書 | 付 | 折紙 | 所帯押領 | 寺社 | 山城 | 龍安寺文書 |
| 211 | 8・11・3 | 仍状如件 | 為清(花押) | 当所名主百姓中 | 書下 | 付 | 折紙 | 所帯押領 | 寺社 | 山城 | 松尾神社文書 |
| 212 | 8・11・7 | 状如件 | 長隆(花押) | 当所名主百姓中 | 書下 | 付 | 折紙 | 所帯押領 | 寺社 | 山城 | 真乗院文書 |
| 213 | 8・11・19 | 仍執達如件 | 長隆 | 波多野備前守殿 | 奉書 | 付 | 不明 | 所帯押領 | 幕府 | 丹波 | 親俊日記 |
| 214 | 8・11・19 | 状如件 | 長隆 | 当所名主百姓中 | 書下 | 付 | 不明 | 所帯押領 | 幕府 | 丹波 | 親俊日記 |
| 215 | 8・11・25 | 状如件 | 長隆 | 当所名主百姓中 | 書下 | 付 | 不明 | 年貢・公事未進 | 幕府 | 丹波 | 親俊日記 |
| 216 | 8・11・28 | 仍執達如件 | 長隆(花押) | 住持 | 奉書 | 付 | 折紙 | 所帯押領 | 寺社 | 山城 | 真乗院文書 |
| 217 | 8・11・28 | 仍執達如件 | 長隆(花押) | 柳本孫七郎殿 | 奉書 | 付 | 折紙 | 所帯押領 | 寺社 | 山城 | 真乗院文書 |

| | | | | | | | | | | | |
|---|---|---|---|---|---|---|---|---|---|---|---|
| 218 | 天文8・11・28 | 仍執達如件 | 長隆（花押） | 深草沙汰人中 | 奉書 | 付 | 折紙 | 所帯押領 | 寺社 | 山城 | 真乗院文書 |
| 219 | 8・11・28 | 状如件 | 長隆（花押） | 当所名主百姓中 | 書下 | 付 | 折紙 | 所帯押領 | 寺社 | 山城 | 真乗院文書 |
| 220 | 8・12・6 | 仍執達如件 | 為清（花押） | 松尾社務宮内少輔殿 | 奉書 | 付 | 折紙 | 所帯安堵 | 武家 | 山城 | 東文書 |
| 221 | 8・12・24 | 仍執達如件 | 長隆（花押） | 誓願寺雑掌 | 奉書 | 付 | 折紙 | 所帯安堵 | 寺社 | 山城 | 誓願寺文書 |
| 222 | 8・12・24 | 仍執達如件 | 長隆（花押） | 小河一町中 | 奉書 | 付 | 折紙 | 所帯安堵 | 寺社 | 山城 | 誓願寺文書 |
| 223 | 9・2・18 | 仍執達如件 | 為清（花押影） | 東福寺雑掌 | 奉書 | 付 | 不明 | 所帯押領 | 寺社 | 山城 | 東福寺文書 |
| 224 | 9・4・8 | 仍執達如件 | 長隆（花押） | 当寺雑掌 | 奉書 | 付 | 折紙 | 所帯安堵 | 寺社 | 山城 | 大徳寺文書 |
| 225 | 9・4・8 | 状如件 | 長隆（花押） | 当所名主百姓中 | 書下 | 付 | 折紙 | 所帯安堵 | 寺社 | 山城 | 大徳寺文書 |
| 226 | 9・7・13 | 仍執達如件 | 為清（花押） | （充所欠） | 奉書 | 付 | 折紙 | 所帯安堵 | 寺社 | 山城 | 北野文書 |
| 227 | 9・7・13 | 仍執達如件 | 為清（花押） | 一宮修理亮殿 | 奉書 | 付 | 折紙 | 所帯安堵 | 寺社 | 山城 | 北野文書 |
| 228 | 9・7・13 | 仍執達如件 | 為清 | 当地百姓中 | 奉書 | 付 | （折紙） | 所帯安堵 | 武家 | 山城 | 壬生家文書 |
| 229 | 9・9・6 | 仍執達如件 | 長隆（花押） | 当所名主沙汰人中 | 奉書 | 付 | 折紙 | 所帯安堵 | 寺社 | 山城 | 田中慶太郎所蔵文書 |
| 230 | 9・10・6 | 仍執達如件 | 長隆（花押） | 池田筑後守殿 | 奉書 | 付 | 折紙 | 所帯押領 | 寺社 | 摂津 | 今西文書 |
| 231 | 9・10・10 | 仍執達如件 | 為清（花押） | 丹州穴太寺西蔵坊 | 奉書 | 付 | 折紙 | 所帯押領 | 寺社 | 丹波 | 穴太寺文書 |
| 232 | 9・10・10 | 仍執達如件 | 為清（花押） | 丹州穴太寺執行坊 | 奉書 | 付 | 折紙 | 所帯押領 | 寺社 | 丹波 | 穴太寺文書 |
| 233 | 9・10・10 | 状如件 | 為清（花押） | 当所名主百姓中 | 書下 | 付 | 折紙 | 所帯押領 | 寺社 | 丹波 | 穴太寺文書 |
| 234 | 9・10・12 | 状如件 | 長隆（花押） | 当所名主百姓中 | 書下 | 付 | 折紙 | 所帯押領 | 寺社 | 山城 | 大徳寺文書 |
| 235 | 9・12・23 | 仍執達如件 | 長隆（花押） | 当院雑掌 | 奉書 | 付 | 折紙 | 所帯押領 | 寺社 | 山城 | 大通寺文書 |
| 236 | 9・12・23 | 仍執達如件 | 長隆（花押） | 木沢中務大夫殿 | 奉書 | 付 | 折紙 | 所帯押領 | 寺社 | 山城 | 大通寺文書 |
| 237 | 10・4・11 | 仍執達如件 | 長隆（花押） | 十穀尭淳 | 奉書 | 付 | 折紙 | 相論 | 寺社 | 山城 | 清涼寺文書 |
| 238 | 10・4・12 | 仍執達如件 | 長隆（花押） | 小河七町々人中 | 奉書 | 付 | 折紙 | 所帯押領 | 寺社 | 山城 | 誓願寺文書 |
| 239 | 10・4・20 | 仍執達如件 | 為清（花押） | 当社別当 | 奉書 | 付 | 折紙 | 所帯安堵 | 寺社 | 山城 | 今宮神社文書 |
| 240 | 10・4・20 | 仍執達如件 | 為清（花押） | 当社氏子氏人中 | 奉書 | 付 | 折紙 | 所帯安堵 | 寺社 | 山城 | 今宮神社文書 |
| 241 | 10・4・24 | 仍執達如件 | 長隆在判 | 如意庵雑掌 | 奉書 | 付 | 不明 | 年貢・公事未進 | 寺社 | 山城 | 大徳寺文書 |
| 242 | 10・4・24 | 仍執達如件 | 長隆（花押） | 当地百姓中 | 書下 | 付 | 折紙 | 年貢・公事未進 | 寺社 | 山城 | 大徳寺文書 |

| | | | | | | | | | | | |
|---|---|---|---|---|---|---|---|---|---|---|---|
| 243 | 10・5・13 | 仍執達如件 | 長隆 | 波多野備前守殿 | 奉書 | 付 | 不明 | 所帯押領 | 幕府 | 丹波 | 蜷川家文書 |
| 244 | 10・5・13 | 仍執達如件 | 長隆 | 荒木新兵衛尉殿 | 奉書 | 付 | 不明 | 所帯押領 | 幕府 | 丹波 | 蜷川家文書 |
| 245 | 10・5・13 | 仍執達如件 | 長隆 | 両村名主百姓中 | 奉書 | 付 | 不明 | 所帯押領 | 幕府 | 丹波 | 蜷川家文書 |
| 246 | 10・5・21 | 状如件 | 為清（花押） | 当所名主百姓中 | 書下 | 付 | 折紙 | 所帯安堵 | 寺社 | 山城 | 二尊院文書 |
| 247 | 10・6・29 | 仍執達如件 | 長隆判 | 三好孫次郎殿<br>平井新左衛門尉殿 | 奉書 | 付 | （折紙） | 課役賦課 | 寺社 | 摂津 | 天城文書 |
| 248 | 10・7・14 | 仍執達如件 | 為清（花押） | 多田院雑掌 | 奉書 | 付 | 折紙 | 課役賦課 | 寺社 | 摂津 | 多田神社文書 |
| 249 | 10・8・6 | 仍執達如件 | 為清（花押） | 湯浅又次郎殿 | 奉書 | 付 | 折紙 | 商業統制 | 細川 | 山城 | 日本中央競馬会記念館所蔵文書 |
| 250 | 10・8・16 | 仍執達如件 | 為清（花押） | 妙蓮寺 | 奉書 | 付 | 折紙 | 所帯安堵 | 寺社 | 山城 | 妙蓮寺文書 |
| 251 | 10・9・21 | 仍執達如件 | 長隆（花押） | 当寺衆僧中 | 奉書 | 付 | 折紙 | 所帯安堵 | 寺社 | 山城 | 蓮華寺文書 |
| 252 | 10・11・13 | 依仰下知如件 | 兵部丞三善（花押） | 大山崎 | 下知状 | 書下 | 竪紙 | 禁制 | 寺社 | 山城 | 離宮八幡宮文書 |
| 253 | 10・12・14 | 仍執達如件 | 元運（花押） | 社家中 | 奉書 | 付 | 折紙 | 所帯押領 | 寺社 | 山城 | 賀茂別雷神社文書 |
| 254 | 10・12・14 | 状如件 | 元運（花押） | 当所名主百姓中 | 書下 | 付 | 折紙 | 所帯押領 | 寺社 | 山城 | 賀茂別雷神社文書 |
| 255 | 11・閏3・16 | 仍執達如件 | 元運（花押） | 本能寺雑掌 | 奉書 | 付 | 折紙 | 禁制 | 寺社 | 山城 | 本能寺文書 |
| 256 | 11・7・晦日 | 仍執達如件 | 為清（花押） | 守厚蔵主 | 奉書 | 付 | 折紙 | 相論 | 寺社 | 山城 | 鹿王院文書 |
| 257 | 11・7・晦日 | 仍執達如件 | 為清（花押） | 菩提院 | 奉書 | 付 | 折紙 | 相論 | 寺社 | 山城 | 鹿王院文書 |
| 258 | 11・7・晦日 | 状如件 | 為清（花押） | 所々当所名主百姓中 | 書下 | 付 | 折紙 | 相論 | 寺社 | 山城 | 鹿王院文書 |
| 259 | 11・8・2 | 依仰下知如件 | 兵部丞三善（花押） | 金蓮寺 | 下知状 | 書下 | 竪紙 | 禁制 | 寺社 | 山城 | 金蓮寺文書 |
| 260 | 11・8・12 | 仍執達如件 | 長隆（花押） | 大徳寺塔頭如意庵雑掌 | 奉書 | 付 | 折紙 | 年貢・公事未進 | 寺社 | 山城 | 大徳寺文書 |
| 261 | 11・8・12 | 仍執達如件 | 長隆（花押） | 当地百姓中 | 奉書 | 付 | 折紙 | 年貢・公事未進 | 寺社 | 山城 | 大徳寺文書 |
| 262 | 11・9・15 | 仍執達如件 | 長隆（花押） | 小河町中 | 奉書 | 付 | 折紙 | 所帯押領 | 寺社 | 山城 | 誓願寺文書 |
| 263 | 11・9・29 | 状如件 | 長隆 | 当所名主百姓中 | 書下 | 付 | 不明 | 年貢・公事未進 | 幕府 | 丹波 | 親俊日記 |
| 264 | 11・10・28 | 仍執達如件 | 元運（花押） | 革島新五郎殿 | 奉書 | 付 | 折紙 | 所帯安堵 | 武家 | 山城 | 革島文書 |

| | | | | | | | | | | | |
|---|---|---|---|---|---|---|---|---|---|---|---|
| 265 | 天文11・12・11 | 仍執達如件 | 元運（花押） | 天龍寺雑掌 | 奉書 | 付 | 折紙 | 所帯押領 | 寺社 | 山城 | 天龍寺文書 |
| 266 | 12・2・21 | 仍執達如件 | 長隆 | 波多野備前守殿 | 奉書 | 付 | 不明 | 年貢・公事未進 | 幕府 | 丹波 | 前田家所蔵文書 |
| 267 | 12・2・21 | 仍執達如件 | 長隆 | 当所名主百姓中 | 奉書 | 付 | 不明 | 年貢・公事未進 | 幕府 | 丹波 | 前田家所蔵文書 |
| 268 | 12・3・20 | 仍執達如件 | 長隆（花押） | （今村弥七政次） | 奉書 | 付 | 折紙 | 所帯安堵 | 商人 | 山城 | 古文書纂 |
| 269 | 12・10・6 | 状如件 | 為清（花押） | 当所名主百姓中 | 書下 | 付 | 折紙 | 年貢・公事未進 | 寺社 | 山城 | 松尾月読神社文書 |
| 270 | 12・12・20 | 仍執達如件 | 元運（花押） | 当住持覚秀 | 奉書 | 付 | 折紙 | 所帯安堵 | 寺社 | 山城 | 福勝寺文書 |
| 271 | 12・12・20 | 状如件 | 元運（花押） | 当地百姓中 | 書下 | 付 | 折紙 | 所帯安堵 | 寺社 | 山城 | 福勝寺文書 |
| 272 | 12・12・22 | 仍執達如件 | 為清（花押） | 森左京大夫殿 | 奉書 | 付 | 折紙 | 所帯押領 | 寺社 | 山城 | 早稲田大学荻野研究室所蔵文書 |
| 273 | 12・12・22 | 仍執達如件 | 為清（花押） | 当社社家中 | 奉書 | 付 | 折紙 | 所帯押領 | 寺社 | 山城 | 賀茂別雷神社文書 |
| 274 | 13・3・16 | 仍執達如件 | 元運（花押） | 波多野備前守殿 | 奉書 | 付 | 折紙 | 所帯安堵 | 寺社 | 山城 | 妙蓮寺文書 |
| 275 | 13・5・19 | 状如件 | 為清 | 当所百姓中 | 書下 | 付 | （折紙） | 所帯安堵 | 公家 | 摂津 | 余部文書 |
| 276 | 13・8・9 | 状如件 | 為清 | 洛中所々巷所百姓中 | 書下 | 付 | 不明 | 所帯安堵 | 幕府 | 山城等 | 制札・御産所御道具外 |
| 277 | 13・9・1 | 仍執達如件 | 為清（花押） | 三宝院御門跡雑掌 | 奉書 | 付 | 折紙 | 所帯安堵 | 寺社 | 山城 | 醍醐寺文書 |
| 278 | 13・9・27 | 状如件 | 為清（花押） | 当所名主百姓中 | 書下 | 付 | 折紙 | 年貢・公事未進 | 寺社 | 山城 | 松尾月読神社文書 |
| 279 | 13・10・17 | 仍執達如件 | 長隆 | 波多野備前守殿 | 奉書 | 付 | 不明 | 所帯押領 | 幕府 | 丹波 | 前田家所蔵文書 |
| 280 | 13・10・17 | 仍執達如件 | 長隆 | 荒木山城守殿 | 奉書 | 付 | 不明 | 所帯押領 | 幕府 | 丹波 | 前田家所蔵文書 |
| 281 | 13・10・17 | 仍執達如件 | 長隆 | 当所名主百姓中 | 奉書 | 付 | 不明 | 所帯押領 | 幕府 | 丹波 | 前田家所蔵文書 |
| 282 | 13・閏11・28 | 仍執達如件 | 長隆判 | 当寺々僧中 | 奉書 | 付 | 不明 | 所帯安堵 | 職人 | 山城 | 清水寺文書 |
| 283 | 13・閏11・28 | 仍状如件 | 長隆判 | 大工三郎四郎宗次 | 書下 | 付 | 不明 | 所帯安堵 | 職人 | 山城 | 清水寺文書 |
| 284 | 13・12・17 | 仍状如件 | 長隆 | 当所名主百姓中 | 書下 | 付 | 不明 | 所帯押領 | 幕府 | 丹波 | 前田家所蔵文書 |
| 285 | 13・12・18 | 仍状如件 | 長隆（花押） | 座中 | 書下 | 付 | 折紙 | 所帯押領 | 武家 | 山城 | 田中光治所蔵文書 |
| 286 | 14・2・21 | 仍執達如件 | 長隆（花押） | 遍照心院雑掌 | 奉書 | 付 | 折紙 | 課役賦課 | 寺社 | 山城 | 大通寺文書 |
| 287 | 14・4・6 | 仍執達如件 | 為清在判 | 猪熊当座衆中 | 奉書 | 付 | （折紙） | 所帯押領 | 商人 | 山城 | 狩野亨吉蒐集文書 |
| 288 | 14・7・24 | 依仰下知如件 | 伊賀守藤原判 | 桐野河内村 | 下知状 | 書下 | 不明 | 禁制 | 幕府 | 丹波 | 前田家所蔵文書 |

| | | | | | | | | | | | |
|---|---|---|---|---|---|---|---|---|---|---|---|
| 289 | 14・7・24 | 仍執達如件 | 長隆 | 波多野備前守殿 | 奉書 | 付 | 不明 | 所帯安堵 | 幕府 | 丹波 | 前田家所蔵文書 |
| 290 | 14・8・2 | 仍執達如件 | 為清判 | 当寺雑掌 | 奉書 | 付 | 折紙 | 所帯安堵 | 寺社 | 山城 | 本能寺文書 |
| 291 | 14・8・13 | 仍執達如件 | 元運（花押） | 西京社人住人中 | 奉書 | 付 | 折紙 | 所帯押領 | 商人 | 山城 | 北野天満宮史料 |
| 292 | 14・8・13 | 仍執達如件 | 元運（花押） | 上京地下中 | 奉書 | 付 | 折紙 | 所帯押領 | 商人 | 山城 | 北野天満宮史料 |
| 293 | 14・8・13 | 仍執達如件 | 元運（花押） | 下京地下中 | 奉書 | 付 | 折紙 | 所帯押領 | 商人 | 山城 | 北野天満宮史料 |
| 294 | 14・8・13 | 仍執達如件 | 元運（花押） | 洛外地下中 | 奉書 | 付 | 折紙 | 所帯押領 | 商人 | 山城 | 北野天満宮史料 |
| 295 | 14・8・16 | 仍執達如件 | 為清（花押） | 中井加賀守殿 | 奉書 | 付 | 折紙 | 所帯安堵 | 武家 | 山城 | 日本中央競馬会記念館所蔵文書 |
| 296 | 14・8・26 | 仍執達如件 | 長隆（花押） | 溝杭亀松丸殿 | 奉書 | 付 | 折紙 | 所帯安堵 | 武家 | 摂津 | 尊経閣古文書纂 |
| 297 | 14・8・26 | 状如件 | 長隆（花押） | 所々名主百姓中 | 書下 | 付 | 折紙 | 所帯安堵 | 武家 | 摂津 | 石清水八幡宮文書 |
| 298 | 14・11・19 | 仍状如件 | 長隆 | 当所名主百姓中 | 書下 | 付 | 不明 | 所帯押領 | 幕府 | 丹波 | 前田家所蔵文書 |
| 299 | 14・12・13 | 仍執達如件 | 元運（花押影） | 波多野与兵衛尉殿 | 奉書 | 付 | 不明 | 所帯安堵 | 武家 | 摂津 | 諸家文書纂 |
| 300 | 15・9・15 | 依仰下知如件 | 上野介三善（花押） | 龍安寺幷門前競内 | 下知状 | 書下 | 竪紙 | 禁制 | 寺社 | 山城 | 龍安寺文書 |
| 301 | 15・9・15 | 依仰下知如件 | 兵部丞三善（花押） | 東寺幷境内 | 下知状 | 書下 | 竪紙 | 禁制 | 寺社 | 山城 | 東寺百合文書 |
| 302 | 15・9・16 | 依仰下知如件 | 上野介三善朝臣在判 | 遍昭心院幷境内門前 | 下知状 | 書下 | （竪紙） | 禁制 | 寺社 | 山城 | 京都大学本大通寺文書 |
| 303 | 15・10・30 | 仍執達如件 | 長隆判 | 下田左京亮殿 | 奉書 | 付 | 不明 | 所帯安堵 | 武家 | 丹波 | 記録御用所本古文書 |
| 304 | 15・10・30 | 仍執達如件 | 長隆判 | 下田左京亮殿 | 奉書 | 付 | 不明 | 所帯安堵 | 武家 | 丹波 | 記録御用所本古文書 |
| 305 | 15・12・20 | 依仰下知如件 | 伊賀守藤原（花押） | 紫野大徳寺同諸塔頭門前 | 下知状 | 書下 | 竪紙 | 禁制 | 寺社 | 山城 | 大徳寺文書 |
| 306 | 15・12・28 | 仍執達如件 | 長隆判 | 本願寺門下大物坊定専 | 奉書 | 付 | 不明 | 課役賦課 | 寺社 | 摂津 | 古簡雑纂 |
| 307 | 16・3・3 | 仍仰下知如件 | 伊賀守藤原（花押） | 大山崎 | 下知状 | 書下 | 竪紙 | 禁制 | 商人 | 山城 | 離宮八幡宮文書 |
| 308 | 16・6・15 | 仍執達如件 | 為清判 | 下田左京亮殿 | 奉書 | 付 | 折紙 | 所帯安堵 | 武家 | 丹波 | 記録御用所本古文書 |

| | | | | | | | | | | | |
|---|---|---|---|---|---|---|---|---|---|---|---|
| 309 | 天文16・6・23 | 仍執達如件 | 長隆(花押) | 多田院雑掌 | 奉書 | 付 | 折紙 | 課役賦課 | 寺社 | 山城 摂津 丹波 | 多田神社文書 |
| 310 | 16・6・23 | 仍執達如件 | 長隆(花押) | 諸役所中 | 奉書 | 付 | 折紙 | 課役賦課 | 寺社 | 山城 摂津 丹波 | 多田神社文書 |
| 311 | 16・7・6 | 仍執達如件 | 為清(花押) | 当寺雑掌 | 奉書 | 付 | 折紙 | 所帯安堵 | 寺社 | 山城 | 東寺百合文書 |
| 312 | 16・7・6 | 仍執達如件 | 為清(花押) | 当所公文 | 奉書 | 付 | 折紙 | 所帯安堵 | 寺社 | 山城 | 東寺百合文書 |
| 313 | 16・7・6 | 状如件 | 為清(花押) | 当所名主百姓中 | 書下 | 付 | 折紙 | 所帯安堵 | 寺社 | 山城 | 東寺百合文書 |
| 314 | 16・7・27 | 依仰下知如件 | 上野介三善朝臣(花押) | 清涼寺幷寺内 | 下知状 | 書下 | 竪紙 | 禁制 | 寺社 | 山城 | 清涼寺文書 |
| 315 | 16・7・28 | 依下知如件 | 伊賀守藤原在判 | 龍翔寺旧跡境内 | 下知状 | 書下 | 不明 | 禁制 | 寺社 | 山城 | 大徳寺文書 |
| 316 | 16・閏7・17 | 仍執達如件 | 為清(花押) | 太秦広隆寺雑掌 | 奉書 | 付 | 折紙 | 所帯安堵 | 寺社 | 山城 | 広隆寺文書 |
| 317 | 16・閏7・17 | 状如件 | 為清(花押) | 当所名主百姓中 | 書下 | 付 | 折紙 | 所帯安堵 | 寺社 | 山城 | 広隆寺文書 |
| 318 | 16・8・12 | 仍執達如件 | 為清(花押) | 久我殿雑掌 | 奉書 | 付 | 折紙 | 所帯安堵 | 公家 | 山城 | 久我家文書 |
| 319 | 16・8・12 | 状如件 | 為清(花押) | 当所名主百姓中 | 書下 | 付 | 折紙 | 所帯安堵 | 公家 | 山城 | 久我家文書 |
| 320 | 16・8・19 | 仍執達如件 | 長隆(花押) | 賀茂社々司氏人中 | 奉書 | 付 | 折紙 | 年貢・公事未進 | 寺社 | 山城 | 賀茂別雷神社文書 |
| 321 | 16・(10・28) | 仍執達如件 | 長隆(花押) | 西林院雑掌 | 奉書 | 付 | 折紙 | 所帯押領 | 寺社 | 山城 | 勧修寺文書 |
| 322 | 16・10・28 | 仍執達如件 | 長隆(花押) | 密乗院雑掌 | 奉書 | 付 | 折紙 | 所帯押領 | 寺社 | 山城 | 勧修寺文書 |
| 323 | 16・10・28 | 状如件 | 長隆(花押) | 所々名主百姓中 | 書下 | 付 | 折紙 | 所帯押領 | 寺社 | 山城 | 勧修寺文書 |
| 324 | 17・5・20 | 仍執達如件 | 為清在判 | 山科七郷地下中 | 奉書 | 付 | 折紙 | 所帯安堵 | 武家 | 山城 | 勧修寺文書 |
| 325 | 17・10・30 | 仍執達如件 | 長隆(花押) | 当院珠栄喝食 | 奉書 | 付 | 折紙 | 所帯押領 | 寺社 | 山城 | 法金剛院文書 |
| 326 | 19・3・26 | 依仰下知如件 | 越前守三善(花押) | 東寺 | 下知状 | 書下 | 竪紙 | 禁制 | 寺社 | 山城 | 東寺百合文書 |
| 327 | 20・7・20 | 依仰下知如件 | 伊賀守藤原(花押) | 紫野大徳寺門前同諸塔頭幷門前 | 下知状 | 書下 | 竪紙 | 禁制 | 寺社 | 山城 | 真珠庵文書 |

| | | | | | | | | | | | |
|---|---|---|---|---|---|---|---|---|---|---|---|
| 328 | 20・7・23 | 依仰下知如件 | 越前守三善(花押) | 大山崎幷境内 | 下知状 | 書下 | 竪紙 | 禁制 | 寺社 | 山城 | 離宮八幡宮文書 |
| 329 | 20・8・4 | 仍執達如件 | 為清在判 | 所々当地百姓中 | 奉書 | 付 | 不明 | 所帯安堵 | 武家 | 山城 | 日野家領文書写 |
| 330 | 20・8・12 | 仍状如件 | 元運(花押) | 当所名主百姓中 | 書下 | 付 | 折紙 | 所帯安堵 | 寺社 | 山城 | 東寺百合文書 |
| 331 | 21・11・2 | 依仰下知如件 | 上野介三善朝臣(花押) | 清涼寺幷嵯峨上下 | 下知状 | 書下 | 竪紙 | 禁制 | 寺社 | 山城 | 清涼寺文書 |
| 332 | 21・11・4 | 仍執達如件 | 元運判 | 川勝左京亮殿 | 奉書 | 付 | 不明 | 所帯安堵 | 武家 | 丹波 | 記録御用所本古文書 |
| 333 | 21・11・12 | 依仰下知如件 | 上野介三善朝臣(花押) | 龍安寺幷門前競内 | 下知状 | 書下 | 竪紙 | 禁制 | 寺社 | 山城 | 龍安寺文書 |
| 334 | 22・11・15 | 仍執達如件 | 長隆(花押) | 出野日向守殿<br>片山左近丞殿 | 奉書 | 付 | 折紙 | 所帯安堵 | 武家 | 丹波 | 野間建明家文書 |

### （1）様　式

細川京兆家奉行人奉書の様式について、今谷明氏は細川政元家奉行人飯尾家兼奉書を例に次のように規定している。

まず、奉行人単独署判で連署は見られない。また、折紙のみで竪紙は用いられない。そして、書止文言は「……由候也、仍執達如件」で統一されていたとする。

【史料七】細川晴元家奉行人茨木長隆奉書[29]（「尊経閣古文書纂」）

　摂州島下郡溝杭村内本領幷所々散在田畠、小西分寺庵被官人等目録在別紙封裏事、任当知行旨、被成　御判上者、

弥領知不可有相違由候也、仍執達如件、

　天文十四

八月廿六日　長隆《（茨木）》（花押）

**表2－4　細川京兆家奉行人奉書の様式**

| | 様式 | | | | 署判 | | 年号 | | | 形状 | |
|---|---|---|---|---|---|---|---|---|---|---|---|
| | 奉書 | 下知状 | 書下 | 書状 | 官途書 | 実名書 | 書下 | 付 | 無 | 竪紙 | 折紙 |
| 義尚期 | 24 | 0 | 0 | 0 | 0 | 24 | 0 | 24 | 0 | 0 | 24 |
| 義稙前期 | 5 | 0 | 0 | 0 | 0 | 5 | 0 | 5 | 0 | 0 | 5 |
| 義澄期 | 35 | 0 | 2 | 0 | 0 | 37 | 0 | 37 | 0 | 0 | 37 |
| 義稙後期 | 53 | 0 | 9 | 5 | 0 | 67 | 0 | 62 | 5 | 5 | 62 |
| 義晴前期 | 23 | 1 | 8 | 5 | 2 | 35 | 2 | 30 | 5 | 7 | 30 |
| 義晴在国期 | 55 | 1 | 14 | 0 | 1 | 69 | 1 | 69 | 0 | 1 | 69 |
| 義晴後期 | 80 | 8 | 51 | 0 | 8 | 131 | 8 | 131 | 0 | 8 | 131 |
| 義輝前期 | 10 | 2 | 4 | 0 | 2 | 14 | 2 | 14 | 0 | 2 | 14 |
| 義輝中期 | 1 | 5 | 1 | 0 | 5 | 2 | 5 | 2 | 0 | 5 | 2 |
| 計 | 286 | 17 | 89 | 10 | 18 | 384 | 18 | 374 | 10 | 28 | 374 |

註1：数字は奉書の発給点数を示す。
註2：分析対象は原本に限定した。
註3：表2－2の131は横切紙だが、本来は132・133と同じ折紙であったと判断し、折紙に含めた。

溝杭亀松丸殿

【史料八】細川晴元家奉行人茨木長隆奉書[30]（『石清水八幡宮文書』）

溝杭亀松丸申、摂州島下郡溝杭村内、本領幷所々散在田畠、小西分寺庵被官人等事、任当知行旨、被成　御判上者、年貢諸公事物以下、如元弥厳密可致沙汰由、状如件、

天文十四
八月廿六日　長隆（茨木）（花押）
所々名主百姓中

では、実際の細川京兆家奉行人奉書の様式はこの規定通りなのであろうか。表2－4に基づいて見ていくと、書止文言は基本的には「仍執達如件」の奉書様式であるが、「状如件」の直状様式を用いるものも見られる。両者の間には内容の違いは見られないが、史料七・八は同一案件にもかかわらず書止文言が異なるように、直状様式のものは「名主沙汰人中」や「名主百姓中」など、寺社や武家に比べて充所の身分が低いという共通する特徴が見られる。したがって、奉書・直

状の書止文言の違いは、発給者である奉行人と充所の身分差に対応した書札礼に由来すると考えられる。

【史料九】細川晴元家奉行人茨木長隆禁制(31)（『大徳寺文書』）

禁制　　紫野大徳寺同諸塔頭門前

一、軍勢甲乙人等、濫妨狼籍〔藉〕事、

一、陣取事、

一、相懸矢銭兵糧事、

右条々、任先御判旨、堅被停止訖、若有違犯族者、可被処厳科由、依仰下知如件、

天文十五年十二月廿日

伊賀守藤原（茨木長隆）（花押）

また、「依仰下知如件」「仍下知如件」という下知状様式の文書も見られる。これらは、史料九のように全て禁制である。禁制を下知状様式で出すという書札礼は幕府奉行人奉書と共通しており、細川京兆家でも同様の書札礼を採用していたと見られる。しかし、下知状にもかかわらず「依仰」と上意を受けたことを示す文言が付されているものも多く、実際には奉書と同様の機能を果たしたと見られる。逆に、禁制以外に下知状の発給が見られないことから、下知状様式も書札礼上の問題であると言える。したがって、奉書様式の書止文言を持つものだけでなく、書札礼上の違いである直状様式・下知状様式の文書も細川京兆家奉行人奉書の範疇に加えるべきである(32)。

次に、署判であるが、奉書・直状・下知状に関わらず、単署のみである。二名、ないしは政所頭人や地方頭人らを加えた三名以上の複数名の連署であった幕府奉行人奉書とは異なり、細川京兆家奉行人奉書の署判は単独での署判に限られる。一方、署判の方法については、奉書・直状様式の場合は実名書・花押であるが、下知状様式

の禁制のみ官途書・姓・花押という使い分けが見られる。禁制の書札礼は幕府奉行人奉書と同じだが、充所の身分が高くても奉書・直状様式では官途書を使用しない点は異なる。

そして、年号は基本的には付年号が用いられている。奉書・直状様式の場合は例外なく付年号だが、下知状様式の禁制の場合のみ書下年号が用いられている。これも、幕府奉行人奉書の書札礼に対応したものである。

最後に形状であるが、大半は折紙を用いているものの、一部、竪紙のものが見られる。箇条書きの禁制は必ず竪紙を用いる。また、勧修寺門跡雑掌宛の細川高国家奉行人斎藤貞船奉書に竪紙のものが見られるが、これは充所が宮門跡の勧修寺なので丁重な書札礼が用いられたと見られる[33]。ただし、その他の大部分は折紙であり、禁制以外の奉書はほぼ折紙であったと考えられる。禁制と竪紙の対応、充所による折紙と竪紙の使い分けも幕府奉行人奉書の書札礼と同様であるが、幕府奉行人奉書が竪紙・折紙を適宜使い分けていたのに対し、細川京兆家奉行人奉書はほとんど折紙で発給するという相違点が見られる。

以上、細川京兆家奉行人奉書の様式について見てきたが、奉書様式・単独署判・折紙という今谷氏の規定は奉書の大半に当てはまるものの、規定から外れるものもあり、修正が必要である。細川京兆家奉行人奉書の様式は、

(1) 奉行人の単独署判
(2) 充所・用途に対応した書止文言（充所の身分に応じて「仍執達如件」「状如件」を使い分ける。禁制は「依仰下知如件」あるいは「仍下知如件」）
(3) 署判は実名書（禁制の場合は官途書・姓）
(4) 年号の書き方は付年号（禁制は書下年号）
(5) 紙の形状は折紙（禁制は竪紙。奉書様式の一部は竪紙）

と規定すべきである。充所の身分や用途に応じた書札礼の使い分けは幕府奉行人奉書と共通する部分が多いが、

単独署判に限られるなど、細川京兆家奉行人奉書に固有の特徴も見られる。細川京兆家は、室町幕府の書札礼を踏襲しつつ、家の実情に対応させて修正を加え、独自の書札礼を形成したのである。

### （2）発給範囲

細川京兆家奉行人奉書の発給範囲に関連して、今谷明氏は細川京兆家の管轄地域の拡大を指摘している。すなわち、京兆家分国である山城・摂津・丹波を中心に、和泉・河内の一部、さらには備前・越中へと畿内近国に拡大する傾向があるとする。

しかし、今谷氏が挙げた事例のうち、備前・越中は細川京兆家宛の幕府奉行人奉書を典拠としたものであり、細川京兆家奉行人奉書が発給されたわけではないので、京兆家の管轄地域とはみなせない。また、今谷氏は奉書の発給をもって効力発揮の徴証と捉えるが、実際に奉書が効力を発揮するのは受益者がそれを効果的に活用するからである。そのためには対象地域が細川京兆家の影響力が及ぶ場所でなければならず、細川京兆家と対象地域の関係を理解した上で意味づけるべきである。

和泉は細川京兆家の家領があり、かつ、細川家庶流の和泉上守護家・下守護家の分国で、もともと細川京兆家の影響力が一定程度及ぶ地域である。河内の場合も内衆が代官職の請負という形で関与している。だが、これらの国に対して発給された細川京兆家奉行人奉書は約六〇〇点の細川京兆家奉行人奉書のうち約一〇点と一割にも満たず、細川京兆家との関係の限定性、希薄さを物語っている。細川家一門の分国、軍事力による占領に基づく暫定的勢力圏、散在する細川京兆家領・内衆の家領、提携関係にある大名・国人領など、対象地域固有の特異な事情によって細川京兆家の影響力が期待される場合、受益者の要請で発給されることがあったが、細川京兆家奉行人奉書全体の中では例外的な事例である。今谷氏は細川京兆家奉行人奉書が管領奉書を代替する機能を持つとみなしたために発給範囲の拡大を重視したのであるが、細川京兆家分国以外の地域での事例は細川京兆家との関

表2－5　細川京兆家奉行人奉書の発給対象地域

| | 山城 | 摂津 | 丹波 | 讃岐 | 和泉 | 大和 | 河内 | 近江 | 加賀 | 山城等 | 山城<br>丹波 | 山城<br>摂津<br>丹波 | 山城<br>摂津<br>讃岐 |
|---|---|---|---|---|---|---|---|---|---|---|---|---|---|
| 義尚期 | 7 | 18 | 13 | 1 | 0 | 0 | 1 | 0 | 0 | 0 | 1 | 0 | 0 |
| 義稙前期 | 3 | 2 | 6 | 0 | 0 | 0 | 0 | 3 | 0 | 0 | 0 | 0 | 0 |
| 義澄期 | 44 | 8 | 12 | 0 | 0 | 1 | 0 | 0 | 0 | 0 | 0 | 0 | 1 |
| 義稙後期 | 60 | 21 | 15 | 0 | 0 | 0 | 0 | 0 | 0 | 1 | 0 | 0 | 0 |
| 義晴前期 | 32 | 6 | 5 | 2 | 3 | 0 | 0 | 1 | 0 | 0 | 0 | 0 | 0 |
| 義晴在国期 | 88 | 5 | 5 | 0 | 4 | 0 | 0 | 1 | 0 | 1 | 1 | 1 | 0 |
| 義晴後期 | 153 | 9 | 27 | 0 | 0 | 0 | 0 | 0 | 1 | 2 | 0 | 1 | 0 |
| 義輝前期 | 16 | 1 | 1 | 0 | 0 | 0 | 0 | 0 | 0 | 0 | 0 | 2 | 0 |
| 義輝中期 | 7 | 0 | 2 | 0 | 0 | 0 | 0 | 0 | 0 | 0 | 0 | 0 | 0 |
| 計 | 410 | 70 | 86 | 3 | 7 | 1 | 1 | 5 | 1 | 4 | 2 | 4 | 1 |

註1：数字は奉書の発給点数を示す。
註2：発給時期が不明なものは除外した。

わりから発給された可能性が高く、しかも、その影響力も一時的で間接的なものが多く、発給対象地域が拡大した徴証とはみなせない。

そこで、改めて表2―5に基づき、細川京兆家奉行人奉書で取り扱っている地域を見ると、山城が大半を占めており、残りは一、二点の例外を除けば摂津・丹波である。山城が多いのは、主な受益者である寺社や公家の所領が集中しているためである。また、摂津・丹波も含め、いずれも細川京兆家の勢力圏であり、受益者は細川京兆家の直接的な影響力に期待して奉行人奉書を求めていたと言える。また、細川京兆家の意向に基づく奉書の発給対象地域も、これらの勢力圏内に限られる。細川京兆家奉行人奉書の発給範囲は、基本的には細川京兆家分国の山城・摂津・丹波であり、受益者からの要請があった場合、例外的に他地域に対しても発給されたのである。

### (3) 充　所

細川京兆家奉行人奉書の充所について、今谷明氏は、初期には守護被官に限られたものが荘園領主、名主百姓宛へと拡大し、在地末端まで浸透したとする。

しかし、細川京兆家奉行人奉書の大半は受益者の要請によって発給されたことを踏まえると、充所を選んだのも受益者とするのが自然である。充所の拡大は発給者である細川京兆家の権力拡大ではなく、受益者の必要性によって生じたものであり、在地宛のものが発給されたからといって在地末端まで権力が浸透したとは評価できない。充所の変化は、受益者による細川京兆家奉行人奉書の用途の変化を示すものとして理解すべきである。

では、実際にはどのような充所が見られるのであろうか。表2―1・2―2・2―3に基づいて概観すると、まず、公家・寺社の雑掌宛のものが多く見られる。また、名主百姓中・名主沙汰人中・町といった在地宛のものもかなり多い。そして、細川京兆家の内衆や被官である武家宛のものがある。その他には、商人や職人、芸人に宛てたものがある。

これらの充所は奉書の果たした機能からいくつかの集団に類別される。まず、奉書発給を要請した受益者である[34]。これは、当知行安堵や段銭免除といった権利の承認を受けたものであり、公家・寺社・武家・商人・職人・芸人と幅広い階層が見られる。また、少数ではあるが幕府や朝廷、在地が対象となったものも見られる。受益者別にまとめた表2―6によると、受益者の大半は寺社であり、次いで細川京兆家の内衆

**表2－6　細川京兆家奉行人奉書の受益者**

| | 幕府 | 細川 | 武家 | 朝廷 | 公家 | 寺社 | 商人 | 職人 | 芸人 | 在地 |
|---|---|---|---|---|---|---|---|---|---|---|
| 義尚期 | 2 | 0 | 6 | 0 | 5 | 27 | 0 | 0 | 1 | 0 |
| 義稙前期 | 0 | 0 | 2 | 0 | 0 | 12 | 0 | 0 | 0 | 0 |
| 義澄期 | 1 | 5 | 19 | 0 | 4 | 35 | 0 | 0 | 3 | 0 |
| 義稙後期 | 0 | 9 | 22 | 0 | 15 | 48 | 3 | 0 | 1 | 0 |
| 義晴前期 | 0 | 5 | 10 | 0 | 6 | 24 | 3 | 0 | 0 | 1 |
| 義晴在国期 | 1 | 5 | 21 | 2 | 3 | 72 | 0 | 0 | 1 | 1 |
| 義晴後期 | 19 | 4 | 16 | 0 | 9 | 126 | 8 | 2 | 8 | 0 |
| 義輝前期 | 0 | 0 | 2 | 0 | 2 | 15 | 1 | 0 | 0 | 0 |
| 義輝中期 | 0 | 0 | 3 | 0 | 0 | 6 | 0 | 0 | 0 | 0 |
| 計 | 23 | 28 | 101 | 2 | 44 | 365 | 15 | 2 | 14 | 2 |

註1：数字は奉書の発給点数を示す。
註2：発給時期が不明なものは除外した。

や被官を中心とする武家が続いている。

次に、年貢・公事の未進、年貢押領や権利の競望など、受益者にとって不利益となる問題を起こした下知の対象者である。これは、名主百姓中など在地の債務者と、武家や同業者などの権利侵害者に大別される。いずれも、奉書を得ることによって、問題行動の停止、債務の支払いなど、受益者の権益保全が期待されるものである。

また、年貢督促・土地の沙汰付など、受益者の権利を維持するための強制執行の実行者宛のものもある。例えば、享禄元年（一五二八）一〇月五日付の細川晴元家奉行人、茨木長隆奉書では、東寺八幡宮領山城国上久世荘公文拘本所分を細川京兆家被官である寒河千代市丸が違乱したので、晴元内衆の三好元長に違乱停止と沙汰付が命じられている[35]。この事例のように、強制執行の実行者として充所に見えるのは細川京兆家内衆や被官の国人らである。

そして、相論の当事者への発給も見られる。不断光院南僧坊領代官職をめぐる相論では、訴人である石井顕親に交付された裁許状相当の細川京兆家奉行人奉書中に論人の石井長親にも奉書を下したと記しており、訴人と論人の当事者双方に奉書が発給されたことが知られる[36]。

その他には、利害関係者への発給が見られる。第一節で取り上げた山科東荘大宅郷の事例では、年貢を滞納していた大宅郷だけではなく、周辺の山科七郷に対しても発給している。問題の当事者に命令を下すだけでなく、周辺の利害関係者にそのことを周知することによって不要な問題の発生を未然に防ごうとしたものと見られる。

さて、こうした充所を持つ細川京兆家奉行人奉書であるが、これまでの検討から明らかなように、複数の奉書が同日付で同時発給される場合もよく見られる。これは、受益者が複数の奉書を必要としたためであるが、その組み合わせにはある傾向が見られる。最も多く見られるのが、受益者と下知の対象者（債務者・権利侵害者など）の双方宛の二通を同時に発給するものである。これは、受益者にとって権利の承認と問題解決による権利保全こそが最も重要であったことを表している。また、相論の場合は訴人・論人の双方に交付されるので、各受給者は一通ずつであるが、合計で二通発給されることになる。

三通の場合、この二通に加えて強制執行の実行者や利害関係者に対して発給される。これは受益者の権利保全の実施をより確実にするためのものであるが、直接充所としなくても交渉次第で他の二通による代替が可能なものである。必ず発給されるわけではないのは、発給が受益者の必要性によって左右されるためと見られる。また、押領が原因で年貢未進が発生した場合など、債務者と権利侵害者の両方に発給される場合もある。この場合、権利保全を優先するのであれば下知の対象者宛の二通、受益者に権益の確認・承認を与えるのであれば受益者宛も加えた三通となる。権利侵害が他の問題を派生的に引き起こした場合、同時に解決を図るためにこのような形での発給が見られる。

一方、一通の場合は、受益者宛か下知の対象者宛のいずれかである。これは、権利の承認・確認の場合は受益者、受益者の利益を脅かす問題が発生している場合は下知の対象者宛の一通の場合が多い。前者の場合は、当面問題が発生しているわけではないので単独になると見られる。後者の場合は、権利の保障は以前に得ている、あるいは他の文書で証明可能ということから、受益者はあえて発給を求めなかったものと見られる。また、史料の伝来過程において他の奉書が失われた可能性も考えられる。

充所の種類や同時発給に見られる傾向は幕府奉行人奉書と共通する面が多いが、細川京兆家奉行人奉書には独自の要素がある。それは、強制執行の実行者に対する発給である。実行者は細川京兆家の内衆や被官であり、実行者宛の発給は不法行為者の排除に向けた、より踏み込んだ対応と言える。受益者は権利の保障に加えて、強制執行による問題解決を細川京兆家に求めていたのである。

**表2－7　細川京兆家奉行人奉書の内容**

| | 所帯安堵 | 所帯押領 | 年貢・公事未進 | 相論 | 課役賦課 | 禁制 | 宗教統制 | 検断 | 過書 | 命令通達 | 軍勢催促 | 商業統制 |
|---|---|---|---|---|---|---|---|---|---|---|---|---|
| 義尚期 | 6 | 16 | 2 | 1 | 14 | 0 | 0 | 2 | 0 | 0 | 0 | 0 |
| 義稙前期 | 7 | 5 | 2 | 0 | 0 | 0 | 0 | 0 | 0 | 0 | 0 | 0 |
| 義澄期 | 24 | 10 | 1 | 8 | 18 | 1 | 0 | 1 | 0 | 1 | 3 | 0 |
| 義稙後期 | 27 | 20 | 18 | 3 | 19 | 0 | 0 | 3 | 0 | 2 | 4 | 2 |
| 義晴前期 | 16 | 5 | 6 | 0 | 13 | 2 | 0 | 0 | 0 | 1 | 6 | 0 |
| 義晴在国期 | 44 | 35 | 12 | 1 | 8 | 1 | 0 | 0 | 0 | 3 | 2 | 0 |
| 義晴後期 | 60 | 73 | 24 | 13 | 6 | 12 | 1 | 1 | 2 | 0 | 0 | 1 |
| 義輝前期 | 9 | 4 | 1 | 0 | 3 | 3 | 0 | 0 | 0 | 0 | 0 | 0 |
| 義輝中期 | 4 | 0 | 0 | 0 | 0 | 5 | 0 | 0 | 0 | 0 | 0 | 0 |
| 計 | 197 | 168 | 66 | 26 | 81 | 24 | 1 | 7 | 2 | 7 | 15 | 3 |

註1：数字は奉書の発給点数を示す。
註2：発給時期不明のものは除外した。

### （4）内　容

細川京兆家奉行人奉書の内容について、今谷明氏は安堵・充行中心から所務・雑務全般へ拡大し、永正五年以降は洛中の屋地の公事取り扱いを幕府の地方頭人から吸収したとして、内容の変遷を細川京兆家による幕府機構の吸収と捉えている。

しかし、今谷氏が幕府機構の吸収として捉えた事象は幕府内部の専制化ではなかったことが末柄豊氏によって明らかにされており、細川京兆家奉行人奉書の取扱内容の変化は別の視角から捉えるべきである(37)。

では、細川京兆家奉行人奉書ではどのような内容が取り扱われているのであろうか。そこで、表2－7に基づき、受益者の要請（所帯安堵、所帯押領、年貢・公事未進、相論、課役賦課、禁制、宗教統制、検断、過書）と細川京兆家の命令（命令通達、軍勢催促、商業統制）に分類した上で見ていくことにする。なお、幕府の下知が発給の契機となったものも、受益者が幕府になるという点で受益者の要請によるものと内容が重複するので、併せて論じることにしたい。

所帯安堵は、所領・諸職・地子銭など、受益者の権益を保障したものである。所領安堵が最も多く、当知行安堵、押領後の還付地の安堵、闕所地の還付後の安堵、遺跡安堵などがなされている。所領安堵は政情の不安定化が契機となって集中的に発給されることが多い。特に、公家・寺社宛のものが多数見られるが、これは権力者の交代に乗じた押領が頻発したため、所領安堵を得ることで対応したことによる。また、細川京兆家当主の代替わり、受益者の代替わりも発給の契機となっている。幕府奉行人奉書を受けて発給されることも多く、受益者は幕府と細川京兆家の双方の保障を必要としていたことがわかる。武家・商人・職人・芸人・幕府・朝廷の場合も契機は同様であるが、武家の場合は細川京兆家内衆・被官が大半を占め、幕臣は遵行を経るという特徴が見られる。新地充行も行われているが、細川京兆家内衆・被官に限られる。その他、大工職・地子銭等の安堵も行われており、細川京兆家による安堵の需要が広範にわたっていたことがうかがえる。

所帯押領は、所領・諸職・地子銭などの受益者の権益侵害の停止を命じたものである。所帯安堵と同じく所領に対するものが多く、当知行、幕府奉行人奉書による安堵、細川京兆家奉行人奉書による安堵、徳政による沽却地取り戻しなど、様々な理由を主張して押領あるいは競望が行われている。やはり、政情の不安定化が契機となる場合が多い。幕府奉行人奉書を受けて発給されることも多く、受益者は細川京兆家に押領停止の実効性を期待していたと見られる。

年貢・公事未進は、半済・押領・干魃などにより年貢・公事が未進となった場合、その納入督促を行ったものである。これも、幕府奉行人奉書を受けることが多い。数量的には、所帯安堵、所帯押領、年貢・公事未進で約六割を占めており、主な発給事由の一つである。未進が数年にわたると算用の催促も行うが、未進が原因となって押領になることも多い。

相論は、所帯等をめぐる対立が細川京兆家に持ち込まれた場合、裁許結果や暫定措置の通達を行ったものである。所領の所有権、代官職の所有権、座における特権など、相論で扱う内容は広く、幕府と同様に問状・答状の応酬を経た上で裁許が下されている。

課役賦課は、細川京兆家による課役の賦課・免除を行ったものである。課役賦課も全体の一割を超えており、細川京兆家奉行人奉書の主要な機能であったと考えられる。段銭・棟別銭・兵糧米などの課役に対し、受益者がその免除を求めて発給される場合が多い。足利義稙の三条御所修築費用の賦課・免除が細川京兆家奉行人奉書によってなされるなど、幕府儀礼や幕府の重要政策を経済的に支える機能も果たした。また、普請などの夫役、関銭の免除なども奉行人奉書で行っている。

禁制は、軍勢や宗教上の禁止事項を定めたものである。軍勢に対する禁制の場合、その統率者である細川京兆家当主や内衆が発給することが多いが、並行して奉行人による禁制も見られる。文言は定型化しており、三カ条の箇条書きで、乱妨狼藉、山林竹木伐採、矢銭・兵糧米等の課役賦課、放火、寄宿、陣取などを禁止している。合戦が契機となって巻き込まれる可能性のある受益者側から発給を要請する戦時の禁制がほとんどであるが、なかには在京者による乱妨狼藉など、平時に発給する事例も見られる。宗教上の禁止事項を定めた禁制は日蓮宗信者の京都での活動禁止を定めたものが一点だけ見られるが、これは天文法華の乱という非常事態に際して発給された例外的なものであり、平時には積極的に宗教統制を試みた様子は見られない。

検断は、刑事事件に対する処置を命じたものである。傷害・殺人などの犯人追捕、闕所地の没収などを行っている。受益者が自力での犯人追捕が困難な場合、あるいは、当事者間での解決が困難な場合、細川京兆家による助力が求められている。

過書は、細川京兆家領内に設置された関所の通行許可・課税免除を認めたものである。細川京兆家領内には多数の関所が設置されており、守護代らの内衆が管理していたために発給が求められた。

命令通達は、細川京兆家の下知を通達したものである。戦時の軍勢催促、闕所地没収の通知などがなされている。軍勢催促は細川京兆家当主の軍勢催促状でなされるのが通例だが、内衆や被官ではない寺社・公家領に命じる場合に奉書が用いられている。

商業統制は、商取引に関わる事項を定めたものである。撰銭令、徳政令の発布が箇条書きでなされている。

このように、細川京兆家奉行人奉書の取扱内容は雑務・所務・検断などかなり広範囲にわたるが、全体を見渡した場合、一つの特徴が見られる。それは、幕府奉行人奉書の取扱内容とほぼ重複するということである[38]。細川京兆家側の事情のみに基づいて発給された命令通達は異なるが、撰銭令や徳政令による商業統制は幕府政所の権能である。受益者の要請に基づく奉書のうち、課役賦課は大名独自の役の賦課、禁制は軍勢の統率者としての権限に由来する部分も大きいので、幕府奉行人奉書との関係だけでは位置づけられないが、所帯安堵、所帯押領、年貢・公事未進、検断は、元来、幕府奉行人奉書の取扱案件であったことは明らかである[39]。また、問題が当事者間で解決できなければ、内容に応じて政所沙汰・御前沙汰での相論となっており、相論も本来幕府に持ち込まれる問題であった。

では、両者の内容が重複することは何を意味するのであろうか。細川京兆家奉行人奉書が受益者の要請で発給されるという前提を踏まえると、受益者が幕府と細川京兆家の双方に解決を求めた、つまり、期待する役割が同じということである。これは、幕府の機能を細川京兆家が代行していたことを意味する。細川京兆家奉行人奉書からは、幕府から細川京兆家への幕政の移行を読み取ることができるのである。

## 第三節　細川京兆家奉行人奉書発給の背景

前項の検討により、幕政の代行という細川京兆家奉行人奉書の特徴が明らかになったわけであるが、この点を理解するには解決すべき問題点が二つある。一つは、幕府機関との関係である。その機能を本来担っていた機関とその動向を理解することにより、細川京兆家が新たに担った役割が明瞭になると考えられる。もう一つは、細川京兆家奉行人奉書の単独発給が出現する背景である。単独発給の出現は、幕府では解決できず細川京兆家の関与が必要となる、新たな問題が発生したことを意味する。その問題の特質を理解することにより、細川京兆家による幕政代行の要因が明らかになると考えられる。

## 一　将軍権力の政務処理

細川京兆家奉行人奉書による代行が見られる機能のうち、検断は侍所沙汰の管轄であった。侍所は長官の侍所頭人に在京大名が就任し、次官の所司代も大名内衆が担い、幕府奉行人が侍所寄人としてそれに所属した。したがって、侍所は在京大名と幕府奉行人の双方によって構成されていたわけであるが、大名の在国化により文明一七年（一四八五）九月以降、侍所頭人・所司代は設置されていない[40]。幕府奉行人が務める開闔は存続したものの、侍所沙汰に代わって検断は将軍が主催する御前沙汰での取扱案件となった。

所帯安堵、所帯押領、相論のうち、洛中の屋地や地子銭の安堵、及びその押領、相論は地方沙汰の管轄であった。今谷氏は永正五年（一五〇八）以降、地方頭人の屋地支配が細川京兆家に吸収されたとするが、地方頭人の加判奉書の発給がその後も見られるなど地方沙汰の活動徴証が見られるため、吸収という評価は適切ではない。しかし、他の幕府機構による政所沙汰や御前沙汰に比べると活動が低調である点は否めない。洛中の屋地に関わる問題も御前沙汰で取り扱われており、地方沙汰の機能低下を示している[41]。

撰銭令や徳政令による商業統制、売買や金銭貸借に関する問題は政所沙汰の管轄である。政所沙汰は頭人の伊勢家が主催し、政所寄人として幕府奉行人が所属した[42]。地方沙汰とは対照的に、政所沙汰で管轄する案件が細川京兆家奉行人奉書で取り扱われている例は、撰銭令・徳政令の発布と沽却地をめぐる相論程度で比較的少ない。撰銭令は京都ではなく大山崎での発布であり、徳政令も細川京兆家内衆や被官からの要請の上、政所と相談して発布しており、政所に代わる独自の商業統制とまでは評価できない。沽却地をめぐる相論は細川京兆家でも取り扱われているが、これは細川京兆家被官同士の相論である。したがって、政所沙汰管轄案件については細川京兆家への移行は少数に留まり、政所が従来通りの機能を果たしていたと見られる。

また、伊勢家は将軍に対する影響力を持つ幕政の有力者であるが、他の幕臣とは対照的に敵対する将軍に交代しても伊勢家当主が交代した例はなく、独自の政治勢力として活動している。明応の政変後、足利将軍家の分裂に伴い幕臣が二つに分裂したが、伊勢家は分裂せずにその基盤を継承している。政所主催者である伊勢家の安定は政所沙汰の継続に大きく寄与したと見られる。

その他の所帯安堵、所帯押領、年貢・公事未進、課役賦課やそれをめぐる相論は、将軍が主催する御前沙汰の管轄である。御前沙汰は政所沙汰と並んで戦国期室町幕府による案件処理の中心であった[43]。しかし、御前沙汰を運営する将軍の権力基盤は常に安定していたわけではない。足利義稙は明応の政変によって将軍位を追われたが、政変は足利将軍家と幕臣の分裂を招いた[44]。以後、義澄・義稙・義晴と将軍が交代するたびに将軍側近や奉行人の出奔が生じており、大永八年（一五二八）以降は将軍の長期にわたる在国も見られる。

幕府機関における政務処理のうち、細川京兆家への移行が強く認められるのは御前沙汰・侍所沙汰・地方沙汰の取扱案件である。このうち、侍所沙汰・地方沙汰については機能低下に伴って御前沙汰への統合が図られたと見られるが、御前沙汰の基盤である将軍権力は、分裂によって人的基盤が縮小し、政治経験の継承に支障を来すことによって政治力の低下を招いていた。また、将軍の廃立・出奔や在国化といった政情不安は、政治的影響力の低下と政治の停滞をもたらしており、義晴後期のように比較的安定していた時期もあるが、戦国期全体では将軍権力による政務処理は縮小傾向にあったとみなさざるを得ない。

だが、政務処理が縮小したからといって受益者が提起する問題が減少するわけではない。むしろ、政情の不安定化により増加傾向にあったと見られる。そこで、将軍権力に代わって問題解決を行う権力が必要となるわけだが、幕政を補完するはずの大名は大半が在国しており、恒常的に在京していたのは細川京兆家だけであった。つまり、幕府機関の縮小とそれに代わる権力の必要性、それこそが細川京兆家による幕政の代行を促したと考えられるのである。

## 二　細川京兆家の課題解決力

細川京兆家奉行人奉書を発給対象地域別にまとめた表2―5、細川政元家・高国家・晴元家の各奉行人奉書の推移をまとめた表2―8・2―9・2―10、細川京兆家奉行人奉書の発給者と時期別発給数をまとめた表2―11によれば、山城での単独発給事例が急増するのは明応の政変以降である。元来、細川京兆家の勢力圏であった摂津や丹波とは異なり、山城は幕府奉行人奉書とそれに基づく遵行で問題解決が図られてきた地域であった。したがって、山城での単独発給の増加は細川京兆家による問題解決を必要とする場面が増加したことを意味する。では、奉書の単独発給増加の要因はいったい何であろうか。

先述したように、細川京兆家奉行人奉書には強制執行に重点を置いているという特徴がある。所領の押領や年貢未進に際して、強制執行を命じる細川京兆家奉行人奉書には、難渋・遅怠の場合、成敗する、あるいは、罪科に処すという文言がしばしば見られる。これらの文言は幕府奉行人奉書でも用いられているが、細川京兆家の場合に異なるのは、充所に強制執行の実行者である内衆や被官が加わる点である。

【史料一〇】細川高国家奉行人飯尾元兼奉書[45]（『久我家文書』）

久我殿家領大藪散在段銭事、就　禁裏御八講、大儀之時者被相懸云々、然於相拘田畠輩者、速可致其沙汰、若寄事於左右有難渋之族者、堅可被加御成敗之由候也、仍執達如件、

**表２－８**
細川政元家奉行人奉書の発給数の推移

| 年次 | 数量 | 年次 | 数量 |
|---|---|---|---|
| 文明５ | 4 | 明応１ | 5 |
| 6 | 0 | 2 | 0 |
| 7 | 0 | 3 | 2 |
| 8 | 3 | 4 | 4 |
| 9 | 1 | 5 | 4 |
| 10 | 5 | 6 | 14 |
| 11 | 2 | 7 | 12 |
| 12 | 1 | 8 | 5 |
| 13 | 1 | 9 | 8 |
| 14 | 10 | 文亀１ | 0 |
| 15 | 0 | 2 | 1 |
| 16 | 1 | 3 | 2 |
| 17 | 3 | 永正１ | 1 |
| 18 | 4 | 2 | 7 |
| 長享１ | 5 | 3 | 5 |
| 2 | 1 | 4 | 1 |
| 延徳１ | 1 | | |
| 2 | 4 | | |
| 3 | 4 | | |
| 計 | | | 121 |

**表２－９**
細川高国家奉行人奉書の発給数の推移

| 年次 | 数量 | 年次 | 数量 |
|---|---|---|---|
| 永正５ | 18 | 大永１ | 3 |
| 6 | 9 | 2 | 10 |
| 7 | 10 | 3 | 15 |
| 8 | 14 | 4 | 3 |
| 9 | 7 | 5 | 2 |
| 10 | 5 | 6 | 5 |
| 11 | 3 | 7 | 6 |
| 12 | 8 | 享禄１ | 0 |
| 13 | 5 | 2 | 0 |
| 14 | 5 | 3 | 0 |
| 15 | 1 | 4 | 1 |
| 16 | 3 | | |
| 17 | 9 | | |
| 計 | | | 142 |

**表２－10**
細川晴元家奉行人奉書の発給数の推移

| 年次 | 数量 | 年次 | 数量 |
|---|---|---|---|
| 大永７ | 6 | 天文10 | 18 |
| 享禄１ | 26 | 11 | 11 |
| 2 | 14 | 12 | 8 |
| 3 | 11 | 13 | 12 |
| 4 | 18 | 14 | 14 |
| 天文１ | 7 | 15 | 7 |
| 2 | 23 | 16 | 17 |
| 3 | 28 | 17 | 2 |
| 4 | 15 | 18 | 0 |
| 5 | 10 | 19 | 1 |
| 6 | 19 | 20 | 4 |
| 7 | 17 | 21 | 3 |
| 8 | 28 | 22 | 1 |
| 9 | 14 | | |
| 計 | | | 334 |

**表２－11**　細川京兆家奉行人奉書の発給者

| | 飯尾家兼 | 斎藤元右 | 有岡賢定 | 賢　兼 | 波多野秀久 | 清貞昭 | 飯尾秀兼 | 飯尾元兼 | 斎藤貞船 | 中沢秀綱 | 飯尾公則 | 茨木長隆 | 飯尾元運 | 飯尾為清 | 計 |
|---|---|---|---|---|---|---|---|---|---|---|---|---|---|---|---|
| 義尚期 | 20 | 13 | 1 | 1 | 6 | 0 | 0 | 0 | 0 | 0 | 0 | 0 | 0 | 0 | 41 |
| 義稙前期 | 10 | 1 | 0 | 0 | 0 | 3 | 0 | 0 | 0 | 0 | 0 | 0 | 0 | 0 | 14 |
| 義澄期 | 21 | 28 | 0 | 0 | 0 | 3 | 6 | 3 | 1 | 0 | 0 | 0 | 0 | 0 | 62 |
| 義稙後期 | 0 | 0 | 0 | 0 | 0 | 0 | 29 | 7 | 42 | 15 | 5 | 0 | 0 | 0 | 98 |
| 義晴前期 | 0 | 0 | 0 | 0 | 0 | 0 | 13 | 12 | 7 | 10 | 0 | 4 | 3 | 0 | 49 |
| 義晴在国期 | 0 | 0 | 0 | 0 | 0 | 0 | 0 | 0 | 0 | 1 | 0 | 46 | 49 | 10 | 106 |
| 義晴後期 | 0 | 0 | 0 | 0 | 0 | 0 | 0 | 0 | 0 | 0 | 0 | 98 | 35 | 60 | 193 |
| 義輝前期 | 0 | 0 | 0 | 0 | 0 | 0 | 0 | 0 | 0 | 0 | 0 | 10 | 1 | 9 | 20 |
| 義輝中期 | 0 | 0 | 0 | 0 | 0 | 0 | 0 | 0 | 0 | 0 | 0 | 2 | 4 | 3 | 9 |
| 不明 | 0 | 2 | 0 | 0 | 0 | 0 | 0 | 0 | 1 | 3 | 0 | 0 | 0 | 0 | 6 |
| 計 | 51 | 44 | 1 | 1 | 6 | 6 | 48 | 22 | 51 | 29 | 5 | 160 | 92 | 82 | 598 |

註１：数字は奉書の点数を示す。
註２：発給者不明のものは除外した。

大永四
七月五日　（飯尾）元兼（花押）
御被官人中

【史料一二】細川高国家奉行人飯尾元兼奉書[46]（『久我家文書』）

久我殿家領大藪散在段銭事、就　禁裏御八講、大儀之時者被相懸之云々、然相拘田畠輩者、速可致其沙汰、若寄事於左右有難渋族者、可被加御成敗之段、対御被官人中被成御下知訖、可令存知之由候也、仍状如件、

大永四
七月五日　（飯尾）元兼（花押）
当所名主百姓中

史料一〇・一一は禁裏御八講の要脚として久我家領大藪荘に段銭賦課を命じた細川京兆家奉行人奉書である。史料一〇では細川京兆家被官である近隣の国人に対して段銭納入を拒むものがいれば成敗するよう命じているのに対し、史料一一では実際に納入する名主百姓中に対して納入を拒めば成敗するよう被官に命じたことを通知している。通常は名主百姓中宛の奉書のみの場合も多いが、成敗や罪科といった文言の背景には、ここで見られるような細川京兆家内衆・被官による強制的な税の徴収や違反者の処罰が存在する。

細川京兆家奉行人奉書による強制執行を示すものとして、もう一つ、譴責使の派遣がある。天文七年（一五三八）九月二二日付の当所名主百姓中宛、細川晴元家奉行人飯尾元運奉書では、泉涌寺領摂津国潮江荘新免分で押領が発生したのに対し、年貢・諸公事物以下の寺納を命じた上で「令難渋者、可被入譴責使之由候也」と譴責使の派遣に言及している[47]。成敗や罪科を具体的に実行するにあたっては、近隣の内衆・被官による強制執行の他に細川京兆家からの譴責使派遣という方式が存在したことがうかがえる。譴責使が入部した場合、追徴課税や罪人

の処罰、闕所地化、譴責使への礼銭など、強制執行の対象者はその対応に多大な対価を支払うことになる。また、押領の場合は、実力によって排除される上に罪人として処罰される危険性がある。譴責使派遣を回避するために権利侵害を止めるものも多かったと考えられる。

一方、幕府奉行人奉書の場合、成敗や罪科を命じても実行するのは幕府ではない。問題解決は受益者の自力救済に委ねられており、幕府奉行人奉書はその正当性を保障したにすぎないため、受益者は自力で権利侵害者に直接影響力を行使しうるものを動かさなければならなかった。細川京兆家奉行人奉書の場合も原則的には受益者の自力救済であるが、細川京兆家自体が強制執行力を持つという点で異なる。細川京兆家の内衆や被官を動かせば権利侵害者に直接圧力をかけて問題解決を図ることが可能なのである。したがって、権利侵害者に対する直接的影響力を発揮するという、受益者による期待が、細川京兆家奉行人奉書の増加の一因であったと考えられる。

では、なぜ幕府が介在せずに単独で発給するようになるのであろうか。久我家領山城国東久世荘の事例を見ていくことにしよう。東久世荘は久我家と五条家の係争地であったが、相論の結果両者は和睦することになり、和与状と当知行に基づき幕府奉行人奉書で久我家の知行が安堵された。しかし、代官を入部させたところ違乱が起きたので、久我家では細川京兆家奉行人奉書を得て問題解決を図ることにした。そこで発給されたのが、文明一八年（一四八六）一〇月九日付で代官への合力を命じた細川京兆家被官宛の二通の奉書である。しかし、被官たちが合力しなかったので、再度合力を命じる奉書を要請し、一〇月二一日付で西岡や上山城の被官に対して合力を命じた二通の奉書が発給されることになった[48]。

この事例の場合、幕府奉行人奉書による安堵だけでは実効支配を確保できず、細川京兆家奉行人奉書による強制執行が求められた。直接遵行したわけではないが、一〇月九日付の奉書は幕府奉行人奉書による安堵を前提としたものであり、幕府による権利認定を経て発給されている。しかし、一〇月二一日付の奉書では「先度被成奉書之処、于今令難渋云々、不日悉可致合力之由候也」としており、一〇月九日付の細川京兆家奉行人奉書を受けて発給されたことが明らかである。これは比較的早い事例であるが、細川京兆家の下知を前提として細川京兆家奉行人奉書が発給されたことを示している。

受益者にとって、問題が解決できるのであれば幕府奉行人奉書の有無は問題ではない。しかし、細川京兆家奉行人奉書を得るためには、細川京兆家との交渉窓口が必要である。細川京兆家へのつてがあればよいが、そうでなければ幕府奉行人奉書で細川京兆家を動かすのが妥当な方法である。だが、両者から奉書を得るということは、奉書発給に関わった仲介者、奉行人など関係者に対する礼銭を双方に支払わなければならないことを意味する。さらに、経済的な負担だけでなく、交渉にかかる時間が増す上に交渉担当となった雑掌や被官の分、労力も割かなければならない。

したがって、受益者としては交渉対象の一元化が可能であればそれに越したことはない。久我家の事例のように、一度細川京兆家から奉書を得れば、それを根拠に次の奉書を要求することも可能である。また、交渉を通じて人脈も築くことになり、幕府が介在しなくても直接細川京兆家との交渉が可能になる。単独発給での細川京兆家奉行人奉書の増加は、細川京兆家との交渉回路の形成と交渉対象の一元化によりもたらされたと考えられる。

さて、細川京兆家奉行人奉書の内容に注目すると、もう一つ、別の傾向を見出すことができる。それは、問題そのものに細川京兆家が関わっている場合が多いということである。段銭や棟別銭、半済といった課役賦課は課税の実務を担っている細川京兆家による免除を得なければ賦課を免れることはできない。

また、受益者の権利を侵害する押領の当事者が細川京兆家の内衆や被官である場合、細川京兆家による下知が有効である。天文七年（一五三八）九月二一日付、細川晴元家奉行人の飯尾元運奉書によれば、以前、摂津国下郡潮江荘新免分に対して、内衆の柳本賢治が代官職と称して違乱を行ったので、泉涌寺は奉書を得て競望を止めさせたが、さらに柳本元俊が細川京兆家奉行人奉書を手に入れて押領に及んだ(49)。柳本元俊の奉書は破棄されることになったが、これは泉涌寺による押領の訴えを受けたためと見られる。結局、泉涌寺の知行が認められたが、この事例は権利侵害者が細川京兆家奉行人奉書を正当化の根拠としている時には、その主張が不当であり、権利が受益者にあることを証明する細川京兆家奉行人奉書を得ることが対抗手段として有効であったことを示している。無論、奉書を持たない押領の場合も、内衆や被官という立場上、細川京兆家の下知にあからさまに背くことはできないので、受益者は奉書を得て権利侵害者に対抗している。

では、細川京兆家内衆や被官による権利侵害は細川京兆家奉行人奉書でなければ阻止できないのであろうか。

【史料一二】室町幕府奉行人連署奉書(50)（「東寺百合文書」）

東寺　八幡宮領城州上久世庄本所分事、近年無謂押妨之間、神事闕怠云々、太不可然、如先々可被沙汰渡雑掌、若又有子細者、可被明申之由、被仰出候也、仍執達如件、

永正五

九月二日　（松田）英致（花押）

（斎藤）基雄（花押）

波々伯部因幡守殿

【史料一三】室町幕府奉行人連署奉書案(51)（「東寺百合文書」）

東寺八幡宮領城州上久世庄事、波々伯部因幡守押妨之条、先度雖被遣問状、不能承引、不請取之条、前代未聞次第也、既神事闕怠之条、早退彼妨、年貢以下、如先々可沙汰渡寺家雑掌、更不可令難渋之由、被仰出候也、仍執達如件、

永正五

十月廿八日　英致（松田）在判
基雄（斎藤）在判
当所名主沙汰人中

史料一二は、東寺八幡宮領山城国上久世荘本所分について、東寺の訴えを受けて雑掌への返付を命じ、弁明があれば述べるよう指示した幕府奉行人奉書である。充所となっていることから明らかなように、押領を行ったのは細川高国内衆、波々伯部因幡守である。史料一三は、波々伯部因幡守が押領を止めないので、名主沙汰人中に対して年貢の東寺雑掌への納入を命じた幕府奉行人奉書である。

史料一三で重要なのは、「波々伯部因幡守押妨之条、先度雖被遣問状、不能承引、不請取之」と、波々伯部因幡守は幕府から問状を出したにもかかわらず承伏せず、しかも受け取りを拒否したことである。ここでいう問状とは、訴人である東寺の訴状を受けて幕府が論人の弁明を求めた催促状という意であり、史料一二を指している。しかし、波々伯部因幡守は弁明するどころか問状の受け取りすら拒否したのである。幕府訴訟上の問題であれば敗訴は明らかであるが、波々伯部因幡守はそのことを全く意に介さず、幕府から「前代未聞次第也」と非難される行為を平然と行っている。幕府の下知を軽視する波々伯部因幡守が相手では、幕府奉行人奉書による押領停止は期待できない。

こうした幕府の下知を軽視する姿勢は波々伯部因幡守に限ったものではない。蜷川親俊の『親俊日記』には、地子銭催促をめぐる幕臣と伊勢貞孝被官の間での刃傷沙汰において、「当方被官人為上意不可有御成敗之由、三管領同前也」という伊勢貞孝の主張が見える。(52) これは、伊勢家の被官は管領家（斯波・畠山・細川の三家）と同様、将軍による処罰は及ばないという特権を得ているので、処分は伊勢家で判断するというものである。ここでは貞孝が「三管領同前」と主張していることが注目される。伊勢家と同様、細川京兆家の内衆や被官も同様の特権を有しており、将軍の下知に背いたからといって将軍が直接処罰することはできないという、治外法権状態にあったとみなすことができる。細川京兆家の内衆や被官を裁くことができるのは細川京兆家のみであり、権利侵害者が細川京兆家関係者であれば、細川京兆家奉行人奉書でなければ直接当事者に影響力を及ぼすことはできないのである。したがって、奉書の単独発給増加のもう一つの要因として、権利侵害など問題そのものに細川京兆家が関わっており、細川京兆家奉行人奉書でなければ解決困難な問題が増えたということが挙げられる。

## 第四節　細川京兆家の政治機構

### 一　細川京兆家奉行人の活動

細川高国家奉行人は、飯尾秀兼（備前守）・飯尾元兼（善左衛門尉）・斎藤貞船（甲斐守）・中沢秀綱（三郎左衛門尉）・飯尾公則（善三郎）の五名である[53]。飯尾・斎藤・中沢という名字や奉行人という立場などからすると、室町幕府奉行人との関連性が考えられる。鎌倉幕府及び六波羅奉行人であった飯尾家・斎藤家、丹波国人の中沢家からは室町幕府奉行人を輩出していたが、その一門が、管領という立場上奉行人と関わることの多かった細川京兆家当主の内衆化したものと見られる[54]。

また、飯尾秀兼と飯尾元兼は、細川政元の代から奉行人としての活動が見られる[55]。政元内衆のうち、室町期以来、細川京兆家に仕えた譜代内衆の大半は、細川高国を支持してその内衆化しており、秀兼と元兼も同様に高国内衆化したものと見られる。斎藤貞船・中沢秀綱・飯尾公則の活動は高国の家督継承後である。

ただし、他の四名がそれぞれ数十通の奉書を発給し、高国期を通じて活動しているのに対し、飯尾公則の奉書は現在確認できるものが四通のみ、活動期間も永正五年末から六年と極端に短い。今谷明氏は、公則を細川澄元家奉行人ではないかとしている。根拠は明示していないが、澄元が畿内で活動する時期と公則の活動期間が重複していること、極端に活動期間が短いことによるものと見られる。だが、澄元家奉行人として澄元の在京中に奉書を発給していた清貞昭や飯尾元運の奉書がこの時期には畿内近国で確認できないこと、近江在国中の澄元の影響力が発給対象地域の山城や丹波に及んだとは考えにくく、受益者がわざわざ澄元家奉行人奉書を入手する必要性が乏しいことを考慮すると、飯尾公則は高国家奉行人ではないかと考えられる[56]。

次に細川高国家奉行人の奉書発給以外の活動について見ていくことにしたい。斎藤貞船は、近衛尚通の『後法成寺関白記』において、高国の使者として活動している。たとえば、『後法成寺関白記』大永三年（一五二三）六月二八日条では「従京兆《(高国)》丹瓜一荷送之、使斎藤甲斐守《(貞船)》令対面」とあり[57]、高国が尚通に丹波産の瓜を送った時の使者が貞船であった。

また、当主への披露を行う奏者としての活動も見られる。三条西実隆の『実隆公記』永正八年（一五一一）八月二五日条では、「遣使者於斎藤甲斐《(貞船)》賀右京大夫《(高国)》了」とあり、実隆から貞船に対して使者を送り、細川高国を祝っている。これは、前日の永正八年八月二四日、義稙派と義澄派との間で行われた船岡山合戦において義稙派が勝利したため、その戦勝を祝ったものである。貞船は三条西家領今林荘をめぐる相論の際に細川京兆家方の奏行人として関わっており[58]、実隆とも面識があったので、貞船を介して高国への披露を求めたものと見られる。船岡山合戦の際に、貞船が高国の側にいて使者や奏者として活動していたことが確認できる。さらに、貞船だけでなく、飯尾元兼も高国の使者として活動している。大永四年（一五二四）一〇月一八日、高国は実隆へ鷹狩りの獲物の雁を贈ったが、その使者を元兼が務めている[59]。

一方、平時だけでなく、戦時にも同様の活動を行っている。軍事情勢を「大山崎惣中」に対して伝達した飯尾元兼と安倍孫一の連署状には、「備前守《(秀兼)》日頃候間、私披露申候」とある[60]。これは、本来飯尾秀兼が披露を行うはずであった大山崎側からの注進について、秀兼に代わり元兼が披露を行い、そのためにこの連署状は秀兼ではなく元兼との連署になったことを示している。また、同様に軍事情勢について報じた飯尾秀兼と安倍重宗の連署状には「被仰出候」と高国の上意を受けていることを示す文言が見られる[61]。その他にも、高国の書状には「猶飯尾善左衛門尉（元兼）・安倍孫一可申候也」や「猶飯尾備前守（秀兼）・安倍蔵人（重宗）可申候」という文言を持つものが見られる[62]。高国書状中でこのように「……可申候」という文言が見られる場合、その多くは「……」に相当する人物による副状の発給が見られる[63]。このような高国書状中の文言と、元兼や秀兼が安部重宗らとともに発給している連署状の関連性を考慮すると、飯尾元兼と秀兼は高国の上意を受けて合戦時に連署状を発給し、かつ、高国への披露を行っていたと考えられる。高国家奉行人は平時・合戦時ともに高国の側にあり、使者や奏者を務める近習も兼ねていたのである。

　では、他の高国内衆と比較した場合、こうした奉行人の活動は細川京兆家内でどのように位置づけられるのであろうか。『実隆公記』中には、高国と実隆が昵懇であったこともあり、頻繁に使者の往来が見られる。前述した飯尾元兼の場合、永正七年（一五一〇）から大永五年（一五二五）にかけて『実隆公記』中に記載が見られるが、その数は一〇件に満たず、管見の限りでは大永年間における元兼に関する記事は二件のみである。斎藤貞船についても、『実隆公記』に見られる記載は元兼同様一〇件に満たない。一方、高国内衆中最も記載の多い波々伯部正盛の場合、大永年間における高国使者としての活動だけでも五〇件を数える[64]。波々伯部正盛の他にも太田保定や斎藤宗甫などが高国使者として実隆を訪ねており[65]、その頻度からすると元兼や貞船の使者としての活動は高国内衆中で突出したものではない。この点は、『後法成寺関白記』においても同様である。元兼や貞船の高国使者としての活動はそれほど頻繁なものではなく、奉行人として関わった公事の場合や、他の内衆が不在の場合の贈答の使者など、限られたものであった。したがって、高国家奉行人は高国近習を兼ねていたが、主要な活動は奉行人としての活動であったと考えられる。

その他に、奉行人の合戦への参加も見られる。享禄四年（一五三一）三月一二日付で高国から元兼に対して感状が出されており(66)、奉行人も合戦に参加していた様子がうかがえる。合戦への参加が直接確認されるのはこの例のみであるが、先ほどの貞船のように、合戦時も当主と行動をともにしていたものと考えられる。

そして、奉行人による代官請も見られる。久我家領山城国久我本荘内大弼分本役・加地子等の代官職について、飯尾秀兼と中沢秀綱の両人が請け負ったことを示す請文があり(67)、この請文では、一〇年間代官を務める際に、年貢米・両季地子銭・諸公事物等は二人で半分ずつ所務を行い、在地で実務に当たる両人の上使が問題なく政所で所務を分けること、田地についても両人が半分ずつ所務を行うこと、そして、これらの旨に違反した場合は代官を改易することの三点が取り決められている。

代官請については、奉行人以外の高国内衆にも行っているものが見られる。丹波守護代内藤貞正の子、内藤国貞は、久我家領山城国久我荘の代官となっており(68)、讃岐守護代香川元綱は石清水八幡宮領丹波国北荘の代官を務めている(69)。高国内衆による公家・寺社領の代官請自体は広く見られるものであるが、奉書受給者との間で代官請が見られる点が重要である。

さて、ここで注目すべきは、久我家と奉行人の関係である。前述したように久我家領久我荘・久我本荘の年貢未進をめぐって、斎藤貞船の奉書が出されているが、同様に飯尾元兼・飯尾秀兼の奉書も見られる(70)。中沢秀綱については奉書の発給は確認されないものの、飯尾秀兼は高国家奉行人としてだけではなく、久我家領の代官という形でも奉書の受給者である久我家と結びついていた。久我家にとって代官請を通じて奉行人と関係を持つことは、細川京兆家奉行人奉書の発給を求める時に有利に作用したと考えられる。

以上、奉書発給以外の奉行人の活動について論じてきた。その結果、平時・戦時とも当主に近侍しており、使者や奏者、代官請、合戦への参加など、奉行人以外にも多様な活動を行っていたことが明らかになった。活動内容を踏まえると、高国家奉行人は高国近習を兼ねていたといえる。

## 二　細川京兆家の訴訟審理・裁許

　これまでの検討で明らかにしてきたように、細川京兆家奉行人奉書は幕府下知を遵行するだけではなく、受益者の要請を受けて細川京兆家独自の下知を下してきた。しかし、このような独自の奉書発給が行われる背景には、戦国期の室町幕府に御前沙汰・政所沙汰という二つの案件処理方式が存在したように(71)、細川京兆家独自の訴訟審理・裁許を行う組織が存在したことが想定される。細川京兆家の政治機構の存在は設楽薫氏によって指摘されているが、その具体像は明らかにされていない(72)。そこで、不断光院南僧坊領代官職をめぐる問題を例として細川高国家の奉書発給手続きを検討することにより、細川京兆家の政治機構を明らかにすることにしたい。

　不断光院南僧坊領代官職をめぐっては、九条家の家司石井家内で相論が行われていた。石井家は豊安・直安・秀安の三流に分裂しており、代官職は直安流と秀安流の間での相論となっていた。石井家及び相論の経緯については仲村研氏が詳細に論じているので、その成果を踏まえて検討していくことにする(73)。

　南僧坊領代官職については、直安流・秀安流ともに代官職を有していたが、相論の直接の発端となったのは、直安流の石井春親に分割されていた代官職の一部である。春親は秀安流の石井顕親に対して代官職の一部を分割していたが、永正六年（一五〇九）六月、義稙派と義澄派の間で行われた如意嶽の合戦において討死し、同年一一月二八日付の九条家奉行人連署奉書案(74)では、春親の持っていた代官職の一部を返却する旨を、春親の兄、石井長親に通達している。一方、同年一一月二三日付の細川高国家奉行人斎藤貞船奉書案(75)では、春親と契約していた代官職について、顕親が「任当知行之旨、可執沙汰之段」となっており、春親の代官職の一部を顕親が引き続き保有することになった。永正六年の段階ですでに細川京兆家の関与が見られる。

問題の相論はこの翌年に発生した。南僧坊領代官職をめぐって顕親が長親を訴えており、永正七年（一五一〇）六月から七月にかけて、顕親の二問状案と三問状案、長親の初答状案と二答状案が九条家文書に伝存している(76)。争点となったのは春親の保有していた分の南僧坊領代官職である。顕親の主張は、顕親が長親・春親の対立を仲裁した際、長親の代官職の一部を春親に割分することになったが、春親が未進したために顕親にその権限が譲られ、顕親が当知行することになった。その後、春親が討死したが子息は幼少で、春親と顕親の契約状もあるので、代わりに顕親が代官職を知行しているのであり、押領ではないというものである。一方、長親の主張は、春親の代官職は長親の所職の一部を分割したものであり、春親が未進した際に、顕親が直務と称して押領した。しかし、春親の代官職は本来長親の代官職の一部であり、春親が死去した後は長親が知行すべきであるというものである。

さて、ここで問題となるのは、顕親がどこに対して訴えたのかという点である。この相論に関しては、翌年永正八年（一五一一）一一月二日付、同年一一月二七日付の二点の奉行人奉書が出されている(77)。前者は不断光院南僧坊領代官職をめぐる顕親と長親の相論について、春親の代官徳分は長親の代官徳分を分割したものであったのが明らかであること、長親が未進した場合にはその代官職を捨免することが明らかになったとし、「旁以理運之間、任本所之補任之旨、弥可全知行之段、被成奉書於長親《（石井）》訖」と、本所である九条家の補任通り知行を全うするよう命じた奉書を長親に下したと顕親に通達している。後者は、前者でいう長親宛の奉書に当たるものであり、補任・請文において未進した場合は代官職を改易することになっているので、すぐに算用を遂げるよう長親に通達している。この二点の奉書は、内容からして相論の裁許状に相当するものと考えられる。

従来、前者は九条家奉行人秀恵奉書、後者は室町幕府奉書案とされており、そのために、九条家が裁決を下し幕府がそれを安堵したと捉えられていた。しかし、後者の差出人は細川高国家奉行人斎藤貞船であるので、幕府ではなく細川高国家奉行人斎藤貞船奉書案とすべきである。また、前者についても差出人の秀恵は秀兼の誤読であり、花押も本研究で検討した飯尾秀兼と一致する。よって、細川高国家奉行人飯尾秀兼奉書とすべきである。したがって、永正七年（一五一〇）六月から七月にかけて行われた不断光院南僧坊領代官職をめぐる石井顕親と長親の相論は、細川京兆家に訴訟が持ち込まれ、京兆家での審議を経た結果、永正八年一二月に長親を勝訴とする裁許が高国家奉行人奉書で下されたものと考えられる。なお、三問状案等の存在から、京兆家では訴訟手続きとして三問三答が用いられていたことも確認できる。

ただし、石井顕親と長親の相論は決着したものの、不断光院南僧坊領代官職をめぐる相論自体は永正八年一二月の裁許後も続いている。永正九年には年貢地子銭を納入しなかったために長親は代官を改易され、代官職は寺家直務とされたが[78]、永正一〇年、長親は買得と号して作毛を刈り取るなど実力行使に及んでいる。このため、長親は上洛して弁明を行うことを命じられており[79]、永正一一年には幕府奉行人奉書で[80]長親が買得した南僧坊側の沽却地が棄破されている。さらに、永正一七年（一五二〇）にもこの問題が再燃し、石井顕親が長親の子、梅千代丸を訴えており、顕親と梅千代丸の相論となっている[81]。この一連の相論で形成された史料には、細川京兆家の政治機構の具体像が示されている。

まず、細川高国家奉行人奉書の作成に際しては高国内衆が書状で裁許内容を指示し、この内衆の書状に基づいて奉行人奉書が作成されていた。

【史料一四】（永正九年）六月九日付、斎藤元陸書状案[82]（『九条家文書』）

（端裏書）「就南僧坊領事賦案永正九六月九日」

不断光院内南僧坊領代官職事、於補任幷請文者、有未進者、雖為何時可令改易之旨文言□上者、不日可被遂算用之由、去年十二月廿七日被成奉書之処、不及算用、剰当納以下令未進云々、言語道断之次第也、所詮来十三日以前可被遂算用、若猶於難渋者、寺家可被直務之由、可被仰出之旨、対石井雅楽助（長親）一通、此旨可被存知之由寺家江一通可被成奉書之由、被仰出候、恐々謹言、

斎藤三郎右衛門尉

六月九日　元陸

斎藤甲斐守（貞船）殿

【史料一五】永正九年六月九日付、細川高国家奉行人斎藤貞船奉書案[83]（『九条家文書』）

不断光院内南僧坊領代官職事、石井山城守（長親）相拘之、於補任幷請文者、有未進者、雖為何時可被改易之段文言在之上者、可遂算用之旨□□十二月廿七日被成奉書之処、于今不及算用、剰当納以下未進云々、言語道断次第也、所詮来十三日以前可遂算用、若猶令難渋者、寺家可為直務之由候也、仍執達如件、

永正九

六月九日　貞船（斎藤）判

当坊雑掌

これは、年貢地子銭の未進時は長親の代官職を改易することを命じた細川高国家奉行人斎藤貞船奉書案（史料一五）と、奉書の内容を指示した高国内衆斎藤元陸の書状案（史料一四）である。斎藤元陸は、高国の副状発給等を行っている内衆である[84]。元陸の書状と貞船の奉書がほぼ同じ内容であること、元陸書状で二通の奉書作成を指示していること、充所が奉書の発給者である貞船であることを踏まえると、貞船の奉書は元陸の書状で指示された内容を受けて作成されたと言える[85]。かつて、奉行人を他の内衆の上位に位置づける見解があったが、高国家奉行人は、当主の意向を奉じる奉行人であり、有力内衆の指示を受ける立場であったのである。さらに、元陸書状に「被仰出候」とあるように、この裁許は元陸よりも地位が高い人物の上意を経た上で下されていた。

また、不断光院南僧坊領代官職をめぐるこの相論は、当初細川京兆家に持ち込まれたものであったのに、永正一一年（一五一四）段階で室町幕府での訴訟となり、永正一七年には再び細川京兆家で是非が争われたという点も重要である。途中で幕府での訴訟となった点については、代官職の是非をめぐる争いに寺領の沽却という問題が加わったことが影響していると考えられる。すなわち、顕親が政所代である蜷川親孝に請文を提出していることからも明らかなように、売買や金銭貸借に関する問題を取り扱うことになったため幕府の政所沙汰で訴訟が行われ、その結果、幕府奉行人奉書の発給に至ったものと見られる。また、今回の事例では細川京兆家→幕府→細川京兆家という順序で訴訟が行われている。訴訟の順序から明らかなように、幕府と細川京兆家の双方の裁判機関に上下関係はない。受益者は、問題の内容に応じて、幕府と細川京兆家のどちらに訴えるのが問題解決のためにより有益かを判断した上で提訴先を選択しており、そのことが訴訟の順序を左右している。

そして、永正一七年（一五二〇）の相論においては、石井顕親と同梅千代丸の両人が赤沢政真に対して、申状の披露を求めている。赤沢政真は細川高国一門の細川尹賢の内衆であり、かつ、両者の申状で「大御屋形様御申」に言及している点を考慮すると、大御屋形、すなわち、細川高国が訴訟に関与しており、永正一七年時は細川尹賢も裁許に関与していたと考えられる。斎藤貞船に対して奉行人奉書の発給を指示した斎藤元陸の書状からは、さらに上位の人物が裁許を下していたことが読み取れるが、高国が裁許に関与していたことを踏まえると、上意の主体は高国と見るべきである。細川京兆家を舞台とする裁許の最終判断は、高国によって下されていたのである。

## 小括

本章では、細川京兆家奉行人奉書について、遵行・機能・発給の背景・政治機構の四点を中心に論じてきた。

最後に、本章の課題である細川京兆家による幕政補完の政治的意義について総括することにしたい。

細川京兆家奉行人奉書による幕政の補完には、二つの方法がある。一つは、幕府奉行人奉書で出された命令を遵行によって執行することである。従来の研究では、遵行を幕府奉行人奉書の効力を補完する制度として捉え、守護遵行と位置づけていた。しかし、細川京兆家による遵行は制度として義務づけられていたわけではなかった。幕府奉行人奉書は単独で完結する場合もあり、遵行を求めるか否かは受益者の判断に委ねられていた。また、遵行は守護職の有無にかかわらず行われていた。細川京兆家奉行人奉書による遵行は守護遵行から派生し、やがて守護職を持たない山城国へ拡大し、幕府制度から逸脱していったのである。

もう一つは、従来、将軍権力が扱っていた問題を細川京兆家が担うことである。細川京兆家奉行人奉書には幕府を補完して遵行するものだけでなく、細川京兆家に直接提訴され、幕府が介在せずに単独で発給されるものが存在した。その発給範囲は細川京兆家の勢力圏と一致するが、守護職を持たない山城や幕府直轄地である京都も含まれていた。こうした幕府奉行人奉書の発給対象地域において、従来、御前沙汰など幕府機構で取り扱われていた案件の細川京兆家への移行が生じていた。移行の背景には、将軍権力による政務処理の縮小、細川京兆家の強制執行による課題解決能力への期待、細川京兆家関連の問題の増加などが存在した。

細川京兆家による裁許の場合も、幕府制度上の裏付けは存在しない。細川京兆家が裁許を行うのは、受益者が奉書の社会的効力を認め、提訴先として確立したためであった。そして、その裁許を裏付ける強制執行を支えたのは細川京兆家の権力であり、受益者が求めたのは権力による保障だった。受益者は幕府の権威による保障で解決できない問題が増加したのに対し、細川京兆家の権力に基づく保障を求めたのである。

細川京兆家の裁許を支えたのが、独自の政治機構の存在である。幕府とは別個に細川京兆家独自の訴訟審理・裁許を行う組織が存在しており、その組織の裁許に基づいて高国家奉行人奉書が発給された。訴訟審理の手続きとして、支状・三問状等の存在が確認でき、三問三答が用いられていた。裁許状に相当する奉行人奉書が発給される際には、高国内衆による書状で奉書の内容が奉行人に指示され、その書状に基づいて奉行人奉書が作成された。細川京兆家では訴訟の増加に対応し、裁許手続きを整備していた。細川京兆家当主高国、細川典厩家当主細川尹賢、高国内衆斎藤元陸などが関わる形で訴訟審理・裁許を行う、細川京兆家の政治機構が形成されていたのである。

　そして、細川京兆家による裁許には遵行とは異なる意味が存在する。遵行はあくまでも幕府の命令を執行する立場であったのに対し、裁許では細川京兆家自身が問題の是非を判断し、命令・執行を加える立場に変化している。裁許の場合、将軍権力と細川京兆家の間で調整は行われても上下関係は存在しない。細川京兆家は将軍権力とは別個の権力として利害調整をすることで受益者の抱える課題を解決し、政治秩序を維持した。細川京兆家の裁許は幕府制度の枠外で独自に行われているものでありながら、結果的に幕政を補完していたのである。

　したがって、細川京兆家による幕政補完は、既存の幕府機構の延長線上に存在したのではない。受益者の社会的要請に応えられない将軍権力に代わって、在地への影響力を持つ細川京兆家が権利保障・強制執行を代行したものだったのである。

**註**

（1）久留島典子『一揆と戦国大名』（講談社、二〇〇一年）。山田康弘『戦国期室町幕府と将軍』（吉川弘文館、二〇〇〇年）。同「将軍義輝殺害事件に関する一考察」（『戦国史研究』四三号、二〇〇二年）。同『戦国時代の足利将軍』（吉川弘文館、二〇一一年）。

（2）今谷明「管領代奉書の成立」（同『守護領国支配機構の研究』、法政大学出版局、一九八六年、初出は一九七五年）。

他に、「細川・三好体制研究序説」（同『室町幕府解体過程の研究』、岩波書店、一九八五年、初出は一九七三年）でも細川京兆家奉行人奉書に言及しているが、特に註で断らない限り、同氏の主張は前者を典拠とする。

（3）小泉義博「室町幕府奉行人奉書の充所」（日本古文書学会編『日本古文書学論集8　中世Ⅳ』、吉川弘文館、一九八七年、初出は一九七六年）。

（4）上島有「解説」（日本古文書学会編『日本古文書学論集8　中世Ⅳ』、吉川弘文館、一九八七年）。

（5）大永二年八月二八日付、室町幕府奉行人連署奉書（『大日本古文書　大徳寺文書』、東京大学史料編纂所、五三七号）。

（6）大永二年九月一〇日付、細川高国家奉行人飯尾秀兼奉書（『大徳寺文書』五三九号）。

（7）大永二年八月二八日付、室町幕府奉行人連署奉書（『大徳寺文書』五三八号）。大永二年九月一〇日付、細川高国家奉行人飯尾秀兼奉書（『大徳寺文書』五四〇号）。

（8）註(2)今谷論文。

（9）『史料纂集　北野社家日記』（続群書類従完成会）長享二年六月二〇日条。

（10）『北野社家日記』長享二年二月二五日条、同年三月二九日条、長享三年六月二〇日条。

（11）当時、北野社内部では『北野社家日記』の記主の松梅院主禅予と復権を図る前松梅院主禅椿が対立しており、当事者である禅予の関心も高かったため、『北野社家日記』には事件の経緯や関連文書の写が詳細に記されている。

（12）註(2)今谷論文。

（13）『北野社家日記』長享二年三月二九日条。

（14）『言継卿記』（続群書類従完成会）天文二年八月三〇日条。

（15）『言継卿記』天文二年九月五日条。

（16）『言継卿記』天文二年九月八日条。

（17）幕府奉行人奉書は受益者と権利侵害者の両者に発給されるのが通例である。山科七郷の名主沙汰人は利害関係者なので、周知するために一緒に発給を求めたと理解できようが、山科家雑掌宛の幕府奉行人奉書がないのはやや不自然である。写す際に省略された可能性もあるが、ここでは、細川京兆家奉行人奉書で山科家雑掌宛のものを入手する予定だったので、幕府奉行人奉書はあえて求めなかったと理解しておくことにしたい。

(18) 山田康弘「戦国期幕府奉行人奉書と信長朱印状」（『古文書研究』六五号、二〇〇八年）。

(19) 山城国における細川京兆家の国人被官化については、末柄豊「細川氏の同族連合体制の解体と畿内領国化」（石井進編『中世の法と政治』、吉川弘文館、一九九二年）、および、田中淳子「山城国における「室町幕府—守護体制」の変容」（『日本史研究』四六六号、二〇〇一年）を参照。

(20) 今谷明「増訂室町幕府侍所頭人並山城守護付所司代・守護代・郡代補任沿革考証稿」（同『守護領国支配機構の研究』、法政大学出版局、一九八六年、初出は一九七五年）。同「大内義興の山城国支配」（同『守護領国支配機構の研究』、法政大学出版局、一九八六年、初出は一九八四年）。

(21) 明応八年九月二〇日付、細川政元家奉行人飯尾家兼奉書（『史料纂集　賀茂別雷神社文書』、続群書類従完成会、二五一号）。明応七年一一月七日付、室町幕府奉行人連署奉書（「賀茂別雷神社文書」東京大学史料編纂所所蔵写真帳）。

(22) 永正八年一二月二六日付、細川高国家奉行人斎藤貞船奉書（『久我家文書』、國學院大學、四二三号）。同日付、細川高国家奉行人斎藤貞船奉書（『久我家文書』四二四号）。同日付、細川高国家奉行人斎藤貞船奉書（『久我家文書』四二五号）。永正八年一〇月一七日付、室町幕府奉行人連署奉書（『久我家文書』四二〇号）。永正八年一〇月一七日付、室町幕府奉行人連署奉書（『久我家文書』四二一号）。永正八年一一月二六日付、室町幕府奉行人連署奉書（『久我家文書』四二二号）。

(23) 註(2)今谷論文。

(24) なお、類似する文言に「任御下知旨」があるが、この場合は室町幕府奉行人奉書を指す場合と細川京兆家奉行人奉書を指す場合がある。また、奉書中に「公方御下知」文言がある場合、遵行を示すものが大半であるが、なかには公験など証拠文書として挙げられただけで直接の遵行に当たらないものも見られる。

(25)『言継卿記』天文三年三月七日条、同年三月一六日条、同年三月二三日条、同年三月二四日条、同年三月二五日条、同年三月二六日条、同年四月三日条、同年四月二五日条、同年四月二九日条、同年五月三日条。

(26) 大永六年一二月一日付、細川高国家奉行人飯尾秀兼奉書（『久我家文書』五〇二号）。

(27) 文明八年一一月一二日付、細川政元家奉行人飯尾家兼奉書案（『大日本古文書　蜷川家文書』、東京大学史料編纂所、八七号）。

(28) 註(2)今谷明「管領代奉書の成立」。同「細川・三好体制研究序説」。

(29) 天文一四年八月二六日付、細川晴元家奉行人茨木長隆奉書（「尊経閣古文書纂」東京大学史料編纂所所蔵写真帳）。

(30) 天文一四年八月二六日付、細川晴元家奉行人茨木長隆奉書（『大日本古文書　石清水八幡宮文書』、東京大学史料編纂所、二六一号）。

(31) 天文一五年一二月二〇日付、細川晴元家奉行人茨木長隆禁制（『大徳寺文書』二五六号）。

(32) なお、細川高国家奉行人である中沢秀綱は多田院に関してだけ書状様式で棟別銭や段銭の免除を行っている。文言に「被仰出候」を含むなど、上意を受けていることは明らかである。しかし、充所は多田院雑掌や細川京兆家内衆であり、他の文書と比べて特別に身分が高いわけではなく、書札礼上の問題で書止文言が変化したとは考えにくい。ただし、内容上は明らかに奉書であるので、表に加えた。

(33) 永正一七年一〇月六日付、細川高国家奉行人斎藤貞船奉書（「勧修寺文書」東京大学史料編纂所所蔵写真帳）。

(34) 受益者・下知の対象者については、表2―1～2―3の受益者・内容の項目を参照。

(35) 享禄元年一〇月五日付、細川晴元家奉行人茨木長隆奉書（『高山寺資料叢書四　高山寺文書』、東京大学出版会、五七号）。

(36) 永正八年一二月二一日付、細川高国家奉行人飯尾秀兼奉書（『九条家文書』、宮内庁書陵部、一〇五四号）。

(37) 註(19)末柄論文。

(38) 幕府奉行人奉書については、今谷明・高橋康夫編『室町幕府文書集成　奉行人奉書篇』上・下（思文閣出版、一九八六年）を参照。

(39) なお、細川京兆家内衆や被官の権益保護、分国内の寺社の権益保護は細川京兆家の大名としての活動に由来するものであり、幕府奉行人奉書からの移行ではない。

（40）註（20）今谷論文。木下昌規「戦国期侍所開闔の基礎的研究」（『戦国史研究』五二号、二〇〇六年）。
（41）桑山浩然編『室町幕府引付史料集成』上（近藤出版社、一九八〇年）。
（42）山田康弘「戦国期の政所沙汰」（同『戦国期室町幕府と将軍』、吉川弘文館、二〇〇〇年、初出は一九九三年）。
（43）山田康弘「戦国期の御前沙汰」（同『戦国期室町幕府と将軍』、吉川弘文館、二〇〇〇年、初出は一九九五年）。註（41）『室町幕府引付史料集成』上。
（44）設楽薫「足利義材の没落と将軍直臣団」（『日本史研究』三〇一号、一九八七年）。註（1）山田著書。
（45）大永四年七月五日付、細川高国家奉行人飯尾元兼奉書（『久我家文書』四八八号）。
（46）大永四年七月五日付、細川高国家奉行人飯尾元兼奉書（『久我家文書』四八九号）。
（47）天文七年九月二三日付、細川晴元家奉行人飯尾元運奉書（『泉涌寺文書』、法藏館、八八号）。
（48）文明一八年九月二日付、室町幕府奉行人連署奉書（『久我家文書』二九八号）。文明一八年一〇月九日付、細川政元家奉行人飯尾家兼奉書（『久我家文書』二九九号）。文明一八年一〇月九日付、細川政元家奉行人飯尾家兼奉書（『久我家文書』三〇〇号）。文明一八年一〇月二一日付、細川政元家奉行人飯尾家兼奉書（『久我家文書』三〇一号）。文明一八年一〇月二一日付、細川政元家奉行人飯尾家兼奉書（『久我家文書』三〇二号）。
（49）天文七年九月二三日付、細川晴元家奉行人飯尾元運奉書（『泉涌寺文書』八八号）。
（50）永正五年九月二日付、室町幕府奉行人連署奉書（「東寺百合文書」い箱六八号）。
（51）永正五年一〇月二八日付、室町幕府奉行人連署奉書案（「東寺百合文書」そ箱九六号）。
（52）『増補続史料大成　親俊日記』（臨川書店）天文八年八月三日条。
（53）永正一四年一二月一九日付、細川高国家奉行人飯尾秀兼・中沢秀綱連署請文（『久我家文書』四五五号）。年未詳三月二二日付、飯尾元兼・安倍孫一連署状（「離宮八幡宮文書」『島本町史』所収）。『実隆公記』（続群書類従完成会）永正七年一一月四日条。永正五年一二月二八日付、細川高国家奉行人飯尾公則奉書（「土佐家文書」）。
（54）註（19）末柄論文。雉岡恵一「室町幕府奉行人中沢氏の成立について」（東寺文書研究会編『東寺文書にみる中世社会』、東京堂出版、一九九九年）。

(55) 明応七年二月一二日付、細川政元家奉行人飯尾秀兼奉書（「離宮八幡宮文書」）。文亀三年二月二七日付、細川政元家奉行人飯尾元兼奉書写（「雑々日記」）。

(56) 飯尾公則が細川澄元家奉行人である可能性は全くないわけではない。表で取り上げた細川政元家奉行人の有岡賢定や賢兼は、文書の様式や内容に不審な点はないが、現在のところ一点しか奉行人奉書を確認しておらず、細川京兆家奉行人ではない可能性がある。ただし、本章では細川京兆家奉行人奉書の可能性のある文書は網羅するという方針に基づき、三名を奉行人として扱った。なお、論点を明確にするため、今回は澄元家奉行人時代の清貞昭や飯尾元運の奉行人奉書など、細川澄元や細川氏綱らの奉行人奉書は取り上げていない。これらは別稿において改めて論じることにしたい。

(57) 『後法成寺関白記』（思文閣出版）大永三年六月二八日条。

(58) 『実隆公記』永正七年一一月四日条など。なお、三条西家領については、芳賀幸四郎「中世末期における三条西家の経済的基盤とその崩壊」（『日本学士院紀要』一三巻一号、一九五五年）を参照。

(59) 『実隆公記』大永四年一〇月一八日条。

(60) 年未詳二月八日付、飯尾元兼・安倍孫一連署状（「離宮八幡宮文書」）。

(61) 年未詳六月九日付、飯尾秀兼・安倍重宗連署状（「離宮八幡宮文書」）。

(62) （大永七年）六月九日付、細川高国巻数請取状（「離宮八幡宮文書」）。年未詳二月七日付、細川高国書状（「離宮八幡宮文書」）。

(63) （大永五年）閏一一月一四日付、細川高国書状（『大日本古文書　上杉家文書』、東京大学史料編纂所、三二一号）。（大永五年）閏一一月一四日付、斎藤元陸副状（『上杉家文書』三二二号）。

(64) 例えば、『実隆公記』の大永三年分では、波々伯部正盛が高国の使者として一六回遣わされている。派遣事由も公事や礼物等雑多であり、様々な用件について正盛が高国と実隆の間を往復し、高国への披露も行っていた様子がうかがえる。

(65) 『実隆公記』永正七年四月一四日条、同大永四年三月一六日条など。

(66)（享禄四年）三月一二日付、細川高国感状（「飯尾文書」『兵庫県史』二、所収）。
(67) 永正一四年一二月一九日付、中沢秀綱・飯尾秀兼連署請文（『久我家文書』四五五号）。
(68) 永正九年三月二一日付、内藤国貞書下（『久我家文書』四二八号）。
(69) 永正一六年八月一五日付、室町幕府奉行人連署奉書（『石清水八幡宮文書』二四一号）。
(70) 大永二年一二月二八日付、細川高国家奉行人飯尾元兼奉書（『久我家文書』四七八号）。大永六年一二月一日付、細川高国家奉行人飯尾秀兼奉書（『久我家文書』五〇二号）など。
(71) 註(1)山田著書。
(72) 設楽薫「将軍足利義晴期における「内談衆」の成立（前編）」（『室町時代研究』一号、二〇〇二年）。
(73) 仲村研「九条家代官石井氏について」（同『中世地域史の研究』、高科書店、一九八八年、初出は一九七九年）。
(74) 永正六年一一月二八日付、九条家奉行人連署奉書案（『九条家文書』一〇三九号）。
(75) 永正六年一一月二三日付、細川高国家奉行人斎藤貞船奉書案（『九条家文書』一〇三八号）。
(76) 永正七年六月日付、石井顕親二問状案（『九条家文書』一〇四六号）。永正七年七月日付、石井顕親三問状案（『九条家文書』一〇五〇号）。永正七年六月日付、石井長親二答状案（『九条家文書』一〇四七号）。
(77) 永正八年一二月二一日付、細川高国家奉行人飯尾秀兼奉書（『九条家文書』一〇五四号）。永正八年一二月二七日付、細川高国家奉行人斎藤貞船奉書案（『九条家文書』一〇五五号）。
(78) 永正九年六月九日付、細川高国家奉行人斎藤貞船奉書案（『九条家文書』一〇五九号）。なお、同内容・同日付で石井顕親宛の貞船奉書案が、この文書の紙背文書となっている。
(79) 永正一〇年一一月九日付、細川高国家奉行人斎藤貞船奉書案（『九条家文書』一〇六四号）。永正一〇年一一月九日付、細川高国家奉行人斎藤貞船奉書案（『九条家文書』一〇六五号）。
(80) 永正一一年九月日付、室町幕府奉行人連署奉書案（『九条家文書』一〇七〇号）。
(81) 永正一七年一〇月日付、石井顕親申状案（『九条家文書』一一二一号）。（永正一七年）一〇月一四日付、石井顕親申状案（『九条家文書』一一二三号）。（永正一七年）一〇月一四日付、石井梅千代丸申状案（『九条家文書』一一二四号）。

（82）（永正九年）六月九日付、斎藤元陸書状案（『九条家文書』一〇五八号）。

（83）永正九年六月九日付、細川高国家奉行人斎藤貞船奉書案（『九条家文書』一〇五九号）。

（84）大永五年閏一一月一四日付、細川高国書状（『上杉家文書』三二一号）。大永五年閏一一月一四日付、斎藤元陸書状（『上杉家文書』三二二号）。

（85）なお、史料一四の端裏書に「賦」とあるように、この斎藤元陸書状案は京兆家の訴訟審理・裁許手続きにおける賦に相当するものと考えられる。こうした裁許内容の指示を伝達する文書としては、室町幕府の賦にも同様のものが見られる。三問三答という手続きや奉行人奉書で裁許を通達するという点は室町幕府における手続きと共通しており、細川京兆家の訴訟審理・裁許手続きは、室町幕府における手続きの影響を受ける形で形成されていたものと考えられる。なお、戦国期室町幕府における訴訟審理・裁許手続きについては、註(1)山田著書を参照。

# 第三章　義稙後期・義晴前期の幕府政治と細川高国

## はじめに

本章は、船岡山合戦後の秩序形成、将軍御所移転という幕府政治史上の重要政策の決定過程を考察することにより、在京大名の政治的位置を解明する。

第一節では、足利義稙治世後期における幕政運営を検討することにより、明応の政変による将軍・在京大名の力関係の変化が政治構造にもたらした影響を究明する。義稙は明応の政変の前後で将軍を務めているが、政変による政治構造の変化が幕政の運営体制にも反映されていたと考えられる。義稙後期の幕政については、大内義興の山城国守護就任を論じた今谷明氏の研究、細川高国・大内義興の副状発給、大内義興による幕府への口入から幕政との関わりを論じた今岡典和氏の研究があるが、両氏は、細川高国と大内義興の影響力が大きく、義稙の権力は制約されていたと評価している。また、小谷利明氏は、高国・義興に加え、畠山義元と畠山卜山（尚順）も幕府権力の重要な構成要素であり、この四者は幕府宿老衆であるとし、萩原大輔氏は、大名主導を否定して義稙側近が中心だったとする[1]。

だが、今谷・今岡両氏の評価は将軍の政治動向を踏まえず、在京大名の活動内容の分析からなされたものであり、幕政の全体構造を扱っていない。義稙後期の幕政運営については、将軍・在京大名の両者の意向が重要政策にどの程度反映されていたかを見た上で評価すべきである。

また、畠山尚順は基本的に在国しており、幕政への参加は在京時に限定される。尚順に代わって在京した嫡子の稙長も幼少であり、政策決定に関与した徴証は乏しい。さらに、細川高国・大内義興と尚順・稙長父子や畠山義元との間では、猿楽興行や大名邸御成などの幕府儀礼において格差が見られる。副状発給や口入といった幕政に対する関与も、前者が頻繁に行っているのに対し、後者が関与している場面はほとんど見られない。畠山尚順と義元が幕政の構成員であったという指摘は重要であるが、細川高国・大内義興に比べて畠山尚順・畠山稙長・畠山義元の幕政への影響力は限定的であったと見るべきである。そして、在京大名が軍事的貢献だけでなく、幕政全般に関与していたことは明らかであり、副状発給のあり方などを踏まえると、側近主導という評価は適切ではない（2）。そこで、幕政への影響力が特に大きかった高国・義興と、義稙の関係を中心に検討を進めることにしたい。

まず、義稙前期の重要政策である義稙の近江・河内出陣を検討することにより、政変以前における幕政運営を考察する。義稙の親征を取り上げるのは、在京大名・在国大名を数多く動員した義稙前期最大の政策であったこと、義稙前期の大半が出陣中で幕府儀礼など他の政務が停滞していたこと、義尚期から継続する政策であるため幕政運営における将軍と在京大名の役割を比較するのに適することによる。義稙親征時における細川政元の役割を明らかにすることで、政変前の在京大名の政治的位置を明確にする。

次に、義稙後期に起きた足利義稙出奔事件とその背景を検討することにより、明応の政変による幕政運営の変化を考察する。義稙出奔は永正一〇年（一五一三）・永正一八年（一五二一）の二度起きているが、義稙・大名間の対立が原因であったと評価されている（3）。だが、出奔事件を幕府政治史の観点から論じた専論はなく、両者の具体的な対立要因は明らかにされていない。義稙出奔の背景には、船岡山合戦後の幕政の主導権をめぐる義稙と在京大名の権力闘争が存在しており、出奔の政治過程を明らかにすることで、政変後の在京大名の政治的位置を究明する。

　第二節では、大永四年（一五二四）から大永五年にかけて行われた将軍御所移転の決定過程を検討することにより、足利義晴治世前期の幕府政治における在京大名細川高国の政治的位置を明らかにする。

　義晴前期の幕政に対して、研究史上では二通りの評価が見られる。今谷明氏は在京大名の影響力を重視し、細川高国が実権を掌握したとする[4]。一方、設楽薫氏は将軍権力の自立性を強調し、義晴と高国の連携による幕府政務の決裁の体制が存在したとする[5]。

　だが、今谷氏の見解は戦国期幕府を細川政権とする自説を義晴前期に援用したものであり、具体的な論証に基づくものではない。設楽氏の指摘は義晴前期の幕府の訴訟審理と裁許を将軍権力と大名権力が連携しつつ担っていたことを踏まえたものであり、他の時期の幕政が将軍と大名の共同執政であったことを考慮すると、義晴前期についても同様に捉える方が妥当である。

　しかし、設楽氏の論にもいくつか課題がある。設楽氏の研究は義晴側近衆による評議機関である内談衆成立の政治的意義を解明する前提として、義晴前期における大館常興（義晴側近、後の内談衆の一人）の役割を中心に論じたものである。それゆえに、幕政において将軍や在京大名が果たした政治的役割は明瞭ではない。また、幕政は将軍権力と在京大名だけでなく在国大名によって補完されるものだったが、在国大名の幕政上における役割も未検討である。

　さて、そこで注目されるのが、将軍御所移転について記した別記「御作事方日記」である。「御作事方日記」は将軍御所に関する文献史料として洛中洛外図屏風（国立歴史民俗博物館所蔵甲本）研究で活用されてきた[6]。洛中洛外図屏風研究では、高橋康夫氏と小島道裕氏が、屏風に描かれた将軍御所の所在地比定を論点として、御所の移転経緯について論じている。

だが、その際に用いられたのは『後鑑』所載の抄出であり、原本に当たる天理大学附属天理図書館所蔵本は用いていない[7]。近年、末柄豊氏によって天理図書館本を用いた研究がなされ、従来の研究の問題点を修正した上で将軍御所移転候補地の場所と決定経緯が明らかにされた。だが、末柄氏の研究は一次史料に基づき将軍御所の所在地を確認することを目的としたものであり、幕府の政策であった将軍御所移転の全体像や幕府政治の構造については触れていない。天理図書館本「御作事方日記」は将軍御所移転をめぐる将軍権力と在京大名の交渉や移転の実施過程が記されており、義晴前期の幕府政治の構造を解明する上で有益な史料である。

そこで、第二節では天理図書館本「御作事方日記」を用いて、幕府の重要政策という観点から将軍御所移転を検討する。そして、将軍権力と在京大名の政治的役割を中心に義晴前期の幕府政治の構造を明らかにすることにしたい。

## 第一節　義稙後期の幕府政治

### 一　明応の政変以前の幕政運営

明応の政変以前の義稙前期（長享三年〜明応二年、一四八九〜一四九三）の幕政は、将軍足利義稙と在京大名によって運営されていた。ここでは、義稙と代表的な在京大名である細川政元との関係を軸に考察を行うことにする。

足利義稙は応仁・文明の乱において西軍に擁立された足利義視の嫡子である。乱後、美濃の土岐成頼のもとにいたが、長享三（一四八九）年三月、将軍足利義尚が近江で陣没したため、室町幕府第一〇代将軍に就任した。

一方、細川政元は細川京兆家当主である。応仁・文明の乱後、他の大名が在国するなか、政元は在京を継続して幕政を支えており、諸大名の中でも特に幕政への影響力が大きかった。一例を挙げれば、長享元年（一四八七）九月一二日、足利義尚は寺社・本所や幕臣の所領を押領していた六角高頼を討伐するために近江へ出陣したが「日限等事一切御隠密間、存知之体一向無之、細川与公方計也」[8]と、義尚と細川政元の計らいで日時を伏せたまま出陣の準備が進められた。義尚の近江出陣は、所領を回復することで奉公衆の掌握を図ったとされる重要政策である[9]。その出陣日が義尚と政元によって決定され、両者の極秘事項とされたことから明らかなように、義尚期では政元が政策決定に深く関与していた。

では、義稙前期の政策決定はどのように行われていたのであろうか。義稙前期については、将軍権力の基盤となった直臣団の構成についての研究が見られるものの、将軍と在京大名の関係の究明を試みた専論は見られない[10]。そこで、義尚期と同様に、幕政の重要政策と考えられる近江の六角高頼討伐と河内の畠山基家討伐を事例に見ていくことにしよう。

義稙が近江に出陣したのは延徳三年（一四九一）八月二七日である。出陣を決定したのは同年四月二一日であった[11]。だが、その頃、政元は東国を巡行している最中であり、義稙は政元と相談することなく重要政策である出陣の決定を行っている。また、近江出陣に対して政元は「細川（政元）相支申六角（高頼）事取申」と、六角高頼側に立って執り成しを行い、義稙側近の葉室光忠に五〇〇貫を送るなど、近江出陣を取り止めるよう義稙に対して働きかけを行っていたが[12]、政元の反対にもかかわらず義稙は六角討伐を敢行した。ここに、政元との協議の上で近江出陣を決定した義尚と、義稙の政治姿勢の違いを読み取ることができる。すなわち、近江出陣をめぐる政治動向からは、義稙は政元の意見よりも自身の意向を優先して政策を決定していたと見ることができる。政元との協調から義稙の独断専行へという幕政運営の変化が見出せるのである。

義稙の河内出陣についても、同様の傾向が見られる。明応二年（一四九三）二月一五日、義稙は畠山基家討伐のために河内に出陣したが、これは基家の政敵である畠山政長・尚順父子が義稙に討伐を行うよう働きかけたためであった[13]。しかし、政元は基家の使者遊佐中務丞や基家与党の越智家栄と伏見で密かに会談を行い、基家の安泰を約し、基家嫡子次郎（義英）に惣勝という仮名を名付けるなど、以前から基家方と通じていた[14]。後述するように、政元は義稙の河内出陣についても反対していたが、今回も政元の意見は退けられ、出陣が敢行されている。

このように、義稙と政元の関係が齟齬を来すなかで起きたのが、明応の政変であった。ここで重要なのが、政元が政変を起こすに至った動機である。従来の政変に関する研究は、事件そのものの歴史的意義や細川京兆家内部における政変推進派の存在、将軍権力や他大名との連携などが論点であったために重視していないが、『大乗院寺社雑事記』に政元の動機を記した記事が見られる[15]。

【史料二】『大乗院寺社雑事記』明応二年閏四月一〇日条

十日、（中略）一、難波備前守下向、色々天下時宜相語之、（中略）

一、将軍取替申子細ハ、今出川殿（義稙）御所様共以御進退事、毎事細川（政元）ニ可被任旨被仰下之、随而江州御進発事、色々雖申入、無御承（引脱カ）事、是一、河州御進発事、重而雖取申入、（無脱カ）御承引、剰細川（政元）事可有御退治之由上意、何事哉、是二、然上者御世於改申、諸大名一決同心申云々[16]、（後略）

史料一は、興福寺大乗院主尋尊の記した『大乗院寺社雑事記』における、明応の政変について述べた記事の一部である。政変に関する情報は、在京していた興福寺被官難波常弘から直接もたらされたが、その中で政元の動機についても述べている。すなわち、義稙は幕政の判断をすべて政元に任せると言っていたので、近江出陣に対して反対意見を述べたが受け入れられなかったこと、河内出陣についても、再び反対意見を述べたが義稙は承知せず、さらに政元を討伐する意向を示していたことの二点が動機として挙げられている。義稙が政元の反対を押し切って六角高頼・畠山基家の討伐を強行した結果、将軍廃立を決行させるほどの強い反発を招いたのである。

以上、義稙の近江・河内出陣を事例に義稙と政元の関係を見てきたが、両者の関係は幕政運営という観点からはどのように評価できるのであろうか。政変の動機となったことから明らかなように政元の反発は相当なものであったが、これは義稙が専制的な幕政運営を行っていたことに対する反動である。義稙が近江・河内出陣に反対する政元の意見を退けて出陣を敢行したということは、言い換えれば、幕政の意思決定が将軍主導で行われたということである。政変以前の義稙前期における幕政は将軍義稙が主導する形で行われていたのであり、このような状況を一変させるために、政元は将軍廃立という強硬手段に及んだのである。

## 二　義稙後期の幕政運営

永正五年（一五〇八）六月八日、足利義稙は大内義興の加勢を得て周防から上洛を果たし、再び将軍として政務を掌ることとなった。上洛後は前将軍足利義澄を中心とする義澄派との間で幕府政治の主導権をめぐる抗争が続いたが、永正八年の船岡山合戦で義稙派が義澄派を破ったことにより情勢は変化する。義稙派にとって最大の懸案事項であった義澄派との抗争が終結したことで幕政は安定期に入り、本格的な幕政運営体制の構築が新たな課題として浮上したのである。このような状況下で起きたのが、義稙の甲賀出奔事件である。

永正一〇年三月一七日、義稙は近江国甲賀に出奔し、五月三日に帰京するまで約一月半、将軍不在の状態が続いた。義稙出奔について、近衛尚通は「昨夜大樹《(義稙)》御遁世云々、言語道断次第也、京都仰天無是非者也、対此間両京兆《(高国・義興)》御述懐云々[17]」と、出奔の要因は「両京兆」すなわち、細川高国（右京大夫）・大内義興（左京大夫）への不満ではないかとし、醍醐寺理性院の厳助も「公方《(義稙)》御逐電、御落所江州甲賀云々、対細川《(高国)》御述懐之故、御発心云々[18]」と、高国に対する不満が原因としている。この他、甘露寺元長もこの事件について「大樹《(義稙)》去夜御逐電云々、対諸大名可被仰子細有之云々[19]」と諸大名への不満が出奔の原因ではないかとしている。出奔要因に言及した記録では、いずれの記主も義稙が大名に対して不満を抱いていたことを指摘しており、特に名指しで指摘された高国・義興の両者に対する不満が義稙出奔の要因であった可能性が高い。

では、義稙を出奔に至らしめた大名に対する不満とは何だったのであろうか。出奔事件の経緯を見ていくことにしよう。義稙出奔後、三月一九日には畠山義元のもとにおいて、高国・義元と当時上洛していた畠山尚順の三者が事件への対応を協議している[20]。出奔は突発的な事件で供も李阿弥・種村三郎しか連れておらず、しかも、没落先の甲賀への飛脚の派遣や奉公衆の参上を禁ずる御内書まで残されていたため、対処は難航した[21]。結局、甲賀に使者が派遣されたようであり、義稙からは「従江州大樹（義稙）御返事旨七ヶ条云々[22]」と七カ条にわたる要求が出され、四月一二日にはそれに対して「諸事不可背御成敗之由申入云々[23]」と、高国らに大内義興を加えた四人の在京大名による起請文が提出された。その後、義稙は甲賀で病気になったこともあって帰京することになり、「今日為御迎細川右京大夫（高国）・畠山尾張入道（尚順）・同修理大夫（義元）・大内左京大夫（義興）等大津・坂本辺祗候云々、大樹（義稙）亦今日甲賀御立云々[24]」と、高国・尚順・義元・義興が義稙を迎えに行き、五月三日には高国らの在京大名や伊勢貞陸など幕臣が供奉する形で義稙帰洛が実現している。

さて、そこで問題となるのが、「諸事不可背御成敗之由申入云々」と、四月一二日に万事義稙の成敗には背かないという趣旨の起請文が高国・義興・義元・尚順から義稙へと提出されている点である。この起請文提出は、裏を返せば諸大名、特に先ほど名前の挙げられていた高国・義興が、義稙の成敗にしばしば背いていたために必要であったと考えられる。在京大名が自身の成敗に従わないという状況だったとすれば、義稙がそれに不満を抱いていたとしても不自然ではない。義稙出奔の要因は、在京大名が義稙の成敗に背いていたことだったのである。

では、在京大名が義稙の成敗に背くとは、具体的にどのような状況を意味するのであろうか。永正一四年（一五一七）、伊達稙宗は一字拝領・左京大夫任官を求めて幕府と交渉したが、交渉に携わった細川高国内衆、新開隆実の書状によれば、「上意趣相違」にもかかわらず、「屋形《（高国）》種々依被執申候」によって稙宗の望み通り偏諱の獲得と任官が実現した[25]。この交渉において注目されるのは、義稙は認めない意向であったにもかかわらず、高国が義稙に働きかけた結果、義稙の意向を覆して稙宗の要望が実現したという点である。これは、今岡典和氏が指摘するように、将軍の意思決定が高国によって左右されていたことを示している[26]。換言すれば、高国は義稙の意向に反して自己の意向を実現させたということであり、義稙の成敗に背くとは、このような在京大名主導の政策決定を指すものと考えられる。

　義稙の意向が尊重されない例は他にも見られる。その一例が、永正九年（一五一二）に行われた大内義興の従三位への上階である。永正九年三月二四日、三条西実隆は「義興朝臣所望子細」を後柏原天皇に対して披露した[27]。この披露を境として義興上階に向けた動きが急速に進んでいったことからすると、義興の所望とは従三位上階を指すと考えられる。だが、翌々日の二六日に武家伝奏広橋守光が義稙の意向をうかがったところ、「可在時宜」と、義稙は後柏原天皇の意向に任せると返答したが、上階に消極的であった[28]。しかも、義稙は「但如此被仰談之由可為御隠密」と、このような意見を述べたことは内密にせよと述べている。義稙が上階に消極的な姿勢を示したことが義興に知られた場合、両者の関係が悪化するために、このような発言に及んだのであろう。義興への配慮が見られる。また、同時に高国の従四位下への上階を行うべきかどうかも問題となったが、義稙は同様に消極的な見解を示した[29]。

　しかし、義稙の思惑とは異なり、義興の上階は「為叡慮被思食寄御沙汰[30]」として、後柏原天皇の勅定で進められることになり、義興の従三位上階は実現した[31]。一方、高国に対しては高国と親交の深い徳大寺実淳を通じて上階が打診されたが、高国は「彼四品事先以不相急之事也、被抽賞一人之条可然」と、辞退した[32]。

義興の上階は、高国の上階が同時期に問題とされたことや、高国が恩賞は一人とした方が良いと発言していることから、船岡山合戦での戦功に対する恩賞だったと考えられる。後柏原天皇は以前から船岡山合戦における義興の役割について、京都の政情安定、ひいては朝廷の安定に対する貢献として高く評価しており[33]、義興の下国を慰留するという意味も含めて、上階を容認したものと見られる。

だが、義興の功績にもかかわらず、義稙は上階に消極的であった。なぜであろうか。義興が上階を求める根拠となったのは、船岡山合戦での戦功である。義興が合戦に対する恩賞として上階を要求したのは、上階の妥当性を主張する口実ではあったが、自身の功績を自任していたからこそ行い得た行為である。また、義興とは対照的に、高国は上階を辞退した。高国は義興ほど位階に執着していなかったためでもあろうが、「被抽賞一人之条可然」という発言からは別の思惑がうかがえる。朝廷からの恩賞が一人に限定されることになれば、船岡山合戦での勝利に貢献した戦功第一は名実ともに義興であったことが明確になり、義興は大いに面目を施すことになる。義稙が義興と対立して下国を命じた際、義興が高国にそのことを相談するなど、高国と義興は政治的に連携しており[34]、高国の上階辞退も義興の立場に配慮した両者の連携の一環であったと見られる。ただし、高国は上階に代わる恩賞として義稙の御成を受けており、高国の立場に対する配慮も同時になされている。

義興上階をめぐる動きからは、自身の功績を誇る義興に対し、義稙・高国が配慮するという構図が見られる。すなわち、義興は義稙の周防在国中の支援や上洛時の貢献に加え、船岡山合戦での戦功によって幕政に対する発言力を一層強めており、義稙・高国はその意向を尊重せざるを得ない状況にあった。しかし、義稙にしてみれば義興の発言力が強まるほど自身の意向が制約されることになり、好ましい状況ではない。朝廷からの要請に応じて上階を認めたものの、義稙には恩賞を与えて在京大名を引き立てようという意識は見られない。

義興の上階は、手続きの上でも問題がある。本来、武家の叙位・任官は将軍による推挙を経た上で行われるものであるが、今回の場合、義興が直接朝廷に働きかけて将軍の事後承諾を得るという異例の手続きとなっている。義興が朝廷との直接交渉に及んだのは義稙が上階に消極的であったためであろうが、義興の動きは義稙の意向を尊重しないものである。しかも、上階は単なる恩賞ではなく、細川高国・畠山義元に対する御成と一体となった船岡山合戦後の秩序構築の一環であった。上階の主体的な働きかけは在京大名側の要請に基づく御成とともに、在京大名主導の政策決定がなされていたことを示しているが、その反面、義稙の主導性は見られない。

このような義稙後期の幕政運営を踏まえれば、義稙出奔の背景も理解しうる。政変以前は在京大名の意向よりも自身の意向を優先して幕政を主体的に運営していた義稙であるが、政変以後は自身の意向を曲げてでも在京大名の意向を尊重しなければならなくなった。これは、義稙にとっては容認しがたい事態であり、だからこそ出奔による政務放棄に至ったと見られる。義稙後期の幕政運営は高国・義興が主導する形で行われており、在京大名主導の幕政運営に対する反発が義稙出奔を引き起こしたのである。

## 三　幕政運営をめぐる将軍と在京大名の対立

永正一八年（一五二一）三月七日、足利義稙は淡路に出奔した。義稙の淡路出奔と密接に関係するのが、出奔の前年に行われた義稙と細川澄元の提携である。義稙が高国の政敵である澄元と提携したことは、両者の関係の破綻をもたらした。したがって、出奔の要因を明らかにするためには、義稙が提携に及んだ理由を明らかにする必要がある。そこで、まずは義稙と澄元の提携について見ていくことにしよう。

細川澄元は前将軍足利義澄を支持する義澄派の大名であり、もともと義稙とは敵対関係にあった。両者の提携が明らかになるのは、永正一七年（一五二〇）五月一日に行われた三好之長の将軍御所への出仕である。澄元名代として上洛した三好之長は、「巳刻三好筑前守（之長）為右京大夫澄元（細川）御礼之使参室町殿」[35]と、代替御礼のため義稙のもとへ出仕した。之長の出仕は、「三好筑前守（之長）、為六郎澄元（細川）家督御礼参室町殿、進上御馬・太刀・御礼物二百貫云々」と、細川京兆家の家督が高国から澄元へと代替わりしたことを義稙が承認したことへの御礼であり、義稙と澄元が提携していたことは明らかである[36]。

では、両者の提携はどの時点で行われたのであろうか。

【史料二】『後法成寺関白記』永正一七年二月二〇日条

廿日、（中略）入夜清少納（清原宣賢、言脱カ）許ヨリ、澄元（細川）対畠山式部少輔（順光）有書状案、写進上之、如此、

奉対　上意連々無疎略之通、以赤松兵部（義村）令申候処、被達　上聞由候条、至摂州令入国、爰元大略雖属本意候、公儀憚存不罷上候、此砌一途被仰出候者、毎事任　上意可相働候、此等之次第急度御入魂憑入候、猶委曲荻野左衛門大夫可申候、恐々謹言、

二月十七日　澄元（細川）判

畠山（順光）式部少輔殿

これは、『後法成寺関白記』中に見られる澄元書状の写である。充所の畠山順光は義稙の側近であり、順光を通じて義稙への披露を求めたと見られる。この書状によれば、以前、澄元は赤松義村を通じて義稙と敵対する意向がないことを伝え、さらに、摂津で高国に対して勝利した後も義稙を憚って上洛を控えており、義稙に許容されることを望んでいるとしている。澄元が義稙との提携を求めているのは明らかであるが、義稙もこれに応じた行動をとっている。すなわち、二月一七日、摂津在陣中の高国と澄元の間で合戦が行われた。敗れた高国は上洛し、義稙に対して一緒に落ち延びるよう求めた。しかし、「誘引申室町殿（義稙）可落行云々、雖然室町殿（義稙）無御招引（承）」と、義稙は同意せず、高国のみ近江へ落ち延びている[37]。この書状を踏まえれば、義稙が在京し続けたのは澄元を受け入れたためであり、澄元の家督承認はそれを裏付ける行動と言える。したがって、二月一七日の時点で義稙

は澄元との提携に踏み切ったと見ることができる。

だが、書状にある通り、以前から澄元は赤松義村を通じて義稙と接触していた。赤松義村は澄元と同じ義澄派の大名であり、義澄死後も澄元と提携関係にあった。一方、永正九年（一五一二）に高国と義村は和議を結んでおり、義村は高国と和睦したにもかかわらず、依然として澄元と通じていた。したがって、義村は義稙や高国とは疎遠な関係にあった。そこで注目されるのが、永正一五年（一五一八）以降、義稙と義村の間で交渉が行われている点である。永正一五年から一六年にかけて、義稙は義村に対して、澄元と提携する被官の成敗や高国との関係改善をたびたび命じている[38]。実際には義村自身が澄元と通じていたためにこの交渉自体はうまくいかなかったようであるが、その後の関係を踏まえると、義稙・義村間でこうした交渉がもたれたことにより、両者の関係が深まったと見ることができる。つまり、義稙・義村間の交渉回路が築かれたことによって、義村と提携関係にある澄元と義稙の接触につながったと考えられるのである。義稙と澄元が接触した具体的な時期は不明であるが、澄元の軍事行動が本格化する永正一六年八月以降、提携を求める澄元から義稙に対する働きかけが行われていたものと見られる。

では、義稙と高国の提携はいつ途絶えたのであろうか。合戦に敗れて慌ただしく上洛したにもかかわらず、義稙の同行を求めていたことからすると、二月一七日の時点では高国は義稙の内通を把握していなかったと見られる。一方、高国の戦勝を励ます義稙御内書が二月八日付で出されており、高国の上洛直前まで義稙も高国を支持する姿勢を示していた[39]。両者の提携が途絶えたのは、一七日に義稙が近江没落を拒否した時点であり、それまでは両者の提携関係は維持されていたのである。

したがって、義稙は高国との関係を維持しつつ、一方で澄元とも内通していたと考えられる。これは、義稙にとって自己の地位を保持するための行為であった。義稙は抗争の勝利者と提携すればよいのであり、保身のために両者と通じていたのである。

だが、義稙が澄元と提携したことにはより大きな意味がある。それは、受動的にではあるが、新たに澄元と提携することによって幕政から高国を排除したということである。義興在京期も含めれば、義稙と高国は一四年にわたって共同で幕政を運営しており、幕政の安定を重視するのであれば、高国との提携を維持すべきである。しかし、逆に言えば、高国がいる限りその幕政への関与も継続することになる。他方、元来敵対関係にあった澄元と提携した場合、幕政運営がどのような形になるかは未知数である。だが、政治経験の乏しい澄元に代わって義稙が幕政の主導権を掌握する可能性があった。義稙にとって、澄元との提携は幕政の主導権を取り戻すための有効な手段だったのである。

しかし、永正一七年（一五二〇）五月五日、高国と三好之長の間で行われた等持寺合戦は、高国の勝利に終わった(40)。之長は捕らえられて自害し、澄元も同年六月一〇日に病死した。義稙は高国を見限って澄元と提携したにもかかわらず、再び、高国と提携せざるを得ない状況に至った。

こうした状況の中で起きたのが、義稙の淡路出奔である。永正一八年三月七日、義稙は出奔し、和泉国堺、淡路を経て阿波に下向した。阿波は澄元の出身地で有力な与党であった細川阿波守護家の分国であり、義稙も細川持隆を頼ったものと見られる。

では、義稙が出奔した要因は何であろうか。義稙は出奔する際、御所に四通の御内書を残していったが(41)、「近衛家文書」の中にその内の一通と見られる義稙御内書がある。この御内書は『大日本史料』の義稙卒伝に所収されるなど、従来は年未詳とされてきた(42)。しかし、内容が義稙出奔を示唆し、月日も出奔の期日と一致することから、永正一八年に比定することができる。

**【史料三】**（永正一八年）三月七日付、足利義稙御内書（「近衛家文書」）

世上之儀、万不応成敗候之間、令退堀（屈）、ふと思たち候、今の時分定而疎略之様可被思食候へとも、何共れうけんに不及候ま丶、此分候、無緩怠心底者、可有　上察候、目出天下静謐之念願候、今ちと心なかく被相待候へく候、此旨自然之時者、可被得其心候也、謹言、

三月七日　（足利義稙）（花押）

史料三によれば、「世上之儀、万不応成敗候之間、令退屈、ふと思たち候」と、義稙は何事も意向通りに成敗が行われないので嫌気がさし、出奔を思い立ったと心境を述べている。前項での検討を踏まえれば、「万不応成敗」とは、永正一〇年（一五一三）の出奔時と同様、高国主導で幕政が行われたことを指すと考えられる。しかも、前回とは異なって義稙が澄元と提携したことが原因で高国との信頼関係が破綻しており、義稙の意向が以前にも増して尊重されなくなったであろうことは想像に難くない。このような状況に対し、「将軍（義稙）御所存併悪思食右京兆（高国）故云々」と、義稙は高国に対する強い不満を抱いたため出奔に至ったのである[43]。

だが、前回の出奔が一時的な政務放棄だったのに対し、今回の出奔の目的は大きく異なる。淡路出奔後、義稙は奉行人奉書で軍勢催促を行っているが、その中で「就（細川）高国退治、至淡州被移　御座」と高国との敵対を明言している[44]。義稙は高国打倒のため、淡路へ出奔したのである。

しかし、義稙の出奔に同行したのは、畠山順光らの側近と一部の奉行人だけであった[45]。出奔時の同行者の少なさから、義稙の出奔は側近しか支持しておらず、将軍権力の総意ではなかったと考えられる。他方、出奔に同行しなかった幕臣たちは、高国によって新たに擁立された足利義晴の権力基盤となった。政所頭人伊勢貞忠は引き続き頭人を務め、義稙後期の幕府奉行人もそのまま義晴の奉行人となった[46]。彼らは義稙とともに出奔することよりも、高国と協力しつつ新たな将軍に仕えることを選択したのである。このような義稙と幕臣の関係の希薄さからすると、義稙は幕臣を十分に掌握しておらず、自身の意向を幕政に反映させることが困難になっていたのでは

ないかと考えられる。高国の協力が得られなくなった上、幕臣が自己の基盤として期待できない以上、義稙の復権は困難であった。義稙は高国との幕政の主導権をめぐる権力闘争に敗れた結果、出奔せざるを得なくなったのである。

## 第二節　義晴前期の幕府政治――「御作事方日記」を中心に――

### 一　将軍御所移転計画の遂行

#### 1　将軍御所移転の提案

「御作事方日記」は足利義晴の三条御所移築の経緯について記した別記である。その記事は大永四年（一五二四）正月二八日に始まり、大永五年四月二六日の普請始で終わっている。末尾に奥書はないが、所々に記主を示す記載が見られる。大永四年二月八日条には「勢州（貞忠）・拙者令退出也」と記主が御所から退出したことを示す記載があるが、同条からは政所頭人の伊勢貞忠と義晴側近の大館常興が御所に出仕していたことが確認できる。また、人名を記す場合は名字＋官途やその略称、あるいは官途で記すのに対し、大館常興のみ法諱（常興）で記しており、明らかに薄礼な表現を用いている。これらの内部徴証や「御作事方日記」が大館家に伝来した史料群の一部であることからすると、「御作事方日記」の記主は大館常興であったと見られる。大館常興は義晴側近として政務執行の仲介役、意思の伝達者を務めたと評価されている人物であり[47]、「御作事方日記」は幕政の内情を示す信頼できる史料と見られる。

義晴は将軍就任後、前将軍足利義稙が居住していた三条御所は用いず、岩栖院を仮御所として政務を行っていた[48]。岩栖院は細川満元の菩提を弔うために創建された細川京兆家と縁の深い寺院であり、ここが御所として用いられたのは、義晴の擁立者であった細川高国の意向によるものと見られる。新たな御所造営が課題となったのも、義晴が仮御所に居住していたためである。では、将軍御所移転の契機はいったい何だったのであろうか。

【史料四】「御作事方日記」大永四年正月二八日条

　大永四年

　　正月廿八日

一、三条御所上京へ可被引移之事、伊勢守貞忠《（伊勢）》・常興《（大館）》以両人於　殿中右京兆《（高国）》高国朝臣被申入之、尤　御意得之由
　仰也、

これは将軍御所移転の提案について記した「御作事方日記」の冒頭部分である。この条について、高橋康夫氏と小島道裕氏は、伊勢貞忠と大館常興が御所の上京移転を提案し、細川高国の同意を得たと解釈した。一方、末柄豊氏は「御作事方日記」における申し入れは将軍義晴に対して行うもの、仰せは義晴の意思の発露であるとして、高国が御所の移築を提案し、貞忠と常興の伝達を経て義晴が承諾したと解釈しており、将軍御所移転の提案者について二通りの解釈が見られる[49]。御所移転の提案者が誰なのかということは全体の解釈に関わる重要な問題なので、確認しておくことにしたい。

冒頭部分の「伊勢守貞忠《（伊勢）》・常興《（大館）》以両人於　殿中右京兆《（高国）》高国朝臣被申入之」の部分は、御所において貞忠と常興の二人を通じて高国が申し入れた（提案した）、あるいは、高国に申し入れたという二通りの解釈が可能である。前者の場合、「尤　御意得之由仰也」とは、貞忠と常興を通じて披露する必要があり、「仰」という厚礼な尊敬表現を用いていることから、仰せの主体は末柄氏が解釈したように足利義晴となる。後者の場合、仰せの主体は高橋氏と小島氏が解釈したように高国となる。しかし、「御作事方日記」における「申入」と「仰」の用法は、「以御佐子御局申入之、御心得之由仰也」（大永四年二月八日条）のように、一貫して義晴に上申することを「申入」、

義晴の意向を「仰」と表現している。冒頭部分は末柄氏が指摘したように、貞忠と常興を通じて高国が御所移転を提案し、義晴が承認したと解釈すべきである。将軍御所移転は高国の意向で開始された政策だったのである。

## 2 将軍御所移転計画

「御作事方日記」の記事は、経費（国役・棟別銭）の徴収手続きや担当者の配分、候補地（在所）の選定、人事（惣奉行）の選任、日程（普請始の日次）の選定に大別される。そこで、幕府政治の構造を検討する前提として、将軍御所移転に関する主要事項の概略と遂行過程を見ていくことにしたい。なお、各事項の進捗状況については、表３—１に整理したので、合わせて参照していただきたい。

**表3—1** 将軍御所移転計画の推移

| 年・月・日 | 国役 | 棟別銭 | 候補地 | 惣奉行 | 普請始 | 備考 | 作事奉行 |
|---|---|---|---|---|---|---|---|
| 大永4・1・28 | | | | | | 高国、移転を提案 義晴承認 | |
| 4・2・5 | 国役賦課決定 | 棟別銭賦課決定 | 候補地案提示 | | | 義晴・高国承認 | 合議 |
| 4・2・7 | | 高国、家数注進を提案 | | | | 義晴承認 | |
| 4・2・8 | | 高国、注進の日次決定 | | | | 義晴承認 | |
| 4・2・9 | | 高国、注進の重要性を主張 | | 稙長が候補に挙がる | | 高国・常興間で協議 | |
| 4・2・16 | | | 貞忠邸近辺に決定 | 稙長の招請決定 | 吉日諮問決定 | 御所で高国・常興が協議 | |

| | | | | | | | |
|---|---|---|---|---|---|---|---|
| 4・2・19 | | 高国、要脚の用意を指示 | 候補地凶方が発覚 | | | 高国、延期決定 | 候補地調査 |
| 4・2・20 | | | | 稙長・義総の招請を検討 | | 長塩邸で高国・常興が協議 | |
| 4・2・24 | 賦課日次決定 | 賦課日次決定 | | | | 高国、日次決定 | |
| 4・3・12 | 賦課通達 | 高国、徴収担当者に内定<br>高国、賦課を拒否 | | 稙長の招請通達<br>義総、候補に挙がる | | 高国へ使者派遣 | 合議 |
| 4・3・17 | | | | 常興、貞運へ準備を指示 | | 高国、貞運を推薦<br>義晴承認 | 貞運追加 |
| 4・3・19 | | | | 稙長招請の奉書作成 | | 奉書案を高国に見せる | 貞運御礼 |
| 4・3・26 | 分配準備 | 高国、賦課を容認 | | 先日、奉書を雑掌に渡す | | 高国へ三度目の使者派遣<br>高国に見積書を見せる | |
| 4・8・24 | | 高国、一部寄進を提案 | | | | 義晴承認 | |
| 4・12・30 | | | | 高国、状況を常興に確認<br>奉行、奉書再発給を検討 | | | |
| 5・2・29 | | | | | 日次検討 | 常興・貞遠協議<br>高国に通知 | |
| 5・3・2 | 高国、督促指示 | | | | | 朝倉孝景への督促 | |
| 5・3・3 | 貞忠、督促容認 | | | | | | |
| 5・3・7 | 元光、国役進上 | | | | | | |
| 5・3・10 | 督促を協議 | | | | | 常興と国分奉行が協議<br>土岐頼純・赤松政 | |

| | | | | | | | |
|---|---|---|---|---|---|---|---|
| | | | | | | 村への督促 | |
| 5・3・13 | | | | | 方違回数確認 | 義晴の諮問 | |
| 5・3・17 | | 高国、幕府奉書を要求 | | | 日次確認 | 常興から高国へ連絡 | |
| 5・3・18 | | 常興、幕府奉書を送付 | | | | | |
| 5・3・19 | 高国、督促指示<br>貞忠、督促容認 | | | | | 義晴承認 | |
| 5・3・25 | 早期進上確認<br>高国、督促指示<br>貞忠、督促容認 | | 実地調査日次諮問 | 上洛の有無を協議 | 日次諮問決定 | 高国邸で高国・常興が協議<br>義晴承認<br>孝景への督促 | |
| 5・3・29 | 定頼、請文提出 | | | | | 高国へ進上<br>義晴承認 | |
| 5・3・30 | 請文を返却 | | | | | 常興から貞運へ返却 | |
| 5・4・5 | | | 実地調査<br>高国、問題点指摘 | | | 義晴・高国に設計図を見せる | 候補地調査 |
| 5・4・6 | | | 貞忠内衆、替地申請 | | | | |
| 5・4・8 | | | | | | 普請奉行、大工参加 | 合議 |
| 5・4・14 | | | 高国、問題点指摘<br>女中衆、問題点指摘 | 常興、上洛催促を指示 | | 常興、合議日次を通知 | 日次通知 |
| 5・4・15 | | | | | | 義晴、摂津元造の参加を承認 | 元造追加 |
| 5・4・17 | | | 高国邸近辺に決定 | | | 常興・尹賢・在富・有春参加<br>高国邸で高国・尹賢・常興協議<br>義晴承認 | 合議 |

| | | | | | | | |
|---|---|---|---|---|---|---|---|
| 5・4・18 | | | 候補地を通知 | | 日次勘進 | 作事奉行に通知<br>義晴、高国への諮<br>問指示<br>高国承認 | |
| 5・4・19 | | | | | 日次勘進 | 義晴、高国への諮<br>問指示 | |
| 5・4・20 | | | 高国へ候補地所望 | 上洛の有無を確認 | 高国、日次決定 | | 合議 |
| 5・4・21 | | | | | | 高国出家<br>義晴、延期を検討 | |
| 5・4・22 | | | | | | 高国意見により、<br>延期中止 | |
| 5・4・23 | | 木屋費用を下行 | | | | | |
| 5・4・24 | | 六〇貫下行 | | | | | |
| 5・4・26 | | | | | 普請始 | | |

### （1）国　役

国役に関する記事の初見は大永四年二月五日条である。同条によれば、御所に呼び寄せられた六人の作事奉行に対し、貞忠と常興を通じて必要経費や候補地などについて義晴の諮問がなされた。作事奉行が合議した結果、国役の賦課が決定したものの、確実な調達は見込めないことから棟別銭の賦課を優先するという結論に達した。

そこで、貞忠と常興が国役・棟別銭・候補地に関する作事奉行の意見を義晴に披露したところ、義晴は高国への伝達を命じた。高国方へは高国内衆の波々伯部正盛に対して常興から書状を送り、御所へ雑掌を参上させるよう求めた。参上した高国雑掌の寺町通能と中沢秀綱に対し、貞忠と常興は作事奉行の意見を伝達した。波々伯部正盛と寺町通能は高国の奏者、中沢秀綱は奉行人を務める高国内衆である。

通能と秀綱はいったん高国邸に戻り、すぐに高国の返答をもたらした。高国も国役と棟別銭で経費を調達するという作事奉行の意見に同意したが、もう少し思案してから再度返答するとした。

しかし、二月一九日の段階で移転候補地が凶方に当たることが判明し、移転は大永五年（一五二五）に延期されることになった。ただし、経費調達の継続を主張する高国の意見により、国役と棟別銭の賦課は年内から進められた。二月二四日、常興が陰陽師の勘解由小路在富を御所に呼び寄せて国役と棟別銭の賦課を命じる日次について尋ねると、三月一二日・二九日・四月五日の三案を注文にしたためたので、義晴に披露した。その後、高国にも見せたところ、高国は早急に進めるために一二日を選び、作事奉行による合議をするよう指示した。なお、日程の件は常興と貞忠が二人で取り計らうべきだったが、貞忠は病気で出仕しておらず、常興一人での処理を容認したので、貞忠には後ほど注文を送ることになった。

そして、あらかじめ取り決めた通り、三月一二日、御所で作事奉行と幕府奉行人の飯尾貞運による国役・棟別銭・惣奉行についての会議が行われ、国役賦課の発令が決定した。会議で取り決められた国役・棟別銭・惣奉行の件は、義晴の使者として派遣された伊勢貞遠・飯尾貞運・松田晴秀が高国に伝達し、同意を得た。この時、高国方の奏者を務めたのも通能と秀綱であった。

三月二六日、職人たちから見積書が進上され、総額二五〇〇貫から二六〇〇貫に上ることが明らかになった。伊勢貞遠は通能を通じて高国にも見積書を見せていた。さらに、飯尾貞運が常興に伝えたところによると、総額の見積もりが定まったので国役を各国へ分配するために下知を作成するということであった。

翌年大永五年になると、国役進上に関する動きが本格化した。三月二日、高国の使者、香西三郎次郎が常興を訪れ、朝倉孝景（越前）からの国役進上を三月中に実現するため、貞忠への督促を命じた。大永四年四月一九日付の幕府奉行人奉書によれば、孝景に対して一〇月以前に一〇〇〇貫文を進上するよう命じており、孝景が国役進上に応じる気配がないために督促強化を図ったものと見られる[50]。常興は伊勢家一門の伊勢貞久にこの旨を伝え、翌日三月三日には御所で常興と貞忠が直談判し、貞忠から孝景へ督促することになった。国役督促の経緯から明らかなように、幕府と朝倉家の交渉は貞忠が仲介していた[51]。

三月七日には武田元光（若狭）に対して国役を督促した。飯尾貞運は、元光の在京雑掌の吉田三河守が別件で下国するので、幕府奉行人奉書を用意し、今月中に進上するよう命じると常興に伝えた。孝景への督促は作事奉行の飯尾貞運・飯尾貞広・松田頼隆・松田晴秀による連署状でなされており、元光への督促も同形式の奉書で行われたと見られる。

さらに、三月一〇日には常興宅へ松田晴秀と飯尾貞運代理の飯尾為隆がやって来て美濃と播磨への督促について協議した。松田晴秀は美濃の国分奉行、飯尾貞運は播磨の国分奉行である。土岐頼純（美濃）へは五万疋の国役が賦課されたが、在京雑掌の石川が在国中のため、その留守へ奉行人奉書を遣わすことになった。赤松政村（後の晴政、播磨）にも五万疋の国役が賦課されたが、在京雑掌がいないため、以前は高国に奉行人奉書を遣わし、高国から国役納入を命じていた。そこで、今回の催促も国分奉行から高国を通じてすることになった。若狭・美濃・播磨の例によれば、在京雑掌がいる場合は在京雑掌経由で督促し、いない場合は幕府―在国大名間の仲介役経由で国役の督促をしていた。

三月一九日、再び高国の使者香西三郎次郎が常興を訪れ、来月中に越前国役を進上するよう貞忠への督促を命じた。また、その他の国々についても催促を命じたが、貞忠と同様、高国も国役納入の仲介役をしていた。高国から催促を受けた常興はすぐに佐子局（義晴女房）を通じて義晴に披露し、越前国役督促の承認を得た。そして、伊勢貞久を通じて貞忠に督促の件を伝え、貞忠も再度の督促を了解した。

三月二五日、常興が別件で高国のところへ使者として出かけたので、そのついでに作事に関して合議した。この日は国役の催促について話し合い、他の件とともに佐子局を通じて義晴に披露し、承認を得た。また、常興は越前国役の督促について貞久に再確認した。

三月二九日には近江国役の進上に関する動きが見られる。六角定頼（近江）から高国に対する「御請書状」が飯尾貞運経由で進上され、飯尾尭連を通じて披露を求めてきた。そこで、佐子局経由で義晴に披露し、翌日、書状は貞運へ返却された。

（2）棟別銭

棟別銭に関する記事の初見も国役と同様に、大永四年二月五日条である。先述したように国役および候補地とともに作事奉行が合議した結果、棟別銭の賦課を優先することになった。そして、義晴への披露と高国への伝達が行われ、高国も同意した。

二月七日、通能と秀綱が常興のもとを訪れ、棟別銭の賦課対象とする家数の書立てを命じる日次と候補地の方角について、勘解由小路在富への諮問が必要だとする高国の意見を伝えた。両者は貞忠のところへも行き、高国の意見を伝達した。

その後、常興と貞忠は御所に出仕し、高国の意見を義晴に披露した。高国の意見は承認され、棟別銭の家数の書き立てを吉日に命じることになった。そこで、通能と秀綱を御所へ呼び寄せ、常興から両人へ義晴の意向を伝えたところ、高国も両者を通じて承知した旨を返答した。

二月八日、常興と貞忠は昨日の高国の意見を義晴に披露した。そして、貞忠と常興は在富を御所に呼び寄せ、家数書き立ての日次について尋ねたところ、二月一九日・二月二四日・三月五日を候補に挙げたので、義晴に注文を進上した。義晴は注文を高国へ見せるように命じた。貞忠も常興から通能と秀綱へ送るようにというので、通能と秀綱の両人宛の書状を添えて常興から通能へ注文を遣わした。秀綱は初卯千句に出かけて不在だったので通能一人で披露したところ、高国は作事を急ぐため一九日を選んだ。高国の返答を貞忠に伝えると貞忠も了解し、常興から申し入れるようにと返答した。そこで、御所に出仕した常興は佐子局を通じて披露し、義晴の承認を得た。

二月九日早朝、高国の使者秀綱が常興を訪れ、棟別銭と惣奉行について話し合った。棟別銭については家数書き立ての方法が最も重要だとする高国の意見を内々に承ったが、このことは常興一人に対して伝えられたものであった。

二月二四日、国役とともに棟別銭の賦課を命じる日次が定められ、できる限り急ぎたいという高国の意見により三月一二日に命じることになった。

三月一二日の作事奉行の合議により、高国が棟別銭の賦課を担当することが決定した。だが、国役の件などとともに決定事項を伝えたところ、高国は棟別銭の賦課を辞退し、再度使者を送ってもその意向は変わらなかった。しかし、三月二六日、前回と同様に伊勢貞遠・飯尾貞運・松田晴秀の三名が義晴の使者として高国を訪れ、棟別銭の賦課は高国が命じるべきであるという義晴の意向を伝えたところ、高国は奏者の通能を通じて、躊躇しながらも棟別銭の賦課を引き受ける意向を示した。なお、この日、秀綱は使者として出かけていたので通能が一人で奏者を務めた。

八月二四日には棟別銭賦課の具体的手続きに関する動きが見られる。高国は八幡山上山下・淀・山崎などに対する棟別銭の石清水八幡宮への寄進と義晴の許可を求めており、高国の意見は御所において細川家一門の細川尹賢経由で常興に伝えられた。常興は高国の希望通り自ら義晴に申し入れ、承認を得た旨を尹賢に伝達した。

翌年大永五年になると棟別銭の賦課が実施された。三月一七日には秀綱を通じて、明後日に棟別銭賦課のため現地へ担当者を派遣するが、その際に必要な山城国上三郡宛の幕府奉行人奉書を、以前同様の趣旨で作成するよう高国が要求してきた。そこで、常興は貞運へ用意を命じた。翌日一八日には貞運から奉行人奉書が届けられたので、常興は書状を添えて秀綱へ奉書を届けた。なお、作事に関する高国側の奏者を務めた寺町通能・中沢秀綱・波々伯部正盛の三者は、いずれも細川京兆家の棟別奉行を務めている[52]。

四月二三日には、二六日の普請始で木屋を建てる経費として棟別銭のうち二〇〇〇疋を用いることになった。作事奉行が通能と正盛から棟別銭二〇〇〇疋を受け取り、公方御倉へ納める段取りとなっており、徴収された棟別銭は予定通り作事の経費に充てられた。

### （3）候補地

候補地決定の経緯については、すでに末柄豊氏によって的確な整理がなされている。だが、将軍御所移転計画の全容を把握するためには、政策決定の当事者とその手続きについて詳細に明らかにする必要がある。そこで、末柄氏の成果に学びつつ、候補地の選定手続きについて見ていくことにしたい。

候補地に関する記事の初見も、国役および棟別銭と同様に大永四年二月五日条である。経緯は国役と同じなので省略するが、作事奉行の合議で花御所跡・高倉御所跡・伊勢貞忠邸周辺の新地の三案が候補地に挙げられ、方角について在富へ意見を尋ねた上で定めるという結論になり、義晴に披露された。そして、国役などとともに高国へ合議の結果が伝えられ、高国は高倉御所跡が適切なのではないかと意見した。

二月七日、棟別銭の件とともに、候補地の方角について在富への諮問を求める高国の意見が常興に伝えられ、貞忠と常興の披露を経て義晴に承認された。義晴の意向は通能と秀綱を通じて高国に伝えられ、一度高国邸に戻った両人は再度御所に出仕し、思案してから返答するという高国の意向を常興に伝えた。

二月一六日、御所で高国と常興が候補地・惣奉行・普請始・地形（地ならし）などについて話し合った。候補地に関しては、方角の是非について在富に尋ねること、辰巳（南東）が適当であること、候補地・普請始・惣奉行の件を一九日に命じることなどが取り決められた。なお、この日は幕府月次和歌会に当たっており、申沙汰担当の高国が出仕する機会を生かして常興との会合が行われていた。

二月一九日には、一六日に取り決めた通り、御所で貞忠と常興を通じて作事奉行に対する諮問がなされた。候補地については、貞忠邸の方角が辰巳方に当たるかどうかが問題となった。在富を呼び寄せて尋ねたところ、不適切だという意見だったので、作事奉行と飯尾貞運および在富は大工と番匠を引き連れて実地検分と地形に向かった。在富の見立ては、御所からは南東よりも西によって南に当たっているが、今年の南は大塞であり、金神の方角にも当たっていて、いずれにしても凶方に当たるということであった。そのため、高国雑掌の通能と秀綱を御所に呼び寄せ、貞忠と常興から在富の見立てを伝えた。両者が高国にこの意見を伝達したところ、高国は今年の作事延期と来年節分の方違、経費調達の継続を指示し、作事は大永五年に延期することになった。

翌年大永五年四月一日には伊勢貞遠が指図（家屋の設計図）と雑木注文を携えて常興を訪れており、作事着工に向けた動きが見られる。四月五日、作事奉行（結城国縁を除く六名）と在富および常興が候補地の実地調査を行い、測量した結果を指図に付け加えた。本来であれば、二月一九日のように作事奉行と在富だけが向かうはずのところに常興が加わったのは、作事奉行に同行を求められたことと、三月三〇日に犬追物の桟敷で高国から同行を要請されたためであった。

指図は作事奉行の意向により常興が披露することになった。常興の子で義晴側近の大館高信を通じて義晴に進上され、承認された。義晴が指図を高国にも見せるよう命じたので、別件で使者として御所に来ていた香西三郎次郎に義晴の意向を伝え、指図を渡した。香西三郎次郎は高国に披露した後、再び御所に戻り、馬場殿を作るべきこと、今出川と西の辻の間が指図に五丈とあるのは狭いので東へ広げるべきだが、その際に相国寺総門の法界門跡が敷地内に入るが問題ないかということ、これらについて作事奉行の合議を経た上で義晴の許可を得たいことなど、高国の意見を常興に伝えた。そこで、常興が再度高信を通じて高国の意見を披露したところ、義晴は承認し、作事奉行に合議するよう命じた。

四月八日、普請奉行の杉原孝盛を加えて作事奉行の合議が行われた。大工と棟梁の計四人の職人たちも御所にやって来た。議題は五日に高国が指摘した、西の辻と今出川の間五丈が手狭であることへの対応である。会議の結果、内裏西面の丈数を番匠に測量させることになった。

会議が敷地を西方に一丈拡大するという意見でまとまったので、四月一四日、指図を香西三郎次郎に持たせて高国に披露させた。ところが、西方への一丈拡大は容認するものの、法界門跡にまで広げて馬場殿を造ることを懸念し、候補地の適性を疑問視するという女中衆の意見が、尹賢を通じて高国に伝えられていた。それを受けて、高国も義晴の意向を伺った上で作事奉行を呼び寄せ、再度適切な候補地を上申させるべきであると意見した。四月一七日条によれば、女中衆はその他に内裏北は他所と離れすぎており、不用心でよくないとする意見を伝えていた。そのため、常興は佐子局を通じて義晴に披露し、その承認を得た上で一七日に談合するよう作事奉行へ命じた。

なお、尹賢へは前日一三日の犬追物の桟敷において、花御所跡がよいという女中衆の意見が伝えられた。後述するように、花御所跡への移転を望んでいたのは義晴周辺なので、この女中衆とは義晴に近侍する女房衆と考えられる。尹賢は御供衆であり、犬追物の見物に出かけた義晴の供をした際、女房衆と接触があったと見られる。高国も候補地に注文をつけ、山名敷地への移転に強く反対した。山名家は義晴前期には在京していないので山名敷地とは山名家邸宅跡であろうが、応仁・文明の乱以来続く、細川家の山名家に対する根強い対抗意識が見られる。これらの女中衆と高国の意見は、談合前日の一六日に常興から佐子局を通じて義晴に披露された。

また、一四日には一七日の談合の時間設定や参加者への連絡が行われた。一七日は尹賢と貞忠も御所に参上することになり、尹賢へは御所でその旨を伝えた。一七日は巳刻から談合をすることにし、常興から伊勢貞遠を通じて作事奉行に伝達した。候補地は洛中の家屋と敷地に関する問題なので、地方頭人も参加するのがよいという貞遠の意見により、摂津元造の参加が取り決められた。一五日には摂津元造の談合への参加の是非について、佐子局を通じて義晴の許可を得た。その上で常興から書状で参加要請をし、元造も了解した。

そして、四月一七日、作事奉行（飯尾貞運を除く六名）と細川尹賢・杉原孝盛・摂津元造・勘解由小路在富・土御門有春・大館常興による候補地選定についての会議が行われた。談合の結果、一条町にある小笠原邸跡がよいという意見でまとまったが、佐子局と大館高信を通じて花御所跡を加えるようにという義晴の命があったので、候補地に加えた。ところが、高国の使者太田保定がやって来て常興と直談判をしたい旨を伝えたため、常興は急遽高国邸に向かうことになった。高国は自分の内衆である秋庭・香川・長塩などの敷地を候補地とすることを提案したが、以前からこの案を聞いていた常興はその場で了承した。高国邸では、尹賢も加えた三者の談合で、高国内衆の敷地を候補地とする案を義晴に披露し、明日一八日に作事奉行を呼び寄せてその旨を伝達することで候補地を確定する、義晴の同意を得られたら再論には及ばないという、候補地の事実上の決定がなされた。この案は常興から佐子局を通じて義晴に披露され、承認された。

翌日一八日には作事奉行が呼び寄せられた。候補地決定の伝達と今後の作事について協議するためと見られる。また、摂津元造と陰陽師の在富および有春も招集され、敷地丈数を測量する日次は二〇日、普請始の日次は二六日とすることが在富と有春によって勘進された。この件も常興から佐子局経由で義晴に披露され、高国への伝達が命じられた。そこで常興は正盛を通じて伝達し、高国の同意を得た。

二〇日には香川など四・五人の屋敷跡を候補地として所望するため、義晴の使者として大館高信が高国のもとへ派遣された。了承した高国は使者派遣の御礼として御所に出仕し、移転先が高国内衆の屋敷跡に正式決定した。

## （4）惣奉行

惣奉行に関する記事の初見は大永四年二月九日条である。棟別銭に対する意見を伝えるついでに、高国は惣奉行に対する常興の考えを内密に尋ねてきた。常興は畠山稙長を候補に挙げたが、高国も異存はないと考えていた。

二月一六日、候補地などとともに惣奉行についても常興と高国の談合がなされ、稙長を上洛させることが取り決められた。そして、二月二〇日、高国内衆の長塩民部丞邸において催された猿楽に高国・常興・貞忠が同席し、常興は作事に関する高国の意見を聞いた。惣奉行について高国は、候補の畠山義総に対しても内々に上洛を働きかける意向を持っていたが、義総上洛の有無にかかわらず、稙長も上洛させようと考えていた。

三月一二日の談合で稙長が惣奉行に正式決定し、稙長へ上洛を命じ、高国からも上洛を催促することになった。国役などとともに高国に伝達したところ、高国も承知した。ただし、一方では畠山義総を惣奉行にする案も捨てておらず、義晴の判断に任せるとした。

三月一七日には作事奉行の任命を伝えるついでに、常興は稙長の上洛を命じる幕府奉行人奉書を用意するための談合を持ちたいと飯尾貞運に伝えた。三月一九日、飯尾貞運および松田晴秀と相談して三月一二日付の奉書の案文が作成されたが、貞運は高国に見せると述べた。惣奉行任命という重要案件に関わるものであり、高国側の書状作成にも必要なことから、高国にも回覧されたものと見られる。ただし、高国の推薦で作事奉行に任命された貞運がこのような主張をし、高国との連携が見られる点は注意を要する。

三月二六日、国役の件とともに飯尾貞運から常興へ惣奉行に関する続報がもたらされた。稙長上洛を求める奉書を稙長の在京雑掌松田孫左衛門尉に遣わしたところ、松田から国元へ送ることになった。

一二月三〇日、御所において、稙長に関する状況確認と再度の上洛命令を求める高国の意向が、尹賢から常興へ伝達された。そこで、常興宅に飯尾尭連（飯尾貞運代理）と松田晴秀を呼び寄せ、再度上洛を命じる奉行人奉書を出すよう命じた。

大永五年になっても稙長の上洛は確定していなかったようで、三月二五日に高国と常興が談合した際にも上洛の有無が問題となった。四月一四日、常興から飯尾尭連に対して上洛受け入れの返事を催促するよう命じ、尭連も飯尾貞運と松田晴秀に伝えると返答した。

四月一九日、普請始がある二六日以前に惣奉行就任の有無の返事をすること、承知した場合は名代を立てることを飛脚で稙長と雑掌に伝達するよう、松田晴秀に命じており、稙長の惣奉行就任は普請始の直前になっても定まっていなかった。

（5）普請始

普請始に関する記事の初見は大永四年二月一六日条である。御所で高国と常興が話し合った際、候補地の方角とともに普請始を行う吉日について在富に尋ねることが取り決められた。本来であれば一九日に日程が決定するはずだったが、御所移転が来年に延期したために普請始も延期することになった。

翌年大永五年二月一七日に伊勢貞遠邸で貞遠と常興が雑談した際、普請始の日程が話題に上った。両者は方違を三、四回重ねてからでなければ普請始に入れないため日取りを早めに決めようと考え、ついでに高国に日程の件を知らせ、作事奉行の合議を経ずに決定できるようにした。そして、二月二九日に別件で常興を訪れた高国使者の正盛に対して、日程の件を高国に披露するよう伝えた。

高国からの返答がないので、三月一七日にも別件で常興邸を訪れた正盛に返事を求めた。進展が見られたのは三月二五日で、高国と常興が談合した際、在富に普請始の日次を尋ねることになった。勘進は候補地確定後の四月一八日に行われ、四月二六日が候補とされた。また、一九日には七月一八日など延期した場合の日次も勘進された。義晴に進上したところ、高国に見せるよう命じたので、翌日二〇日、高国が候補地決定を伝える使者来臨の御礼として御所に出仕した際、常興は普請始の候補日を伝えた。高国は「延引してハ不可然、廿六日御普請已下被仰付之旨、目出可然候」（大永五年四月二〇日条）と四月二六日の普請始実施を希望した。そこで、常興が義晴に申し入れたところ、問題ないとして承認された。

ところが、四月二一日になると高国が突然出家したため、義晴は作事延期の意向を示した。この話を尹賢経由で常興から聞いた高国は、翌日二二日に尹賢を常興のもとに遣わし、隠遁を否定した上で作事の予定通りの実施を求めた。そのため、常興が佐子局を通じて申し入れたところ、義晴も高国の意見を受け入れて作事延期を撤回した。高国が出家したのは厄年を機に嫡子稙国に家督を継承するためであり、政務は引き続き執り行う予定だったが、出家が即座に作事延期の要因とされるところに高国の影響力の大きさがうかがえる。[53]その後、普請始は予定通り四月二六日に開催され、「御作事方日記」の記事もこの日で終わっている。

## 二　義晴前期の幕政運営

### 1　作事奉行の役割

将軍御所移転計画の実務は、作事奉行によって構成される作事方が担った。初見記事の大永四年二月五日条によれば、作事奉行は、伊勢貞遠・結城国縁・金山孝実・松田晴秀・松田頼隆・飯尾貞広の六人であった。政所頭人伊勢貞忠の一門伊勢貞遠は、足利義稙の三条御所造営時にも作事奉行を務めており、合議の日程を他の奉行に伝達するなど、作事奉行を統括する立場であった。結城国縁と金山孝実は幕府普請方に属する普請奉行、松田晴秀・松田頼隆・飯尾貞広は国分奉行を務めた幕府奉行人である。六人はいずれも幕臣であり、作事方は将軍に帰属する政治機関だったといえる。

作事奉行は御所移転に関して合議し、意見を答申した。合議の基本的な構成員は作事奉行の六人だが、それ以外の参加者も見られる。初会合の二月五日の合議には、六人に加えて幕府奉行人の飯尾貞運も加わっていた。貞運は以後の合議にも出席し、三月一七日には正式に作事奉行に任命された。だが、貞運が作事奉行になったのは、「飯尾近江《（貞運）》守事、被召加御作事奉行候者、可然存候由、右京兆《（高国）》より以御使中越《（秀綱）》被申之、此段披露仕て可被仰付之云々」と高国が推薦したためであり、将軍権力内部の人事に高国が影響力を行使していた。

大永五年四月八日には指図を検討したが、この時は普請奉行の杉原孝盛が初めて加わった。これは、議題が普請と密接に関わる建設場所の位置の問題だったためである。四月一七日は伊勢邸近辺に代わる新しい候補地の選定について合議したが、細川家一門で義晴女房衆の意見を伝えられた細川尹賢、普請奉行の杉原孝盛、地方頭人の摂津元造、陰陽師の勘解由小路在富と土御門有春、義晴・高国・作事奉行の間で調整役を務めた将軍側近の大館常興も参加しており、議題に応じて関係者が招集されていたことが読み取れる。

四月一七日条は常興が合議に参加していたことを明記した珍しい事例だが、貞忠と常興は合議結果の義晴への披露を担当しており、この他にも合議に参加していた可能性が考えられる。ただし、義晴と高国は一度も合議に参加していない。作事奉行の合議はあくまでも作事奉行を中心に運営されたものであり、義晴や高国が指揮したわけではない。

「御作事方日記」によれば、作事奉行は七回御所に招集されているが、その日程に規則性は見られない。作事に関して合議すべき課題が発生した時などに随時招集されたと考えられる。その内容は、大永四年二月五日（費用の調達方法および候補地）、一二月一九日（候補地の方角と実地調査）、三月一二日（国役と棟別銭の賦課および惣奉行の上洛の発令）、大永五年四月五日（実地調査）、四月八日（指図）、四月一七日（候補地の再検討）、四月二〇日（敷地の確保と手続き）であり、将軍の諮問や高国の意見を受けた合議と命令通達や実地調査などの実務の二種類に大別される。将軍御所移転計画において、作事奉行は意見答申と政策執行を担っていたのである。

## 2　政治協議の場

「御作事方日記」には、幕府政治の舞台に関する記述が多数見られる。その中でも中心的役割を果たしたのは、将軍御所である。一例として、大永四年二月五日の動向を見ると、義晴からの諮問と貞忠および常興による作事奉行への通達、作事奉行の合議、貞忠と常興による義晴への披露、常興から高国内衆の通能と秀綱への義晴の意向の伝達、両者から常興への高国の返答の伝達は、全て御所でなされた。他の日の場合も、義晴への披露、義晴から幕臣への下知の伝達、作事奉行の合議は全て御所で実施されており、将軍権力内部の政治協議は御所を中心に行われた。

一方、常興から談合参加者への出席要請（大永五年四月一四日条）、常興邸での国役催促に関する国分奉行との談合（大永五年三月一〇日条）といった、事務連絡や実務協議は常興など幕臣の屋敷でも行われ、軽微な案件は使者による口頭伝達や書状で済まされた。重要事項の協議や披露と伝達がなされた御所との使い分けが見られる。ただし、伊勢貞遠邸で普請始の日程の決定方式が話し合われるなど（大永五年二月二九日条）、内々の協議は幕臣の屋敷でも行われた。

では、将軍権力と細川京兆家の間の協議はどのように実施されたのであろうか。両者の協議は二通りの方法が見られる。一つは、使者を介する方法である。二月五日の場合、高国への伝達、高国からの返答は御所と高国邸の間でなされたが、棟別銭や惣奉行に関する意見交換（大永四年二月九日条）のように、常興邸と高国邸の間でなされる場合も見られ、協議の場に特定の傾向は見られない。

もう一つは、直接協議である。「就他事、右京兆《（高国）》へ為御使罷出事有之、此次に、以面御作事方之事承候条々」（大永五年三月二五日条）と、常興が別件で高国邸に使者として出向いた場合も協議しており、両者が直に接触する場が政治協議の場として機能していた。

【史料五】「御作事方日記」大永四年二月一六日条

一、今日御月次和歌御会、右京兆（高国）御申沙汰、就其被参、仍於　殿中申承之也、

これは、高国と常興が協議した二月一六日の記事の最後の一《ひと》つ書《がき》である。省略した前半部分には、候補地の方角・普請始の日次・物奉行など御所で実施した協議の内容を記している。ここで注目すべきは、この日が高国主催の幕府月次和歌会の開催日だったことである。常興と高国は両者が参加する幕府儀礼を利用して作事について協議したのである。

同様の事例は、他にも多数見出せる。大永四年二月二〇日には、「今日、長塩民部丞所へ右京兆（高国）被出、仍常興（大館）も勢州（貞忠）も罷出、猿楽観世有之、此時も御作事方之儀、種々京兆（高国）承之也」（大永四年二月二〇日条）と、長塩民部丞邸で行われた猿楽興行に高国・常興・貞忠が客として招かれ、高国と常興の間で費用や惣奉行について協議が行われた。大永五年四月四日には、「昨日、犬追物桟敷にて右京兆（高国）も如此承候」（大永五年四月五日条）と、犬追物の桟敷で候補地の実地調査についての高国と常興の協議がなされ、「此御地事、昨日、犬馬場桟敷にて、典厩（尹賢）内々承旨有之」（大永五年四月一四日条）と、細川尹賢が義晴女房衆から移転候補地についての意見を聞いたのも犬追物の桟敷であった。また、義晴への御礼のため、高国が御所に出仕した際にも「於　殿中、予（常興）直に京兆（高国）へ申談」（大永五年四月二〇日条）と、高国と常興が協議しており、儀礼や出仕によって関係者が直接顔を合わせる機会が政治協議の場となっていた。

## 3　幕府政治と在国大名

将軍御所移転計画のうち、国役と惣奉行には在国大名も深く関わっている。大永四年二月五日の時点で御所の移築費用は国役と棟別銭で賄うことに決まったが、国役は在国大名、棟別銭は細川京兆家が負担することになっ

た。実際の作事で必要とされた総額は不明だが、大永四年三月二六日に提出された御所移築に関する見積書では「都合二千五六百貫云々」（大永四年三月二六日条）とされており、莫大な金額が費やされたことは明らかである。

国役進上については断片的にしか確認できないが、大館晴光（常興子）が記した「晴光覚書」の中に「御作事方日記」とする部分があり、武田元光（若狭）と朝倉孝景（越前）からの進上が確認できる(54)。それによると、元光からは三〇〇〇疋（三〇貫）、孝景からは五万疋（五〇〇貫）が進上され、公方御倉に納めることになった。先述したように孝景への本来の賦課額は一〇〇〇貫であり、期限も大幅に超過しているものの、半額とはいえ巨額の国役進上が実現している。元光の場合、他の在国大名への賦課額を考慮するとあまりにも少額なため、分割納入していた可能性が高いが、いずれにしても国役進上に応じていたといえる。

国役進上が史料上確認できるのはこの二者だけだが、六角定頼（近江）も請文を提出しており、進上に応じたものと見られる。定頼への賦課額は不明だが、他国の事例を考慮すると五〇〇貫と見られる。また、納入の是非は不明だが、土岐頼純（美濃）、赤松政村（播磨）に対しても五〇〇貫が賦課されている。その他、「御作事方日記」中には記されていないが、伊達稙宗（陸奥）、上杉定実（越後）に対しても賦課されており、「御作事方日記」に記された以外の在国大名に対しても広範に国役が賦課されていたと考えられる(55)。

一方、棟別銭については、細川京兆家による徴収が実施され、その一部である二〇〇〇疋が公方御倉へ納入されたこと（大永五年四月二三日条）が確認できる。総額は不明だが、国役の賦課額を考慮すると五〇〇貫は下らないと見られる。だが、広範な対象範囲と賦課額の規模からすると、国役の総額は棟別銭の総額を上回ったと考えられ、作事費用全体の中で在国大名が進上した国役の果たした機能は非常に大きい。幕府政治の重要政策である将軍御所移転は、在国大名による経費負担を前提とする政策だったのである。

だが、見積書で提示された二六〇〇貫という費用は高額ではあるものの、細川京兆家の財力を考慮すれば単独で担うことも可能だった[56]。それにもかかわらず、在国大名に対して国役が賦課されたのは、細川京兆家の財政的負担を軽減するだけでなく、国役を進上すること自体が重要だったためと考えられる。国役の進上は、将軍御所の移築という国家的事業に財源の負担によって参加することを意味する。義晴および高国は在国大名と共同で政策を遂行することによって仲間意識を醸成し、提携関係を深めようとしていたのである。

同様の意図は、惣奉行の人選にも見られる。惣奉行の候補者とされたのは在国大名の畠山稙長と畠山義総で、最終的に稙長が惣奉行に選ばれた。稙長と義総が候補となったのは、足利義政の室町御所作事の惣奉行を稙長の祖父畠山政長が務め、足利義稙の三条御所造営の惣奉行を義総の伯父畠山義元が務めたという、作事惣奉行の先例を踏まえたためと考えられる[57]。惣奉行とはいっても、作事に必要な費用や物資の調達、職人の手配、図面の作成などは作事奉行を中心にすでに進行しており、実務の総指揮をするのではなく、儀礼に参加することが主要な役割と見られる。

だが、儀礼的であっても、惣奉行に在国大名が選ばれたことは重要な意味を持つ。稙長と義総が候補者に挙げられたのは、作事惣奉行の先例に基づくものと考えられる。しかし、稙長の上洛が必要とされた理由はそれだけではなかった。

稙長は大永三年（一五二三）の伊勢貞忠邸への御成に加わるなど、在京大名の一員として幕政に参加していたが、作事の実施された大永四年は在国中であった[58]。惣奉行就任は、稙長の上洛を実現するための好機であった。稙長の惣奉行就任と上洛が実現したかどうかは史料的制約により定かではない。だが、翌年大永六年（一五二六）に行われた石清水八幡宮の遷宮では、臨席した義晴の供として高国とともに供奉しており、幕府儀礼への参加を契機として稙長の上洛が実現している[59]。ここからは、稙長の上洛を望む義晴と高国の強い意向と、それに応じた稙長という構図がうかがえる。

足利将軍家元服儀礼が武家様で行われた場合、加冠役は原則として管領家から選出されたように、幕府儀礼の所役は先例に基づいた人選がなされたが、同時に現状を反映した新たな政治秩序を形成する機能を果たした。上洛は在国大名の服属儀礼であり、かつ、将軍と在京大名との関係を維持・強化するための首脳外交であった。稙長上洛の背景には、関係を深めることで幕政を安定化しようとする、幕府側の意図が存在したのである。

### 4　将軍権力と細川京兆家の共同執政

第一項での検討から明らかなように、将軍権力と細川京兆家は共同で幕府政治を運営していた。大永四年二月五日を例に見ると、費用と候補地に関する意見答申を命じた義晴の命令は、足利義晴→伊勢貞忠・大館常興→作事奉行という順序で伝達され、作事奉行の合議結果は作事奉行→貞忠・常興→義晴という順序で上申された。

将軍権力側で基本方針が定まった後、細川京兆家への伝達が行われた。義晴は合議結果を承認した後、高国への伝達を命じ、義晴→貞忠・常興→寺町通能・中沢秀綱→細川高国という順序で伝達された。また、高国の返答は、高国→通能・秀綱→貞忠・常興→義晴という順序で伝達されており、義晴・高国間の連絡は、それぞれ貞忠・常興と通能・秀綱を介して行われた。

二月五日の各自の役割を整理すると、将軍権力では義晴が政策の諮問と承認をする政策決定者、貞忠と常興が義晴と作事奉行の間を取り次ぐ仲介者、作事奉行が意見答申をする諮問機関と政策執行者の役割を担っていた。義晴と貞忠や常興の間に女房衆の佐子局が介在する場合が多かったこと、貞忠と常興、通能と秀綱による仲介は原則であって、病気や不在などの諸事情で両者による仲介が困難だった場合には一人で仲介していたことを除けば、将軍権力の政策決定はおおよそ二月五日と同様の経路で行われた。

一方、細川京兆家では高国が政策の是非を判断する政策決定者、通能と秀綱は高国と貞忠および常興の間を取り次ぐ仲介者の役割を担っていた。通能と秀綱の役割は、将軍権力における常興の役割に近いが、自身で直接高国に披露している点、高国への披露は将軍権力と比較して多くの人物が行い得た点、棟別奉行など実務担当者となっていた点などが異なる。通能と秀綱は高国側近として上申や下達を仲介する立場にあったものの、他の内衆を指揮する立場になく、作事奉行に相当する実務執行者を兼ねていた。したがって、細川京兆家の家中での立場は、将軍権力での常興の立場ほど高くはない。また、細川京兆家の意思決定は、棟別銭の賦課を引き受けた時、「年寄共にも相談之、重而御返事可被申入候」（大永四年三月二六日条）と高国が述べたように、細川家一門や細川京兆家重臣によって構成された年寄衆の意向を踏まえて、当主高国が最終決定を下す方式であったと考えられる。

ところが、大永五年になると伝達経路に変化が見られる。大永五年四月五日を例に見ると、作事奉行の実地調査を経て作成された設計図は、常興→大館高信→義晴という順序で披露され、高国への伝達は、常興→香西三郎次郎→高国という順序でなされた。高信による披露は佐子局と同様、義晴側近を通じての披露と理解できる。問題は、常興一人による仲介が常態化した点である。大永五年になると貞忠と常興の両者による仲介は見られず、上申と下達のいずれも常興が一人で行った。常興は、義晴と作事奉行および高国の双方の仲介役を一人で果たしており、貞忠が抜けた分、将軍御所移転計画の調整者としての重要性は相対的に高まったと考えられる。

また、細川京兆家側の仲介者も通能と秀綱の二人から香西三郎次郎へと変化している。常興と高国の間の伝達の大半は、香西三郎次郎を通じてなされており、大永四年における通能と秀綱の役割を香西三郎次郎が果たしている。これとは対照的に、通能と秀綱による仲介はほとんどなく、両者による仲介は一度も行われていない。両者は細川京兆家の棟別奉行として活動しており、義晴と高国の仲介を常時行える立場ではなくなったことが原因と見られる。ただし、常興と高国の仲介は波々伯部正盛など他者がする場合もあり、香西三郎次郎が独占していたわけではない。

このように、大永四年（一五二四）と五年では将軍権力と細川京兆家の仲介者が変化した。だが、将軍権力では義晴、細川京兆家では高国が政策の最終判断を下すという政策決定方式は一貫していたのである。

## 5　幕府政治の主導者

将軍御所の移転は、将軍権力と細川京兆家が連携して実施した政策だった。では、義晴と高国のどちらが主導権を掌握していたのであろうか。

大永四年二月五日に行われた経費の調達方法の考案と候補地の選定の場合、「各於　殿中、勢州《（貞忠）》・常興《（大館）》以両人被仰出之、仍御要脚様体幷御在所等之事、所存之趣、可有言上之由也」（大永四年二月五日条）と、義晴の諮問が起点となって実務協議が始動した。作事奉行の合議結果は義晴に披露された後、「其分右京兆《（高国）》へ可申旨仰也」（同日条）と義晴の指示で高国へ伝達され、その同意を得た後に義晴が承認した。この場合、政策決定の最終的な判断は義晴が下していた。この日に限らず、作事奉行の追加（大永四年三月一九日条）や候補地の決定（大永五年四月一七日条）などの重要事項から、設計図に相当する指図の確認（大永五年四月五日条）など実務的な事柄まで上申され、義晴の承認を経て実施された。義晴は政策の最終決定者として位置づけられていたのである。

一方、高国は意見を通じて政策に影響力を行使している。高国は飯尾貞運の作事奉行加入を推薦し、義晴に承認された。最終的な人事権は義晴が保持しているものの、高国の意向に応じた人事が実現していた。棟別銭についても、高国は石清水八幡宮への寄進を要請し、義晴の承認を得た。高国の意向に基づいて棟別銭の寄進が実施されたといえる。

また、大永四年二月一九日の実地調査時は、凶方に当たるという報告を受けて高国が延期を決定した。ここでは、作事の延期、すなわち、大永四年度における計画実施の是非という最重要事項が高国によって決定されており、政策決定における高国の主導性がうかがえる。延期判断の基準となった候補地の選定方法も高国と常興の協議で定められており、高国は政策の内容にも深く関与していた。

作事延期によって伊勢貞忠邸周辺地への移転が遠のいたことも重要である。作事奉行の挙げた候補地には含まれていないものの、高国は自邸周辺への移転を希望していた。作事延期は候補地の最終決定を遅らせる効果があり、その間に候補地が再考される可能性があった。移転候補地が凶方に当たるということは作事延期の格好の口実だったが、高国は当初から在富の意見を聞くように主張しており、あらかじめ候補地が凶方に当たっていることを知っていた可能性がある。高国は候補地選定方法と延期判断の両者にも深く関与しており、作事延期は高国による妨害工作であったと見られる。

以上のように、義晴は高国の意見を尊重してそのまま採用することも多く、高国の意見が政策内容を規定していた。高国は政策提言を行う将軍の補佐役として位置づけられる。

高国は在国大名との交渉においても重要な役割を果たしていた。義晴が惣奉行候補の畠山稙長の上洛の仲介を命じた際、「先為上意御下知をも被成、被仰出候て、又京兆《(高国)》よりも内々可申遣之云々」（大永四年三月一二日条）と高国は返答したが、これは、幕府奉行人奉書による公的経路と高国からの非公式経路の双方で、稙長に上洛を命じることを意味する。

国役の督促においても、「其外国々事、何も急度可有催促事京兆《(高国)》御取次の分、早々可被申届由、同御使之事」（大永五年三月一九日条）と高国が仲介役となった在国大名がいた。国役は幕府奉行人奉書による公式経路と伊勢貞忠による非公式経路で交渉した朝倉孝景のように、在国大名と親交のある幕府有力者が仲介役を果たしていたと考えられる。赤松政村に対する幕府奉行人奉書を高国経由で送付したことや六角定頼の請文が高国に提出されたことからすると、政村および定頼との交渉の仲介役を高国が果たしていたことは明らかである。伊達稙宗に対する賦課も高国が行っており、仲介役であったと考えられる。その他、武田元光と上杉定実も高国との親交が深い在国大名であり、高国が仲介役であった可能性が高い。孝景との交渉に明らかなように、在国大名との実質的な交渉は非公式経路を中心に行われた。高国は複数の在国大名に人脈を持つ仲介役として、幕府内で重要な位置を占めていたのである。

　では、政策の決定過程において両者はどのような役割を果たしていたのであろうか。棟別銭の賦課対象とする家数の書き立てを命じる日次の場合、陰陽師の在富が作成した日次の勘文が義晴に披露されたが、「此注文京兆《(高国)》へ見せ可申由仰候」（大永四年二月八日条）と、義晴は高国へ見せるように命じた。義晴の諮問を受けた高国は、二月一九日・二月二四日・三月五日の三つの候補日のうち、「尤目出存候、一日もいそかれ度候間、十九日可然存候」（同日条）と、作事を急ぐため二月一九日を指定した。作事が延期したために発令自体はなされなかったものの、書き立てを命じるため一九日に作事奉行の談合が実施されており、日次は高国の意見によって決定されていた。延期した発令日については、改めて三月一二日・三月二九日・四月五日を候補日とする勘文が作成されたが、「いそかれたく存候間、十二日可被仰出事可然」（大永四年二月二四日条）とやはり高国の判断で三月一二日に決定し、実際一二日に発令された。

　また、「京兆《(高国)》みせ可申由、被仰下之也」（大永五年四月五日条）という義晴の命令により、高国は御所の指図を閲覧した。高国は移転候補地が手狭であると意見を加えたが、四月八日の作事奉行の合議ではその問題への対応策が検討されており、高国の意見が移転候補地の決定に影響していた。普請始の日次も、勘文はまず義晴に進上されたが、「右京兆《(高国)》へ可申」（大永五年四月一九日条）と、義晴は自身で判断せず高国へ見せるように命じた。高国は四月二六日を選び、普請始は二六日に実施された。

　このように、義晴に上申された事案が高国に諮問され、高国が事実上の決定をしている例がいくつか見られる。だが、高国によって政策の決定がなされるのは義晴の諮問を受けた場合に限らない。大永四年二月一六日、将軍御所で高国と常興は候補地について協議し、実地調査をすることで合意したが、二月一九日には実際に作事奉行による調査が行われた。また、両者は惣奉行の人選についても協議しているが、やはり、その結果通りに畠山稙長が惣奉行に選ばれた。高国と常興は接触する機会を利用して政策内容について協議し、事実上の政策決定をしていたのである。

　高国と連携していたのは常興だけではない。常興と伊勢貞遠は作事奉行の合議を経ずに普請始の日程を決定できるようにするため、高国に相談した（大永五年二月二九日条）。飯尾貞運は畠山稙長へ上洛を命じる幕府奉行人奉書を高国に閲覧させた（大永四年三月一九日条）。貞遠は、移築の見積書ができあがると高国に閲覧させた（大永四年三月二六日条）。幕臣は事前の相談や内覧によって高国の判断を求め、その意見を尊重して政策を実施していたのである。

　さらに、高国による幕臣の指揮も見られる。大永五年三月、国役納入が遅れていた朝倉孝景に対する督促がなされたが、高国は常興を通じて伊勢貞忠に追加の督促を加えるよう指示している（大永五年三月二日条・三日条・一九日条・二五日条など）。また、高国は常興を通じて稙長上洛の状況報告と催促を幕府奉行人へ命じている（大永四年一二月三〇日条）。常興の実地調査への同行（大永五年四月五日条）も、高国から同行を求められたためであった。高国は幕臣と協調して政策内容を決定するだけでなく、幕臣に直接指示を下して政策を遂行させていたのである。

　以上のように、高国は幕臣と連携して政策を決定し、時には自ら指揮して執行にあたった。政策の事実上の決定と執行は、高国が中心となって実施していたのである。

　一方、義晴は政策の具体的内容を指示することは少なく、提案された政策を追認するだけのことも多かった。「御作事方日記」において義晴が政策へ関与したことが確認できるのは三件だけである。そして、この三件は義晴と高国の意見が異なる例でもあった。では、両者の意見が異なる場合、どちらの意見が優先されたのであろうか。

一つ目は、棟別銭賦課の実施者をめぐる相違である。棟別銭の実施者は、作事奉行の合議によって「棟別事、始末為右京兆《（高国）》被申付候、可有進納之事」（大永四年三月一二日条）と、高国に決定した。

【史料六】「御作事方日記」大永四年三月二六日条

一、伊加入《（貞遠）》・飯江《（貞運）》・松丹《（晴秀）》両三人、如先度為　御使、右京兆《（高国）》へ棟別事、重而被仰之、先度両度被仰出候処、為京兆《（高国）》可被申付候事、御斟酌旨、事をわけ御申候処、如此重而之仰如何候へ共、いかやうにも為京兆《（高国）》被申付候て、被遣候て可目出候由之御使也、御返事にハ、重而かやうに被仰下候を、さのみとかく申もいかゝと存候間、年寄共にも相談之、重而御返事可被申入候旨、只今の御返事、奏者ハ寺町三郎左衛門尉《（通能）》一人也云々、中沢《（秀綱）》ハ為使罷出候、異なる御儀にあらす候間、一人にて可承候由被申付之、如此云々、（後略）

これは、高国が棟別銭賦課の実施を承諾した経緯について記した「御作事方日記」の記事である。高国は「棟別事ハ可被申付段斟酌云々」（大永四年三月一二日条）と二度辞退した後、「重而かやうに被仰下候を、さのみとかく申もいかゝと存候間、年寄共にも相談之、重而御返事可被申入候」と、度重なる要請への反論を諦め、年寄衆と相談した上で返答するとして、三度目の使者派遣時にようやく承諾した。「先度両度被仰出候処、為京兆《（高国）》可被申付候事、御斟酌旨、事をわけ御申候処、如此重而之仰、如何候へ共、いかやうにも為京兆被申付候て、被遣候て可目出候由之御使也」と、一度目と二度目に命じた際、高国は棟別銭賦課実施を辞退する理由について条理を尽くして述べていた。使者が再度の要請を疑問視していたことからすると、高国の拒否理由は道理に適ったものであり、三度目の使者派遣は義晴側の強硬手段であったと考えられる。

三度目の使者派遣を主張した主体だが、誰の意見によるものなのかは判然としない。しかし、将軍からの正式な使者として派遣されたという点を考慮すると、義晴の承認を得て派遣されたことは確かである。そして、ここで重要なのは、義晴と高国の意向が対立した結果、義晴の意向が貫徹されたことである。当初主張していたように、高国は将軍の意向であっても道理に合わなければ拒否しており、将軍の意向を絶対視していたわけではない。高国が棟別銭の賦課実施を容認したのは、義晴の再三の要請を尊重して譲歩したからである。義晴は自己の要求を高国に承諾させることに成功したが、反面、大きな借りを作ることになった。

二つ目は、候補地をめぐる両者の見解の相違である。候補地の最終決定に至る経緯を見ていくことにしよう。大永五年（一五二五）四月一四日までは前年に決めた通り、伊勢貞忠邸近辺の新地に移転する予定であった。貞忠邸周辺が候補地から外れたのは義晴女房衆の反対意見のためだが、それ以前に高国も馬場殿の不備など注文をつけており、そのことが女房衆の意見の伏線となっていた。また、「然者、其分能々伺申之て各被召て、猶可然御在所を可申上通被成御尋候ハヽ、可然存候」（大永五年四月一四日条）と、候補地再考を決断したのは高国であり、義晴は報告を受けて追認したにすぎなかった。

大永五年は前年と異なり、将軍への上申は常興一人が取り次ぐようになり、貞忠は担当から外れていた。貞忠が移転計画から外れたことは、貞忠邸周辺地への移転を主張する勢力が後退したことを意味する。高国は候補地選定に意見できる立場を利用して不備を指摘し、他の候補地を望む女房衆の思惑もあって貞忠邸周辺を候補地から外すことに成功したのである。

【史料七】「御作事方日記」大永五年四月一七日条

一、一条町小笠原旧跡辺可然候由、各注申之処、花御所御地をも注加申候へ旨、御局《(佐子局)》幷高信《(大館)》以被仰出之、又其分しるし申、然処、右京兆《(高国)》より御使太越《(保定)》給て、乍自由申事、今之程に予来候て有直談度事候旨被申間、則罷出候処、種々被申趣共有之て、此御近所秋庭・香川・長塩なと敷地可然哉之由被申、此分、尤かねく申たる事

候、可然由申処、然者、其通伺申之て、明日又各被召て被仰聞之、可被仰定之由承候也、典厩《(尹賢)》も京兆《(高国)》へ被出、以三人申談之也、　上意其御分ならは、今夕重而不可及御左右之由承之也、

一、此分、則今夕参候て、以御局《(佐子局)》申入之、尤可然　御意得之由仰也、

これは、四月一七日の関係者各位による談合と、その後に行われた高国邸での談合、義晴への披露に関する記事である。談合では、作事奉行らは小笠原邸跡、義晴は花御所跡を推していたのに対し、高国は「乍自由申事、今之程に予来候て有直談度事候」と談合中の常興を自邸に呼び出し、「此御近所秋庭・香川・長塩なと敷地可然」という自身の腹案である高国内衆邸跡を提案した。そして、「然者、其通伺申之て、明日又各被召て被仰聞之、可被仰定之由承候也、典厩《(尹賢)》も京兆《(高国)》へ被出、以三人申談之也、　上意其御分ならは、今夕重而不可及御左右之由承之也」と高国・尹賢・常興の三者の談合で翌日の作事奉行への通知など今後の方針を定め、そのまま義晴の承認を得て候補地を決定した。高国は作事奉行の合議で候補地を選定するという手続きを意図的に無視しており、これまでとは異なって、かなり強引な方法で候補地を決定している。だが、作事奉行の合議を経た場合、思いがけない難点を指摘されて候補地から脱落する可能性があった。今まで自説を提案せず温存していたのも、候補地を確定できる時機を見計らっていたためと考えられる。また、高国の意向は義晴の意向に反しているが、義晴は前年の棟別銭賦課実施において高国に借りを作っており、正当な理由なく高国の意見を拒むことができる状況ではなかった。最終的に是非を判断する立場にあったのは義晴だが、候補地再考を判断し、最終候補地を事実上決定したのは高国だったのである。

三つ目は、作事実施の是非をめぐる相違である。大永五年四月二一日の高国出家により、「仍御作事方之儀、先可有御延引哉之由、　御気色也」（大永五年四月二一日条）と、義晴は作事延期の意向を示した。だが、高国が隠遁を否定し、予定通りの実施を求めたところ、「如此被申入上者、御心得之由被仰て、御作事不及御延引御沙

汰也」（大永五年四月二二日条）と義晴は延期を撤回した。義晴による作事延期は、高国が引退してしまっては計画実施が困難だと判断したためとも考えられるが、それにしては、これまでのように高国の意向を聞かずに判断している点が不自然である。昨年度の延期が候補地再考につながったように、義晴が延期を判断した背景には高国邸近辺への移転を中断させ、できれば自身の意向である花御所跡への移転につなげようとする、義晴とその周辺の意向があったと考えられる。だが、高国が早々に隠遁を否定したために、その意向は実現しなかったのである。

## 小括

本章では船岡山合戦後の秩序形成、義晴前期の将軍御所移転という幕政上の重要政策を検討することにより、在京大名の政治的役割の解明を行った。

明応の政変以前の義稙前期の幕政は、細川政元の反対意見を退けて足利義稙の近江・河内出陣が敢行されたことに示されるように、将軍が自身の意向を貫いて最終的な政策決定を行い、幕政を主導していた。専制的な幕政運営は政元の反発を招き、政変の動機となったが、逆に言えば、将軍が大名の意向を聞き入れない場合は容易に意思を覆すことができず、在京大名側が危機感を募らせたゆえの行動と見ることができる。

だが、政変後の義稙後期になると、将軍と在京大名の関係は大きく変化した。義稙の甲賀出奔は、細川高国・大内義興の発言力が強く、自身の意向が制約されたことに対する反発から起きた事件であった。また、政変前とは異なって、在京大名の意見は政策決定に反映されるようになり、時には義稙の意向を覆すことさえあった。政策の最終判断を行うのが将軍であることには変わりないが、在京大名の意向を将軍が無視することが困難になっており、在京大名の決定が事実上の幕政の意思決定になりつつあった。幕政運営の主導権は、将軍から在京大名へと移行したのである。

しかし、幕政に大きな影響力を持っていた大内義興が帰国したことで、将軍と在京大名の力関係の均衡が崩れ、両者の権力闘争が本格化した。義稙は高国の政敵である澄元と提携し、幕政の主導権を将軍の手に取り戻そうと試みた。ところが、高国・澄元の抗争を高国が制したことにより、かえって発言力が著しく低下した結果、義稙は高国打倒を目的として淡路へ出奔した。義稙は、高国との幕政の主導権をめぐる抗争に敗れ、その執政を終えることとなった。幕政の最高権力者であるはずの将軍が、在京大名に権力を制約されて出奔に追い込まれた事態は、将軍から在京大名への幕政主導者の交代を示す象徴的な事件であったと言える。

一方、義晴前期の幕府政治では、将軍権力と細川京兆家の連携によって将軍御所移転が進められていた。移転は高国が提案し、義晴が許可することで開始された。移転の主要事項である、国役と棟別銭の徴収手続きや担当者の配分、候補地の選定、惣奉行の選任、普請始の日次の選定には、いずれも将軍足利義晴と在京大名細川高国が関与しており、幕府政治が両者の共同執政であることを示していた。

幕府政治における政治協議は、将軍御所における談合を中心に進められていた。作事奉行の談合は、あらかじめ日取が決められ関係者が招集された上で開催された、臨時に設けられた直接協議の場であった。だが、その一方で常興と高国の談合に代表されるように、和歌会・猿楽興行・犬追物などの幕府儀礼による出仕、他者の邸宅での儀礼参加、別件での使者による面会などは、作事と直接関係ないものの、政治協議の場として機能していた。政策決定のための政治協議は公的な場だけでなく、私的な場においても活発に行われていたのである。

将軍御所移転では、在国大名も多額の国役の負担を求められていた。納入が実際に確認できるのは朝倉孝景と武田元光だけだが、六角定頼も請文を提出し、負担に応じる意向を示した。その他に土岐頼純・赤松政村・伊達稙宗・上杉定実へも賦課が行われており、国役は義晴を支持する全国の在国大名に賦課されたものと考えられる。

将軍御所造営は、在京大名だけの問題ではなく、在国大名も射程に入れた国家的事業であった。

また、在国大名の畠山稙長は惣奉行就任を求められた。稙長が実際に就任したかどうかは史料上確認できないが、在国大名は、経済的負担をするだけでなく、幕府政治の一員としての人的貢献も求められていた。稙長の惣奉行就任が実現すれば、在京大名と在国大名の連携による幕府政治を象徴する存在となり、将軍御所造営が持つ政治的重要性を喧伝するのに貢献したものと考えられる。

義晴と高国は互いの意向を尊重しつつ幕府政治を運営していた。義晴は高国に対して適宜諮問することでその意向を政策に反映させ、高国は意見や政策提言によって義晴の決定に影響力を行使する一方、重要事項を決定する場合は逐一義晴に報告し、その最終決定を得るという手続きを遵守した。また、高国は作事の棟別銭担当による経済的負担や在国大名に人脈を持つ仲介役など、将軍の補佐役として幕府政治を支えた。

だが、実際には義晴から高国に諮問することで判断を委ねる場合や、義晴に披露する以前に高国が内覧して政策内容を判断することが多く、義晴は追認しているにすぎなかった。また、高国は幕臣とも密接に連携し、場合によっては直接指揮するなど、政策の決定と執行を主導した。

将軍御所移転計画において、義晴が主体的に関与したのは、棟別銭賦課の実施者選定、候補地の選定、作事延期の三点だけである。棟別銭賦課の実施者については、高国の意向に反して義晴の意向通りに高国が実施者となった。しかし、候補地については、義晴が推す候補地があったにもかかわらず、最終的に高国が推す候補地に決定した。また、義晴の作事延期命令に対しても高国は作事実施を要請し、撤回させた。数少ない義晴の政策関与の中でも、実現したのは棟別銭賦課の実施を高国に担当させたことだけであり、しかも、その実現のためには三度も使者を送って説得しなければならなかった。また、将軍御所移転計画全体に占める重要性を考慮した場合、移転候補地の選定や作事延期は計画の根幹に関わる重要事項であり、棟別銭賦課よりも重要性が高いにもかかわらず、高国の意向が義晴に伝達されると即座に承認された。義晴が高国の意向を覆すためには多大な政治力を費やさなければならなかったのに対し、高国が義晴の意向を覆すために費やした政治力は軽微であり、政策の実現性においても、高国が主導権を発揮していた。義晴前期の幕府政治は、在京大名細川高国の主導で運営されていたのである。

## 註

(1) 今谷明「大内義興の山城国支配」(同『守護領国支配機構の研究』、法政大学出版局、一九八六年、初出は一九八四年)。今岡典和「御内書と副状」(大山喬平教授退官記念会編『日本社会の史的構造古代・中世』、思文閣出版、一九九七年)。同「足利義稙政権と大内義興」(上横手雅敬編『中世公武権力の構造と展開』、吉川弘文館、二〇〇一年)。小谷利明「畠山稙長の動向」(矢田俊文編『戦国期の権力と文書』、高志書院、二〇〇四年)。萩原大輔「足利義尹政権考」(『ヒストリア』二二九号、二〇一一年)。

(2) 拙稿「足利義稙後期の幕府政治と御内書・副状」(四国中世史研究会・戦国史研究会編『四国と戦国世界』、岩田書院、二〇一三年)。

(3) 久留島典子『一揆と戦国大名』(講談社、二〇〇一年)。湯川敏治「『守光公記』掲載の女房奉書の意義」(『古文書研究』六二号、二〇〇六年)。

(4) 今谷明「細川・三好体制研究序説」(同『室町幕府解体過程の研究』、岩波書店、一九八五年)。

(5) 設楽薫「将軍足利義晴期における「内談衆」の成立(前編)」(『室町時代研究』一号、二〇〇二年)。

(6) 高橋康夫「描かれた京都」(『中世都市研究一二　中世の中の京都』、新人物往来社、二〇〇六年)。小島道裕「洛中洛外図屏風歴博甲本の成立と初期洛中洛外図屏風諸本」(『国立歴史民俗博物館研究報告』一四五集、二〇〇八年)。同『描かれた戦国の京都』(吉川弘文館、二〇〇九年)。末柄豊「大永五年に完成した将軍御所の所在地」(『画像史料解析センター通信』五四号、二〇一一年)。

（7）天理図書館所蔵本「御作事方日記」は『ビブリア』八九号で翻刻されている。

（8）『増補続史料大成　大乗院寺社雑事記』（臨川書店）長享元年八月一一日条。

（9）設楽薫「足利義尚政権考」（『史学雑誌』九八編二号、一九八九年）。

（10）設楽薫「将軍足利義材の政務決裁」（『史学雑誌』九六編七号、一九八七年）。同「足利義材の没落と将軍直臣団」（『日本史研究』三〇一号、一九八七年）。

（11）『増補続史料大成　蔭凉軒日録』（臨川書店）延徳三年四月二二日条。

（12）『大乗院寺社雑事記』延徳三年八月七日条。

（13）『増補史料大成　親長卿記』（臨川書店）明応二年二月一五日条。「拾芥記」（『改訂史籍集覧』二四）明応二年二月一五日条。

（14）『大乗院寺社雑事記』延徳四年正月二七日条、同年二月四日条。

（15）今谷明「京兆専制」（同『室町幕府解体過程の研究』、岩波書店、一九八五年、初出は一九七七年）。横尾國和「明応の政変と細川氏内衆上原元秀」（『日本歴史』四二七号、一九八三年）。青山英夫「『明応の政変』に関する覚書」（『上智史学』二八号、一九八三年）。家永遵嗣「明応二年の政変と伊勢宗端（北条早雲）の人脈」（『成城大学短期大学部紀要』二七号、一九九六年）。山田康弘「明応の政変直後の幕府内体制」（同『戦国期室町幕府と将軍』、吉川弘文館、二〇〇〇年）。

（16）本史料については、傍注で記した通り『増補続史料大成』所収の刊本を参考に文意に合わせて語句を補った。国立公文書館所蔵の『大乗院寺社雑事記』原本の写真帳に基づいて校正を行ったが、翻刻の通りであり、前後の文脈から考えて脱漏があるものと判断した。

（17）『後法成寺関白記』（思文閣出版）永正一〇年三月一八日条。

（18）『厳助往年記』（『改定史籍集覧』二五）永正一〇年三月一八日条。本文は、国立歴史民俗博物館所蔵の写本により、訂正を加えている。

（19）『史料纂集　元長卿記』（続群書類従完成会）永正一〇年三月一八日条。註（1）萩原論文で指摘しているように、出奔の直接の原因は、直前に進められた義稙の後継者問題である可能性が高い。ただし、義稙が出奔したのは、幕政が在京大名主導で進み、義稙の意向が十分に反映されていなかったという義稙後期の構造的問題に起因するものであり、後継者問題は出奔のきっかけであったと筆者は考えている。

(20)「守光公記」（宮内庁書陵部所蔵）永正一〇年三月一九日条。

(21)「和長卿記」永正一〇年三月一八日条、同年三月一九日条。

(22)『後法成寺関白記』永正一〇年四月三日条。

(23)「和長卿記」永正一〇年四月一二日条。

(24)『後法成寺関白記』永正一〇年五月一日条。

(25)（永正一四年）三月九日付、新開隆実書状（『大日本古文書　伊達家文書』、東京大学史料編纂所、六六号）。註（2）拙稿。

(26)註（1）今岡論文。

(27)『実隆公記』（続群書類従完成会）永正九年三月二四日条。

(28)『実隆公記』永正九年三月二六日条。

(29)『実隆公記』永正九年三月二六日条。

(30)『実隆公記』永正九年三月二七日条。

(31)『実隆公記』永正九年四月四日条、同年四月一四日条など。

(32)『実隆公記』永正九年三月二八日条。

(33)『実隆公記』永正八年九月二八日条。

(34)『後法成寺関白記』永正一〇年二月一四日条。

(35)『大日本古記録　二水記』（東京大学史料編纂所）永正一七年五月一日条。

(36)「拾芥記」永正一七年五月一日条。『二水記』永正一七年五月一日条。

(37)「拾芥記」永正一七年二月一七日条。『元長卿記』永正一七年二月一七日条。

(38)（永正一五年）一二月二日付、足利義稙御内書写（「御内書案」『続群書類従』二三輯下）。（永正一六年）五月二三日付、足利義稙御内書写（「御内書案」）。（永正一六年）一一月三日付、足利義稙御内書写（「御内書案」）。

(39)（永正一七年）二月八日付、足利義稙御内書写（「御内書案」）。

(40)「拾芥記」永正一七年五月五日条。『二水記』永正一七年五月五日条。

(41)『北野社家日記』（八木書店）永正一八年三月八日条。『大日本史料　第九編之十九』（東京大学史料編纂所）足利義稙卒伝。

(42)（永正一八年）三月七日付、足利義稙御内書（「近衛家文書」）。

(43)「壬生于恒記」（宮内庁書陵部蔵）永正一八年三月八日条。

(44)永正一八年五月三日付、足利義稙奉行人連署奉書（「小佐治文書」）。なお、この奉行人奉書には義稙に同行した畠山尚順の副状が付随している。

(45)『北野社家日記』永正一八年三月八日条。今谷明・高橋康夫編『室町幕府文書集成　奉行人奉書篇』上・下巻（思文閣出版、一九八六年）。

(46)註(45)『室町幕府文書集成　奉行人奉書篇』上・下巻。なお、政所頭人は永正一八年に伊勢貞陸が病死したために、嫡子の貞忠に交替している。

(47)註(5)設楽論文。

(48)『二水記』大永五年八月七日条。

(49)註(6)高橋論文。小島論文・著書。末柄論文。

(50)大永四年四月一九日付、室町幕府奉行人連署奉書（『史料纂集　石清水八幡宮文書　外』、続群書類従完成会、二六号）。

(51)義晴後期における将軍と大名の間の取次役を「大名別申次」と規定した山田康弘氏は、義晴後期の将軍と朝倉家の仲介を果たしたのは大館晴光（常興息）だったことを指摘しており、義晴前期と義晴後期では将軍と朝倉家の仲介者が変化している（山田康弘「戦国期における将軍と大名」『歴史学研究』七七二号、二〇〇三年）。

(52)「厳助往年記」大永五年正月二五日条。
(53)『実隆公記』大永五年四月二一日条、同年四月二二日条。註(6)小島著書と末柄論文でも、高国出家と厄年および稙国への家督継承との関連性が指摘されている。
(54)「晴光覚書」(『ビブリア』八九号)。「晴光覚書」中の「御作事方日記」は「大永五年卯月廿五日巳来」とする一八日・二〇日付の二条しか見られず、年月は未詳であるが、朝倉孝景への度重なる督促や、普請始が四月二六日に行われ、作事が開始されていることからすると、四月二五日からそれほど下らない時期の記事と見られる。ここでは、ひとまず大永五年五月の記事として扱うことにしたい。なお、「晴光覚書」には『大館常興日記』からの抜書が多数確認できるので、「御作事方日記」の部分も天理図書館本の続きに相当する常興筆「御作事方日記」の抜書と見られる。
(55)大永五年八月二七日付、新開隆実書状(『伊達家文書』一二〇号)。大永五年八月二七日付、寺町通能書状(『伊達家文書』一二四号)。大永五年八月二七日付、伊勢貞忠書状(『伊達家文書』一二五号)。大永五年六月二六日付、神余昌綱書状(『大日本古文書　上杉家文書』三一六号)など。
(56)二六〇〇貫という金額は将軍御所の造営費用としては少額だが、これは、新築ではなく、足利義稙の三条御所の移築であったためと考えられる。
(57)『長興宿禰記』文明一三年六月五日条。「公方様正月御事始記」(東京大学史料編纂所蔵謄写本)。
(58)「伊勢守貞忠亭御成記」(『群書類従』二二輯)。なお、畠山稙長への上洛催促や御所候補地変更の情報は、豊後国の大友義鑑にも伝わっており、将軍御所の作事が在国大名の関心事であったことがうかがえる。(大永四年)三月一一日付、勝光寺光瓚書状(「大友家文書」、『大分県史料』、大分県教育委員会、五二一五号)。
(59)『二水記』大永六年二月一五日条など。

# 終　章

## 一　在京大名細川京兆家の政治的位置

### 1　細川高国家権力の特徴

本研究では、幕府儀礼の政治的機能、細川京兆家奉行人奉書による幕政の補完と代行、政策決定過程における在京大名の政治的役割の三点を通じて、幕府政治史上における細川京兆家の政治的位置について論じてきた。最後に、細川高国に即して研究をまとめることにより、本研究の結論を提示することにしたい。

細川高国が在京大名として幕政に参加するようになるのは、足利義稙が将軍に復帰した義稙後期からである。細川京兆家当主政元の暗殺を契機とする家督抗争の中で、細川京兆家一門の有力者で政元養子の一人だった高国は、細川京兆家の譜代内衆を味方につけることに成功した。さらに、政権奪還の好機として上洛してきた前将軍足利義稙と擁立者の大内義興と提携することで、政敵細川澄元を排除して幕政の中枢に参加することになった。

高国の政治権力の特徴を整理すると、次のようになる。第一の特徴は、在京大名・有力幕臣との連携である。将軍と側近による専制的な幕政運営が行われた義稙前期と異なり、義稙後期の幕政は在京大名の意向が強く反映される形態へと転換していた。その原動力となったのが、在京大名同士の横の連携による政治力の形成である。主導的立場にあった細川高国・大内義興は重要政策の推進にあたって常に協調姿勢を取り、将軍義稙の意向に反してでも自己の政策の実現を図った。さらに、高国・義興は畠山尚順・畠山義元・伊勢貞陸とも連携し、在京大名と有力幕臣の伊勢貞陸が結集することで義稙の専制化を牽制し、幕政の主導権を確保した。高国は政策立案・執行の中心であるとともに、政策をめぐって対立しがちであった義稙・義興の仲裁をするなど、利害調整役として動いていた。

第二の特徴は、細川京兆家奉行人奉書による幕政の補完と代行である。高国の権力基盤は山城国を中心とする畿内近国であり、幕府奉行人奉書単独での対処が困難な課題に対し、強制執行を伴う権利保障を行うことで解決を図り、秩序の安定化に貢献した。義稙の三条御所修築費用は段銭で賄われたが、高国の勢力圏内における段銭の賦課・免除は細川高国家奉行人奉書でなされており、幕政を経済面で支える機能を果たした。

細川京兆家奉行人奉書による幕府奉行人奉書の遵行は、細川政元が守護であった摂津・丹波等における守護遵行から派生し、国人が政元と被官関係にあったことから守護職を持たない山城へと拡大し、さらに幕府直轄地域の京都へと広がった。遵行は守護職の有無にかかわらず山城・京都を対象として継続的に行われ、幕府奉行人奉書の実効性を補完する機能を果たした。さらに、細川京兆家単独での権利保障や強制執行も行われるようになり、細川京兆家は幕府制度から逸脱した独自の政治権力としての地位を京都や畿内近国で築いていた。他の在京大名の場合、大内義興は山城国守護としての遵行、六角定頼も近江国内の遵行に限られ、幕府制度の枠内での遵行にとどまる。一方、細川京兆家は政元・高国・晴元と当主が交代しても一貫して幕府下知の執行を担っていた。奉行人奉書による幕府制度の枠外での幕政の補完と代行は、細川京兆家独自の役割だったのである。

第三の特徴は、幕府儀礼の主導である。戦国期における幕府儀礼は、身分序列の形成、権力の誇示などによって政治秩序を形成する機能を持っており、儀礼の主導は幕政の主導を意味していた。将軍・在京大名は各儀礼の持つ儀礼的性格を理解し、効果的に活用することで自己の政治力の強化を図っていたが、特に儀礼の積極的活用を図ったのが細川高国である。高国は大内義興と連携することで、猿楽興行や大名邸御成による船岡山合戦後の秩序形成の主導権を握り、自己に有利な形で在京大名間の身分秩序を構築した。高国による幕府儀礼の推進は政治情勢と連動して展開したのである。

　儀礼を重視する点では他の在京大名も同様であったが、大規模儀礼の廃止を主張するなど儀礼の縮小を図った細川政元、「大内問答」に見られるように儀礼を学ぶ立場にあった大内義興、幕府儀礼の主催頻度が減少し影響力が乏しかった細川晴元、平時は在国したために幕府儀礼への参加率が低かった六角定頼と比較すると、高国の積極性は明瞭である。こうした儀礼に対する政治姿勢は、高国の来歴に由来する。高国はもともと細川京兆家の一門、細川野州家の出身だった。細川野州家は当主の補佐役として家中内で重きをなすとともに、幕府の御供衆として幕府儀礼に参加する立場にあった。高国は野州家時代に幕臣との間に人脈を築き、儀礼の経験を積み重ね、当主補佐役としての薫陶を受ける中で幕府儀礼の政治的意義を理解したものと考えられる。

　このように、細川高国家権力の政治的特徴は在京大名・有力幕臣との連携、細川京兆家奉行人奉書による幕政の補完と代行、幕府儀礼の主導の三点に集約される。高国家権力の特徴は、幕府儀礼の主導の点で格差が見られるものの、政元家権力・晴元家権力にも共通しており、細川京兆家権力に共通する特徴と言える。だが、幕府奉行人奉書の補完と代行を幕府制度の枠外で行ったのは、細川京兆家とその勢力圏を継承した三好長慶や織田信長に限られており、京都近郊を掌握した在京大名に特有の機能と見られる。また、在京大名同士、あるいは、有力幕臣との連携は他の在京大名にも共通する要素であるが、幕府儀礼に関しては主催頻度や形態に差異があり、主導的立場にあった在京大名と、影響力が限定的だった在京大名の間で格差が見られる。在京大名の政治的特徴としては、その他に重要政策の立案と執行、都鄙交渉の主導、将軍御内書に対する副状の発給、幕府裁許への介入、京都の治安維持、軍事力による幕府・朝廷の守護、国家的事業の経費負担などがあるが、先述した三点と同様、在京大名の政治的実力や志向性の違いに応じて格差が見られる。高国家権力の特徴は在京大名の中で主導的地位を確立する過程で形成されたものであり、在京大名の政治的成長と理解するのが妥当である[1]。

## 2　細川高国家権力の確立

義稙後期においては、高国の属する義稙派と澄元の属する義澄派の間で行われた船岡山合戦が政治的画期となった。船岡山合戦に勝利したことで義稙派の権力基盤は安定し、猿楽興行や大名邸御成によって在京大名間の序列化を図るなど、本格的な幕政運営を行うための政治秩序の構築が進められた。

だが、義興の帰国によって将軍・在京大名間の力の均衡は崩れ、義稙・高国の権力闘争が勃発した。義稙は高国の排除を目指し、高国の政敵である細川澄元と提携することで事態の打開を図った。将軍が独力では在京大名に対抗できず、他大名との連携に依存せざるを得ない点に、明応の政変以後における将軍の政治力の低下が読み取れる。両者の抗争は高国が制し、高国は新たに足利義晴を将軍に擁立して引き続き幕政に参加することになった。

大内義興と連携して幕政を担った義稙後期とは異なり、義晴前期の幕政は高国家権力が中心となって運営された。義晴前期は畠山稙長や細川高基の在京が見られるものの、幕府儀礼への参加以外に目立った活動は見られない。幕政への影響力を強めた高国は、義晴の将軍擁立当初から幕府儀礼を主導した。猿楽興行・大名邸御成を用いて将軍交代と擁立者である自身の地位の喧伝を行い、元服儀礼を指揮することで新将軍の後見人という自己の地位の確立を図った。

また、高国は武田元光や細川尹賢、浦上村宗、越智家頼といった提携関係にある在国大名やその有力内衆、国人、自己の内衆に対して、将軍御所での猿楽興行や大名邸御成を仲介し、実現させている。在国して権力を拡大した村宗や家頼は、その実力の社会的公認を求めており、上位権力である幕府が公的な場における待遇改善でその地位を公認することにより、彼らの要求を満たした。義晴の将軍擁立で高国と村宗が連携したこと、村宗の赤松家内における地位が危うくなると軍事支援を行ったことに見られるように、幕府儀礼主催の仲介も、高国による与党支援の一環であった。

一方で、高国は政治・軍事等で様々な便宜を図る見返りに戦時の軍事力として動員するなど、彼らを与党化しており、儀礼を政治力形成の手段として活用していた。秩序形成という機能に着目すれば、高国は儀礼を制御することで在国大名の編成を図っていたと言える。だが、村宗や家頼が在国大名級の待遇を受けていたことから明らかな通り、従来の身分序列の再興を図っていたわけではない。高国は儀礼によって構築されていた既存の政治秩序を維持しつつ、自己の与党を引き立てることで秩序を再編成していた。高国は、船岡山合戦後の義稙派によって築かれた政治秩序に代わり、自身の政治構想に基づく新たな秩序の構築を進めていたのである。謀略による将軍廃立、畠山家勢力圏の河内・大和への侵攻など、武力による勢力拡大を画策した細川政元とは対照的に、儀礼による秩序形成、在国大名・国人の与党化など、高国は政治力による勢力拡大を志向していたのである。

そして、義晴前期における高国最大の政策だったのが将軍御所の移転である。将軍御所の移転は、大永五年に高国が四二歳の厄年を迎えることから、厄除けを契機とした高国の出家・名目上の引退と嫡子稙国への家督継承を演出するための、高国にとって最大の事業であった[2]。高国は自邸の隣に将軍御所を移転させることにより、将軍との緊密な連携を維持し、幕政上における政治的地位を次代に継承することを図ったのである。

また、将軍御所の造営と並行して、大永五年六月、高国は丹波国安国寺に対し「為天下泰平国土安全、特奉祈征夷大将軍武運長久、次所願当家子孫繁栄」（「安国寺文書」）という趣旨で自筆の法華経を納経した。安国寺に納められた法華経は六六部の内の六番目であり、六六という数からすると、諸国の主要寺社に対して一国一部ずつ納経した六六部納経と見られる。自筆という点からは、高国が納経に込めた願望の強さが読み取れる。

ここでは、天下泰平・国土安全と将軍の武運長久、細川京兆家の子孫繁栄が一連のものと認識されている点が注目される。天下泰平・国土安全のためには安定した幕府が必要である。正式な将軍御所の造営は安定した幕府、将軍家の復興の象徴といえる。そして、将軍御所の造営を主導した細川京兆家は新たな御所の隣に館を構え、将軍家の補佐役として幕府の繁栄を支える。将軍御所の移転は、天下泰平・国土安全という高国の国家構想に基づき、将軍の武運長久と細川京兆家の子孫繁栄を恒久化するための政策だったのである。

将軍御所の移転は、制度的には将軍足利義晴が伊勢貞忠・大館常興を介して作事奉行を指揮する形で実施されていた。だが、逐一高国への諮問と状況報告が行われ、高国は常興をはじめとする幕臣と協議しつつ候補地の選定など具体的政策内容を指示し、作事延期や候補地再考といった重要事項の判断を下しており、実際に将軍御所の移転を指揮したのは高国であった。義晴前期においては、将軍による発令・最終判断という建前は維持しつつも、実際の政策決定・執行は在京大名が指揮するという政治構造が確立していたのである。

将軍御所の移転においては、在国大名が費用負担・惣奉行就任を求められていた。在国大名は将軍御所の移転という国家的事業に際して、その社会的地位に応じた経済的・人的負担を求められたのであるが、その命令は幕府の国分奉行を経由した公式経路と、高国や伊勢貞忠を通じた非公式経路の双方を併用して通達された。伊勢貞忠を通じた朝倉孝景への国役納入の督促に見られるように、実際に在国大名を動かす機能を期待されたのは非公式経路であった。国役の賦課対象となった在国大名のうち、武田元光・六角定頼・赤松政村・伊達稙宗・上杉定実は高国との密接な提携関係が確認でき、在京大名はその人脈を活用することで、在国大名に対する幕府下知の実効性を高める役割を果たしていた。

その他にも、在国大名による猿楽興行を媒介するなど、高国は将軍と在京大名・在国大名の仲介役として動いていた。高国には将軍と大名の利害調整役としての働きが見られるが、その立場は大名寄りであることが多く、大名の利益代表としての性格を持っていた。こうした将軍・大名間の利害調整機能は、政元・高国・晴元で影響力や範囲に差異があるものの継続的に行われており、細川京兆家の特色であった。将軍と大名、あるいは、大名たちの利害調整は室町期における管領の主要な職掌の一つであったが、大名の大半が在国し、管領が儀礼時のみ設けられる臨時職に変質した後も、細川京兆家による大名の利益代表としての活動は継続しており、高国の政治力の源泉の一つとなっていた。高国は日本列島の武力統一を目指すのではなく、幕府が主催する国家事業への参加を通じて在国大名の幕府への統合を進めており、在国大名の盟主として覇権の確立を図っていたのである。

高国家権力の特徴である、細川京兆家奉行人奉書による幕政の補完と代行も引き続き行われた。在京大名が高国中心になり、山城国守護であった大内義興の帰国で二重行政が解消したために、義稙後期に比べて京都・山城における細川高国家の役割は増大した。将軍御所移転においても棟別銭の賦課・免除は細川高国家奉行人奉書でなされており、細川高国家の政治機構が幕政を補完する役割を担った。

もう一つの特徴である有力幕臣との連携も継続していた。義晴側近の大館常興は、義晴擁立に際して高国が招いた人物である。伊勢貞忠は義稙後期に提携していた伊勢貞陸の後継者であり、いずれも高国に連なる人脈である。高国は幕臣との間に築いた人脈を活用し、幕政に影響力を行使した。政治機構を直接掌握するのではなく、政策を担当する幕臣に働きかけることで自身の意向の実現を図ったのである。将軍御所移転時における幕臣との連携はその典型的なものであり、幕府の作事方という政治機構を指揮するのではなく、大館常興や作事奉行らの作事方の担当者を掌握することで、政策の主導権を握った。独断専行が目立った細川政元に比べ、高国は合意形成を重んじており、事前に伊勢貞忠や大館常興と意見調整をすることで義晴との意見の不一致を回避し、政策の実現性を高めた。高国は権力を用いて強引に政策実現を図るのではなく、在京大名や有力幕臣との連携によって政治力を形成し、政策を実現に導いたのである。

細川京兆家当主の政治的地位については、従来、管領という概念で説明されてきた。しかし、戦国期の管領は儀礼時のみ設置される臨時職であり、細川京兆家当主が常に管領だったわけではない。また、政元・高国は管領に就任しているものの、晴元に至っては管領に就任しておらず、事実関係の面でも問題がある。さらに、戦国期の管領は在京大名の意見集約、管領施行状による幕府下知の遵行といった、室町期管領の主要な職掌を果たしておらず、同じ管領であっても室町期と戦国期では大きく変質している。これらの問題点を考慮すると、細川京兆家当主の政治的地位を示す概念として管領は不適切である。

高国と幕府制度の関係を見ると、その政治手法には、制度上の裏付けを持たず、幕府制度の枠外で影響力を行使するという傾向が見られる。細川京兆家奉行人奉書による遵行は守護職の有無にかかわらず行われ、幕府制度からの逸脱が見られる。猿楽興行や大名邸御成といった幕府儀礼も、年中行事ではなく臨時儀礼であるという点で制度化されておらず、主催者も職制上の地位として規定されているわけではない。将軍御内書に対する副状の発給、口入による裁許への介入、将軍御所の造営の指揮は、いずれも幕府制度上の職掌に由来する権限に基づいて行ったものではなく、高国の政治力によって成し得たものである。

例外的に制度的裏付けを持つのが元服儀礼の加冠役である。加冠役は管領の職掌の一つであり、政元・高国も管領に就任した上で務めている。しかし、一連の元服関連儀礼が終了した後、両者は直ちに管領を辞しており、管領就任はあくまでも儀礼参加のための限定的なものであった。高国は、管領という職制上の地位を維持しつつ幕政に影響力を行使するという意向は持ち合わせていなかったのである。制度的地位に基づく幕政関与は、影響力行使の正当性を主張する根拠となる利点があるが、反面、職掌に基づく負担を課され、将軍の人事権によってその地位が左右されかねないという問題点を抱えている。制度に基づかない幕政関与という細川京兆家の政治姿勢は、政元・高国・晴元を通じて一貫している。

高国の政治的役割とは、将軍を補佐し、政務を執行するものであった。その立場に対する幕府制度上の裏付けはないが、義晴前期においては将軍の擁立者であり、元服儀礼で将軍の烏帽子親となっていたことからすると、将軍の後見人として位置づけられる。高国は将軍の後見人という立場を利用して幕府政治で指導的役割を果たした。そして、政策を実施する中でその地位を既成事実化し、幕政の主導者としての政治的地位を確立したのである。

## 3　細川高国家権力の後退

しかし、細川高国の権力は継承されなかった。後継者であった嫡子細川稙国は、大永五年（一五二五）一〇月二三日、将軍御所完成を待たずに疱瘡によって急死した。さらに、高国による内衆香西元盛の誅殺が軍事力の中核である波多野元清・柳本賢治ら馬廻の反乱を招き、政敵の細川晴元（澄元の子）と反乱が結びついて起きた大永の乱（大永七年～八年、一五二七～一五二八）によって高国の権力基盤は崩壊した[3]。高国の失脚は義晴の長期在国をもたらし、義晴の将軍擁立以降に形成された政治秩序の崩壊に至った。

高国の失脚後、義晴は約一〇年間の在国期を経て再び幕政を開始した。義晴を支えた在京大名は、在国中の庇護者であった六角定頼と新たに提携することになった細川晴元であった。だが、義晴前期とは対照的に、義晴後期の幕政における在京大名の影響力は著しく低下した。定頼と晴元は舅・婿の姻戚関係にあり、両者の関係は良好であった。しかし、定頼は在国のまま幕政に関与したため、在京大名同士の連携が十分に機能せず、相対的に政治力は低下した。また、将軍擁立者となった定頼と義晴および側近が深い信頼関係で結ばれていたのに対し、元来敵対関係にあった義晴と晴元の関係は疎遠であり、晴元の発言力が弱まる一因となった[4]。

義晴は在国中に側近を中心とする幕政運営体制を確立し、義晴の主体的判断に基づく幕政運営が可能になった。一方、定頼は将軍からの諮問という形で幕政に関与していたものの、在国していたために義晴前期のような幕臣への指揮は行われず、幕政における在京大名の影響力が低下した。また、義晴は晴元を幕政運営から排除しており、細川京兆家を極力政策決定には関わらせない仕組みが出来上がっていた。細川京兆家奉行人奉書による幕政の補完と代行は継続していたが、幕政上における発言力を確保するには至らなかった。幕府儀礼についても、将軍御所の猿楽興行の主催頻度が減少し、元服儀礼が義晴主導で進められるなど、在京大名の影響力が低下していた。義晴後期は在京大名の政治力低下によって将軍の発言力が相対的に強まった時期であり、そのことが幕府政治の構造的変質をもたらしたのである。

## 二　「在京大名」について

本研究では、幕府政治に参加し、政策決定に影響力をおよぼした大名を「在京大名」と仮定し、細川京兆家を中心に論じてきた。序章でも触れた通り、「在京大名」という概念自体は、歴史的名辞ではなく、学術概念である。だが、歴史的名辞に基づいて提案する学術概念である。幕政に参加する武家は、史料上「大名」、もしくは「諸大名」と表記される。しかし、「大名」は江戸期など他の時代にも存在する用語であり、室町幕府政治の参加者を指す用語としては適切ではない。

戦国期に幕府政治へ参加した大名の多くは、恒常的在京という共通点を持つ。さらに、幕政に直接参加しない在国の大名は、史料上「在国大名」と表現される。ここからは、幕政参加の有無と、在京・在国という大名の存在形態が密接に関わることが読み取れよう。そこで、存在形態の特徴である「在京」と、幕政参加者を示す歴史的名辞「大名」を組み合わせることで、「在京大名」という新たな概念を提起したのである。

次に、「在京大名」概念を用いた理由について述べ、最後に、本書によって明らかになった「在京大名」の内容をまとめることにする。

「在京大名」概念を提起したのは、序章で述べたように、幕府政治に参加した大名の政治的位置を明らかにするためである。概念設定の意義としては、第一に、幕府政治に参加した大名を一体的に捉える観点を設けることにより、大名は利害関係を共有する一つの政治勢力として存在し、共通の特徴を持つ政治権力であったことを認識することが可能になる。第二に、幕政参加の有無によって大名を区別することにより、従来の大名論の枠内にとどまらない、幕府政治への参加を志向する大名を自覚的に論じることが可能になる。

第一の意義については、従来、細川京兆家・大内家・六角家など、個々の大名と幕政の関係の実態解明は行われていたものの、そのような大名を比較する視点が乏しく、大名同士の横の連携に注目する認識はほとんどなかった。だが、本書で論じたように、戦国期に至っても大名は複数在京し、大名同士が連携して幕政を支えていた。戦国期は有力大名の在国化が進み、幕政に参加した大名はほとんどいなかったと捉えられがちだが、それは史実とは異なる。恒常的に参加した細川京兆家以外にも複数の大名が参加することで幕府政治は成り立っており、そのような大名を捉えるためには、「在京大名」概念が必要ではないかと考えられる。また、将軍を複数の大名が補佐するという幕政の運営体制は、南北朝の内乱終結による室町幕府の確立期から戦国末期の幕府の終焉まで一貫している。「在京大名」という概念を設定することにより、室町期から戦国末期までの大名を対比しながら論じることが可能になり、「在京大名」という一貫した視点から室町幕府政治史全体を論じることが可能になるという利点もある。

第二の意義については、既存の概念との差別化を図る上で有効である。戦国期の代表的な大名権力論は、戦国大名論と戦国期守護論の二つである。だが、戦国大名論の対象は地域で広域にわたる領域支配を展開する権力であって、幕府政治に参加する大名は議論の対象外である。戦国期守護論は、大名と幕府との関係を重視するが、大名権力の内部構造の分析が中心であって、幕府政治における動向を対象としたものではない。在京大名は守護を兼ねる者が多いが、大名家の嫡子など守護でない者もおり、守護の範疇で捉えるのは適切ではない。また、細川京兆家については、管領であることが幕政で影響力を行使した根拠とみなされることが多いが、本書で述べたように、戦国期の管領は特定の儀式の時のみ就任する臨時職であって、管領在職と幕政参加に因果関係はない。戦国期において、幕府政治への参加を志向した大名を捉えた既存の概念はなく、このような大名を政治史上に位置づけるためには、「在京大名」という新たな概念が必要であると考える。

本書では細川京兆家（政元・高国・晴元）を中心に、大内義興や六角定頼なども含めて、在京大名とは何かを論じてきた。本書によって明らかになった「在京大名」の内容は、以下の通りである。（1）恒常的に幕府政治へ参加する。（2）政治的影響力の強いものと弱いものが存在する。（3）政治的影響力の強いものは、発言力の根拠となる政治的実績がある。（4）他の在京大名や有力幕臣と連携する。（5）幕府制度上の役職とは別個に存在する。（6）京都に館・宿所を持ち、在京する、もしくは、畿内およびその近国に本拠を持つ。（7）幕府政治を政治・財政・軍事など、あらゆる面で支える。（8）幕府儀礼に参加する。

（1）は、在京大名の概念規定に関わる基本的な条件である。重要政策を中心に、恒常的に参加することが肝要である。（2）は、義稙後期の細川高国・大内義興と畠山尚順・畠山義元のように、段階差が見られる。両者の違いは、政策決定への干渉、副状発給の有無など、活動内容にも反映している。ただし、影響力の強弱と家格に基づく序列は必ずしも一致していない。（3）は、有力な在京大名は将軍の擁立主体であるという共通点があり、将軍擁立が主要な政治的実績であると考えられる。（4）は、従来、大名同士の連携は重視されていないが、その重要性はより積極的に評価されるべきである。また、研究史では将軍家と在京大名を対立的に捉える傾向があるが、細川高国と大館常興の連携のように、両者が連携していた側面も見落としてはならない。これは、在京大名が将軍に意向を伝達する回路を確保するという点でも重要である。（5）は、在京大名は特定の役職に任命されてなるものではなく、幕府制度の枠外に存在する。（6）は、恒常的な幕政参加の必須条件である。六角定頼のように在国している場合でも、本拠地と幕府所在地である京都との間が自身の勢力圏と友好関係にある大名（細川晴元）の勢力圏で結ばれることにより、将軍との意思疎通を図るための回路を確保すること、緊密な連携が可能な距離にあることが必要であるため、幕政に参加できるのは畿内近国の大名に限られる。（7）は、本書で論じたように、在京大名は発言力の代償として、幕政を補完・代行するなど相応の負担をしている。（8）は、従来幕府政治の範疇とは考えられてこなかったが、儀礼も幕府政治の重要な一側面である。ただし、在京大名によって儀礼との距離にはそれぞれ濃淡がある。

　在京大名は、何らかの契機に基づいて成立した政治的存在である。したがって、どのような事情によって成立したかということは、在京大名の性格規定に関わる重要な論点である。応仁・文明の乱後、守護在京原則が崩壊し、大名は分国経営に専念したというのが通説である。だが、実際は多くの大名が在京と在国を繰り返しており、乱後すぐに幕府政治から離脱したわけではない。応仁・文明の乱後の在京大名の政治的位置を明らかにするためには、乱後の政治情勢の中から、いかにして成立したのかという、在京大名の成立過程を解明しなければならない。

　さて、そこで問題となるのが、幕政の内容である。在京大名が成立する背景として、彼らは幕政への参加に何らかの意義を見出していたと考えられる。だが、幕政に参加する利点として、経済面や軍事面の利点を指摘するだけでは不十分である。幕政には、家格を通じた在国大名の序列形成、朝廷や宗教勢力の保護など、在国大名では扱うことのできない、国政を含んでいる。第一章第三節で取り上げた後柏原天皇と足利義澄に対する細川政元の発言や、終章で取り上げた足利義晴に対する細川高国の認識からは、自身が国政を支えているという彼らの自負が見受けられる。在京大名が幕政に参加する背景には、それを肯定的に捉え、参加の動機となる政治思想が存在するのではないだろうか。戦国期の日本社会における幕府や在京大名に対する共通認識など、思想面まで立ち入ることで在京大名という存在の意味が明らかになるのではないかと考えられるのである。

**註**

（1）吉田賢司氏は幕府政治に参加した大名を守護と区別し、在京大名と位置づけることを提案している（吉田賢司『室町幕府軍制の構造と展開』、吉川弘文館、二〇一〇年）。だが、在京大名と積極的に規定した上での検討は足利義教期における都鄙交渉に限られている。室町期と戦国期の在京大名の段階差をどのように考えるかは、今後の課題である。

（2）『実隆公記』大永五年四月二一日条。将軍御所移転と高国から稙国への家督継承との関連性は小島道裕・末柄豊両氏、丹波安国寺への法華経納経との関係は末柄氏による指摘がなされている（小島道裕『描かれた戦国の京都』、吉川弘文館、二〇〇九年。末柄豊「大永五年に完成した将軍御所の所在地」、『画像史料解析センター通信』五四号、二〇一一年）。

（3）大永七年から八年にかけて起きた、高国流細川京兆家の内訌、細川高国・細川晴元による両細川京兆家の抗争、足利義晴・足利義維を擁立して周辺大名も加わった義晴派・義維派による抗争という、一連の戦乱を指す概念は今のところないので、ここでは「大永の乱」と仮称する。大永の乱では、晴元・賢治らが足利義稙の養子で後継者となった足利義維を擁立して反高国勢力を結集した一方、高国は義晴とともに対抗し、武田元光・六角定頼・朝倉教景・畠山稙長・越智家頼らが軍勢を引き連れて上洛し、義晴派に加勢した。義晴派に加勢した在国大名らは高国が新たに形成した与党であり、軍事的危機において平時の提携関係が有効に機能したものと言える。

（4）細川京兆家の政治的影響力の低下は、義晴の権力機構の整備、六角定頼の幕政参加による影響が大きい。また、義晴と晴元は元来敵対関係にあり、定頼が将軍の擁立者の地位にあった一方、義晴・晴元間では十分な信頼関係が築けなかったことも関係している。だが、最も大きな要因は、高国家と晴元家では細川京兆家の性格が大きく変質したことである。細川京兆家は政元以後、高国流（高国・氏綱）と澄元流（澄元・晴元）の二派に分裂したが、細川京兆家を室町期以来支えてきた譜代内衆の大半が高国流に属したのに対し、澄元流に属したのは政元によって新たに取り立てられた新興内衆であり、譜代内衆はごく一部しか継承されなかった。その結果、細川京兆家の重要な政治資源であった幕府や在国大名に対する人脈が断絶し、内衆の豊富な政治経験を継承することができなかった。政元・高国と晴元では同じ細川京兆家であっても別個の大名家と言えるほど変質しており、そのことが幕政に対する影響力低下の要因であった。

# 参考史料一覧

## 原本・影写本等（所蔵者五十音順に配列）

**大山崎町歴史資料館蔵**

「大山崎町歴史資料館所蔵文書」

**京都市歴史資料館蔵**

「今宮神社文書」（写真帳）

**京都大学総合博物館蔵**

「宝珠院文書」（写真帳）

**京都府立総合資料館蔵**

「東寺百合文書」（写真帳）

**宮内庁書陵部蔵**

「足利義稙畠山亭御成記」
「足利義晴佐々木亭御成記」
「足利義晴細川亭御成記」
「九条家文書」（写真帳）
「拾芥記」
「諸大名衆へ御成被申入記」
「土御門家文書」（写真帳）
「尚経公記」（写真帳）
「細川亭御成記」
「壬生家文書」（写真帳）
「壬生于恒記」
「守光公記」

**国立公文書館内閣文庫蔵**

「押小路文書」
「和長卿記」
「経尋記」
「御元服聞書」
「寺社雑事記」
「制札・御産所御道具外」
「大乗院寺社雑事記」（写真帳）
「大乗院寺社雑事記目録」（写真帳）
「曇華院殿古文書」
「二水記」（写真帳）
「山科家古文書」

### 国立歴史民俗博物館蔵

「北野文書」（写真帳）
「厳助往年記」
「清閑寺文書」（写真帳）
「文安六年足利義成元服記」（写真帳）

### 尊経閣文庫蔵

「義晴御元服記録」
「義晴将軍元服幷判始記」

### 筑波大学附属図書館蔵

「北野社家日記」
「筑波大学附属図書館所蔵文書」

### 天理大学附属天理図書館蔵

「大館常興日記」
「御作事方日記」
「雑事覚悟事」
「晴光覚書」

### 東京大学史料編纂所蔵

「秋山家文書」（影写本）
「開口神社文書」（写真帳）
「穴太寺文書」（影写本）
「穴太寺文書」（写真帳）
「天城文書」（影写本）
「余部文書」（写真帳）
「雨森善四郎氏所蔵文書」（写真帳）
「出雲神社文書」（写真帳）
「井関文書」（写真帳）
「伊勢守貞忠亭御成記」（写真帳）
「今西文書」（影写本）
「石清水文書」（写真帳）
「蔭涼軒日録」（写真帳）
「上杉家文書」（写真帳）
「永正十三年記」（写真帳）
「永正十五年畠山順光亭御成記」（写真帳）
「円満院文書」（影写本）
「大館常興日記」（写真帳）
「大友文書」（写真帳）
「小畠文書」（写真帳）
「勧修寺文書」（写真帳）
「勧修寺文書」（謄写本）
「片山家文書」（写真帳）
「華頂要略」（写真帳）
「勝尾寺文書」（写真帳）
「狩野亨吉蒐集文書」（写真帳）
「賀茂別雷神社文書」（写真帳）
「革島文書」（写真帳）
「北河原森本文書」（写真帳）

「北野社家日記」（写真帳）
「北野社家引付」（写真帳）
「北野神社文書」（写真帳）
「教王護国寺文書」（写真帳）
「京都大学国史研究室本大通寺文書」（写真帳）
「玉林院文書」（影写本）
「清水寺文書」（写真帳）
「九条家文書」（写真帳）
「記録御用所本古文書」（写真帳）
「公方様御成之次第」（写真帳）
「公方様正月御事始記」（謄写本）
「建内文書」（影写本）
「光源院殿御元服記」（写真帳）
「高山寺文書」（写真帳）
「広隆寺文書」（影写本）
「久我家文書」（影写本）
「古簡雑纂」（写真帳）
「御随身三上記」（写真帳）
「御内書案」（写真帳）
「近衛家文書」（影写本）
「小林凱之氏所蔵文書」（写真帳）
「後法興院政家記」（写真帳）
「後法成寺関白記」（写真帳）
「古文書纂」（写真帳）
「金蓮寺文書」（影写本）

---

「佐治文書」（影写本）
「貞助記」（写真帳）
「座田文書」（写真帳）
「座中天文記」（写真帳）
「雑々日記」（影写本）
「実隆公記」（写真帳）
「私心記」（写真帳）
「地蔵院文書」（写真帳）
「実相院文書」（影写本）
「輯古帖」（影写本）
「集古文書」（謄写本）
「成就院文書」（影写本）
「浄福寺文書」（影写本）
「諸家文書纂」（影写本）
「諸大名衆御成被申入記」（写真帳）
「真珠庵文書」（写真帳）
「真乗院文書」（写真帳）
「新善光寺文書」（影写本）
「誓願寺文書」（写真帳）
「清涼寺文書」（写真帳）
「禅定寺文書」（写真帳）
「泉涌寺文書」（写真帳）
「善峰寺文書」（写真帳）
「宗五大草紙」（写真帳）
「尊経閣古文書纂」（写真帳）

「大雲山誌稿」（影写本）
「大永四年細川亭御成記」（写真帳）
「醍醐寺文書」（写真帳）
「大通寺文書」（写真帳）
「大徳寺文書」（写真帳）
「多田神社文書」（写真帳）
「伊達家文書」（写真帳）
「田中慶太郎所蔵文書」（影写本）
「田中光治氏所蔵文書」（写真帳）
「田中教忠氏所蔵文書」（写真帳）
「多聞院日記」（写真帳）
「丹波片山家文書」（写真帳）
「親孝日記」（写真帳）
「親俊日記」（写真帳）
「親長日記」（写真帳）
「親元日記」（写真帳）
「長福寺文書」（写真帳）
「塚本文書」（写真帳）
「殿中申次記」（写真帳）
「天文十七年細川亭御成記」（写真帳）
「天文十八年佐々木亭御成記」（写真帳）
「天文日記」（写真帳）
「天龍寺文書」（写真帳）
「東寺文書」（写真帳）
「東寺百合文書」（写真帳）

「東大寺文書」（写真帳）
「言国卿記」（写真帳）
「言継卿記」（写真帳）
「土佐家文書」（写真帳）
「鳥居大路文書」（写真帳）
「長興宿禰記」（写真帳）
「二尊院文書」（写真帳）
「新田家旧蔵文書」（写真帳）
「蜷川家文書」（写真帳）
「日本中央競馬会記念館所蔵文書」（写真帳）
「宣胤卿記」（写真帳）
「野間建明家文書」（マイクロフィルム）
「羽倉文書」（写真帳）
「東文書」（写真帳）
「日野家領文書写」（写真帳）
「平野社文書」（マイクロフィルム）
「福勝寺文書」（影写本）
「武雑礼」（写真帳）
「遍照心院文書」（影写本）
「法金剛院文書」（写真帳）
「保阪潤治氏所蔵文書」（影写本）
「本能寺文書」（写真帳）
「前田家所蔵文書」（写真帳）
「松尾神社文書」（写真帳）
「松尾月読神社文書」（写真帳）

「三浦周行所蔵文書」（影写本）
「水無瀬神社文書」（写真帳）
「壬生家文書」（写真帳）
「明王院文書」（写真帳）
「妙心寺文書」（影写本）
「妙蓮寺文書」（写真帳）
「元長卿記」（写真帳）
「康富記」（写真帳）
「山科家古文書」（写真帳）
「離宮八幡宮文書」（写真帳）
「龍潭寺文書」（マイクロフィルム）
「龍安寺文書」（影写本）
「両足院文書」（影写本）
「蓮華寺文書」（写真帳）
「鹿王院文書」（マイクロフィルム）
「鹿苑日録」（写真帳）
「早稲田大学荻野研究室所蔵文書」（影写本）
「和田英松氏所蔵文書」（影写本）

## 刊行物（編・著者五十音順に配列）

飯倉晴武校訂『史料纂集　長興宿禰記』（続群書類従完成会、一九九八年）
今谷明・高橋康夫編『室町幕府文書集成　奉行人奉書篇』上・下（思文閣出版、一九八六年）
奥野高広校訂『史料纂集　賀茂別雷神社文書』一（続群書類従完成会、一九八八年）
北西弘編『真宗史料集成三　一向一揆』（同朋社、一九七九年）
宮内庁書陵部編『九条家文書』一～七（宮内庁書陵部、一九七一～七五年）
宮内庁書陵部編『九条家歴世記録二　尚経公記』（明治書院、一九九〇年）
桑山浩然編『室町幕府引付史料集成』上（近藤出版社、一九八〇年）
高山寺典籍文書綜合調査団編『高山寺資料叢書四　高山寺古文書』（東京大学出版会、一九七五年）
國學院大學久我家文書編纂委員会編『久我家文書』一～四（國學院大學、一九八二～八七年）
国書刊行会編『続々群書類従三　続南行雑録』（続群書類従完成会、一九八四年）
近衛尚通『後法成寺関白記』一～三（思文閣出版、一九八五年）
近藤瓶城編『改定史籍集覧二四　拾芥記』（臨川書店、一九八四年）
近藤瓶城編『改定史籍集覧二五　厳助往年記』（臨川書店、一九八四年）

泉涌寺編『泉涌寺史　資料編』（法藏館、一九八四年）
高橋隆三編『実隆公記』一～十三（続群書類従完成会、一九三一～六三年）
高橋隆三ほか校訂『言継卿記』（続群書類従完成会、一九六五～九八年）
竹内秀雄校訂『史料纂集　北野社家日記』一～六（続群書類従完成会、一九七二～七三年）
竹内理三編『増補続史料大成　蔭涼軒日録』一～五（臨川書店、一九七八年）
竹内理三編『増補続史料大成　大館常興日記』一～三（臨川書店、一九六七年）
竹内理三編『増補続史料大成　後法興院政家記』一～八（臨川書店、一九六七年）
竹内理三編『増補続史料大成　大乗院寺社雑事記』一～十二（臨川書店、一九七八年）
竹内理三編『増補続史料大成　多聞院日記』一～五（臨川書店、一九七八年）
竹内理三編『増補続史料大成　親孝日記』（臨川書店、一九七八年）
竹内理三編『増補続史料大成　親俊日記』一・二（臨川書店、一九七八年）
竹内理三編『増補続史料大成　親長卿記』一～五（臨川書店、一九七五年）
竹内理三編『増補続史料大成　親元日記』一～三（臨川書店、一九六七年）
竹内理三編『増補続史料大成　宣胤卿記』一・二（臨川書店、一九六七年）
竹内理三編『増補続史料大成　康冨記』一～四（臨川書店、一九六五年）
田沼睦校訂『史料纂集　石清水八幡宮文書　外』（続群書類従完成会、一九九九年）
辻善之助他校訂『鹿苑日録』一～六（続群書類従完成会、一九六一～九一年）
天理大学附属天理図書館編『ビブリア』八九号（天理図書館、一九八七年）
東京大学史料編纂所編『大日本古記録　後法成寺関白記』一～三（岩波書店、二〇〇一～二〇〇七年）
東京大学史料編纂所編『大日本古記録　二水記』一～四（岩波書店、一九八九～九七年）
東京大学史料編纂所編『大日本古文書家わけ第三　伊達家文書』一～十（東京大学史料編纂所、一九〇八～一四年）
東京大学史料編纂所編『大日本古文書家わけ第四　石清水八幡宮文書』一～六（東京大学史料編纂所、一九〇九～一五年）
東京大学文学部史料編纂所編『大日本古文書家わけ第十二　上杉家文書』一～三（東京大学史料編纂所、一九三一～三五年）
東京大学史料編纂所編『大日本古文書家わけ第十七　大徳寺文書』一～十四（東京大学史料編纂所、一九四三～八五年）
東京大学史料編纂所編『大日本古文書家わけ第十七　大徳寺文書別集真珠庵文書』一～七（東京大学史料編纂所、一九八八

九年～二〇〇九年）
東京大学史料編纂所編『大日本古文書家わけ第二一　蜷川家文書』一～六（東京大学史料編纂所、一九八一～九六年）
東京大学史料編纂所編『大日本古文書家わけ第二二　益田家文書』一～四（東京大学史料編纂所、二〇〇〇～一二年）
豊田武・田沼睦・飯倉晴武校訂『史料纂集　言国卿記』一～八（続群書類従完成会、一九六九～九五年）
芳賀幸四郎校訂『史料纂集　元長卿記』（続群書類従完成会、一九七三年）
塙保己一編『群書類従』第二十二輯武家部（続群書類従完成会、一九二八年）
塙保己一編『続群書類従』第二十三輯下武家部（続群書類従完成会、一九二四年）
塙保己一編『続群書類従』第三十五輯拾遺部（続群書類従完成会、一九七二年）
塙保己一編『続群書類従』補遺第三　一～十一（続群書類従完成会、一九五七～六六年）
村井祐樹編『戦國遺文　佐々木六角氏編』（東京堂出版、二〇〇九年）
山田雄司『史料纂集　北野社家日記』（続群書類従完成会、二〇〇一年）
山田雄司・山澤学校訂『史料纂集　北野社家日記』（八木書店、二〇一一年）

# 参考文献一覧（著者名・編者名の五十音順に配列）

## 著書

天野忠幸『戦国期三好政権の研究』（清文堂出版、二〇一〇年）
家永遵嗣『室町幕府将軍権力の研究』（東京大学日本史学研究室、一九九五年）
今谷　明『室町幕府解体過程の研究』（岩波書店、一九八五年）
今谷　明『守護領国支配機構の研究』（法政大学出版局、一九八六年）
今谷　明『室町時代政治史論』（塙書房、二〇〇〇年）
奥野高廣『戦国時代の宮廷生活』（続群書類従完成会、二〇〇四年）
小川　信『足利一門守護発展史の研究』（吉川弘文館、一九八〇年）
小山田義夫『一国平均役と中世社会』（岩田書院、二〇〇八年）
勝俣鎮夫『戦国時代論』（岩波書店、一九九六年）
川岡　勉『室町幕府と守護権力』（吉川弘文館、二〇〇二年）
川岡　勉『山名宗全』（吉川弘文館、二〇〇九年）
久留島典子『一揆と戦国大名』（講談社、二〇〇一年）
桑山浩然『室町幕府の政治と経済』（吉川弘文館、二〇〇六年）
小島道裕『描かれた戦国の京都』（吉川弘文館、二〇〇九年）
小谷利明『畿内戦国期守護と地域社会』（清文堂出版、二〇〇三年）
小山靖憲編『戦国期畿内の政治社会構造』（和泉書院、二〇〇六年）
田沼　睦『中世後期社会と公田体制』（岩田書院、二〇〇七年）
西島太郎『戦国期室町幕府と在地領主』（八木書店、二〇〇六年）
能勢朝次『能楽源流考』（岩波書店、一九三八年）
林屋辰三郎『中世芸能史の研究』（岩波書店、一九六〇年）
二木謙一『中世武家儀礼の研究』（吉川弘文館、一九八五年）

二木謙一『中世武家の作法』（吉川弘文館、一九九九年）
古野　貢『中世後期細川氏の権力構造』（吉川弘文館、二〇〇八年）
水野智之『室町時代公武関係の研究』（吉川弘文館、二〇〇五年）
村井祐樹『戦国大名佐々木六角氏の基礎研究』（思文閣出版、二〇一二年）
盛本昌広『贈答と宴会の中世』（吉川弘文館、二〇〇八年）
山田康弘『戦国期室町幕府と将軍』（吉川弘文館、二〇〇〇年）
山田康弘『戦国時代の足利将軍』（吉川弘文館、二〇一一年）
湯川敏治『戦国期公家社会と荘園経済』（続群書類従完成会、二〇〇五年）
弓倉弘年『中世後期畿内近国守護の研究』（清文堂出版、二〇〇六年）
吉田賢司『室町幕府軍制の構造と展開』（吉川弘文館、二〇一〇年）
脇田晴子『天皇と中世文化』（吉川弘文館、二〇〇三年）

### 論　文

青山英夫「『明応の政変』に関する覚書」（『上智史学』二八号、一九八三年）
阿部綾子「将軍家元服儀礼における加冠・理髪役について」（『福島県立博物館紀要』二一号、二〇〇七年）
飯倉晴武「応仁の乱以降における室町幕府の性格」（日本古文書学会編『日本古文書学論集8』中世Ⅳ、吉川弘文館、一九八七年、初出は一九七四年）
家永遵嗣「明応二年の政変と伊勢宗瑞（北条早雲）の人脈」（『成城大学短期大学部紀要』二七号、一九九六年）
家永遵嗣「将軍権力と大名との関係を見る視点」（『歴史評論』五七号、一九九七年）
池　享「地域国家の分立から統一国家の確立へ」（宮地正人・佐藤信・五味文彦・高埜利彦編『国家史』、山川出版社、二〇〇六年）
市村高男「戦国期の地域権力と「国家」・「日本国」」（『日本史研究』五一九号、二〇〇五年）
今岡典和「御内書と副状」（大山喬平教授退官記念会編『日本社会の史的構造古代・中世』、思文閣出版、一九九七年）
今岡典和「足利義稙政権と大内義興」（上横手雅敬編『中世公武権力の構造と展開』、吉川弘文館、二〇〇一年）
上島　有「解説」（日本古文書学会編『日本古文書学論集8中世Ⅳ』、吉川弘文館、一九八七年）

岡田謙一「室町後期の和泉下守護細川民部大輔基経」（『日本歴史』五六六号、一九九五年）
岡田謙一「細川高国派の和泉守護について」（『ヒストリア』一八二号、二〇〇二年）
岡田謙一「細川右馬頭尹賢小考」（阿部猛編『中世政治史の研究』、日本史史料研究会、二〇一〇年）
岡田謙一「細川晴国小考」（天野忠幸・片山正彦・古野貢・渡邊大門編『戦国・織豊期の西国社会』、日本史史料研究会、二〇一二年）
奥村徹也「天文期の室町幕府と六角定頼」（米原正義先生古希記念論文集刊行会編『戦国織豊期の政治と文化』、続群書類従完成会、一九九三年）
金子　拓「室町殿東寺御成のパースペクティヴ」（同著『中世武家政権と政治秩序』、吉川弘文館、一九九八年）
金子　拓「寛正三年足利義政東寺御成と東寺の寺院経済」（羽下徳彦編『中世の社会と史料』、吉川弘文館、二〇〇五年）
雉岡恵一「室町幕府奉行人中沢氏の成立について」（東寺文書研究会編『東寺文書にみる中世社会』、東京堂出版、一九九九年）
木下昌規「戦国期侍所開闔の基礎的研究」（『戦国史研究』五二号、二〇〇六年）
小泉義博「室町幕府奉行人奉書の充所」（日本古文書学会編『日本古文書学論集8中世Ⅳ』、吉川弘文館、一九八七年、初出は一九七六年）
小島道裕「洛中洛外図屏風歴博甲本の成立と初期洛中洛外図屏風諸本」（『国立歴史民俗博物館研究報告』一四五号、二〇〇八年）
小谷利明「畠山稙長の動向」（矢田俊文編『戦国期の権力と文書』、高志書院、二〇〇四年）
小谷利明「畿内戦国期守護と室町幕府」（『日本史研究』五一〇号、二〇〇五年）
五島邦治「武家猿楽と室町殿における興行」（『芸能史研究』八五号、一九八四年）
五島邦治「室町幕府の式楽と猿楽の武家奉公」（『日本歴史』四七三号、一九八七年）
小森崇弘「後土御門天皇期の禁裏における猿楽興行の諸様相」（同著『戦国期禁裏と公家社会の文化史』、小森崇弘君著書刊行委員会、二〇一〇年、初出は二〇〇五年）
設楽　薫「将軍足利義材の政務決裁」（『史学雑誌』九六編七号、一九八七年）
設楽　薫「室町幕府の評定衆と「御前沙汰」」（『古文書研究』二八号、一九八七年）
設楽　薫「足利義材の没落と将軍直臣団」（『日本史研究』三〇一号、一九八七年）

設楽　薫「足利義尚政権考」（『史学雑誌』九八編二号、一九八九年）
設楽　薫「将軍足利義晴の政務決裁と「内談衆」」（『年報中世史研究』二〇号、一九九五年）
設楽　薫「将軍足利義晴の嗣立と大館常興の登場」（『日本歴史』六三一号、二〇〇〇年）
設楽　薫「足利義晴期における内談衆の人的構成に関する考察」（『遙かなる中世』一九号、二〇〇一年）
設楽　薫「将軍足利義晴期における「内談衆」の成立（前編）」（『室町時代研究』一号、二〇〇二年）
設楽　薫「室町幕府奉行人松田丹後守流の世系と家伝史料」（『室町時代研究』二号、二〇〇八年）
清水久夫「将軍足利義晴期における御前沙汰」（日本古文書学会編『日本古文書学論集8中世Ⅳ』、吉川弘文館、一九八七年、初出は一九七九年）
末柄　豊「細川氏の同族連合体制の解体と畿内領国化」（石井進編『中世の法と政治』、吉川弘文館、一九九二年）
末柄　豊「大永五年に完成した将軍御所の所在地」（『画像史料解析センター通信』五四号、二〇一一年）
高橋康夫「描かれた京都」（『中世都市研究一二　中世の中の京都』、新人物往来社、二〇〇六年）
田中淳子「山城国における「室町幕府─守護体制」の変容」（『日本史研究』四六六号、二〇〇一年）
中西裕樹「摂津国上郡における守護代薬師寺氏」（天野忠幸・片山正彦・古野貢・渡邊大門編『戦国・織豊期の西国社会』、日本史史料研究会、二〇一二年）
仲村　研「九条家代官石井氏について」（同著『中世地域史の研究』、高科書店、一九八八年、初出は一九七九年）
野田泰三「戦国期における守護・守護代・国人」（『日本史研究』四六四号、二〇〇一年）
野田泰三「西岡国人土豪と三好氏」（東寺文書研究会編『東寺文書にみる中世社会』、東京堂出版、一九九九年）
芳賀幸四郎「中世末期における三条西家の経済的基盤とその崩壊」（『日本学士院紀要』一三巻一号、一九五五年）
羽下徳彦「室町幕府侍所頭人付山城守護補任沿革考証稿」（『東洋大学紀要』文学部篇、一六集、一九六二年）
羽下徳彦「室町幕府初期検断小考」（『日本社会経済史研究』中世編、吉川弘文館、一九六七年）
羽下徳彦「室町幕府侍所考」（『論集日本歴史五　室町政権』、有精堂出版、一九七五年、初出は一九六三年・一九六四年）
萩原大輔「足利義尹政権考」（『ヒストリア』二二九号、二〇一一年）
長谷川博史「戦国期西国の大名権力と東アジア」（『日本史研究』五一九号、二〇〇五年）
畑　和良「浦上村宗と守護権力」（『岡山地方史研究』一〇八号、二〇〇六年）
羽田　聡「足利義晴期における内談衆編制の意義について」（『三田中世史研究』六号、一九九九年）

馬部隆弘「細川晴国・氏綱の出自と関係」（天野忠幸・片山正彦・古野貢・渡邊大門編『戦国・織豊期の西国社会』、日本史史料研究会、二〇一二年）
浜口誠至「細川高国奉行人と細川京兆家の訴訟審理・裁許」（『史境』五四号、二〇〇七年）
浜口誠至「戦国期における武家主催の猿楽興行」（『史境』六二号、二〇一一年）
浜口誠至「戦国期における足利将軍家元服儀礼の政治的背景」（山本隆志編『日本中世政治文化論の射程』、思文閣出版、二〇一二年）
浜口誠至「足利義晴前期の幕府政治」（『社会文化史学』五五号、二〇一二年）
浜口誠至「戦国期の大名邸御成と在京大名」（天野忠幸・片山正彦・古野貢・渡邊大門編『戦国・織豊期の西国社会』、日本史史料研究会、二〇一二年）
浜口誠至「足利義稙後期の幕府政治と御内書・副状」（四国中世史研究会・戦国史研究会編『四国と戦国世界』、岩田書院、二〇一三年）
原田信男「食事の体系と共食・饗宴」（『日本の社会史』第八巻、岩波書店、一九八七年）
二木謙一「年中行事にみる戦国期の室町幕府」（『國史学』一九二号、二〇〇七年）
古野貢「室町幕府――守護体制下の分国支配構造」（『市大日本史』一二号、二〇〇九年）
水野恭一郎「浦上村宗とその周辺」（同著『武家社会の歴史像』、国書刊行会、一九八三年、初出は一九七七年）
村井章介「執権政治の変質」（同著『中世の国家と在地社会』、校倉書房、二〇〇五年、初出は一九八四年）
百瀬今朝雄「応仁・文明の乱」（『岩波講座日本歴史七　中世三』、岩波書店、一九七六年）
森　茂暁「足利将軍の元服」（同著『中世日本の政治と文化』、思文閣出版、二〇〇六年、初出は二〇〇三年）
森田恭二「細川高国と畿内国人層」（『ヒストリア』七九号、一九七八年）
森田恭二「細川政元政権と内衆赤沢朝経」（『ヒストリア』八四号、一九七九年）
森田恭二「戦国期畿内における守護代・国人層の動向」（『ヒストリア』九〇号、一九八〇年）
山下知之「細川氏同族連合体制についての一考察」（『鳴門史学』一四集、二〇〇〇年）
山下知之「阿波国守護細川氏の動向と守護権力」（『四国中世史研究』六号、二〇〇一年）
山田貴司「足利義材の流浪と西国の地域権力」（天野忠幸・片山正彦・古野貢・渡邊大門編『戦国・織豊期の西国社会』、日本史史料研究会、二〇一二年）

山田　徹「南北朝期における所領配分と中央政治」（『歴史評論』七〇〇号、二〇〇八年）
山田康弘「将軍義輝殺害事件に関する一考察」（『戦国史研究』四三号、二〇〇二年）
山田康弘「戦国期大名間外交と将軍」（『史学雑誌』一一二編一一号、二〇〇三年）
山田康弘「戦国期における将軍と大名」（『歴史学研究』七七二号、二〇〇三年）
山田康弘「戦国期栄典と大名・将軍を考える視点」（『戦国史研究』五一号、二〇〇六年）
山田康弘「戦国期本願寺の外交と戦争」（五味文彦・菊池大樹編『中世の寺院と都市・権力』、山川出版社、二〇〇七年）
山田康弘「戦国期幕府奉行人奉書と信長朱印状」（『古文書研究』六五号、二〇〇八年）
山田康弘「戦国時代の足利将軍家と本願寺・加賀一向一揆」（『加能史料研究』二一号、二〇〇九年）
山田康弘「戦国期伊予河野氏と将軍」（『四国中世史研究』一〇号、二〇〇九年）
山田康弘「戦国期将軍の大名間和平調停」（阿部猛編『中世政治史の研究』、日本史史料研究会、二〇一〇年）
山田康弘「戦国時代の足利将軍に関する諸問題」（天野忠幸・片山正彦・古野貢・渡邊大門編『戦国・織豊期の西国社会』、日本史史料研究会、二〇一二年）
湯川敏治「『守光公記』掲載の女房奉書の意義」（『古文書研究』六二号、二〇〇六年）
横尾國和「摂津守護代家長塩氏の動向と性格」（『史学研究集録』五号、一九七九年）
横尾國和「摂津守護代家薬師寺氏の動向と性格」（『國學院大學大學院紀要』一一輯、一九八〇年）
横尾國和「細川氏内衆安富氏の動向と性格」（『國史学』一一八号、一九八二年）
横尾國和「明応の政変と細川氏内衆上原元秀」（『日本歴史』四二七号、一九八三年）
横尾國和「細川内衆内藤氏の動向」（『國學院雑誌』八九巻一一号、一九八八年）
横尾國和「細川政元政権評定衆と秋庭氏」（米原正義先生古希記念論文集刊行会編『戦国織豊期の政治と文化』、続群書類従完成会、一九九三年）
脇田晴子「戦国期における天皇権威の浮上（上）」（『日本史研究』三四〇号、一九九〇年）
脇田晴子「戦国期における天皇権威の浮上（下）」（『日本史研究』三四一号、一九九一年）

# あとがき

本書は、二〇一一年（平成二三年）一二月に筑波大学へ提出し、翌二〇一二年三月に博士（文学）の学位を授与された学位論文「在京大名細川京兆家と幕府儀礼の政治史的研究」に若干の加除修正を加え、刊行するものである。

筑波大学大学院人文社会科学研究科学位論文審査委員会における審査では、主査の日本中世史の山本隆志先生、副査の日本近世史の浪川健治先生、日本民俗学の徳丸亜木先生、中世文学の近本謙介先生に審査をしていただいた。懇切丁寧に御指導して下さった先生方に、まずはお礼を申し上げたい。

私が歴史に興味を持つきっかけとなったのは、本である。昔から趣味は読書だが、好きな分野の一つが歴史だった。学校の図書室や地元の図書館の本を色々と読んだが、なかでも印象に残っているのが、司馬遷の『史記』である。『史記』は、歴史を多方面にわたってバランスよく叙述し、その一方で臨場感も持ち合わせていた。現代とは違う文化、価値観に新鮮さを感じたのだろう。

私が子供の頃は、ドイツ統一、ソビエト連邦の解体など、国際情勢が大きく変化した時代であった。日本でもバブル経済が崩壊するなど、大きな変革期を迎えていた。子供心に、現代の社会は果たしてこのまま続くのか、疑問に思っていた。今年の国際情勢も不穏であり、残念なことだが、相変わらず先行き不透明な時代である。だが、現在だけを見ていても未来はわからないが、過去は未来の可能性を予想する手がかりとなる。過去の歴史と現在の双方を深く理解することで、未来を見通したいと考えていたのではないかと思う。歴史は時代や国を問わず関心があったが、日本でいえば、戦国時代が特に変化が大きかった時代といわれていたので、未来の見通せない時代、人々はどのように考え、生きていたのかに興味を持っていた。

　進学した筑波大学の日本史は、時代の垣根を越えて幅広く学ぶのが特徴であった。今では制度が変わったが、私が学生だったころは他の学類の先生も授業を開講しており、ゼミも複数所属しないと卒業できない仕組みになっていた。私が所属していた人文学類には中世史を専門とする先生はいなかったので、人文学類で中世史の授業を開講していた日本語・日本文化学類の山本隆志先生の授業を受講した。山本先生の授業では、古文書学や史料の読み方を教えて頂いたが、特に印象に残っているのが、「北野神社文書」の実物を見たことである。山本先生は折に触れて史料の原本を見ることの大切さを説かれているが、それは大学生に対してでも同じであった。そして、原本を見る機会を設けることで、史料に接する楽しさを教えて下さった。

　山本先生には、その後も大学院進学後から博士論文、そして現在に至るまでお世話になっているが、先生にとって私は手がかかる教え子だったのではないかと思う。山本先生は、自治体史のお仕事に見られるように、中世史全般を幅広く研究対象とされているが、本来のご専門は鎌倉期の東国武士論である。それに対し、私の研究対象は戦国期の在京大名であり、同じ武家であっても、時代・地域ともに対極に位置していた。博士論文の提出も定年の年と重なってしまい、山本先生には多大なご苦労をおかけしたが、私にとっては、先生の指導を受けられたことは幸いであった。大局的な視点からの指導により研究に広がりができ、一方で一言一句をおろそかにせず、史料群の性格まで踏まえた厳密な史料解釈を指摘されることで、研究に深みが生まれた。修士論文のころは、論文が荒削りだったために、先生にはよく「君の論文は駄菓子のようだ」と言われたが、今は新米職人の和菓子と呼べるぐらいになったのであろうか。いまだ不十分な点も多いが、今後の研究に深みと広がりを加えることで、教えて頂いたことを生かしていければと思う。

中世史では、大学でゼミを受講してから修士論文に至るまで、今井雅晴先生にもご指導いただいた。畿内を研究対象とする上で、先生の授業で宗教史の視点を身につけることができたことは、非常に幸いであった。お礼を申し上げたい。

そして、筑波大学で中世史を学ぶなかで、多くの先輩方や友人、後輩にめぐり会えたことはかけがえのないことであった。なかでも、阿部能久氏には古文書の読み方を、苅米一志氏には古記録の読み方を主に教えていただき、その他にも研究方法や調査方法など、様々なことを教えて頂いた。お名前を全て挙げることはできないが、その他にも大勢の方にお世話になったおかげで、本書の刊行にまでたどり着くことができた。感謝を申し上げたい。

中世史以外の諸先生の指導を受けられたことも幸運であった。浪川健治先生には卒論から博論に至るまで、指導していただいた。浪川先生の指導では、特に理論的な枠組みを問われたことが印象深い。実証に偏りがちな私の研究にとっては、ありがたいことであった。毎年行われている実習でフィールドワークを行い、地域史の視点を学ぶことができたことも、今振り返ると貴重な経験だった。根本誠二先生には、研究の意義を繰り返し問われたことが思い出される。中野目徹先生のもとで学会の事務を経験したことは、奉行人奉書を理解する際に生かされている。山澤学先生のもとで開かれていた北野社家日記の講読会では、史料に親しむとともに、宗教史や儀礼に対する視点を学ぶことができた。全体ゼミでは、池田元先生、伊藤純郎先生、千本秀樹先生、朴宣美先生から有益なご指摘をいただいた。筑波大学の日本史の特徴である全体ゼミは、通史的な視点を養い、他時代の研究状況や方法論を学ぶ貴重な機会であった。時代の異なる諸先輩方や学友の報告からは、思想史の方法論など、自分の専門だけを見ていてはわからなかったであろう、多くのことを学ぶことができた。先生方、先輩方、多くの学友にお礼を申し上げたい。

また、学外の先生方にも大変お世話になった。学習院大学の家永遵嗣先生はゼミへの参加を快く許可して下さった。当時の家永ゼミには他大学の院生も大勢参加しており、先生とゼミ生の間で交わされる活発な議論は刺激的でとても興味深かった。また、家永先生のもとで古記録の読み方を学ぶことができたことも、貴重な財産となった。国立歴史民俗博物館の井原今朝男先生には、特別共同利用研究員として研究指導や史料の閲覧でとてもお世話になった。多くの史料原本に接した経験も貴重であったが、お忙しいなか教えて頂いた朝廷や公家に対する刺激的な知見は、今でもよく覚えている。あの時にご指導頂いたことが本書ではまだ十分に生かせていないことが残念だが、これからの研究で少しでも学恩を返していけるよう、心がけたい。全てを挙げることはできないが、この他にも多くの方にお世話になった。また、日本史の学会や研究会は原則的に参加自由であり、こうした開かれた学問環境の多大な恩恵を受けたことも幸いであった。特に、戦国史研究会と親俊日記を読む会（旧大舘常興日記を読む会）のみなさまには、長年、お世話になっている。お礼を申し上げたい。

戦国期の細川京兆家の研究を始めてから、本書の刊行でちょうど十年になる。細川京兆家に関心を抱いたのは、前代の中央政権である室町幕府と大名の関係が戦国時代を理解する上で鍵になると考えたためである。だが、細川京兆家に関するまとまった史料集は刊行されていないため、史料収集と並行して研究を進めることになった。史料を収集する過程で、今までの通史とは異なる、細川京兆家や室町幕府に対する知見が養われ、自分自身の研究課題も細川京兆家から大内家や六角家なども含む在京大名へと広がっていった。今振り返ってみると、数多くの史料との出会いと導きによって研究を進めることができたのではないかと思う。取り組みがいのあるテーマにめぐり会えたことは、幸いなことであった。

だが、道のりはまだ半ばである。十年後もまた成果を公表できるよう、初志を忘れず、日々精進することにしたい。

本書の刊行にあたっては、思文閣出版の原宏一氏に大変お世話になった。また、校正・索引については、梯弘人氏・山野龍太郎氏にご協力いただいた。心よりお礼を申し上げたい。

最後に、自由に研究をさせてくれた家族に感謝の意を表したい。

二〇一四年三月

浜口誠至

◎著者略歴◎

浜口　誠至（はまぐち・せいじ）

1982年　三重県に生まれる
2012年　筑波大学大学院博士課程　人文社会科学研究科修了
　　　　博士（文学）
現　在　東京都立産業技術高等専門学校　非常勤講師
　　　　東京大学史料編纂所　技術補佐員
〔主要業績〕
『四国と戦国世界』（共著，岩田書院，2013年）

在京《ざいきょう》大名《だいみょう》細川《ほそかわ》京兆《けいちょう》家《け》の政治《せいじ》史的《してき》研究《けんきゅう》

2014（平成26）年３月31日発行

定価：本体6,500円（税別）

著　者　浜口誠至
発行者　田中　大
発行所　株式会社　思文閣出版
〒605－0089　京都市東山区元町355
電話075－751－1781（代表）

印　刷
製　本　亜細亜印刷株式会社


ISBN978-4-7842-1732-8　C3021

# 索　　引

## 【人　　名】

### あ



### い

## 【事　　項】

む



め



も



や



ゆ



よ



り



ろ

◇既刊図書案内◇

山本隆志著

**東国における武士勢力の成立と展開**
東国武士論の再構築

思文閣史学叢書

武士研究は社会経済史的在地領主制論から国家史的職能論へと変化してきたが、それらをふまえた政治史的論究が求められている。本書では、東国武士を武士勢力としてとらえ、京・鎌倉での活動と連動しながら本領で法会・祭礼を主催するなかで政治的支配力を形成していることを、具体的に論じる。

ISBN978-4-7842-1601-7　▶A5判・384頁／本体6,500円（税別）

---

杉山一弥著

**室町幕府の東国政策**

鎌倉公方を中心ではなく、室町幕府の東国政策という視点から室町期東国社会をとらえ直し、その焦点を平時・戦時それぞれの東国の儀礼と秩序、東国における足利氏一族庶子の存在意義、室町幕府・鎌倉府の境界領域ならびに政治・経済的に競合する地域社会における諸階層の動向にあわせて再検討する。

ISBN978-4-7842-1739-7　▶A5判・388頁／本体7,200円（税別）

---

呉座勇一著

**日本中世の領主一揆**

多種多様な一揆の中でも、最初に時代を牽引したのは〈領主の一揆〉であり、南北朝期以降の地域社会を規定する中心的な要素といえ、これまで多くの研究が積み重ねられてきた。本書はその蓄積の上に、〈領主の一揆〉の構造・機能・結合論理を解明し、新しい国人一揆論を提示しようと志す。

ISBN978-4-7842-1721-2　▶A5判・380頁／本体7,200円（税別）

---

亀田俊和著

**室町幕府管領施行システムの研究**

本書は、応仁・文明の大乱以前の室町幕府における根幹の制度であり、将軍の主従制的支配権を強化・促進し、全国の武士・寺社本所に権益を与えることによって政権基盤の強化に大きな貢献を果たしたと評価できる管領施行システムの沿革と意義を分析・解明する。

ISBN978-4-7842-1675-8　▶A5判・544頁／本体9,800円（税別）

---

村井祐樹著

**戦国大名佐々木六角氏の基礎研究**

戦国期畿内の政局において重要な佐々木六角氏について、可能な限り一次史料を用い、六角氏や家臣の動向、実態など基礎的事実を明らかにする。また附編として、応仁元年(1467)～元和6年(1620)の、六角氏及び家臣の名が見える記録類を全て網羅した230頁におよぶ史料集の稿本を付す。

ISBN978-4-7842-1663-5　▶A5判・530頁／本体11,600円（税別）

---

山本隆志編

**日本中世政治文化論の射程**

編者の指導・学恩を受けた執筆者による、歴史学・思想史・民俗・生活史など、多岐にわたる研究成果を収録した論文集。**【執筆者】**関周一／山田雄司／浜口誠至／阿部能久／井上智勝／新井敦史／山澤学／苅米一志／山野龍太郎／佐々木倫朗／須賀忠芳／平野哲也／薗部寿樹／小山聡子／佐藤喜久一郎／門口実代

ISBN978-4-7842-1620-8　▶A5判・344頁／本体7,800円（税別）

思文閣出版